中国铁建大桥工程局集团有限公司技术管理标准化丛书

桥梁工程专项施工方案标准范本

（第二分册）

中国铁建大桥工程局集团有限公司　编著

人民交通出版社股份有限公司

北京

内 容 提 要

本书为"中国铁建大桥工程局集团有限公司技术管理标准化丛书"之一，其中，《桥梁工程专项施工方案标准范本》共分四册，本书为第二分册。本分册基于荆荆铁路、昌景黄铁路、京藏高速公路、明珠湾大桥4个典型工程中的桥梁上部结构施工经验，介绍了铁路桥梁箱梁预制与架设专项施工方案、公路桥梁小箱梁预制与架设专项施工方案、盘扣式满堂支架现浇梁与梁柱式支架现浇梁专项施工方案。

本书可供从事桥梁工程勘察设计、施工、监理、建设管理的工程技术人员学习使用，亦可供桥梁工程及相关领域的高等院校师生参考。

图书在版编目(CIP)数据

桥梁工程专项施工方案标准范本. 第二分册 / 中国铁建大桥工程局集团有限公司编著. — 北京：人民交通出版社股份有限公司，2023.8
ISBN 978-7-114-18514-4

Ⅰ.①桥⋯ Ⅱ.①中⋯ Ⅲ.①桥涵工程—工程施工—建筑方案—标准—范文 Ⅳ.①U445.4-65

中国国家版本馆CIP数据核字(2023)第006660号

Qiaoliang Gongcheng Zhuanxiang Shigong Fang'an Biaozhun Fanben (Di-er Fence)

书　名：	桥梁工程专项施工方案标准范本（第二分册）
著作者：	中国铁建大桥工程局集团有限公司
责任编辑：	张　晓
责任校对：	赵媛媛　龙　雪
责任印制：	刘高彤
出版发行：	人民交通出版社股份有限公司
地　　址：	（100011）北京市朝阳区安定门外外馆斜街3号
网　　址：	http://www.ccpcl.com.cn
销售电话：	（010）59757973
总 经 销：	人民交通出版社股份有限公司发行部
经　　销：	各地新华书店
印　　刷：	北京印匠彩色印刷有限公司
开　　本：	880×1230　1/16
印　　张：	33
字　　数：	619千
版　　次：	2023年8月　第1版
印　　次：	2023年8月　第1次印刷
书　　号：	ISBN 978-7-114-18514-4
定　　价：	198.00元

（有印刷、装订质量问题的图书，由本公司负责调换）

编委会

主任委员： 罗生宏　周冠南

副主任委员： 樊立龙　宋云财　付军恩　汪本刚　彭志川　张广涛
　　　　　　　赵　健　岳旭光　宓　皓

编　　委： 沙权贤　孙长志　曲江峰　林凤国　孙宏伟　张海顺
　　　　　　邓旭辉　吴小雨　刘长辉　林再志　李志辉　龙文兵
　　　　　　黄　超　张　庆　晏　威　李文博　解登科　王文强
　　　　　　赵振丰　李　冬　仲海民　遆永佳　安路明　程　为
　　　　　　王　雷　张鹏志　郭建强　汤振亚　朱　娜　孙树茂
　　　　　　石洪超　于林超

参编单位： 中铁建大桥工程局集团第一工程有限公司
　　　　　　中铁建大桥工程局集团第三工程有限公司
　　　　　　中铁建大桥工程局集团第四工程有限公司
　　　　　　中铁建大桥工程局集团西北工程有限公司
　　　　　　中铁株洲桥梁有限公司

PREFACE 序

近年来，我国基础设施建设发展迅速，尤其在桥梁工程领域，建造技术日趋成熟，取得了令人瞩目的成绩。中国铁建大桥工程局集团有限公司（简称"中铁建大桥局"）作为我国桥梁建设领域的排头兵，自 2014 年由中铁十三局集团有限公司更名以来，专注打造中国铁建桥梁品牌，先后承建了多项技术难度大、科技含量高的桥梁工程项目，开创了 20 多项世界之"最"和 30 多项中国之"最"，实现了"十八跨黄河""十四跨长江""十七跨海湾""五跨乌江""四跨松花江"，树立起一座座桥梁丰碑。

目前，中铁建大桥局在建工程主要有国内跨度最大悬索桥——双屿门大桥、世界跨度最大的三塔斜拉桥——青龙门大桥及甬舟铁路桃夭门公铁两用大桥与富翅门公铁两用大桥、世界最大跨度自锚式悬索桥——万龙大桥等，持续致力于桥梁施工领域的前沿性技术攻关与科研创新。

基于上述工程实践，大桥局总结了斜拉桥、悬索桥、钢桁梁桥、钢桁拱桥等特种桥梁施工经验，编制形成了《桥梁工程专项施工方案标准范本》（共四册）。本套范本内容全面，涵盖了栈桥、围堰、现浇梁支架等大临结构设计与施工方案案例；体系完整，梳理了铁路梁、公路梁、钢桁梁、钢-混组合梁等多种桥梁结构施工方案案例，是目前行业内涉及范围较广、实用性较强的桥梁施工方案标准范本，对一线施工技术人员编制施工专项方案具有指导作用和借鉴意义。

中国工程院院士 聂建国

2022 年 10 月

FOREWORD 前 言

逢山开路，遇水搭桥，桥梁工程是跨越河流的有效手段之一。在桥梁工程施工涉及的诸多内容中，混凝土梁，特别是预制混凝土梁和现浇混凝土梁是应用最为广泛的桥梁上部结构形式。

中国铁建大桥工程局集团有限公司基于荆荆铁路、昌景黄铁路、京藏高速公路、明珠湾大桥4个典型工程中的桥梁上部结构施工，对其所涉及的预制梁场建设、预制梁架设、盘扣式支架、梁柱式支架等进行详细的研究，并结合《危险性较大的分部分项工程安全管理规定》（中华人民共和国住房和城乡建设部令第37号）、《住房城乡建设部办公厅关于实施〈危险性较大的分部分项工程安全管理规定〉有关问题的通知》（建办质〔2018〕31号）、《危险性较大的分部分项工程专项施工方案编制指南》（建办质〔2021〕48号）中关于专项施工方案管理的要求，编制专项施工方案标准范本，系统性地提升集团公司内部技术标准化管理水平，进一步提高施工人员自身的技术水平，加强施工设备的专业化应用和施工组织保障措施的科学化管理，对预制梁及现浇梁施工安全、质量的控制起到促进作用。

本书共选取了6个桥梁工程预制梁及现浇梁专项施工方案标准范本。第一个以荆荆铁路为例，介绍了铁路预制梁场的平面规划布置、设备配置，铁路箱梁预制的主要施工工艺及保证措施等内容。第二个以昌景黄铁路昌江制梁场为例，介绍了铁路箱梁架设的主要设备架桥机、运梁车，支座灌浆及安装、提梁、架梁、过孔的主要施工工艺和保证措施等内容。第三个和第四个以京藏高速公路石嘴山至中宁改扩建段为例，分别介绍了公路预制梁场的平面规划布置、设备配置，公路小箱梁预制的主要施工工艺及保证措施等内容，以及公路小箱梁架设的主要设备架桥机、运梁车，支座灌浆及安装、提梁、架梁、过孔的主要施工工艺和保证措施等内容。第五个以广州明珠湾大桥环市立交为例，介绍了环市立交因受地面交通、地下及地上管线、地铁的影响采用的盘扣式满堂支架的施工方案，包含了地基处理、支架搭设、门洞设置、支架预压等主要施工工艺，并对验收程序、监控量测等重要施工保证措施进行说明。第六个以昌景黄铁路为例，介绍了梁柱式支架基础施工、支架搭设、支架验收、支架预压等主要施工工艺，并对验收程序、监控量测等重要施工保证措施进行说明。

  本书由中铁建大桥工程局集团有限公司下属第一、第四、西北工程有限公司以及株洲桥梁有限公司的一线施工技术骨干，依托已完工项目的成熟施工经验编写。限于编者水平，本书中错谬之处在所难免，敬请批评指出。

编 者

2022 年 3 月

CONTENTS 总目录

001 / 铁路箱梁预制专项施工方案标准范本

155 / 铁路箱梁架设专项施工方案标准范本

245 / 公路小箱梁预制专项施工方案标准范本

283 / 公路小箱梁架设专项施工方案标准范本

335 / 盘扣式满堂支架现浇梁专项施工方案标准范本

429 / 梁柱式支架现浇梁专项施工方案标准范本

铁路箱梁预制
专项施工方案标准范本

（以荆荆铁路项目荆门制梁场为例）

目 录
CONTENTS

1 工程概况 003
2 编制依据 008
3 施工计划 011
4 施工工艺技术 021
5 施工保证措施 093
6 施工管理及作业人员配备和分工 134
7 验收要求 138
8 应急处置措施 144
9 计算书及相关图纸 153

1 工程概况

新建荆门至荆州铁路（荆荆铁路）位于鄂中江汉平原地区，线路北起湖北省荆门市西侧周家坡，自拟建荆门西站引出，向西南行进上跨省道311线、沪蓉高速公路，在龙泉水库西侧向南经过团林铺镇、五里铺镇，在黄金口水库东北侧设置十里铺站，出站后上跨省道107线折向西南，在八岭山东侧设线路所，近期侧向折向东行，跨越沪渝高速公路、二广高速公路、改建G318线、西气东输（忠武线）及川气东送天然气管线、汉宜铁路、引江济汉运河后，在荆州地区东侧向接入汉宜铁路荆州站。

本范本依托荆荆铁路 JJSG-2 标段，北起荆门市掇刀区、沙洋县行政区划分界（DK20+325），随后跨越县道020、东河、中河后于十里铺镇新设十里铺站，出站后跨越107省道至特大桥桥尾，正线起讫里程为DK20+325～DK39+911.425，全长19.59km。

本标段主要工程数量：区间路基段全长 3.366km，桥梁段全长 16.214km，桥梁占比82.8%。永久征地997.67亩（1亩≈666.67m²），拆迁1.788万 m²；路基挖方28.03万 m³，填方37.61万 m³，边坡支挡防护4.88万圬工方，螺杆桩37.25万 m；特大桥3座、长度15978.45延米，大桥1座、长度242.46延米，箱梁预制架设487孔，涵洞12座、长度288.92延米；铺轨40.241km，新铺道岔12组；新建十里铺站房2500m²。

1.1 预制梁场概况

荆荆铁路JJSG-2标项目荆门预制梁场选址在线路里程DK34+317.15线路右侧，位于湖北省荆门市沙洋县十里铺镇光华村，总占地面积154.94亩，负责487孔简支箱梁的制运架及桥面附属设施施工。梁场设办公生活区、制梁区、存梁区、辅助生产区等功能区，其中辅助生产区包含钢筋加工区、钢筋绑扎区、拌和站、锅炉房、仓库等。梁场配备9个制梁台座，其中双线32m制梁台座8个、双线32m/24m复合制梁台座1个。配备侧模9套（其中双线32m配备8套、32m/24m复合配备1套）；底模9套（其中双线32m配备8套、32m/24m复合配备1套）；端模6套（其中双线32m配备5套、24m配备1套）；内模5套（其中双线32m配备4套、32m/24m复合配备1套）。根据连续梁施工进度节点以及架梁进度指标，编制制、架、存梁计划表，计算最大库存量，存梁区设置双层存梁台座45个（含双层复合存梁台座 3 个，复合静载台座 1 个），设计最大生产能力为 60 榀/月，最大存梁能力 90 榀。

1.2 气候特征

制梁场地处湖北腹地，属鄂北岗地向江汉平原过渡地带，属于亚热带季风气候区，四季分明，夏长无酷暑，冬短无严寒，无霜期 246～262 天，年平均气温 16.0～16.4℃。全年最热月多为 7 月，平均气温在 27.2℃，8 月为次高峰，9 月气温开始缓慢下降；年内最冷月份为 1 月，月平均气温 3.4～4.0℃；极端最高气温在 40℃，极端最低气温在 −14℃。2 月至 4 月多为阴雨天，5 月至 9 月天气炎热。年最大风速 20.7m/s，年平均风速 3.0m/s；年最大 24 小时降雨量 276.5mm（1970 年 5 月 27 日），年平均降雨量 1127mm。结合工期计划及施工组织设计工期计划，箱梁预制需在冬季施工。

1.3 正线主要技术标准

正线主要技术标准见表 1-1。

正线主要技术标准　　　　表 1-1

铁路等级	高速铁路
正线数目	双线
设计速度	350km/h
线间距	5.0m
最小曲线半径	一般地段 7000m，困难地段 5500m
限制坡度	20‰
到发线有效长度	650m
牵引种类	电力
追踪间隔	3min
建筑限界	按《高速铁路设计规范（试行）》（TB 10621—2009）规定执行
列车运行控制方式	自动控制
行车指挥方式	调度集中

1.4 主要工程量清单

制梁场共需预制架设简支箱梁 487 孔，其中 32m 双线简支箱梁 480 孔、24m 双线简支箱梁 7 孔。预制箱梁数量见表 1-2。

预制箱梁数量　　　　　　　　　　　　　　表 1-2

序号	桥名	梁型	直线无声屏障（孔）	直线有声屏障（孔）	曲线无声屏障（孔）	曲线有声屏障（孔）	备注
1	侯家岗大桥	32m	7				
2	全家巷子特大桥	32m	23				
3	中河特大桥	32m	202		78	17	
		24m	3				
4	跨省道107线特大桥	32m	2		151		
		24m			4		
合计		32m	234		229	17	共480孔
		24m	3		4		共7孔
共计487孔预制箱梁							

1.5 施工要求

1.5.1 工期目标

制梁场计划于 2021 年 3 月开始制梁，2022 年 9 月完成箱梁预制；于 2021 年 6 月开始箱梁架设，2022 年 10 月完成箱梁架设任务。项目建设总工期控制在批准的建设工期内，在政策允许、环境条件顺利的情况下，提前完成建设任务。

1.5.2 质量目标

（1）质量总目标：竣工验收工程质量等级为合格。

（2）按验收标准，各检验批、分项、分部工程施工质量检验合格率 100%，单位工程一次验收合格率 100%。

（3）杜绝一般及以上质量事故。

1.5.3 安全目标

坚持"安全第一，预防为主，综合治理"的方针，建立健全安全生产管理组织机构，以无任何伤亡事故，无险性事件发生为目标，确保人员安全，创建文明工地。

（1）建立健全科学、完善、有效的安全生产监督管理体系；

（2）配齐专职安全人员，落实包保责任和各项安全生产工作；

（3）消除事故隐患；

（4）遏制险性事件；

（5）杜绝重伤及以上伤亡事故；

（6）严防因安全生产失信受到惩戒。

1.5.4 环水保目标

保护环境，坚持可持续发展的环保方针，严格落实环评批复的各项要求，确保国土资源的合理利用，减少工程实施过程中的环境污染，确保不发生环境投诉事件。

1.6 风险辨识与分级

箱梁预制过程中存在的风险辨识与分级见表1-3。

风险辨识与分级　　　　　　表1-3

序号	风险类别	风险等级	风险描述	事故类型	控制措施
1	作业风险	II	起重量≥50t的起吊作业、提梁作业、架梁作业	高空坠落、起重伤害、机械伤害	（1）编制专项施工方案及应急救援预案； （2）对所有相关作业人员进行安全教育培训及安全技术交底； （3）特种作业人员持证上岗； （4）现场专人旁站监督
2	作业风险	III	起重量<50t的起吊作业	起重伤害、机械伤害	（1）对所有相关作业人员进行安全教育培训及安全技术交底； （2）特种作业人员持证上岗； （3）遵守安全操作规程； （4）现场专人旁站监督
3	作业风险	III	钢筋加工	机械伤害、物体打击、触电	（1）对所有相关作业人员进行安全教育培训及安全技术交底； （2）遵守安全操作规程
4	作业风险	IV	灌注作业	高空坠落、物体打击、机械伤害、触电	（1）对所有相关作业人员进行安全教育培训及安全技术交底； （2）遵守安全操作规程
5	作业风险	IV	搅拌作业	机械伤害、触电	（1）对所有相关作业人员进行安全教育培训及安全技术交底； （2）遵守安全操作规程
6	作业风险	IV	养护作业	高空坠落	（1）对所有相关作业人员进行安全教育培训及安全技术交底； （2）遵守安全操作规程
7	作业风险	IV	张拉、压浆、封端作业	高空坠落、机械伤害、触电	（1）对所有相关作业人员进行安全教育培训及安全技术交底； （2）遵守安全操作规程
8	作业风险	IV	维修作业	高空坠落、机械伤害、触电、物体打击	（1）停电、挂牌、专人监护； （2）对所有相关作业人员进行安全教育培训及安全技术交底； （3）遵守安全操作规程； （4）特种作业人员持证上岗

续上表

序号	风险类别	风险等级	风险描述	事故类型	控制措施
9	作业风险	IV	测量作业	高空坠落	（1）对所有相关作业人员进行安全教育培训及安全技术交底； （2）遵守安全操作规程
10	作业风险	IV	车辆运输作业（运梁车、混凝土搅拌运输车、叉车、装载车、机动车辆）	车辆伤害	（1）对所有相关作业人员进行安全教育培训及安全技术交底； （2）遵守安全操作规程； （3）特种作业人员持证上岗
11	作业风险	IV	烹饪作业	气体中毒、火灾	（1）对所有相关作业人员进行安全教育培训及安全技术交底； （2）遵守安全操作规程； （3）做好个体防护； （4）配备消防器材

1.7 参建各方主体责任单位

建设单位：湖北荆荆铁路有限责任公司。

设计单位：中铁第四勘察设计院集团有限公司。

监理单位：中铁武汉大桥工程咨询监理有限公司。

施工单位：中国铁建大桥工程局集团有限公司。

2 编制依据

2.1 法律依据

2.1.1 法律法规

（1）《中华人民共和国安全生产法》；

（2）《中华人民共和国消防法》；

（3）《中华人民共和国特种设备安全法》；

（4）《中华人民共和国突发事件应对法》；

（5）《中华人民共和国职业病防治法》；

（6）《建设工程安全生产管理条例》（国务院令第393号）；

（7）《特种设备安全监察条例》（国务院令第373号）；

（8）《生产事故应急条例》（国务院令第708号）；

（9）《建设工程质量管理条例》（国务院令第279号）；

（10）《生产安全事故报告和调查处理条例》（国务院令第493号）；

（11）《生产经营单位安全培训规定》（安全监督管理总局令第3号）；

（12）《特种作业人员安全技术培训考核管理规定》（安全监督管理总局令第30号）；

（13）《安全生产培训管理办法》（安全监督管理总局令第44号）；

（14）《安全生产事故隐患排查治理暂定规定》（安全监督管理总局令第16号）；

（15）《安全生产事故应急预案管理办法》（安全监督管理总局令第88号）；

（16）《安全生产事故信息报告和处置办法》（安全监督管理总局令第21号）；

（17）《建设工程消防监督管理规定》（公安部令第106号）；

（18）《建设项目安全设施"三同时"监督管理办法》（安全监督管理总局令第36号）；

（19）《工贸企业有限空间作业安全管理与监督暂行规定》（安全监督管理总局令第59号）；

（20）《建筑起重机械安全监督管理规定》（建设部令第166号）；

（21）《建筑施工企业主要负责人、项目负责人和专职安全生产管理人员安全生产管理规定》（住房和城乡建设部令第17号）；

（22）《建筑施工特种作业人员管理规定》（建质〔2008〕5号）；

（23）《危险性较大的分部分项工程安全管理规定》（住房和城乡建设部令第37号）；

（24）《住房城乡建设部办公厅关于实施〈危险性较大的分部分项工程安全管理规定〉有关问题的通知》（建办质〔2018〕31号）；

（25）《危险性较大的分部分项工程专项施工方案编制指南》（建办质〔2021〕48号）。

2.1.2 设计标准与规范

（1）《工程结构通用规范》（GB 55001—2021）；

（2）《工程结构可靠性设计统一标准》（GB 50153—2008）；

（3）《建筑结构可靠性设计统一标准》（GB 50068—2018）；

（4）《建筑结构荷载规范》（GB 50009—2012）；

（5）《钢结构通用规范》（GB 55006—2021）；

（6）《钢结构设计标准》（GB 50017—2017）；

（7）《公路工程技术标准》（JTG B01—2014）；

（8）《公路钢结构桥梁设计规范》（JTG D64—2015）；

（9）《公路桥涵设计通用规范》（JTG D60—2015）；

（10）《公路桥涵地基与基础设计规范》（JTG 3363—2019）；

（11）《城市桥梁设计规范》（CJJ 11—2011）。

2.1.3 施工、验收标准与规范

（1）《建设工程项目管理规范》（GB/T 50326—2017）；

（2）《工程测量标准》（GB 50026—2020）；

（3）《工程测量通用规范》（GB 55018—2021）；

（4）《钢结构工程施工规范》（GB 50755—2012）；

（5）《钢结构焊接规范》（GB 50661—2011）；

（6）《钢结构工程施工质量验收标准》（GB 50205—2020）；

（7）《高速铁路预制后张法预应力混凝土简支梁》（GB/T 37439—2019）；

（8）《铁路混凝土》（TB/T 3275—2018）；

（9）《铁路混凝土工程施工质量验收标准》（GB/T 10424—2018）；

（10）《高速铁路桥涵工程施工质量验收标准》（TB 10752—2018）；

（11）《建筑施工起重吊装工程安全技术规范》（JGJ 276—2012）；

（12）《铁路桥涵工程施工安全技术规程》（TB 10303—2020）；

（13）《铁路混凝土工程施工技术规程》（Q/CR 9207—2017）；

（14）《铁路后张法预应力混凝土梁摩阻试验方法》（Q/CR 566—2017）；

（15）《简支梁试验方法 预应力混凝土梁静载弯曲试验》（TB/T 2092—2018）。

2.1.4 施工安全标准与规范

（1）《施工企业安全生产管理规范》（GB 50656—2011）；

（2）《建筑施工安全检查标准》（JGJ 59—2011）；

（3）《建设工程施工现场供用电安全规范》（GB 50194—2014）；

（4）《建筑机械使用安全技术规程》（JGJ 33—2012）；

（5）《建筑施工起重吊装工程安全技术规范》（JGJ 276—2012）；

（6）《起重机械安全规程 第 1 部分：总则》（GB/T 6067.1—2010）。

2.2 项目文件

（1）《时速 350 公里高速铁路预制无砟轨道后张法预应力混凝土简支箱梁（双线）跨度 23.5m（直、曲线）》，图号：通桥（2016）2322A-V-1。

（2）《时速 350 公里高速铁路预制无砟轨道后张法预应力混凝土简支箱梁（双线）跨度 31.5m（直、曲线）》，图号：通桥（2016）2322A-II-1。

（3）《预应力混凝土铁路桥简支梁产品生产许可证实施细则》（XK17-004）。

（4）新建荆门至荆州铁路 JJSG-2 标招标文件、工程量清单、答疑等有关要求。

（5）现场踏勘、调查、采集和咨询所获取的资料。

2.3 施工组织设计

（1）"新建荆门至荆州铁路荆门制梁场指导性施工组织设计"。

（2）"中国铁建大桥工程局集团有限公司荆荆铁路 JJSG-2 标实施性施工组织设计"。

（3）"中国铁建大桥工程局集团有限公司荆荆铁路 JJSG-2 标项目部荆门制梁场实施性施工组织设计"。

3 施工计划

3.1 施工进度计划

根据以往制梁经验，每榀箱梁需占用制梁台座110h，制梁进度指标为110/24 = 4.6d/孔。

每个台座的制梁效率$\eta = 24/110 = 0.22$，即每个制梁台座每天能预制0.22榀梁。根据施工生产计划安排梁场按平均每天2榀梁设计，根据台座数量计算公式$M = N/\eta = 2$榀$/0.22 = 9$个。根据计算，梁场设置9个制梁台座可以满足工期要求。

箱梁预制施工进度计划见表3-1。

箱梁预制施工进度计划　　　　表3-1

年份		2021										2022								
月份		2	3	4	5	6	7	8	9	10	11	12	1	2	3	4	5	6	7	8	9	10
制梁数	32m	0	4	16	12	13	21	24	46	36	28	28	11	5	31	30	31	30	30	42	42	—
	24m	0	0	2	0	0	2	3	0	0	0	0	0	0	0	0	0	0	0	0	0	—
	小计	0	4	18	12	13	23	27	46	36	28	28	11	5	31	30	31	30	30	42	42	—
开累制梁数	32m	0	4	20	32	45	66	90	136	172	200	228	239	244	275	305	336	366	396	438	480	—
	24m	0	0	2	2	2	4	7	7	7	7	7	7	7	7	7	7	7	7	7	7	—
	小计	0	4	22	34	47	70	97	143	179	207	235	246	251	282	312	343	373	403	445	487	—
架梁数	32m	0	0	0	0	1	10	28	31	58	25	0	25	20	31	31	30	0	30	60	50	50
	24m	0	0	0	0	0	2	0	0	2	0	0	0	3	0	0	0	0	0	0	0	0
	小计	0	0	0	0	1	12	28	31	60	25	0	25	23	31	31	30	0	30	60	50	50
开累架梁数	32m	0	0	0	0	1	11	39	70	128	153	153	178	198	229	260	290	290	320	380	430	480
	24m	0	0	0	0	0	2	2	2	4	4	4	4	7	7	7	7	7	7	7	7	7
	小计	0	0	0	0	1	13	41	72	132	157	157	182	205	236	267	297	297	327	387	437	487

续上表

年份		2021										2022								
月份		2	3	4	5	6	7	8	9	10	11	12	1	2	3	4	5	6	7	8	9	10
存梁数	32m	0	4	20	32	44	55	51	66	44	47	75	61	46	46	45	46	76	76	58	50	0
	24m	0	0	2	2	2	2	5	5	3	3	3	3	0	0	0	0	0	0	0	0	0
	小计	0	4	22	34	46	57	56	71	47	50	78	64	46	46	45	46	76	76	58	50	0

注：1. 2021年3月18日打首孔箱梁；
2. 2021年5月10日产品检验、2021年6月4日至2021年6月5日实地核查；
3. 2021年6月25日架首孔箱梁；
4. 2022年9月30日制梁结束；
5. 2022年10月31日架梁结束（节点）。

3.2 材料与设备计划

箱梁预制所需主要材料为预埋件、泄水管、连接套筒、钢绞线、钢筋及混凝土等。

材料由物资部门按照公司规定招投标进行购买，材料进场应注意按程序进行检验。材料检验合格后，分次送至施工现场，根据相应的要求进行堆码、保护、标识。钢材注意防潮，避免生锈。

所有材料均需提前15～30天上报进场计划，留够加工和运输时间，确保现场不等料不积料，合理周密安排工序计划。箱梁预制材料需求计划见表3-2，周转材料需求计划见表3-3。

箱梁预制材料需求计划   表 3-2

材料名称	规格型号	单位	总需求量	2021年				2022年		
				一季度	二季度	三季度	四季度	一季度	二季度	三季度
水泥	P·O42.5	t	63400	520	5600	12500	10950	9765	21480	2585
河砂	中砂	t	107140	880	9460	21120	18480	16500	36300	4400
碎石	5-10	t	49400	400	4500	9600	8400	7500	17000	2000
碎石	10-20	t	114314	960	10320	23040	20160	18000	39600	2234
粉煤灰	F类I级	t	13488	110	1191	2659	2310	2062	4538	618
减水剂	J190801	t	718	6	64	142	126	115	248	17
螺纹钢	φ12 HRB400	t	8160	67	720	1608	1407	1256	2764	338
螺纹钢	φ16 HRB400	t	8800	72	777	1734	1517	1355	2981	364

续上表

材料名称	规格型号	单位	总需求量	2021年				2022年		
				一季度	二季度	三季度	四季度	一季度	二季度	三季度
螺纹钢	ϕ18 HRB400	t	5540	45	489	1092	955	853	1877	229
螺纹钢	ϕ20 HRB400	t	1790	14	158	352	308	275	606	77
螺纹钢	ϕ22 HRB400	t	2210	18	195	435	381	340	748	93
圆钢	ϕ8 HPB300	t	90	1	8	17	16	14	30	4
圆钢	ϕ12 HPB300	t	950	8	83	187	163	146	321	42
圆钢	ϕ16 HPB300	t	190	2	16	37	32	29	64	10
圆钢	ϕ20 HPB300	t	1	0	0	0	0	1	0	0
钢绞线	$R_{jy}=$ 1860MPa	t	4420	36	390	871	762	680	1498	183
压浆剂	JG-I	t	250	1	21	48	43	38	84	15
膨胀剂	JP-I	t	18	1	2	4	3	3	4	1
防水涂料	1.5mm	m²	8850	73	781	1745	1526	1362	2998	365
垫块	35mm	个	1654400	13588	146071	326112	285358	254784	560525	67962
聚氯乙烯（PVC）泄水管	ϕ160mm	m	3882	32	342	765	670	597	1315	161
聚氯乙烯（PVC）泄水管	ϕ90mm	m	7764	64	686	1530	1340	1195	2630	319
锚具	M15-7	套	252	252	0	0	0	0	0	0
锚具	M15-8	套	988	8	90	202	168	150	330	40
锚具	M15-9	套	24960	208	2132	4732	4368	3900	8580	1040
支座板	PZ-5000	块	1920	16	164	364	336	300	660	80
支座板	PZ-4000	块	28	0	8	20	0	0	0	0
防落梁	δ24mm; Q235	块	1948	16	172	384	336	300	660	80
防落梁挡块	δ24mm; Q235	块	1948	—	4	284	340	352	640	328
接地端子	ϕ16mm	个	3910	32	344	768	672	600	1320	174
螺纹套筒	ϕ16mm	个	128120	1052	11309	25248	22092	19725	43395	5299
铝合金	290mm×178mm×3mm	块	487	4	43	96	84	75	165	20

周转材料需求计划 表 3-3

序号	材料名称	规格型号	单位	数量（套）	备 注
1	箱梁底模	32m	套	9	通桥（2016）2322-II-1
2	箱梁内模	32m	套	4	通桥（2016）2322-II-1
3	箱梁侧模	32m	套	9	通桥（2016）2322-II-1
4	箱梁端模	32m	套	5	通桥（2016）2322-II-1
5	箱梁内模	32m/24m	套	1	通桥（2016）2322-II-1、通桥（2016）2322-V-1
6	箱梁端模	24m 侧包端 1 块、端包侧 1 块	套	1	通桥（2016）2322-V-1
7	钢轨	P50	米	1180	
8	鱼尾板	P50	块	196	
9	鱼尾螺栓	P50	套	1176	
10	橡胶垫块	800mm×500mm×70mm	块	360	
11	橡胶抽拔管	φ70mm×18m	根	10	
12	橡胶抽拔管	φ80mm×18m	根	300	
13	橡胶抽拔管	φ90mm×18m	根	40	
14	活动板房	—	m²	4011	
15	钢结构	砂石料棚	m²	4390	
16	钢结构	钢筋加工棚	m²	3820	跨度 24m
17	钢结构	仓库	m²	864	
18	钢结构	锅炉房	m²	135	
19	钢结构	吊具	套	1	
20	钢结构	防雨养护一体棚	套	1	
21	钢筋整体绑扎胎具	32m；32m/24m	套	3	

梁场所需设备主要含施工设备、测量设备、检测设备、监控设备、交通运输设备等。

根据本项工程的施工特点、工程量和工期要求，配备足够的施工机械、设备，并充分考虑设备的使用率因素，确保工程各项目在施工阶段中所需的设备数量得到保障。箱梁预制施工机械设备计划见表 3-4，箱梁预制检测设备计划见表 3-5。

箱梁预制施工机械设备计划 表 3-4

序号	设备名称	设备型号	数量	单位	用电功率（kW）	备注
1	轮胎式提梁机	DLT900-40.5M	1	台		
2	架桥机	900t	1	台		

续上表

序号	设备名称	设备型号	数量	单位	用电功率（kW）	备注
3	运梁车	900t	1	辆		
4	通用门式起重机	MQ50/10t-40	2	台	50	
5	通用门式起重机	MH10t-40	1	台	30	
6	混凝土拌和站	HLS180	2	台	250	
7	叉车	5t	1	辆		
8	柴油发电机组	500kW/300kW	2	台		
9	洒水车	5t	1	辆		
10	混凝土搅拌运输车	12m^3	4	辆		
11	混凝土布料机	HGY19/2	3	台	10	
12	混凝土输送泵	HBT80.18.132SU	3	台	132	
13	轮胎式装载机	L53-C3	1	辆		
14	数控钢筋自动剪切生产线	LJ-GQX150	2	台	14	
15	数控钢筋自动弯曲中心	CW-32	1	台	11.8	
16	数控钢筋弯箍机	ZLG-12	1	套	29	
17	四机头钢筋弯曲中心	GW4L32A	1	台	27	
18	全自动钢筋调直切断一体机	LJ-TZ14	1	台	15	
19	自动张拉设备	TYZ/60-VII/YT	2	台	12	
20	卧式燃油蒸汽锅炉	WNS4-1.25-Q（Y）	1	台		
21	箱式电力变压器	YBP-12/0.4-630kVA	2	台		
22	拌和站温控系统	LY-410WHS	1	台	120	
23	智能静载系统	JSZK-1	1	台		
24	静载反力架	32m 箱梁	1	台		
25	智能压浆系统	TGZY/400-I/TK	1	台	30	
26	半自动压浆台车	—	1	台		
27	施工车辆	—	2	台		
28	单梁桥式起重机	LD10T-23.1MA3	2	台	19	
29	提浆整平机	HDA194	1	台	3	

续上表

序号	设备名称	设备型号	数量	单位	用电功率（kW）	备注
30	卷扬机	5t	2	台	7.5	
31	附着式高频振动控制系统	BPD-150	2	套	15	
32	洗石机	XS-100	1	台	11	
33	筛砂机	SS-100	1	台	11	
34	砂石分离机	SS-30	1	台	11	
35	电子汽车衡	SCS-150t	1	台		

箱梁预制检测设备计划　　　　　　　　　　　　　　　表 3-5

序号	设备名称	规格型号	单位	数量	精度级别
1	水泥胶砂搅拌机	JJ-5	台	1	
2	水泥胶砂振实台	ZT-96	台	1	
3	水泥净浆搅拌机	—	台	1	
4	新 ISO 维卡仪	—	台	1	
5	水泥细度负压筛析仪	FSY-150 型	台	1	
6	水泥标准粉	密度 320～350kg/m^3，细度 6％～12％	瓶	6	
7	水银	分析纯	瓶	1	
8	无水煤油	—	筒	1	
9	水泥胶砂流动度测定仪	NLD-3	台	1	
10	标准恒温恒湿养护箱	YH-90B	台	1	1％RH/0.1℃
11	水泥试件养护槽	150mm×120mm×190mm	个	50	
12	截锥圆模	上口ϕ36mm、下口ϕ60mm、高 60mm	个	1	
13	砂浆扩展度筒	上口内径 50mm，下口内径 100mm，高 150mm	套	1	
14	恒应力抗压抗折试验机	HYE-300/10	台	1	1 级
15	标准砂	—	袋	15	
16	中级标准砂	粒径 0.5～1mm，按粉煤灰需水比使用	袋	2	
17	标准水泥	按粉煤灰需水比使用	筒	5	

续上表

序号	设 备 名 称	规 格 型 号	单位	数量	精 度 级 别
18	搪瓷缸	—	个	2	
19	充盈度管（压浆）	ZST-5	个	6	
20	流动度测定仪	1725mL	个	4	
21	压浆压力泌水仪	符合《铁路后张法预应力混凝土梁管道压浆技术条件》（Q/CR 409—2017）附录 D	套	1	
22	毛细泌水桶（压浆）	内径 100mm，高 160mm，带盖，中间有根钢绞线	个	4	
23	箱式电阻炉	SX-4-10	台	1	
24	瓷坩埚	带盖小瓶，粉煤灰烧失量	个	10	
25	电热鼓风干燥箱	大号	台	1	1℃
26	高低温恒温水浴锅	HWY-30 型	台	1	0.1℃
27	标准测力环	EHB-5000	个	1	0.3 级
28	标准测力环	EHB-2000	个	1	0.3 级
29	千斤顶反力架	800t	台	1	
30	数显洛氏硬度计	HR-150A	套	1	0.5HR
31	单卧轴强制式混凝土搅拌机	HJW-60L	台	1	
32	含气量测定仪	LC-615A	个	1	0.1％Air
33	混凝土压力泌水仪	SY-3	台	1	
34	耐震压力表	0～60MPa	台	1	0.4 级
35	带密封盖有机玻璃容器	内径 100mm，高 160mm	个	3	
36	混凝土贯入阻力仪	HG-80	套	1	5N
37	5L 的带盖金属筒	内径 185mm，高 200mm	个	6	
38	带盖金属桶	上口内径 160mm，下口内径，净高 150mm	个	6	
39	坍落度筒	上口内径 100mm,下口内径 200mm，高 300mm	套	4	

续上表

序号	设备名称	规格型号	单位	数量	精度级别
40	混凝土静弹性模量测定仪	TM-2（环形）	套	1	
41	全自动控温控湿设备	FHBS-150	台	2	1%、0.1℃
42	混凝土振动台	1000mm×1000mm	台	2	
43	水泥游离氧化钙自动测定仪	FCAO-2型	台	1	
44	酸度计	PHS-3C	台	1	
45	电阻炉	1kW	个	1	
46	砂子分样器	—	台	1	
47	石子针状规准仪	360mm×20mm×5mm	个	2	
48	石子片状规准仪	190mm×115mm×3mm	个	2	
49	石子压碎指标测定仪	ϕ152mm×125mm	个	1	
50	容积升筒	1L、3L、5L、10L、15L、20L、30L、50L	套	1	
51	震击式标准振摆仪	ZBSX-92A	台	1	
52	减水剂含固量快速测定仪	—	台	1	
53	云母含量钢针	长针	个	2	
54	三角网篮	外径100mm，高150mm，网孔公称直径2～3mm，由铜丝制成（坚固性）	个	4	
55	三角网篮	直径70mm，高70mm，网孔径不大于0.3mm	个	6	
56	竹节式温度计	0～300℃	个	4	2℃
57	插入式建筑电子测温仪	JDC-2	个	2	
58	电子混凝土裂缝宽度检测仪	GTJ-FKY	台	1	0.01mm
59	电子混凝土裂缝深度测试仪	GTJ-FSY	台	1	0.01mm
60	涂层厚度测试仪	TT220	台	1	B级
61	测厚仪	HD10	个	1	
62	接地电阻测试仪	MS2302	台	1	

续上表

序号	设备名称	规格型号	单位	数量	精度级别
63	数显循环恒温水浴	HHW-600	台	1	
64	多功能混凝土钻孔取芯机	HZ-15F	台	1	
65	微机控制混凝土弹性模量专用试验机	TAW-2000H	台	1	1级，0.01kN
66	钢筋弯曲试验机	GW-40B	台	1	0.1度
67	弯曲机配送冲头	含直径48mm、60mm、64mm、72mm、80mm、88mm、90mm、100mm、110mm冲头	套	1	
68	全自动比表面积测定仪	FBT-9	套	1	
69	雷氏沸煮箱	FZ-31A型	台	1	
70	雷氏夹测定仪	LD-50	台	1	
71	雷氏夹	30mm×30mm	个	24	
72	水泥抗压夹具	40mm×40mm	台	1	
73	水泥游离氧化钙测定仪	Ca-5	台	1	
74	钢筋保护层检测仪	GTL-RBL	台	1	
75	塞尺	0.02~1.00mm	套	1	
76	钢筋标距仪	BJ-10	台	1	5mm/10mm双用
77	红外线测温计	AR360	块	2	
78	电液式万能材料试验机	WE-600B	台	1	1级精度
79	电液式万能材料试验机	WE-100B	台	1	1级精度
80	微机伺服钢绞线试验机	WAW-600B	台	1	0.01kN
81	混凝土电通量智能测定仪	KX-6	套	1	
82	混凝土智能真空饱水机	—	套	1	

3.3 劳动力计划

根据施工需要，荆门制梁场的箱梁预制施工配备5个专业施工工班，共计161人，分别为：钢筋工班（80人）、混凝土工班（51人）、张拉工班（12人）、起重维修综合工班（8人）和移梁工班（10人），劳动力配置计划见表3-6。

劳动力配置计划（单位：人）

表 3-6

人员类别		2021年计划										2022年计划									
		3月	4月	5月	6月	7月	8月	9月	10月	11月	12月	1月	2月	3月	4月	5月	6月	7月	8月	9月	10月
施工负责人		1	2	2	2	2	2	2	2	2	2	2	1	1	2	2	1	2	1	1	1
技术主管		1	1	1	1	1	1	1	1	1	1	1	1	1	1	1	1	1	1	1	1
专、兼职安全员		1	2	2	2	2	2	2	2	2	2	1	2	1	1	2	2	1	2	1	1
技术、质检、测量人员		3	4	4	3	4	4	3	4	4	3	4	2	3	4	4	3	4	2	3	2
管理人员		28	29	29	29	29	27	28	28	27	28	29	15	25	28	27	29	28	8	6	6
钢筋工	钢筋加工	15	20	20	20	20	20	20	20	20	20	19	12	14	18	20	20	10	8	0	0
	钢筋绑扎	35	43	60	60	60	60	60	60	60	60	60	20	45	56	60	60	40	0	0	0
模板工		10	12	12	12	12	12	12	12	12	12	12	8	10	10	10	10	8	0	0	0
混凝土工	拌和站	6	8	8	7	8	8	8	8	8	8	6	4	8	8	8	8	6	0	0	0
	洗石、筛砂	3	2	2	3	2	2	2	2	2	3	2	2	3	2	2	3	2	0	0	0
	混凝土浇筑	20	22	24	24	24	24	24	24	24	24	24	15	20	24	24	24	20	0	0	0
	养护	6	6	6	8	8	8	8	8	8	6	6	6	6	6	6	8	8	8	8	0
张拉工	张拉	6	8	8	8	8	8	8	8	8	8	8	6	6	8	8	8	8	8	6	0
	压浆、封端	4	5	6	5	6	6	6	6	6	6	6	4	6	6	6	6	6	6	0	0
维修工	电工	1	2	1	1	2	1	1	2	2	1	1	1	1	2	1	1	2	0	0	0
	钳工	2	1	1	2	1	2	2	1	1	2	2	1	2	1	1	2	1	1	0	0
移梁工	天车①司机	4	5	6	6	6	6	6	6	6	6	6	4	5	6	6	6	6	0	0	0
	移梁	4	6	6	6	6	6	6	6	6	6	4	6	4	4	6	6	6	6	0	0
	提梁机司机	2	2	3	2	2	3	2	2	3	2	2	3	2	2	2	2	2	2	0	0
合计		152	180	201	200	202	201	201	202	198	200	195	113	163	189	198	200	161	35	26	11

注：① "天车"学名为"桥式起重机"，本书按行业习惯，统一称"天车"。——编辑注

4 施工工艺技术

4.1 技术参数

荆门制梁场预制混凝土预应力简支箱梁桥面宽 12.6m，高 3.035m，32m 整孔箱梁重 790.3t，24m 整孔箱梁重 616.3t。箱梁预制施工主要从原材料进场检验、钢筋加工、钢筋绑扎、模板安装拆卸、混凝土拌制、混凝土浇筑、混凝土养护、张拉、压浆、封端、养护、提梁、运架梁等多方面对箱梁进行预制施工。

梁场配备通桥（2016）2322A-II/V-1 模型 9 套（其中双线 32m 配备 8 套、32m/24m 复合配备 1 套）；轮胎式 900t 提梁机 1 台、50t 门式起重机 2 台（40m 跨）、10t 门式起重机 1 台（40m 跨）、混凝土拌和站 2 组 HLS180 搅拌机、混凝土运输车 4 台、装载车 2 台、混凝土布料机 3 台、混凝土输送泵 3 台、数控钢筋自动剪切生产线 2 台、数控钢筋自动弯曲中心 1 台、数控钢筋弯箍机 1 台、四机头钢筋弯曲中心 1 台、全自动钢筋调直切断一体机 1 台、全自动智能张拉系统 2 套等。

4.2 工艺流程

箱梁预制共分 27 道主要工序。其中，关键工序 4 道，包括安装支座板、预应力管道及钢筋保护层的检查、安装内模、梁体混凝土养护；特殊工序为 5 道，包括梁体混凝土灌注、预张拉、初张拉、终张拉、管道压浆。后张法预制整孔箱梁施工工艺流程如图 4-1 所示。

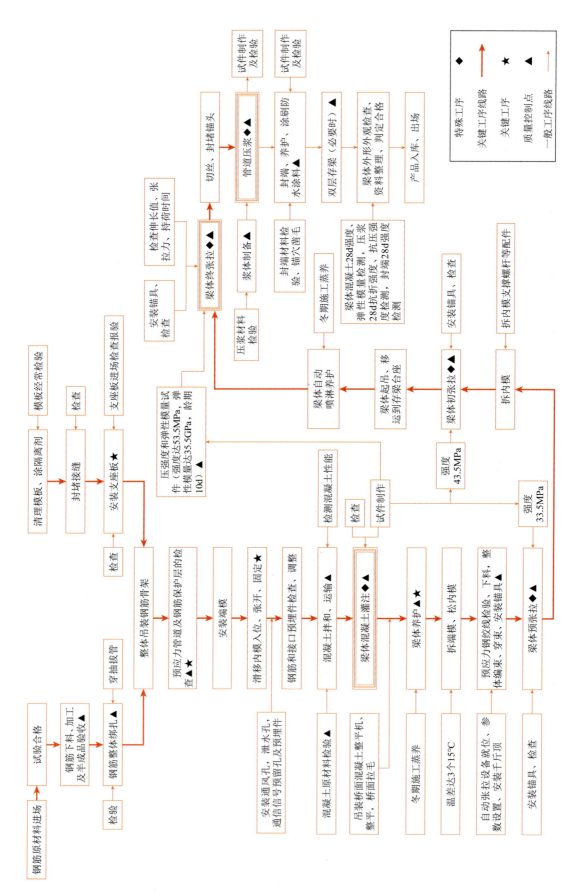

图 4-1 后张法预制整孔箱梁施工工艺流程图

4.3 施工方法及操作要求

4.3.1 原材料

1）水泥

（1）采用品质稳定、强度等级为42.5级的低碱硅酸盐水泥，氯离子含量不大于0.06%，不使用立窑水泥，以及早强、水化热较高和高铝酸三钙（C_3A）含量的水泥，其 C_3A 含量不高于8%，品质符合《通用硅酸盐水泥》（GB 175—2007）的规定。

（2）水泥检验项目及要求、型式检验及日常检验按照有关规定进行。

2）粗骨料

（1）选用坚硬耐久的岩碎石，压碎指标不大于10%，母岩立方体抗压强度大于100MPa，颗粒尽量接近等径状，品质符合《建筑用卵石、碎石》（GB/T 14685—2001）❶的规定。

（2）粗骨料粒径宜为5~20mm，分两级储存、运输、计量。5~10mm 颗粒质量占30%，10~20mm 颗粒质量占70%，最大粒径不超过25mm。松散堆积密度一般大于1500kg/m³，对较致密石子，如石灰岩密度大于1600kg/m³。

（3）选用无碱活性的粗骨料。

（4）粗骨料的品质指标见表 4-1。

粗骨料的品质指标　　　表 4-1

序号	项目		指标
1	含泥量（%）		≤0.5
2	泥块含量（%）		≤0.2
3	硫化物及硫酸盐含量（%）		≤0.5
4	紧密空隙率（%）		≤40
5	吸水率（%）		<1
6	坚固性指标（重量损失率）（%）		≤5
7	针片状含量（%）		≤5
8	压碎指标（%）		≤10
9	岩石抗压强度（MPa）		≥100
10	碱活性	岩相法	无碱-碳酸盐反应
		砂浆棒膨胀率（%）	膨胀率<0.1%，直接使用；0.1%≤膨胀率<0.20%，做抑制性试验，合格使用；膨胀率≥0.2%，不得使用

---

❶ 该规范现行版本为《建设用卵石、碎石》（GB/T 14685—2022）。

续上表

序号	项 目	指 标
11	粗骨料颗粒级配	符合相关规范要求
12	Cl⁻含量（%）	≤0.02
13	表观密度（kg/m³）	≥2600
14	堆积密度（kg/m³）	—
15	紧密密度（kg/m³）	—

3）细骨料

（1）细骨料选择颗粒坚硬、强度高、耐风化的天然中砂，严禁使用人工砂和海砂，细度模数为2.6～3.2，品质符合《建设用砂》（GB/T 14684—2001）❶的要求。

（2）严格控制云母和泥土的含量。

（3）选用无碱活性砂。

（4）细骨料的品质指标见表4-2。

细骨料的品质指标　　　　　　　　　表4-2

序号	项 目	指 标	
1	硫化物及硫酸盐含量（%）	≤0.5	
2	坚固性指标（重量损失率）（%）	≤8	
3	吸水率（%）	≤2.0	
4	氯离子含量（%）	≤0.02	
5	轻物质含量（%）	≤0.5	
6	云母含量（%）	≤0.5	
7	有机物含量	浅于标准色	
8	含泥量	≤2.0	
9	泥块含量	≤0.25	
10	硫化物及硫酸盐含量（%）	≤0.5	
11	碱活性	无碱-碳酸盐反应	不发生反应
		砂浆棒膨胀率（%）	膨胀率<0.1%，直接使用；0.1%≤膨胀率<0.20%，做抑制性试验，合格使用；膨胀率≥0.2%，不得使用
12	细度模数	2.6～3.2	

❶ 该规范现行版本为《建设用砂》（GB/T 14684—2022）。

4）矿物掺合料

（1）混凝土矿物掺合料应采用性能稳定的粉煤灰，性能指标应符合《铁路混凝土》（TB/T 3275—2018）的规定。

（2）优质粉煤灰的品质指标见表4-3。

优质粉煤灰的品质指标 表4-3

序号	项 目	指 标
1	细度（%）	≤12.0
2	Cl^-含量（%）	≤0.02
3	需水量比（%）	≤95
4	烧失量（%）	≤5.0
5	含水率（%）	≤1.0（对干排灰）
6	SO_3含量（%）	≤3.0
7	碱含量（%）	—
8	游离CaO含量（%）	≤1.0
9	CaO含量（%）	≤10
10	安定性指标（mm）	≤5.0
11	半水亚硫酸钙含量（%）	≤3.0
12	二氧化硅、三氧化二铝和三氧化二铁总含量（%）	≥70
13	密度（g/cm³）	≤2.6
14	活性指数（%）	28d

5）外加剂（减水剂）

（1）采用具有高效减水、适当引气、能细化混凝土孔结构、能明显改善或提高混凝土耐久性能的专用复合外加剂，尽量减少拌和水用量，外加剂必须满足有关规定。

（2）外加剂（减水剂）的品质指标见表4-4。

高性能缓凝型减水剂品质指标 表4-4

序号	检 验 项 目	指 标
1	水泥净浆流动度（mm）	—
2	Na_2SO_4含量（%）	≤5
3	Cl^-含量（%）	≤0.6

续上表

序号	检验项目		指标
4	碱含量（$Na_2O + 0.658K_2O$）（%）		≤10.0
5	减水率（%）		≥30
6	含气量（%）		≤3.0
7	1h含气量经时变化量（%）		−1.5～+1.5
8	60min坍落度损失（%）		≤60
9	常压泌水率比（%）		≤20
10	压力泌水比（%）		≤90
11	对钢筋的锈蚀作用		无锈蚀作用
12	凝结时间差（min）		初凝＞+90
13	28d收缩率比（%）		≤110
14	抗压强度比（%）	7d	≥140
		28d	≥130
15	相对耐久性指标（200次）（%）		≥80
16	含固量（%）		$S>25\%$，$0.95S$～$1.05S$；$S≤25\%$，$0.90S$～$1.10S$
17	甲醛含量（%）		≤0.05
18	pH值		应在生产控制值的±1.0之内
19	密度（g/mL）		$D>1.1$时，应控制在$D±0.03$；$D≤1.1$时，应控制在$D±0.02$

注：S为减水剂含固量的生产厂家控制值；D为减水剂密度的生产厂家控制值。

6）拌和及养护用水

（1）采用清洁干净饮用水，具备相关部门的水质检验报告，严禁使用海水，品质符合《混凝土用水标准》（JGJ 63—2006）的要求。

（2）水中不含有影响水泥正常凝结与硬化的有害杂质及油脂、糖类、游离酸类、碱、盐、有机物或其他有害物质。

（3）严禁采用污水、pH值小于或等于6.5的酸性水；严禁使用硫酸盐含量（按SO_4^{2-}计）超过600mg/L和氯离子含量大于500mg/L的水。

7）混凝土

梁体混凝土强度等级为C50，封锚混凝土采用等级为C50的干硬性补偿收缩混凝土。混凝土的各项性能指标符合《铁路混凝土》（TB/T 3275—2018）、《高速铁路预制后张法预应力混凝土简支梁》（GB/T 37439—2019）及《铁路混凝土工程施工质量验收标准》（TB

10424—2018）的要求，其中 C50 混凝土弹性模量为3.55×10^4MPa。混凝土（含封锚混凝土及防水层与保护层混凝土）中各种原材料引入的氯离子含量不应超过胶凝材料总量的0.06%，SO_3 含量不应超过胶凝材料总量的4.0%。

8）预应力体系

预应力钢绞线为 1×7-15.2-1860-GB/T 5224—2014❶。锚固体系采用自锚式拉丝体系，锚具应符合《铁路工程预应力筋用夹片式锚具、夹具和连接器》（TB/T 3193—2016），张拉设备采用与之配套的机具设备（可用于上传工管平台数据的智能张拉设备），管道采用抽拔管成孔。预应力钢绞线的各项性能除应符合《预应力混凝土用钢绞线》（GB/T 5224—2014）的规定外，钢绞线弹性模量的差值尚应满足同批不大于5GPa、各批不大于10GPa 的规定。

9）钢筋

HPB300 钢筋应符合《钢筋混凝土用钢 第1部分：热轧光圆钢筋》（GB 1499.1—2017）及国家标准第1号修改单的公告。

HRB400 钢筋应符合《钢筋混凝土用钢 第2部分：热轧带肋钢筋》（GB 1499.2—2018）及《高速铁路预制后张法预应力混凝土简支梁》（GB/T 37439—2019）的要求。

钢筋性能除应符合上述规范的规定外，每延米质量与公称质量偏差应小于 3.0%，HRB400 钢筋碳当量应不大于0.50%。钢筋生产不应采用余热处理（高压穿水）工艺。

10）防水层及保护层

材料应符合《时速350公里高速铁路常用跨度梁桥面附属设施》[通桥（2016）8388A]，施工工艺应符合《铁路桥梁混凝土桥面防水层》（TB/T 2965—2018）规定。

11）支座

支座应符合现行标准的规定，"通桥（2016）2322A"系列通用参考图中简支箱梁采用固定支座、纵向活动支座、横向活动支座、多向活动支座各一个。

12）桥面泄水管和管盖

梁体泄水管采用整体式 PVC 管材，管盖采用 PVC-U 材料，且 PVC 含量不应低于80%，其性能应符合《无压埋地排污、排水用硬聚氯乙烯（PVC-U）管材》（GB/T 20221—2006）的要求。泄水管及管盖配合应连接牢固，宜采用卡扣式连接，并应符合《建筑排水用硬聚氯乙烯（PVC-U）管件》（GB/T 5836.2—2018）的要求。

4.3.2 钢配件加工及安装

1）预埋件安装

预埋件指支座板、防落梁、接触网支柱、下锚拉线、综合接地系统、电缆上桥预埋槽

---

❶ 《预应力混凝土用钢绞线》（GB/T 5224—2014）。

道、梁面套筒预埋件等。通用要求如下所述。

（1）采用钢配件的包括支座板、防落梁预埋钢板、梁端伸缩缝预埋件、接触网支柱预埋件、拉线支柱预埋件、预留槽道、梁端检查梯预埋件、桥牌、桥面预埋套筒、综合接地系统等。

（2）所有配件制作均需委托专业厂家严格按施工图生产制作，经检验合格后，方可使用，施工中应避免焊接翘曲变形。

（3）钢配件、小型模型搬运中，严禁抛掷、摔砸、倾倒，以免变形，影响使用。

（4）钢配件应按设计位置进行安装，应安装牢固、位置准确、与模板密贴。浇筑混凝土时，配件周围不漏浆，浇筑过程中应确保不产生移位。

（5）梁体支座钢板、套筒及螺栓，接触网支柱预埋件，拉线支柱预埋件，梁端检查梯预埋件，综合接地系统预埋件，防落梁预埋件等按设计要求进行防腐蚀处理。

2）支座板、防落梁预埋板

（1）支座板预埋件进场之前由安质环保部进行检查验收，内容包括支座板的平整度、螺栓孔位置、孔径大小、垂直度及预埋筋、支座螺栓套筒与支座板的焊接质量等。防落梁、支座板套筒与预埋钢板为厂家焊接好的外购件，使用前必须进行检查，其加工必须符合图纸设计，经检验合格后，方准予使用。

（2）支座预埋件及防落梁预埋件采用底模开孔安装定位螺栓固定在底模上（每块不少于3个），安装完成后由安质环保部对预埋钢板安装质量进行检查。支座板质量检控要求按《高速铁路预制后张法预应力混凝土简支梁》（GB/T 37439—2019）规定执行，详见表4-5。

支座板、防落梁预埋件安装质量要求 表4-5

检 查 位 置	质 量 要 求
每块边缘高差	≤1mm
螺栓孔	垂直于梁底板
外露底面	平整、无损，无飞边，防锈处理，无空腹声
螺栓中心位置偏差	≤2mm
支座中心线偏离设计位置	≤3mm

（3）支座预埋钢板锚筋与端模锚穴冲突时，应适当调整锚筋弯钩方向，确保预应力孔道顺直。

（4）防落梁预埋预埋件时锚筋的N4'丝孔稍近，安装稍微不便，为保证锚筋安装牢固，相邻两个N4'锚筋安装时应适当调整弯钩方向。

（5）支座、防落梁预埋钢板安装时应事先在底模确定位置，预留螺栓孔，通过螺栓连接使其固定在模板上，混凝土浇筑完成后应及时拆除模板底部的连接螺栓。

3）预埋套筒

梁面预埋套筒为外购件，安装时钢筋螺纹、连接套筒及连接接头拧紧力矩等符合《钢筋机械连接用套筒》（JG/T 163—2013）的相关规定。钢筋螺纹套筒与连接钢筋的抗疲劳等性能指标应符合《钢筋机械连接技术规程》（JGJ 107—2016）的相关规定。钢筋螺纹套筒内径应与连接钢筋的直径相匹配，满足设计及规范要求；螺纹套筒应加盖防护盖以防止浇筑混凝土时落入杂物。钢筋螺纹套筒与连接钢筋必须完全匹配。预埋套筒预埋位置按照《桥上CRTS双块式无砟轨道预埋件设计图》[荆荆施（轨）-02-02]的要求布置，桥面横向钢筋与通长钢筋焊接成网片状，预埋套筒连接钢筋与网片焊接牢固，定位准确。螺纹套筒埋位置纵横向位置允许偏差为20mm，水平高差允许偏差−5mm～0。两端连接钢筋丝头拧入套筒内的长度为21mm，钢筋接头的拧紧力矩应符合《钢筋机械连接用套筒》（JG/T 163—2013）的要求。主要施工方法：在端模位置固定，使用紧绳器拉紧钢丝定位，尺量套筒高度，焊接完成后在套筒内安装保护盖，使用热缩管对套筒进行包裹，热吹收缩密贴。

4）接触网、下锚拉线预埋件

接触网支柱基础和拉锚线基础按照《沙洋西站至荆州站区间接触网平面布置设计图》[荆荆施（网）-H70JW02]中的设计里程布置，预埋件利用固定胎具进行定位，与桥面钢筋形成整体。

接触网支柱所用材料为钢筋和预埋件。接触网支柱基础（下锚拉线基础）必须由物资设备部、安质环保部共同进行外形尺寸及外观检查验收，验收合格后方能投入生产使用。

（1）钢筋施工应根据图纸的尺寸，校核不同型号规格钢筋的数量、长度及作用部位，填写配料表，下料时，严格按配料表尺寸下料，顺长度方向允许误差为±10mm，弯起位置误差为±20mm，所有钢筋除注明外均为标准弯钩，钢筋不得有马蹄形切口、重皮、油污，下好料后钢筋须分类堆放整齐。

（2）预埋件包括M39螺栓及两块预埋钢板。基础面以下150mm范围内的螺栓及其外露部分均应采用多元合金共渗+锌铬涂层+封闭层处理，预埋钢板1采用多元合金共渗+钝化层处理。

（3）预埋件安装。

①预埋件安装前依据即将生产的箱梁编号及工程技术部下发的"箱梁预制顺序表"，确定采用的接触网支柱基础及拉线基础的类型、数量、位置是否有电缆上下桥要求等，确保使用的类型、数量及位置符合设计要求。

②支柱基础组装：采用倒装的方法，即安装的预埋件与实际安装方向完全相反。接触

网支柱安放特定的胎具上，与胎具完全固定牢固，保证安放水平，检查螺栓的相对位置，位置准确后进行焊接。

③支柱基础安放，在绑扎顶板钢筋时，在设计位置放置支柱基础埋件，与梁体钢筋一起绑扎。接触网支柱基础处需对梁体桥面板钢筋进行局部加强，加强部位根据接触网支柱类型确定，由工程技术部具体通知为准。

④接触网支柱基础中预埋的M39螺栓，螺栓外露基础面190mm，螺纹长度190mm+5mm，配三个螺母，两个垫圈。

⑤支柱基础面保持水平，预埋钢板与基础顶面齐平，预埋螺栓与基础水平面垂直，螺栓顶部偏离垂直位置的距离不大于1mm。接触网支柱及拉线基础安装完成后，纵向位置用50m钢尺检查螺栓到端模的距离，横向位置用5m卷尺测量螺栓到翼缘板挡板的水平距离，竖向高度用5m卷尺测量螺栓顶到模板的高度，用小锤球及水平尺控制每个螺栓的垂直度及表面平整度，螺栓间距先用5m卷尺测量任意两个螺栓的间距，后用模具进行复测，待各项检查结果满足设计及规范要求，且质检员确认后，移交给下道工序。在混凝土浇筑施工前，利用配套的上钢板对接触网支柱基础和拉线基础螺栓进行间距控制，上钢板在上下均用螺母将其拧紧，以确保螺栓间距的准确性。

⑥接触网支柱基础安装完毕后，通过接地钢筋与梁体综合接地回路焊接在一起。安装误差、焊接质量满足表4-6的要求。

接触网支柱基础和下锚拉线基础预埋件安装质量要求 表4-6

序号	预 埋 要 求	允许偏差
1	螺栓组中心距线路中心线距离	0～50mm
2	螺栓组中心线顺线路方向偏移	±50mm
3	基础预埋件牢固可靠，螺栓外露长度及螺栓长度	0～5mm
4	螺栓相邻间距	±1mm
5	螺栓对角线间距	±1.5mm
6	预埋钢板与基础面齐平或略高	0～5mm
7	预埋钢板中部预留孔中混凝土略高于预埋钢板顶面	0～5mm
8	预埋钢板必须水平，高低偏差低于允许偏差	<5mm
9	螺栓必须垂直于水平面，每个螺栓中心偏差在顶端偏移低于允许偏差	<1mm
10	靠近线路侧螺栓连线的法线垂直线路中心线，一组螺栓的整体扭转在允许偏差范围内	±1.5°
11	基础面距轨面距离；基础面高出桥梁面距离；基础平台尺寸；预埋钢板尺寸	±5mm

⑦混凝土灌注完成后，将预埋钢板1及螺母取回仓库，先在螺栓的螺纹部分涂刷一层黄油，然后用胶带将螺栓外露部分包裹严密，以避免支柱安装前螺纹锈蚀或损坏。

5）通风孔

在箱梁两侧腹板及中腹板上设置直径100mm的通风孔，间距2m，通风孔距梁底距离1.9m，若通风孔与预应力管道位置干扰，可适当移动通风孔位置，且保证预留孔保护层厚度为35mm，在通风孔处增设直径170mm的螺旋钢筋（采用ϕ8mm圆钢加工）。

腹板通风孔采用ϕ100mm的通风孔模具成孔，模具通过自带螺栓固定在内、侧模板肋上，混凝土终凝后及时松动拔出，注意在混凝土浇筑过程及浇筑后不间断地转动通风孔模具，以免通风孔模具被混凝土凝结住难以拆除。

6）泄水孔

桥面泄水孔在桥面板竖墙两侧沿纵向设置4个ϕ160mm的PVC泄水管，泄水孔四周采用ϕ8mm圆钢加工的螺旋筋进行加固。泄水管固定采用"蘑菇"状特制工具，通过螺栓拉紧在内模上固定。在模板上于泄水管中心处钻一直径20mm的孔，确保混凝土浇筑时位置准确。底板泄水孔通过利用底模预留排水孔和内模支撑杆，将泄水管安装在支撑杆外侧，通过支撑杆自带螺栓与底模进行固定，从而保证底板泄水孔位置准确。

梁底板泄水孔按设计要求设置，采用ϕ90mm管成孔，泄水孔四周用ϕ8mm圆钢加工的螺旋筋进行加固。底板泄水管套于内模支撑钢管柱上，泄水管与内模支撑钢管柱间空隙均匀填充海绵以保证位置，泄水管顶部通过楔子在内模支撑架上楔紧，以防泄水管上浮，按设计图纸要求在泄水管处设置45°斜置的井字形钢筋进行局部加强。

在浇筑梁底板混凝土时，在底板上表面根据泄水孔位置设置一定的汇水坡。底板泄水管套于内模支撑钢管柱上，泄水管底部用玻璃胶粘接密封，泄水管顶部贴紧内模支撑架横梁以防泄水管上浮。

箱梁移至存梁台座后，及时用胶黏剂将外露泄水管与预埋泄水管进行连接，连接丝扣外露量不得超过3丝。

7）吊装孔

箱梁吊点设在梁端腹板内侧顶板上，每端吊点由4个吊孔组成，吊点的孔径（ϕ120mm）大小、位置、垂直度符合设计要求，吊环采用高强钢棒。在吊点的顶面及底面设置45°斜置的井字形钢筋，周边用ϕ8mm圆钢加工的螺旋筋进行加固（螺旋直径为190mm）。吊装孔待梁体架设后采用与梁体同级别的C50干硬性补偿收缩混凝土封堵，封堵前应凿毛并用水湿润后再封堵混凝土，进行局部防水及保护层施工。吊装孔成型采用ϕ120mm实心钢棒，使用角钢焊接卡具并连接于端模顶部进行固定。

8）电缆上桥预留锯齿形孔及预埋槽道

（1）在电缆上桥处相邻两孔梁的梁端设置与通信、信号、电力槽相对应的锯齿形槽口，深度为250mm，并设置250mm×50mm的倒角，使相邻两孔梁的锯齿形槽口对齐。

（2）锯齿型槽口主要由预埋槽道及加强筋组成，根据图纸的尺寸，校核不同规格型号钢筋的数量、长度及作用部位，并填写配料表，下料时，严格按配料表尺寸下料，顺长度方向允许误差为±10mm，弯起位置误差为±20mm，钢筋不得有马蹄形切口、重皮、油污，下好料后钢筋分类堆放整齐。

（3）绑扎时截断槽口范围的梁体横向、纵向结构钢筋，增加槽口处的竖向拉筋，预埋件钢筋避开预应力管道及锚具。

（4）对预埋件外露部分进行防腐处理，采用多元合金共渗＋钝化处理。

（5）锯齿形槽口采用定型钢模板，按照设计的平面位置进行安装，将锯齿形槽口模板固定在端模上，同时模板底部采用塑料薄膜进行包裹，确保在混凝土施工过程中槽口的平面位置不发生偏移及进浆。

（6）对于预埋槽道应提前将槽道内填塞塑料泡沫，并用塑料薄膜将其包裹，然后在钢筋骨架上标记出槽道的高度及平面位置，并在相应高度及平面位置的钢筋骨架外侧钢筋上用扎丝将其固定牢固。

（7）骨架入模后，再次确认槽道的位置及固定程度，确保槽道在施工过程中位置不发生较大变化。

9）综合接地

桥梁地段综合接地，是通过结构物内预埋的接地端子与贯通地线可靠连接，贯通地线铺设在两侧的通信信号电缆槽内，接地极充分利用桥墩基础设置，如图4-2所示。

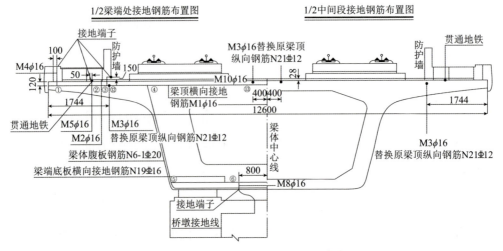

图4-2　综合接地立面示意图（尺寸单位：mm）

(1）综合接地设置

①接地端子采用直形接地端子，设在每跨梁的小里程方向距梁端 0.85m 处，桥面上共 6 处（有接触网支柱的增加 2 处）；底板接地端子距梁体中线 0.8m，位置偏差不大于 5mm，桥底板 2 处（与桥台相连的简支梁大里程端增加 2 处，具体梁号及位置由工程部下发通知）。

②梁体上表层设纵向接地钢筋，设于防护墙下部，并纵向贯通整片梁。

③纵向接地钢筋与梁端横向结构钢筋连接，实现两侧贯通地线的横连。

④用于综合接地的纵向和横向钢筋可利用原位置或附近的梁体非预应力钢筋，兼接地功能的其他结构钢筋和专用接地钢筋截面应满足接触网最大短路电流要求。施工时应对接地钢筋作出标示，便于检查。

⑤接地钢筋焊接采用搭接焊或 L 形焊接，接地钢筋采用 HPB300ϕ16mm 的圆钢。焊接长度单面焊不小于 10d（d 为钢筋直径），双面焊不小于 5d，焊缝厚度不小于 4.8mm，宽度不小于 12.8mm。

⑥梁体钢筋安置就位后，焊接梁体横向和上下接地钢筋可利用梁体结构钢筋，梁体腹板接地钢筋可采用梁体腹板钢筋 N6-1 代替，并按要求焊接牢固，纵横向钢筋采用 L 形焊接连通，不够长时采用搭接焊连接。

⑦防护墙施工时，防护墙内每隔 4m 预留 ϕ16mm 的接地钢筋。

⑧梁上设置接触网支柱时，支柱基础顶面预留接地端子，并用 M11 钢筋将接触网支柱基础底层预埋钢板 2 焊接牢固。同时用 M11 钢筋将纵向接地钢筋 N21 与底层预埋钢板 2（含拉线基础）焊接牢固。此外，每个接触网支柱基础锚栓均应与底层钢板 2 饱满焊接。

⑨梁内预埋接地端子，套筒最终表面应与最外层混凝土表面平齐，突出高度应控制在 2mm 以下。梁底两个接地端子应错开，不能焊接在同一根 N19 钢筋上，分别用两根 N19 钢筋和 N6-1 钢筋相连接入梁体顶面横向钢筋 N1。

⑩接地端子材质符合 Cr≥16％、Ni≥5％、Mo≥2％、C≤0.08％要求，每个接地端预埋端子设有 M16 内螺纹，其焊接工艺及套筒尺寸满足综合贯通地线上任意一点的接地电阻值不大于 0.05Ω 的规定，在箱梁浇筑前先进行电阻测试。

⑪施工过程中必须对接地端子表面采取封堵措施，严禁混凝土及其他杂质进入套筒内。

（2）综合接地检测

梁体内接地电阻检测采用直流双臂电阻电桥仪器，要求梁体内接地钢筋在浇筑前后进行电气完整性测量，直流电阻测量值不大于 0.05Ω，具体指标要求见表 4-7。

综合接地质量检验技术要求　　　　　　　　　　　　　　　表 4-7

序号	项　目	检 查 方 法	允 许 偏 差
1	接地钢筋位置	挂中线，钢卷尺测量	20mm
2	接地端子位置	用钢卷尺测量	5mm
3	接地端子垂直度	用直角尺配合片式塞尺测量	3mm
4	接地端子水平高度	用水平尺测量	0～2mm
5	焊接长度（单面焊）	用钢卷尺测量	≥10d
6	焊接厚度	用钢卷尺测量	≥4.8mm
7	焊接宽度	用钢卷尺测量	≥12.8mm
8	接地电阻值	QJ44 型直流电阻电桥测量	≤50mΩ

注：d 为钢筋直径（mm）。

（3）成品梁综合接地检测

当箱梁预制工序完成、入库后，采用直流双臂电阻电桥仪器对梁体综合接地进行检测，要求梁体内接地钢筋在贯通地线接入处的接地电阻不大于 0.05Ω。

10）徐变观测

沉降观测标采用 ϕ20mm 钢筋，长 110mm，顶部磨圆并刻画十字线。梁体变形观测点应设置在支点和跨中截面，简支梁每孔梁的测点设置 6 个，观测标埋设于梁顶面，高出梁面 10mm，对称布置。箱梁徐变观测前 3 孔，每孔都设置徐变观测标，以后每 100 孔选择一孔进行观测，梁体徐变变形观测点需在梁体施工完成后开始布置。梁体徐变变形观测频次见表 4-8。

梁体徐变变形观测频次　　　　　　　　　　　　　　　　表 4-8

观测阶段	观 测 频 次		备　注
	观测期限	观测周期	
梁体施工完成	—	—	设置观测点
预应力张拉期间	全程	张拉前、后各 1 次	测试梁体弹性变形
预应力张拉完成至轨道板(道床)铺设前	≥3 个月	张拉完成后第 1、3、5 天各 1 次，后 1 次/周	
轨道铺设期间	—	铺设前后各 1 次	
轨道铺设完成后	0～3 个月	1 次/月	
	4～12 个月	1 次/3 月	
	12 个月以后	1 次/6 月	残余徐变变形长期观测

11）预留钢筋

（1）桥梁预埋防护墙、竖墙钢筋的外露长度、间距必须严格按设计图进行施工，绑扎时用角钢进行限位控制，浇筑混凝土施工时必须设专人看护钢筋，防止因钢筋变形及移动影响桥上施工部分的质量。

（2）桥梁预留钢筋在场内存放时涂刷水泥浆防止锈蚀，箱梁顶面预埋钢筋纵横向位置允许偏差为10mm。

12）静载试验预留孔（根据静载设备型号，选择是否预留）

静载试验加载有5束精轧ϕ32mm螺纹钢需穿过箱梁翼板，在浇筑混凝土时要预留直径300mm孔道4个，前5孔作为样品梁预留，以后每隔60孔预留一孔，若3个月生产箱梁不足60孔，则3个月内生产的箱梁预留一孔。预留孔道钢筋设置同吊装孔，螺旋筋采用ϕ8mm圆钢加工而成，长度为370mm。在静载试验完成及架梁结束后，将孔内及时封堵，封堵混凝土采用同强度等级的C50干硬性补偿收缩混凝土，加设ϕ8mm@100mm双向钢筋网片三层，层间距100mm。静载试验预留孔的成孔工艺及定位措施同通风孔。

13）锚垫板

安装锚垫板时，用螺栓（不少于两个）将其与端模固定，并用双面胶粘贴的方式使垫板面与模板面贴紧，不同型号的锚垫板不得混淆。锚垫板安装就位后，应对其预留的管道中线进行检测，确保无误。

4.3.3 模板工程

1）模板设计与制作

（1）梁场采用固定式钢底模、侧模。模板进场需有出厂合格证，箱梁钢模板的设计和制作委托钢模厂家，钢模板的设计制造要有足够的强度、刚度、稳定性及密封性，确保梁体各部位尺寸正确、预埋件位置准确。模板全长及跨度要考虑反拱及预留压缩量。为便于拆模并提高表面光洁度，与混凝土接触表面均匀涂脱模剂。

（2）模板预留压缩量。

考虑预施应力时梁体的弹性压缩及混凝土的徐变、收缩影响，使梁长缩短，拼装模板时跨度按设计预留压缩量，31.5m梁设计预留压缩量为底部14.4mm，顶部5.6mm，23.5m梁预留压缩量为底部7.9mm，顶部4.0mm；梁场模板拼装时31.5m梁预留压缩量为底部14mm，顶部6mm，23.5m梁预留压缩量为底部8mm，顶部4mm。

2）模板安装工艺

模板安装工艺流程如图4-3所示。

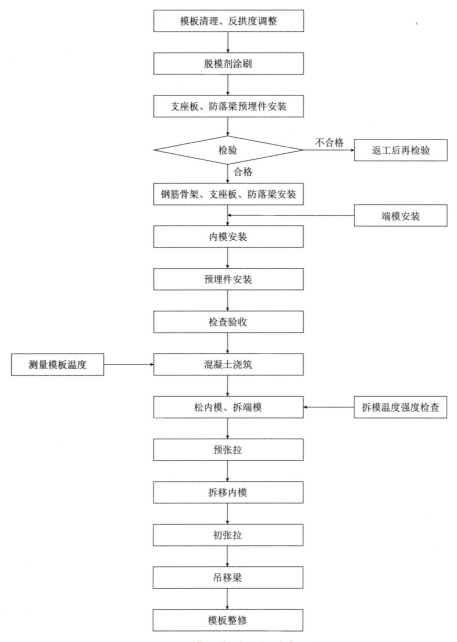

图 4-3 模板安装工艺流程图

3）底模的安装与检查

（1）预制箱梁采用固定钢底模。底模逐段拼接，拼接时需注意保证各段的中心线在同一直线上对齐。在底模与制梁台座三道条形钢结构基础之间加塞钢垫板，通过精确抄平来控制反拱值，以确保底板弧线平顺，并与条形基础上的预埋钢板焊接牢固。

（2）底模板采用分块连接拼装而成，块与块之间采用螺栓连接，严格按照预先设计反拱值进行调整。在调整完成后在泄水孔的位置打好螺栓孔，以便定位泄水孔（预埋直径为90mm 的 PVC 管）的位置。预制首批箱梁时，每生产完一孔梁，都必须对底模高程进行测量监控并及时调整，等沉降稳定后可以减少检查的频次。

（3）底模螺栓孔的预留。桥型支座应根据桥上设计采用的桥面附属构造及无砟轨道结构重量核实二期恒载数值，并结合二期恒载分档选用。本梁场 23.5m 跨箱梁采用 TJQZ-4000 型、31.5m 跨箱梁采用 TJQZ-5000 型球型钢支座，同时设计有防落梁挡块，支座预埋钢板通过螺栓连接固定于底模上，因此底模加工时须预设螺栓孔，螺栓孔直径及位置偏差不大于 1mm，确保预埋钢板预埋位置准确。

（4）梁端线的标示。为准确控制端模支立位置，保证梁体下缘长度满足要求，在底模面板上标出梁端线，即端模支立控制线。梁端线放线，从底模跨中位置分别向两端拉尺放线，放线尺寸考虑梁体下部预留压缩量。

（5）模板连接。底模与侧模采取侧包底、与端模采取底包端的方式利用螺杆连接，结合部位嵌入橡胶条密封，底模横梁上设置横向带螺纹对拉拉杆，用以固定两侧模。为防止模板接缝处漏浆，临时拼接处用胶带纸或海绵等封闭，接缝处错牙不得超过 1mm。

（6）底模反拱设置。为部分抵消张拉后产生的上拱度，在跨中处预设反拱，31.5m 梁跨中反拱值按设计取值 16mm，由跨中向两端按二次抛物线布置，23.5m 梁跨中反拱值按设计取值 6mm，各梁型底模预留反拱度分别见表 4-9、表 4-10。

跨度 31.5m 梁底模预留反拱度 y   表 4-9

距跨中位置 x（m）	0	2	4	6	8	10	12	14	15.75
y（mm）	0	0	1.0	3	4	7	9	13	16

注：$y = 16 \times 4x^2/31.5^2$，跨中预留反拱为 16mm。

跨度 23.5m 梁底模预留反拱度 y   表 4-10

距跨中位置 x（m）	0	2	4	6	8	10	11.75
y（mm）	0	0	1	2	3	4	6

注：$y = 6 \times 4x^2/23.5^2$，跨中预留反拱为 6mm。

待首件梁体终张拉完成 30 天，且生产 10 榀同跨度梁后，通过数理统计分析梁长和反拱值的变化，调整预留压缩量和反拱值。

（7）底模检查及验收。

底模安装完成后，在投入使用前，由安质环保部检查验收。当底模因某种原因经过大修或改装后，须重新组织验收，合格后方可投入使用。验收过程中填写验收记录，作为底模投产使用的依据，验收内容及标准如下：

①底模强度、刚度和稳定性能满足施工要求；

②底模基础安置于可靠的基底上，不下沉；

③底模尺寸允许偏差符合表 4-11 要求。

底模尺寸允许偏差 表 4-11

序号	项 目	允 许 偏 差	检 验 方 法
1	底模板中心线与支座中心偏差	≤2mm	钢尺配合全站仪检查
2	反拱允许偏差	平顺、误差不大于梁设计拱度±1mm	水准仪抄平检查
3	底模不平整度	≤2mm/m	水准仪抄平检查
4	底模宽度	+5mm, 0	拉线尺量检查
5	底模总长	±10mm	拉线尺量检查
6	底模支座板高差	≤2mm	水准仪
7	对角线误差	≤10mm	50m 卷尺
8	支座板、防落梁预埋板预留螺栓孔位置偏差	≤1mm	游标卡尺
9	跨度线位置偏差	≤2mm	钢尺配合全站仪检查

每次移梁完成后，都须对底模进行表 4-11 所列项目的检查，确认底模是否损伤或变形。

（8）底模的调整、维修。

底模检查完毕，对不符合要求的部位进行调整，调整完毕，对调整部位进行复验。底模须定期维修保养，对偏差较大的部位及偏差有加大趋势部位，及时调整。

4）内模、端模的安装和拆除

（1）侧模安装验收合格后，在钢筋骨架吊装前，先安装预埋件，主要包括：支座板、防落梁、电缆上桥预埋槽道、接触网支柱（下锚拉线）等，钢筋骨架、模板就位后再安装其他成孔装置（泄水管、腹板的通风孔、吊装孔、梁端电缆槽预留槽口等），根据梁图绘制工装图纸，并制作相应工装固定预埋件位置，确保符合图纸精度要求。

（2）端模安装步骤及注意事项如下所述。

①端模板进场后对其进行全面检查，保证其预留孔偏离设计位置不大于 3mm，保证锚穴倾角符合图纸设计要求，在每个锚穴做好竖向和水平中心线后对锚穴倾角进行测量并做好记录。端模采用整体式拼装，端模安装完成后，橡胶管与锚穴喇叭口间插入橡胶护套堵浆。

②端模安装前先将锚垫板安装在端模上，并核对其规格和位置后紧固，锚垫板与端模要密贴，将锚垫板上的压浆孔用海绵堵塞（注意压浆孔朝上）；螺旋筋应与锚具对中，螺旋筋的首圈钢筋距锚垫板的距离不宜大于 25mm。

③梁体钢筋骨架绑扎好并吊装就位后开始安装端模。安装端模时，将橡胶抽拔管穿过

相对的端模锚垫板孔慢慢就位。因管道较多，安装模板时一方面要特别注意不能将橡胶抽拔管挤弯，重点检查橡胶抽拔管的坐标，保证锚垫板与橡胶抽拔管垂直，否则会造成端部有死弯，在张拉时损伤钢绞线；另一方面要注意锚垫板在对位时避免顶撞钢筋骨架，以免引起橡胶抽拔管移位。橡胶抽拔管安装完成后用支架支撑胶管端头，确保橡胶抽拔管与喇叭口同心。

④安装前检查板面是否平整光洁、有无凸凹变形及残余黏浆，端模管道孔眼须清除干净。

（3）内模安装步骤及注意事项如下所述。

①本梁场内模为液压分段拼装式结构，采用卷扬机拖拽滑移内模。内模安装流程为内模整修→安装内支撑杆→安装连接螺栓、固定内模→检查各支撑是否牢固→钢筋骨架吊装→内模托架安装→端模安装→内模滑移并安装。

②安装前先检查模板是否清理干净，是否已涂刷脱模剂。内模在专门的内模检修台位上拼装、清理、维修。

③梁体端模就位后，开始安装内模。内模板装在液压台车上，在内模与外模预拼装时依靠液压缸的驱动使模板张开和收缩，其张开状态的外形尺寸与箱梁的孔洞尺寸吻合，其收缩状态应小于箱梁端部变截面内腔，以利于整体内模通过端部截面。内模拼装完成后，利用卷扬机拖至调整好的制梁台座钢筋骨架内，依靠液压缸的驱动使模板张开至设计位置，内模拼装完毕后检查腹板的厚度，不可因模板偏向一侧而使腹板的厚度改变。

④液压整体内模在扩收过程中，可能会出现液压缸不同步造成扭曲变形而报废，无法修整，应保证液压缸同步。

⑤为防止内模上浮，增加内模的重量，并将内模与底板泄水孔预埋（支撑内模）立柱横梁间连接；内模与侧模采用通风孔预埋管件进行定位，利用内模的液压缸和螺旋顶伸拉杆支撑，以保证内模定位准确。

⑥内模安装过程中要采取措施避免模板直接撞击梁体钢筋，以免钢筋骨架窜位，影响保护层厚度及孔道坐标尺寸。

⑦内模安装完后，检查各部位尺寸。

⑧内模安装技术要求如下所述。

内模的整体拼装尺寸必须保证梁体的外形尺寸，其单件制造误差满足总体拼装后尺寸误差。内模拼装成整体后各部尺寸的误差须符合下列规定：

a. 内模全长误差±10mm，全宽误差0～5mm，全高误差±5mm；

b. 内模拼缝错台小于2mm，不平整度用1m长靠尺量测小于2mm。

（4）混凝土灌注前须有专人对模板进行检查，灌注混凝土时有专人看模。看模人员要时刻注意模板及各连接部件在振捣状态下有无异常反应，并防止螺栓松动、跑浆等，如有问题立即停止振动及时处理。

（5）模板全部安装完毕后，必须按标准进行最终调整，等各部位尺寸都达到要求后（模板安装尺寸允许误差），按桥梁模板检查表项目内容，填入检查数据。灌注混凝土时，必须设专人值班，负责检查模板、连接螺栓及扣件，如有松动随时紧固。

（6）各部尺寸的施工允许偏差须符合表 4-12 规定。

模板安装尺寸允许偏差　　　　　　　　　　　表 4-12

序号	项　　目	允　许　偏　差
1	模板总长	±10mm
2	跨度	±10mm
3	底模板宽	+5mm，0
4	桥面左右对角线差	≤10mm
5	底模左右对角线差	≤10mm
6	底模板中心线与支座中心偏差	≤2mm
7	桥面板中心线与支座中心偏差	≤10mm
8	腹板中心与支座中心偏差	≤10mm
9	模板高度偏差	±5mm
10	模板倾斜度偏差	≤3‰
11	模板平整度	≤2mm/m
12	桥面板宽度偏差	±10mm
13	底模支座板处高差	≤2mm
14	腹板厚度偏差	0～5mm
15	底板厚度偏差	0～5mm
16	顶板厚度偏差	0～5mm
17	端模板预留孔偏离设计位置	≤3mm
18	端模板预应力孔道位置偏差	≤3mm
19	端模板锚穴预设角度偏差	0.5°
20	内模板高度及纵向中心线偏离设计位置	±5mm
21	模板外观	无锈、平整、光滑

（7）模板拆卸步骤及注意事项如下所述。

①模板的拆卸按照模板安装的逆向进行，首先拆除内模支撑杆，依靠液压缸的驱动收起侧板后拆除端模；松千斤顶，落下主梁，并用卷扬机拖拉移出内模。每片梁施工前必须对底模的反拱重新进行检查。

②经试验室试压随梁养护混凝土试件强度，确定梁体混凝土强度达到33.5MPa（60%＋3.5MPa）以上，梁体混凝土芯部与表面、箱内与箱外、表层与环境温差均不大于15℃，且能保证梁体棱角完整时可以拆模。但气温急剧变化时不得拆模，环境温度低于0℃时，必须等待表层混凝土冷却至5℃以下方可拆模，在炎热或大风干燥季节，需采取边拆模边浇水（或涂养护剂），防止水分丧失过快。

③模板拆除程序为松内模→拆端模→预张拉→脱内模→初张拉→提梁。

④拆除端模时，先用10t螺旋式千斤顶将端模与侧模松开，然后用门式起重机吊装移出，严禁重击或硬撬，避免造成模板局部变形或损坏混凝土棱角。模板拆下后，及时清除模板表面和接缝处的残余灰浆并均匀涂刷隔离剂，与此同时还要清点、维修、保养、保管好模板零部件，如有缺损及时补齐，以备下次使用，并根据消耗情况酌情配备足够的储存量。

⑤拆除内模时，松开内模与侧模、内模与底模在对应通风孔、泄水孔和支座板的紧固连接件，再把内模内腔中的支撑螺杆全部松开，利用内模的自动收缩系统把内模收缩到可移出状态。最后采用卷扬机把内模拉至内模存放区。

⑥拆除时须缓慢匀速进行，并有专人指挥，拉出后及时拆卸滑道并清点各种配件，并对模板进行清理、检查以及涂油的工作，然后张开到设计尺寸，用机械撑杆撑好以备下次使用。

⑦提梁后，及时清除模板表面和接缝处的灰渣、杂物，并均匀涂刷脱模剂。底模检查其反拱、全长、跨度及支座平面是否符合安装验收要求，若不能满足时，要重新校正到允许范围内，方可再次投入使用。同时，加强清点和维修保养，保管好模板零星部件，有缺损及时补充，以备下次使用。

4.3.4 钢筋工程

1）钢筋的运输及储存

（1）进场的钢筋须按牌号、规格、厂名、级别分批架空堆置在存放区内。钢筋必须架空于地面，并在上部做好防雨淋、污染等措施。

（2）钢筋在运输、贮存过程中要防止锈蚀、污染和避免压弯。装卸钢筋时，不得从高处抛掷。

(3)钢筋使用随开捆(盘)随使用,做好开捆(盘)钢筋的防护工作。

2)工艺流程

钢筋加工及安装工艺流程如图4-4所示。

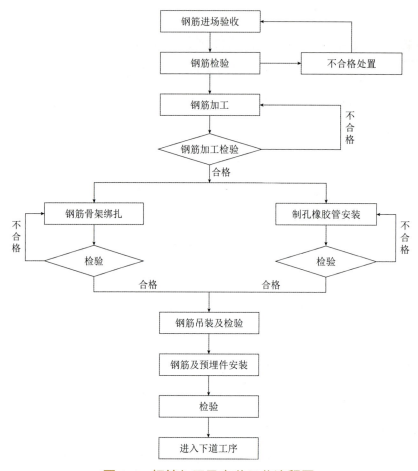

图4-4 钢筋加工及安装工艺流程图

3)钢筋下料

钢筋下料根据所生产桥梁的配筋图,分别计算钢筋的下料长度和根数。

(1)钢筋下料长度计算

钢筋下料长度根据构件尺寸、混凝土保护层厚度、钢筋弯曲调整值和弯钩增加长度等规定综合考虑。

$$\left.\begin{array}{l}直钢筋下料长度 = 构件长度 - 保护层厚度 + 弯钩增加长度 \\ 弯折钢筋下料长度 = 直段长度 - 弯曲调整值 + 弯钩增加长度 \\ 箍筋下料长度 = 箍筋内周长 + 箍筋调整值 + 弯钩增加长度\end{array}\right\} \quad (4-1)$$

①弯曲调整值。

钢筋弯曲后有两个特点:一是在弯曲处内皮收缩、外皮延伸、轴线长度不变;二是在弯曲处形成圆弧。钢筋的量度方法是沿直线量外尺寸,因此,弯起钢筋的量度尺寸大于下料尺寸，两者之间的差值称为弯曲调整值。弯曲调整值根据理论推算并结合实践经验取值，见表4-13，钢筋弯曲时的度量方法如图4-5所示。

钢筋弯曲调整值　　　　　　　　　表4-13

钢筋弯曲角度（°）	30	45	60	90	135
钢筋弯曲调整值	0.35d	0.5d	0.85d	2d	2.5d

注：d为钢筋直径。

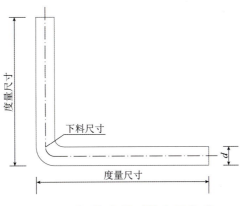

图4-5　钢筋弯曲时的度量方法

②弯钩增加长度。

弯钩增加长度是指在钢筋构造长度基础上因弯钩需要增加钢筋下料的长度。钢筋的弯钩形式有三种：半圆弯钩、直弯钩及斜弯钩。

（2）下料计算的注意事项

①在设计图纸中，钢筋配置的细节问题没有注明时，按构造要求处理。

②下料计算时，要考虑钢筋的形状和尺寸在满足设计要求的前提下有利于加工安装。

③下料时，还要考虑施工需要的附加钢筋，如孔道定位网的钢筋井字架等。

4）钢筋加工

（1）钢筋加工一般要求

①钢筋表面的油渍、漆污、水泥浆和利用锤敲击能剥落的浮皮、铁锈等均清除干净。钢筋局部除锈可采取人工用钢丝刷进行。如除锈后钢筋表面有严重的麻坑、斑点等，已伤蚀截面时，剔除不用，不得使用带有蜂窝状锈迹的钢筋。

②钢筋平直、无局部弯折。

③加工后的钢筋，表面无削弱截面的伤痕。

④钢筋加工前须调直。

（2）钢筋切割

①切割工艺。

切割工艺流程为备料→划线→切断。

备料时将同规格钢筋根据不同长度长短搭配，统筹排料；先断长料，后断短料，减少短头，减少损耗。

划线（固定挡板）时要避免用短尺量长度，防止在量料中累计误差。在切断机和工作台相对固定的情况下，可在工作台上设置可固定断料的活动挡板，下料时以切断机的固定刀口作为起始线，活动挡板作为末端。

钢筋的切断分手工切断和机械切断。钢筋直径小、工作量小时可采用手工断线钳切断，其余大部分情况下采用机械切断。钢筋的切断工艺：

a. 钢筋切断机安装刀片时螺栓要紧固，刀口要密合（间隙≤0.5mm），固定刀片与冲切刀口的距离（对直径<20mm 的钢筋宜重叠 1～2mm，对直径>20mm 的钢筋宜留 5mm 左右），刀刃要磨成一定的角度。

b. 将要切断钢筋的长度用石笔标志在工作台上，沿标志固定挡板，将钢筋端头顶齐，如有弯折部分要先将弯折部分切断再顶齐。

c. 钢筋端头要顶到活动挡板，将钢筋放入自动剪切机刀口切断，为防止差错，要先试断一根，检查合格后，再成批切断。

钢筋一次可切断数量要求见表 4-14。

钢筋一次可切断数量要求　　　表 4-14

可切直径（mm）		6～8	9～12	13～16	17～20	21～25
类别	HPB300	6	5	3	3	2
	HPB400	6	5	3	2	1

②质量要求。

a. 钢筋的断口不得有马蹄形或起弯等现象。

b. 钢筋的下料长度力求准确，其允许偏差±10mm。

c. 下料时根据施工图中梁体钢筋的编号和下料尺寸的长短，统筹安排以减少钢筋的损耗。

d. 钢筋下料时要先下长料，后下短料，去掉外观有缺陷的地方，钢筋下料长度误差为±10mm。

e. 盘条光圆钢筋在加工弯制前先用调直机调直。

f. 在切断过程中，如发现钢筋有裂纹，立即停止工作并及时向主管工艺技术人员反映，妥善处理；钢筋断口不得有起弯现象；钢筋切断检查标准见表4-15。

钢筋切断检查标准　　　　表4-15

序号	项　　目	标　　准
1	钢筋调直弯曲（1m直尺靠量）	≤4mm/m
2	钢筋切断长度偏差	±10mm
3	钢筋外观	无氧化铁皮、无裂纹

③钢筋切断注意事项。

a. 当机械运转时，任何情况下不得触及运转部分，特别不要将手放在刀片剪切位置，钢筋切断时在钢筋的摆动范围内非操作人员不准停留，严禁超机械负载能力切断。

b. 切断长钢筋的两端要有人握住，防止摆动伤人。切短料时，手离刀口距离要大于300mm。

（3）钢筋调直

采用钢筋调直机作业，其工艺流程为备料→调直机调直→截断→码放→转入下道工序。

将需调直的盘条钢筋吊放在距调直机3~4m处，将调直机限位器长度调至钢筋所需的长度（如长度超出调直机支架范围，则需将支架延长），桁架式起重机放盘，将盘条一端喂进调直机的调直筒内。

①钢筋调直机安装必须平稳，料架、料槽应安装平直，并应对准导向筒、调直筒。调直筒和下切刀孔的中心线对齐。电机必须采用接零保护。

②用手转动飞轮，检查传动机构和工作装置，调整间隙，紧固螺栓，确认正常后启动空运转，并应检查轴承无异响。齿轮啮合良好，待运转正常后，方可作业。

③按调直钢筋直径，选用适当的调直长度及传动速度，调直长度短于2m或直径大于9m的钢筋应低速进行。经调试合格，方可送料。

④在调直块未固定、防护罩未盖好前不得送料。作业中严禁打开各部件防护罩及调整间隙。

⑤当钢筋送入后，手与拽轮必须保持一定距离，不得接近。

⑥送料前应将不直的料头切去。导向筒前应装一根1m长的钢管，钢筋必须先穿过钢管再送入调直前端的导孔内。当钢筋穿入后，手与压轴必须保持一定距离。

⑦作业后，应松开调直筒的调块并回到原来位置，同时预压弹簧必须回位。

⑧机械上不准搁置工具，避免物件因振动落入机体。

⑨圆盘钢筋放入圆圈架上要平稳，乱丝或钢筋脱架时，必须停机处理。

⑩开动调直机，钢筋开始自动调直并按调直机限位器所确定的长度自动截断，调直钢筋直径误差为±0.4mm。

⑪调直过程中不应损伤带肋钢筋的横肋，调直后的钢筋应平直，不应有局部弯曲、死

弯、小波浪形等现象。

⑫已调直的钢筋，必须按规格分成小捆，散乱钢筋随时清理堆放整齐。

（4）钢筋弯制

钢筋在弯曲成型前，首先根据钢筋加工图纸熟悉钢筋的规格、形状和各部分尺寸，以便确定弯曲操作步骤和准备机具等。图纸标注尺寸系钢筋轴线中心到中心的间距尺寸，钢筋端部带有弯钩者，其标注尺寸系自弯钩外皮切线与钢筋轴线交点起算。异型钢筋在弯制成型前，应在工作台上、水泥地面上按照1∶1的比例放出大样图，作为钢筋弯曲成型的比例标准。

①钢筋弯曲前，对形状复杂的钢筋，根据钢筋设计尺寸，用石笔将各弯曲点位置划线，然后固定弯点长度挡板。划线时应注意以下几点：

a. 根据不同的弯曲角度扣除弯曲调整值，其扣法是从相邻两段长度扣一半；

b. 钢筋端部带半圆弯钩时，该段长度划线时增加 $0.5d$（d 为钢筋直径）；

c. 划线工作从钢筋中线开始向两边进行；两边不对称钢筋，从一端开始划线，如划到另一端有出入时，则重新调整；

d. 第一根钢筋成型后与设计尺寸核对一遍，完全符合后或符合限差要求后，再成批生产。

②设计图纸所标尺寸为钢筋中心线间距尺寸。钢筋端部有标准弯钩者，其标注尺寸为自弯钩外皮顶切线与钢筋轴线交点的尺寸，如图4-6～图4-9所示，图中D为弯曲直径，d为钢筋直径。

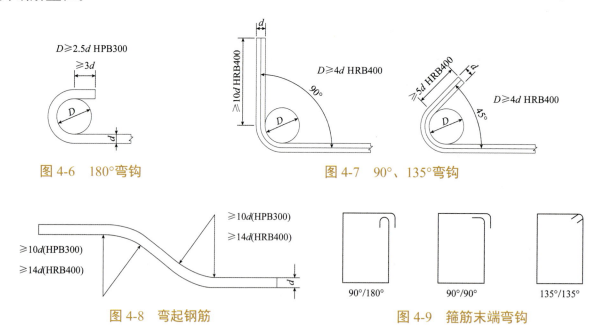

图 4-6　180°弯钩

图 4-7　90°、135°弯钩

图 4-8　弯起钢筋

图 4-9　箍筋末端弯钩

a. 所有受拉热轧光圆钢筋的末端做成180°的半圆形弯钩，弯钩的弯曲半径≥$2.5d$，钩端留有不小于$3d$的直线段。

b. 热轧带肋（月牙肋、等高肋）钢筋的末端采用直角形弯钩或斜弯钩，直角弯钩端的直线段长度≥10d，135°弯钩直线段长度≥5d，弯钩的弯曲直径≥4d。

c.弯起钢筋弯成平滑的曲线，其曲率半径大于钢筋直径的10倍（光圆钢筋）或14倍（带肋钢筋）。

③钢筋弯制时先试弯一根，检测其各部尺寸是否符合规范要求，过程中如发现钢材脆断、过硬、回弹或对焊处开裂等现象及时停止制作并向主管技术人员反映，查出原因后正确处理。

④箍筋的末端向内弯曲，以避免伸入保护层。

⑤预应力管道定位网片采用点焊加工，其尺寸误差±2mm，其中，水平筋的尺寸是对最下一根钢筋中心而言，竖向钢筋的尺寸是对网片中心而言。网眼尺寸根据橡胶管制定，具体尺寸根据工程技术部下发的橡胶管钢筋定位网图纸进行加工。

⑥对于弯曲角度不为90°的异型钢筋，在弯曲机上安装弯曲角度定位销，对弯曲角度进行限制，确保弯曲角度的准确。

（5）质量要求

①钢筋形状正确，平面上没有翘曲不平现象。

②钢筋末端弯钩的净空直径满足设计要求。

③钢筋弯起点处不得有裂缝，对钢筋不能弯过头再回弯。

④钢筋截断及成型允许偏差符合《高速铁路桥涵工程施工质量验收标准》（TB 10752—2018）的规定，钢筋成型检查标准见表4-16。

钢 筋 成 型 标 准　　　　　　　　表4-16

序号	项　目	标　准
1	标准弯钩内径	HRB400，≥4d（90°）
2	标准弯钩平直部分	≥5d
3	长度尺寸误差	±10mm；受保护层影响的为-10mm
4	弯起钢筋的弯起位置误差	±20mm
5	箍筋、马蹬筋中心距尺寸	±3mm
6	钢筋标准弯钩外形与大样偏差	±0.5mm
7	成型筋外观	平直、无损伤，表面无裂纹、油污、颗粒状或片状老锈

注：L为钢筋长度（mm）；d为钢筋直径（mm）。

⑤钢筋加工成型后，各种型号钢筋抽取3根进行检查。检查合格后，按编号分类、分批、整齐存放于钢筋半成品存放区，下用钢筋支架或方木、混凝土枕垫起，防止锈蚀和污染，并设置标识牌。

（6）钢筋的连接

本梁场综合接地系统钢筋、接地端子与预应力定位网钢筋的连接采用电弧焊。

①一般要求。

不同编号钢筋之间设计要求焊接连成一个整体时，采用搭接电弧焊，搭接电弧焊接头除满足强度要求外，须符合下列规定。

a. 搭接接头的长度和焊缝的总长度满足设计要求。

b. 接地端子与专用接地钢筋或者接地钢筋间的连接采用搭接焊工艺，单面焊接长度单面焊 $10d$，双面焊 $5d$，焊缝厚度不小于 4.8mm，宽度不小于 12.8mm。

c. 电弧焊接，采用平焊搭接的双面焊或单面焊。

d. 电弧焊接操作人员必须经过培训，取得相应资格后方可作业。

e. 电弧焊接用的焊条可按表 4-17 选用。

电弧焊接时使用焊条规定　　　表 4-17

钢 筋 牌 号	帮条焊、搭接焊	电 流 种 类
HRB400/HPB300	E5003/E5516/E5515	交流或直流正、反接

②电弧焊工艺。

a. 施焊时，引弧在搭接钢筋的一端开始，收弧在搭接钢筋端头上，弧坑须填满。多层施焊时，第一层焊缝要有足够的熔深，主焊缝与定位焊缝特别是在定位焊缝的始端与终端，须熔合良好。

b. 焊接过程中及时清渣，焊缝表面光滑平整。

③质量检查。

电弧搭接焊的接头要逐个进行外观检查，并符合下列规定。

a. 用小锤敲击接头时，钢筋发出与基本钢材同样的清脆声。

b. 电弧焊的焊缝表面平顺，无缺口、裂纹和较大的金属焊瘤。

5）钢筋绑扎

为了保证钢筋绑扎精度、梁体底腹板和顶板钢筋在绑扎胎具上整体绑扎成型，然后一次吊装入模。

（1）钢筋绑扎胎具制作

①制作钢筋绑扎胎具、吊具。绑扎胎具主要是控制钢筋的位置和间距，腹板箍筋的倾斜度、垂直度，底腹板钢筋通过在胎架上按设计间距用扁钢割成的"U"形口控制钢筋间距。胎具在设计、加工制作时，不但考虑胎具的强度、刚度以满足钢筋自重、操作人员等

外加荷载，还考虑方便钢筋绑扎作业、定位准确，确保钢筋绑扎、安装的允许偏差及钢筋骨架、网片的质量符合设计、规范要求。

②在绑扎胎具上用标记标出定位网片、腹板分布筋、挡砟墙、竖墙的位置，并在泄水孔、通风孔和支座板螺栓的位置预设通风孔、泄水孔和支座板螺栓模具，方便相应部位钢筋的绑扎与相应部位孔洞的预留。

③底板钢筋绑扎时，因箱梁防落梁结构较复杂，而底板筋于梁体两端十分复杂，考虑底板筋就位困难，在胎具四个防落梁相应中心位置上安装1∶1防落梁模板。

（2）钢筋绑扎工艺流程

绑扎底腹板及顶板钢筋→整体吊装钢筋→安装端模就位→安装内模→调整内模位置，保证腹板保护层厚度。

（3）钢筋绑扎工艺

①钢筋绑扎前先核对成品钢筋的型号、直径、形状、尺寸和数量是否与料单或设计图纸、交底相符，如有错漏，立即纠正增补。

②钢筋骨架在胎具上绑扎时，为便于钢筋大体骨架的初步形成，并保持足够的刚度，便于下部钢筋绑扎，将补入辅助钢筋的某些交叉点焊牢，但不得在主筋上焊接。

③钢筋绑扎按设计要求牢固控制钢筋位置，并满足以下要求：

a. 钢筋交叉点用铁丝绑扎结实；

b. 除设计特殊规定外，梁中箍筋与主筋垂直；

c. 箍筋的末端要向内弯曲；箍筋的转角与钢筋的交点均须绑扎牢固；

d. 箍筋接头（弯钩接合处），在梁中须沿纵向方向交叉布置；

e. 绑扎用的铁丝要向内弯，铁丝头不得伸入保护层内。

f. 在钢筋交叉点处，按逐点改变绕丝方向（8字形）交错扎结，或按双对角线（十字形）方式扎结。

④施工中为确保钢筋位置准确，根据实际情况加强架立钢筋的设置，增设架立筋数量。

（4）绑扎要求

①在钢筋的交叉点，用扎丝绑扎，按逐点改变绕丝方向（8字形）交错扎结。箍筋、桥面筋其两端交点都绑扎；钢筋弯折角与纵向分布筋交点都绑扎；其余各交点采用梅花形跳绑；绑扎点拧紧，如有扭断的扎丝必须重绑；为保证绑扎后的钢筋骨架不变形，骨架所有绑扎点的绑扎方向为人字形，对焊接头在受弯构件的受拉区不大于50%。扎丝绑扎完毕，末端弯向内侧，扎丝末端不得深入混凝土保护层内。

②梁中的箍筋与主筋垂直；箍筋的末端向内弯曲；箍筋转角与钢筋的交接点均需绑扎

牢固。箍筋的接头（弯钩结合处），在梁中沿纵向方向交叉布置。

③箱梁钢筋骨架在绑扎台座上进行绑扎。在绑扎桥面泄水管处的钢筋时，要注意吊点孔、泄水孔、底板下料孔等孔洞的留置。

④钢筋绑扎、接头的其他要求按照产品施工图的要求施工。

⑤绑扎钢筋时，配置的钢筋级别、直径、根数和间距符合设计图纸要求。

⑥在绑扎钢筋前，对照施工图核对钢筋直径、规格、数量和编号，备足材料，同时备足混凝土垫块、绑扎工具及扎丝。

⑦钢筋骨架制作及安装尺寸偏差分别见表 4-18、表 4-19。

钢筋骨架制作及安装尺寸偏差 表 4-18

序号	项 目	允许偏差（mm）
1	受力钢筋顺长度方向全长的净尺寸	±10
2	弯起钢筋的位置	±20
3	箍筋内边距离尺寸差	±3

钢筋绑扎允许偏差 表 4-19

序号	项 目	允 许 偏 差
1	预应力管道的位置	±4mm
2	桥面主筋间距及位置偏差（拼装后检查）	±15mm
3	底板钢筋间距及位置偏差	±8mm
4	箍筋间距及位置偏差	±15mm
5	腹板箍筋的垂直度（偏离垂直位置）	±15mm
6	混凝土保护层厚度与设计偏差（腹板、顶板、底板拉筋除外）	0～5mm
7	其他钢筋偏移量	≤20mm
8	保护层垫块	≥4 个/m^2，绑扎牢固
9	预应力定位网钢筋位置	±10mm
10	抽拔管与梁端喇叭管面位置	抽拔管与梁端喇叭管面应垂直

（5）钢筋垫块的布设与绑扎

钢筋骨架吊入模板之前须在梁体钢筋靠模面一侧绑扎标准混凝土垫块，以保证混凝土的保护层厚度不小于 35mm。钢筋垫块采用锥形垫块，C60 细石混凝土材料制成，抗腐蚀性能和抗压强度都不低于梁体混凝土，垫块厚度均为 35mm。注意在有两根钢筋并列绑扎位置使用平头垫块。

①垫块的布设。

垫块呈梅花形布置，并尽量靠近钢筋交叉点处，梁体侧面和底面的垫块至少每平方米4块。底腹板钢筋底板底部垫块布设6列，两侧腹板外侧布设8列、内侧（包括倒角）6列，顶板钢筋顶部布设5列。

②垫块的绑扎。

垫块绑扎时使纵向分布筋卡入垫块凹槽，扎紧绑线，使垫块不可随意窜动。所有垫块都在钢筋骨架安装就位前绑扎。绑扎垫块铁丝头不得伸入保护层内。钢筋骨架底部的垫块需要承担整个骨架的重量，因此要求有足够的强度和刚度，以免被压碎或发生变形；侧面垫块由于不承受骨架的重量，但在底、腹板钢筋吊装时易于滑移，因此必须轻吊轻放。在下落钢筋骨架时必须对位准确，采用吊线坠法来确保底腹板钢筋骨架纵向中心线与底模板纵向中心重合，然后方可徐徐下落，确保准确就位。

4.3.5 预应力孔道

1）基本要求

预应力孔道采用橡胶抽拔管成型，钢筋骨架绑扎的同时安装橡胶抽拔管，本工序为质量控制点。钢筋骨架绑扎完毕后，必须经工班自检、互检，符合标准后，经专检人员验收合格，监理工程师验收合格并签字后方可进入下一道工序。

2）制孔工艺

（1）采用抽拔全胶软管制孔，胶管外径70mm、80mm和90mm。7孔锚具采用ϕ70mm胶管，8孔、9孔锚具采用ϕ80mm胶管，12孔锚具采用ϕ90mm胶管。

（2）采用的胶管无表面裂口、表面热胶粒、胶层海绵、胶层气泡，表面杂质痕迹长度小于3mm，深度不大于1.5mm，且每米不多于一处；外径偏差±4mm；不圆率小于20%；硬度（邵氏A型）为65HA±5HA，拉伸强度大于12MPa，扯断伸长率不小于350%，300%定伸强度不小于6MPa。

（3）制孔前应将胶管表面清理干净，严禁用具有腐蚀作用的油类等涂刷胶管。

（4）穿入顺序：由下向上、由外向里，在跨中处套接，两端对称进行。

穿管采用前面一人牵引，穿过相应的网眼，后面有人推进的方法（或采用自动穿管机）。穿管过程中要注意防止钢筋划伤及划破管壁，穿管前如发现有微小裂纹及时修补。已完成工序经检查合格后方可进行下一道工序。

（5）胶管在梁端外悬部分用自制胶管支撑架加以支撑，确保浇筑混凝土后，胶管形成的孔道与锚具支承垫板垂直。

3)坐标控制

(1)为确保制孔位置正确,采用定位网定位、固定橡胶抽拔管,定位网按设计位置测量定位。确保管道平顺、定位准确,混凝土浇筑时抽拔管不上浮、不旁移、管道与锚具锚垫板垂直。

(2)定位网片加工制作前应按设计图纸要求对应制作定位网焊接胎具,焊接胎具卡槽位置、尺寸必须经检验合格后投入使用,每片定位网均在固定的定位网焊接胎具上进行焊接,确保定位网网眼尺寸、位置准确,并保证焊接牢固。

(3)每种定位网成型后要按顺序进行摆放,绑扎时,严格按照加工的顺序进行搬运绑扎。在定位网定位时,要在胎具相应部位进行标识,据以控制绑扎和安装位置。

(4)定位网钢筋允许偏差:预应力孔道定位网片采用点焊加工,位置误差±2mm,孔眼尺寸误差≤4mm,其中,水平筋的尺寸误差是对最下一根钢筋中心而言,竖向钢筋的尺寸误差是对网片中心而言。

(5)在绑扎钢筋骨架时,管道定位网片同时按设计位置安放,端部 1.2m 范围内定位网片设置间距为 30cm,其余部分定位网片设置间距均为 50cm,定位网片在沿梁长方向的定位误差≤10mm。

4)橡胶抽拔管安设

橡胶抽拔管安设,严格按照坐标位置控制,保持良好线形,胶管接头设在跨中处,相邻接头必须错开 500mm 以上,接头处采用厚 0.5mm、长 330mm 的白铁皮包扎,并在套接处用塑料胶带缠紧,密封不漏浆,防止水泥浆窜入橡胶抽拔管内。

为了保证预留管道不窜动、顺直无死弯,要求制孔管表面无严重刮伤,任何方向的偏差不大于 4mm。

为保证抽拔管跟锚垫板下口直径差小于 5mm,为防止预应力孔道在锚垫板螺纹口内形成错台而影响预应力孔道平顺性,在成孔时须在锚垫板内螺纹口径内设置一段锥形过渡段,其长度不小于 $[(D-d)/2]/\tan 5°$(D 为锚垫板内螺纹直径,d 为橡胶棒直径)。

5)制孔胶管使用要求

(1)胶管在使用过程中,注意保管,防止挤压、刮伤、折叠及油酸浸蚀等。

(2)胶管的外径在任何情况下小于设计孔径的数值不得超过 4mm,不圆率小于 20%。胶管表面有破损情况下禁止使用,以防拔断。

(3)每套制孔胶管每使用 30 孔梁应进行外观检查,若发现管径减少 4mm 以上或表面脱胶分层时须更换。

(4)胶管绑扎完成后,由专职质检人员检查,填写检查记录。

4.3.6 箱梁预留孔

本梁场生产的箱梁有多处预留孔，主要有梁底板泄水孔、桥面泄水孔、腹板通风孔、吊梁孔。梁体孔道处均设置相应的螺旋筋，其中腹板通风孔、吊梁孔采用抽拔成孔器制孔，根据设计的预埋孔径要求制成抽拔成孔模具，浇筑完混凝土后待混凝土达到一定强度将模具拔除，混凝土强度要求要确保孔的完整性并易于拔出为准。梁底泄水孔、桥面泄水管按设计要求预埋PVC管，一次成型。桥面泄水管分两部分制作，预埋在梁体内部分PVC管底部与桥面板底面平齐，外露泄水管部分待梁体拆模后再与预埋部分连接，泄水管连接处采用丝扣连接并涂刷PVC胶粘接，保证连接牢固。

4.3.7 钢筋骨架吊装

1）钢筋骨架安装工艺

梁体钢筋骨架在胎具上绑扎成型后，用两台50t门式起重机及钢筋吊具吊装就位，吊装就位前先在底模上标出梁端线，据此控制梁体钢筋骨架的纵向安装位置，待梁体钢筋骨架在底模就位后，检查钢筋骨架的纵向中心是否与底模纵向中心线重合，否则局部调整，使两线中心重合。在调整过程中，须采用有效措施保证梁体钢筋不受破坏。

梁体钢筋骨架的吊装采用大型吊具多点起吊，为防止起吊点处扎丝脱落、钢筋变形，须对吊点附近的钢筋绑扎点进行加强，增加扎丝根数并加入短钢筋。

2）安装要求

（1）安装钢筋骨架时，必须保证钢筋骨架在模板中的正确位置，不倾斜、扭曲，保护层厚度满足要求。

（2）按照施工图要求，正确地将经检验合格的桥梁配件支座板、防落梁挡块预埋板、综合接地端子、接触网支柱预埋螺栓等安装定位。

（3）骨架就位后，再次检查预留管道有无错位，定位网片是否正确。只有在保证骨架与管道就位准确、绑扎牢固的情况下，才可进行安装端模、内模工作。

3）钢筋安装验收

钢筋骨架经加工、安装就位后，安质环保部质检工程师须进行检查，重点检查钢筋保护层垫块数量、位置及其紧固程度，绑扎垫块和钢筋的铁丝头伸向混凝土内侧。

4）钢筋半成品、成品保护措施

（1）钢筋绑好后，不得在上面踩踏行走，浇筑混凝土时派钢筋工专门负责调整，保证钢筋位置的正确性。

（2）绑扎钢筋时禁止碰动预埋件。

（3）钢筋绑扎前，钢筋工应先检查钢筋加工的规格、尺寸是否符合图纸要求，有疑问时，及时向现场质检人员进行反映，然后检查钢筋加工的外观质量，在运输过程中有无破坏情况，如果有，及时向现场质检人员提出。

（4）钢筋成品、半成品须做好储存工作，不得直接接触地面，避免雨水浸泡、钢筋锈蚀。

（5）绑扎好的梁体钢筋骨架须及早合模、灌注梁体混凝土，否则须进行防淋防护。

（6）钢筋焊接必须在棚内进行，不得冒雨施工。焊接完成的钢筋，不得直接遭受雨水冲刷。

5）其他预埋件、成孔预埋件检查

（1）吊梁孔成孔预埋钢管。吊梁孔采用外径 120mm 的钢管成孔，钢管固定后应进行检查，其垂直度应≤1mm，埋设位置偏差≤3mm。

（2）接地端子埋设质量要求。接地端子应改好防护盖并使用胶带纸进行缠绕，防止进浆。梁底接地端子端面应与底模密贴，保证其外露质量良好。梁体预埋接地端子埋设位置偏差及外露长度偏差均应满足≤5mm 的要求，若发现有不合格处，则应立即进行调整。

4.3.8 混凝土工程

1）高性能混凝土配合比设计原则

（1）梁体混凝土配合比的设计采用优化设计原则，除满足规定的抗压强度、弹性模量、含气量、凝结时间等技术要求外，同时要满足坍落度、泌水率、电通量、抗冻等级、气泡间距系数、胶凝材料抗蚀系数、抗渗等级、收缩率、碱含量、三氧化硫含量、氯离子含量等具体参数指标要求。其中混凝土胶凝材料总量≤480kg/m³，最大水胶比≤0.35，坍落度控制在180～220mm，含气量控制在2%～4%，设计弹性模量≥3.55×10⁴MPa，电通量（56d）<1000C，混凝土抗冻等级（56d）≥F200，混凝土56d收缩率≤400×10⁻⁶。

（2）高性能混凝土配合比是保证梁体高性能混凝土质量的关键，在制梁前，依据原材料性质配制多个配合比，对每个配合比坍落度、含气量、泌水率、强度、弹性模量等进行试验，从中选出能满足设计要求的最佳配合比，并进行抗渗性、抗碱-骨料反应、抗冻性、抗裂性、电通量检验，确定最终的混凝土配合比。

（3）本梁场梁体混凝土掺加Ⅰ级粉煤灰，以提高混凝土的耐久性能。

（4）混凝土拌合物中各种原材料引入的氯离子总质量不超过胶凝材料总量的0.06%。

（5）混凝土中三氧化硫含量不应超过胶凝材料总量的4.0%。

（6）混凝土中总碱含量不应超过3.0kg/m³。

（7）对于梁体混凝土要高度重视收缩、徐变特性，通过优化混凝土的配合比，尽量减小混凝土的收缩、徐变终极值。

2）混凝土配合比的计算步骤

（1）混凝土配合比按《高速铁路预制后张法预应力混凝土简支梁》（GB/T 37439—

2019）和《普通混凝土配合比设计规程》（JGJ 55—2011）标准的要求设计、计算、试配和调整，选用较为理想的满足施工要求的配合比。试验须经过试拌比较，先准备若干个理论配合比，以适应各种施工条件的变化，配合比按下列步骤计算：

①核对水泥熟料中的化学成分和矿物组成、混合材料种类和数量，根据设计要求，初步选定水泥、矿物掺合料、骨料、减水剂、拌和水用量以及水胶比、胶凝材料总用量。

②参照《普通混凝土配合比设计规程》（JGJ 55—2011）计算单方混凝土中各原材料组分用量，并核算单方混凝土的总碱含量和氯离子含量是否满足要求，否则重新调整计算的配合比，直至满足要求为止。

③采用实际使用的原材料和搅拌方法，通过调整混凝土减水剂用量或砂率，调配出坍落度、含气量、泌水率符合要求的混凝土配合比，该配合比作为基准配合比。

④改变基准配合比的水胶比、胶凝材料用量、矿物掺合料掺量、减水剂掺量或砂率参数，调配出拌合物性能与要求基本接近的3～5个配合比。

⑤按要求对上述不同配合比混凝土制作力学性能和抗裂性能对比试件，养护至规定龄期时进行试验。其中，标准抗压强度试件按每种配合比各制作4组，标准养护至2d、3d、10d、28d时试压，弹性模量试件每种配比制作2组，标准养护至10d、28d时试压。

⑥为满足在冬期最不利条件下终张拉要求，每种配比制作抗压和弹性模量试件各1组，试件放在温度35～40℃，湿度≥95%标养箱内养护2d，然后在5℃下养护8d、10d、14d试压。

⑦从上述配合比中优选出拌合物性能和抗裂性优良、抗压强度适宜的一个或多个配合比各进行一组或多组耐久性试验，养护至规定龄期时进行试验。

⑧根据上述不同配合比对应混凝土拌合物的性能、抗压强度、抗裂性以及耐久性能试验结果，按照工作性能优良、强度和耐久性能满足要求、经济合理的原则，从不同配合比中选择一个最合适的配合比作为理论配合比。

⑨取现场的原材料拌和混凝土，测定混凝土的表观密度，根据实测混凝土拌合物的表观密度，求出校正系数，对理论配合比进行校正（以理论配合比中每项材料用量乘以校正系数后获得的配合比作为混凝土配合比）。校正系数按下式计算：

$$校正系数 = 实测拌合物密度值/理论配合比拌合物密度值$$

⑩当混凝土的力学性能或耐久性能试验结果不满足设计或施工要求时，重新选择水胶比、胶凝材料用量或矿物掺合料用量，按照上述步骤重新试拌和调整混凝土配合比，直至满足要求为止。

⑪当混凝土原材料、施工环境温度等发生较大变化时，及时调整混凝土配合比。

（2）混凝土理论配合比的选定

本梁场 C50 混凝土理论配合：水泥∶粉煤灰∶细骨料∶5～10mm 粗骨料∶10～20mm 粗骨料∶减水剂∶水 = 1∶0.171∶1.707∶0.802∶1.871∶0.012∶0.363（每立方米用料：水泥 410kg，粉煤灰 70kg，细骨料 700kg，粒径 5～10mm 的粗骨料 329kg，粒径 10～20mm 的 767kg，聚羧酸系高性能减水剂 4.80kg，拌和水 149kg）。

最终选定的混凝土配合比必须经监理工程师审批，并经国家铁路产品质量监督检验中心检验其耐久性指标合格后方能使用。

每次施工时按理论配合比换算成施工配合比计算每盘（每次投料拌和的混凝土质量）各项材料的实际需用数量进行投料拌和。

该配合比混凝土胶凝材料每立方米总量为 480kg，水胶比为 0.31（包含减水剂、引气剂中含水），计算坍落度 60min 损失不大于 80mm，坍落度控制在 180mm±20mm（保证泵送），含气量控制在 2.0%～4.0%，并对其泌水率、强度、弹性模量、耐久性进行试验。

3）混凝土施工准备

（1）混凝土监控内容

混凝土浇筑为质量控制的特殊工序，派专职质检员及试验员作为现场监控人员，并由安质环保部派出质检工程师进行验证，灌注记录由现场质检员填写。

监控内容：拌和计量器具是否在标定期限内，混凝土原材料种类是否齐全，混凝土原材料数量是否满足要求，试验人员是否测定砂、石料含水率，搅拌机是否正常运转，混凝土运输车是否满足需求运输能力，布料机各部件是否进行使用前检查，模板温度是否在 5～35℃范围内，各岗位人员是否培训后上岗，浇筑顺序是否按工艺细则执行，振捣人员操作是否规范，试验人员是否按要求测定混凝土坍落度、入模温度、模板温度、含气量等指标，浇筑过程情况记录，浇筑混凝土起止时间。

（2）混凝土施工准备工作

梁体混凝土工程施工前做好施工组织安排，包括施工现场布置、劳动力组织、材料准备。同时对设备进行试运转，对拌和、运输（泵送）、灌注和振捣均须互相适应，根据水泥初凝时间和灌注面积，确定灌注采用纵向分段、水平分层、两侧对称，先腹板，然后底板，再腹板，最后顶板、连续浇筑、一次完成的方式浇筑混凝土，以便在总时限 6h 之内（并适当留有灌注中的故障影响时间）灌注完毕。

施工人员确认本次灌注混凝土的骨料、水泥、掺合料、减水剂等质量必须合格，数量满足需求。

检查混凝土拌和站、混凝土输送泵、运输设备是否正常，所有计量器具是否正常，且在有效期内。

混凝土灌注设备进行试运转，并确认状态良好。水电供应系统能否保证，做好意外停盘的措施准备。安全防护设施到位、安全可靠，钢筋、模板及各种预埋件等的检查签证及整修手续是否完备。根据气象预报情况，确定施工措施和配备必要的备用设备。

①混凝土配制和搅拌。

混凝土配制和搅拌为质量控制点，梁场设试验室并配齐相关原材料检测仪器，对混凝土原材料进行全程监控，由拌和站站长加强混凝土搅拌控制，确保拌制质量。

混凝土开盘前试验员对粗、细骨料进行严格的含水率测量，准确测定因天气变化而引起的粗、细骨料含水率的变化，以便及时调整施工配合比，含水率按照每班抽测两次，雨天随时抽测，并按照测定结果及时调整混凝土的施工配合比，将调整后的施工配料单报现场监理工程师签字确认。

模型、钢筋经质检工程师及监理工程师检查合格并签字确认后，发出混凝土浇筑通知单，混凝土灌注班必须在接到浇筑通知单后才能开盘浇筑。

混凝土配料必须按试验员提供的施工混凝土配合比通知单执行，试验人员在开盘前复核设定值，搅拌过程中须值班，随时掌握和调整搅拌情况。

②拌和站。

混凝土的拌和设备及投料计量装置，要保持良好工作状态，所用的投料计量装置须请计量部门定期检验。计量采用自动传感器计量，计量系统每半年校检一次（不同资质计量单位有效期不一样，有的是一年一次），试验室每周校准一次，每月满量程校准一次，在使用前进行再次的复核确认，如发现有异常必须及时校验。

在配制混凝土拌合物时，水、水泥、掺合料、减水剂的称量误差≤±1%，粗、细骨料的计量误差≤±2%（均以质量计）。

搅拌前将搅拌机和混凝土存运设备用水湿润，检查卸料闸门是否灵活，开动搅拌机空车运转2～3min，确认正常后排尽积水，再投料搅拌。

搅拌时投料次序为：先投骨料、水泥、粉煤灰，搅拌均匀后，再加入水和外加剂，继续搅拌至均匀，混凝土的净搅拌时间不得少于120s（冬季施工应适当延长搅拌时间），任何人不得随意增减搅拌时间。搅拌好的混凝土出机前，不得投入新料，混凝土出机后不得任意加水，以确保混凝土的和易性、黏聚性、保水性和流动性满足泵送要求。混凝土出机温度控制在5～30℃。

施工中根据气温、输送距离来考虑坍落度损失。混凝土在拌和过程中，及时进行混凝土有关性能（如坍落度、入模温度、含气量）的试验与观察，前三盘混凝土每盘测试，性能稳定后每 50m³ 混凝土取样检验一次，混凝土搅拌要均匀，颜色要一致。

混凝土入模前，首先要测量模板及钢筋骨架的温度，控制模板及钢筋骨架的温度在 5～35℃，冬期施工可在灌注前对模板通蒸汽升温，夏季可选择在晚上灌注，并在模板外面喷水降温后灌注。在浇筑过程中要采用专用设备测定混凝土的温度、坍落度、含气量及泌水率等工作性能，只有拌合物符合设计及配合比要求的混凝土方可入模浇筑。具体指标如下：温度 5～30℃、坍落度 180～220mm、含气量 2%～4%，且混凝土不允许出现泌水。当混凝土坍落度小于 180mm 或大于 220mm 时混凝土不得用于梁体，试验人员及时检测砂石含水率，并调整施工配合比。

拌制混凝土的进度必须与灌注进度紧密配合，拌制服从灌注。若灌注工序因故暂时停顿，则混凝土搅拌运输车内的混凝土就不能卸入输送泵中，以避免滞灰而影响灌注质量。

经检验不合格的混凝土拌合物不能灌入模板内，混凝土施工配合比要用试验室当天的通知单，配合比单上要认真填写并注明所用原材料批号，签字必须齐全。混凝土灌注完后，搅拌机及全部容器及时冲洗干净并检修好有关设备，以备下次再用。

③混凝土的运输。

混凝土运输采用混凝土搅拌运输车。根据本梁场特定条件，混凝土运距按 300m 计算，选用 4 台 12m³ 混凝土搅拌运输车，运输能力满足 6h 浇筑时间要求。

混凝土运输道路，要保持平坦畅通，在混凝土的运输过程中要充分利用搅拌运输车边运输边搅拌的功能，保证混凝土运到浇筑地点时不分层、不离析、不漏浆，并满足混凝土坍落度和含气量等性能要求。运输混凝土过程中，要根据当时气候情况对混凝土搅拌运输车的保温隔热措施，防止局部混凝土温度升高（夏季）或受冻（冬期）。但是严禁在运输混凝土过程中向混凝土内加水。当混凝土搅拌运输车到达浇筑现场时，要使搅拌筒高速旋转 20～30s，再将混凝土拌合物喂入输送泵车受料斗。

混凝土输送采用 3 台 80m³/h 混凝土输送泵（备用一台），以满足梁体混凝土连续灌注、一次成型。若灌注过程中停泵时间超过 45min（环境气温 30℃及以上）或 60min（环境气温 30℃以下），料斗及泵中的混凝土应及时清除，并用水清洗料斗。先后两层混凝土的灌注间隔时间不宜超过 1h（环境气温 30℃及以上）或 1.5h（环境气温 30℃以下）。

4）梁体混凝土灌注

（1）灌注前的施工准备

①混凝土为质量控制点，在灌注前，仔细检查钢筋保护层垫块的位置、数量及其紧固程度。绑扎垫块的扎丝头不得伸入保护层内。检查混凝土、模板及钢筋骨架温度，仔细检查模板安装情况，对模板尺寸、钢筋、预埋件及拉杆、顶丝等加以检查，发现问题及时处

理。在箱梁模板全部安装完毕，且所有连接螺栓、紧固件螺栓、紧固件、泄水管孔道预留装置等均已安装整修完好，模板上的杂物、积水清除干净，有可能漏浆的缝隙已全部堵塞的情况下，才可以开始灌注。

②浇筑混凝土前须将模板内的杂物和钢筋上的油污等清除干净。当模板有缝隙和孔洞时，予以堵塞。

③检查拌和站、上料铲车、输送泵、布料机、提浆整平机、抹面架等机具设备，确认其处于良好工作状态。

④试验部门对本次混凝土拌和浇筑的配料进行交底（配料单），拌和机操作人员根据配料单调整计量设置。

⑤检查布料机、提浆整平机是否处于良好状态，所有的振捣器及有关部分是否完好，连接是否牢固，电路接通并试运转正常。

（2）泵送工艺

混凝土灌注采用混凝土输送泵泵送，在泵送过程中严禁向混凝土内加水，混凝土随拌随用。泵送时，除出口处采用软管外，输送管路其他部分不用软管或锥形管，输送管路固定牢固，不与模板或钢筋直接接触。

输送管在泵送混凝土前先用同梁体配合比、水胶比的水泥砂浆或泵送剂充分润滑；高温或低温环境下输送管路分别采用湿帘或保温材料覆盖。

试验室要对混凝土拌合物坍落度进行损失试验，根据坍落度损失试验情况确定混凝土滞留时限和浇筑间隔时限，坍落度损失试验需要考虑不同的温度、湿度，包括季节因素等。

泵送过程中，混凝土拌合物须始终连续输送，必要时可降低泵送速度以维持泵送的连续性。避免因混凝土坍落度损失过大，滞留管道内（包括混凝土运输罐和混凝土泵）时间过长而造成堵泵现象发生，同时避免因浇筑时间间隔太长混凝土表面出现条状色差。

混凝土在搅拌后，如因各种原因导致停泵时间超过15min，每隔4～5min开泵一次，使泵机进行正反转两个方向的运动，同时开动料斗搅拌器，防止料斗中混凝土离析，如停泵时间超过45min，须清除管内混凝土，并清洗泵机。向下泵送混凝土时，管路与垂线的夹角不宜小于12°。

（3）灌注工艺

①混凝土的浇筑采用连续浇筑、一次成型，浇筑时间不超过6h或不应超过混凝土的初凝时间。

②箱梁梁体混凝土灌注时采用斜向分段、水平分层，按照腹板——底板——腹板——顶板的浇筑顺序进行，各工序紧跟、整体推进、连续浇筑、一次成型方式浇筑混凝土，其

工艺斜度为 30°~45°，大小根据混凝土坍落度而定，水平分层厚度不得大于 30cm，斜向分段长度 8m，先后两层混凝土的间隔时间不得超过 1h。

③梁体灌注由 2 台布料机置于梁体 1/4、3/4 跨处，负责混凝土摊铺，要求箱梁两侧对称均匀布料，防止两边混凝土面高低悬殊，造成内模偏移等其他后果。

混凝土灌注顺序的横断面、灌注平面、灌注立面如图 4-10~图 4-12 所示。首先，混凝土通过腹板灌注②③④⑤区域，以插入式振捣器振捣为主，侧部高频振捣器振捣为辅；然后从内模顶板上预留的天窗下料，灌注底板①区域，采用插入式振捣棒振捣；底板灌注完后，关闭内模天窗的下灰孔，通过腹板灌注⑥⑦区域内的混凝土，以插入式振捣器振捣为主，侧部高频振捣器振捣为辅；随后再灌注桥面区域⑧⑨，采用插入式振捣棒和高速提浆整平机振捣。腹板②③④⑤⑥⑦区域浇筑时，每段要斜向循环连续浇筑至腹、顶板交界处，再转入下段浇筑。

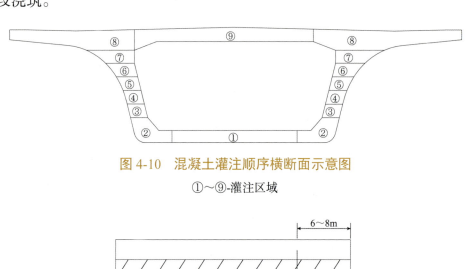

图 4-10　混凝土灌注顺序横断面示意图

①~⑨-灌注区域

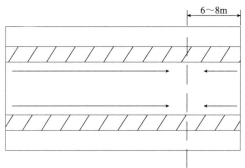

图 4-11　混凝土灌注平面示意图

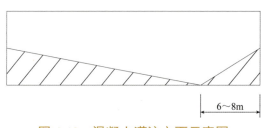

图 4-12　混凝土灌注立面示意图

浇筑底腹板及顶板时两布料机均从一端开始，各自向梁的另一端推进，边移动边灌注混凝土。两侧腹板的混凝土高度须保持一致。当灌注至距梁端 6~8m 时，改为由梁端向跨中方向灌注，将浮浆挤出桥面，灌注人员指挥布料机使混凝土浇筑合理准确的位置，保证布料准确均匀。当腹板混凝土灌平后，开始浇筑桥面板混凝土，实行连续灌注、整平、收面、覆盖工序紧跟的方式施工。

④浇筑梁体混凝土时，须防止混凝土离析，混凝土下落距离不超过2m。并保持预埋管道不发生挠曲或移位，禁止管道口直对腹板槽倾倒混凝土。

⑤在梁体混凝土灌注过程中，指定专人看护模板、钢筋和附着式振捣器，发现螺栓、支撑等松动及时拧紧和打牢，发现漏浆及时堵严，钢筋和预埋件如有位移，及时调整保证位置正确，敲击模板发现有空洞声的要重新振捣。

（4）振捣工艺

①附着式振捣工艺。

a.每孔梁共安装24个附着式振捣器，具体安装位置为：四个支座板处底模底边各1个，共4个；侧模腹板靠下倒角处每边等间距3.2m安装1个，共安装20个。

b.浇筑梁端腹板钢筋密集区的底板混凝土以及腹板混凝土时，开启腹板附着式振捣器振动，边铺边振，严禁空载振动。

c.侧振延续时间由现场负责灌注人员掌握并统一指挥。待浇筑的混凝土不再下沉，表面泛浆并无大量气泡溢出时即可停止振动。原则上下部先浇筑的混凝土振动时间不能过长，开机时间控制在5~10s之间，以免其受上部浇筑层混凝土余振的影响发生离析现象，并防止底板混凝土翻浆。

②插入式振捣工艺。

a.采用插入式振捣器振捣混凝土时，采用垂直点方式振捣，若需变动振捣棒在混凝土中水平的位置，先竖向缓慢将振捣棒拔出，然后将振捣棒移到新的位置，不得将振捣棒放在拌合物内平拖，也不得用振捣棒驱赶堆积的混凝土。灌注过程中注意加强倒角、交界面以及钢筋密集部位的振捣。桥面上振捣棒插入位置要求：腹板内侧应沿内模与内侧钢筋的空当处下振捣棒，对腹板外侧应沿内模与外侧钢筋的内侧下棒。为避免因侧振使混凝土出现局部下陷，造成腹板空洞，当灌注区域②以上混凝土时应停止侧振，全部采用插入式高频振捣棒振捣。这样即使下部混凝土出现局部下陷现象，通过插入式振捣棒的振捣也能予以弥补。为达到混凝土外观质量要求，在侧模上安装有高频振捣器，当混凝土振捣密实后才开启，以保证脱模后梁体表面光滑平整。

b.振捣棒的操作，要做到"快插慢拔"。快插是为了防止先将表面混凝土振实而与下面混凝土发生分层、离析现象；慢拔是为了使混凝土能填满振捣棒抽出时所造成的空洞。在振捣过程中，将振捣棒上下略微抽动，以使上下振捣均匀，要禁止触碰橡胶管，特别是在振捣腹板混凝土的时候更要注意振捣棒插入深度,要在振捣棒上做好在不同位置插入混凝土中的深度标记。

c. 在振捣上一层时,插入下层中 5~10cm,以消除两层之间的接缝,同时在振捣上层混凝土时,要在下层混凝土初凝前进行。

d. 每一插点要掌握好振捣时间,过短不易捣实,过长可能导致混凝土产生离析现象。一般每点振捣时间为 20~30s,视混凝土表面呈水平不再显著下沉,不再出现大气泡,表面出现泛浆为度,防止长时间振动一处,致使混凝土出现离析,表面出现严重浮浆层。

e. 操作插入式振捣器时快插慢拔,振捣棒插点要均匀排列,振捣棒的移动距离能覆盖已振部分的边沿,振捣腹板混凝土时,每次移动位置的距离,不大于振捣棒作用半径的1.5倍,本梁场移动位置的距离取 30cm,可根据桥面上层钢筋间距来控制插棒距离,振动时振捣棒上下略微抽动。振捣桥面板混凝土时,振捣棒插点可采用"行列式"的次序移动,以免发生漏振及重复振捣。振捣棒插点排列如图 4-13 所示。

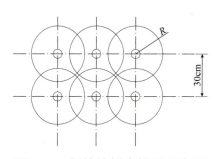

图 4-13　振捣棒插点排列示意图

R-振捣棒作用半径

f. 振捣器使用时,不能紧靠模板振动,与侧模保持 5~10cm 距离,且避免碰撞钢胶管及预埋件等。同时在浇筑桥面板时采用插入式振捣器,严禁触碰模板,避免振捣棒触碰模板而出现点状色差。

g. 振捣器故障及其产生原因和排除方法见表 4-20。

振捣器故障及其产生原因和排除方法　　　　表 4-20

故 障 现 象	故 障 原 因	排 除 方 法
电动机定子过热,机体温度过高(超过额定温度)	(1)工作时间过久; (2)定子受潮,绝缘程度降低; (3)负荷过大; (4)电源电压过大、过低,时常变动及三相不平衡; (5)导线绝缘不良,电流流入地中; (6)线成路接头不紧	(1)停止作业,让其冷却; (2)立即干燥; (3)检查原因,调整负荷; (4)用电压表测定,并进行调整; (5)用绝缘布缠好损坏处; (6)重新接紧接头

续上表

故障现象	故障原因	排除方法
电动机有强烈的钝音，同时发生转速降低、振动力减小	（1）定子磁铁松动； （2）一相熔断丝断开或内部断裂	（1）拆除检修； （2）更换熔断丝和修理断线处
电动机线圈烧坏	（1）定子过热； （2）绝缘严重受潮； （3）相间短路，内部混线或接线错误	必须部分或全部重绕定子线圈
电动机或把手有电	（1）导线绝缘不良漏电，尤其在开关盒接头处； （2）定子的一相绝缘破坏	（1）用绝缘胶布包好破裂处； （2）检修绕圈
开关冒火花，开关保险丝易断	（1）线间短路或漏电； （2）绝缘受潮，电源强度降低； （3）负荷过大	（1）检查修理； （2）进行干燥； （3）调整负荷
电动线滚动轴承损坏，转子、定子相互摩擦	（1）轴承缺油或油质不好； （2）轴承磨损而致损失	更换滚动轴承
振捣棒不振	（1）电动机转向反向； （2）单向离器部分机体损坏； （3）软轴和机体振动子之间接头处没接合好； （4）钢丝软轴扭断	（1）需改变接线（交换注意两相）； （2）检查单向离合器，必要时加以修理或更换零件； （3）将接头连接好； （4）重新用锡焊焊接或更换软轴
振捣棒振捣有困难	（1）电动机的电压与电源电压不符； （2）振捣棒外壳磨坏、漏入灰浆； （3）振捣棒顶盖未拧紧或磨坏而漏入灰浆，使滚动轴承损坏； （4）滚子与滚通间有油污； （5）软管衬簧和钢丝软轴之间摩擦太大	（1）调整电源电压； （2）更换振捣棒外壳，清洗滚动轴承并加注润滑油； （3）清洗或更换滚动轴承，更换或拧紧顶盖； （4）清洗油污，必要时更换油封； （5）修理钢丝软轴并使软轴与软管衬簧的长短相适应
胶皮套管破裂	（1）弯曲半径过小； （2）用力斜推振捣棒或使用时间过久	割去一段，重新连接或更换新的软管
附着式振捣器机体内有金属撞击声	振动子绷紧，螺栓松脱，振动子产生轴向位移	重新锁紧振动子，必要时更换新的软管

③支座板振捣工艺。

在混凝土浇筑时，支座板位置是最先浇筑的地方，应首先利用直径30mm振捣棒引捣混凝土把支座板处的预埋钢筋全部覆盖，即厚度20cm后，开启腹板外侧附着式振捣器进行振捣，附着式振捣器采用间断开启，一般为30s左右，间停80s，然后继续浇筑混凝土，配合桥面直径30mm插入式振捣棒，进行引捣。待梁体倒角混凝土灌满后，即混凝土厚度60mm左右，停腹板外侧附着式振捣器，以此保证梁体支座板处不出现空鼓（空腹声）。

④振捣注意事项。

a. 采用插入式振捣和附着式振捣相结合的施工工艺，以插入式振捣为主，以附着式振捣为辅。梁端腹板钢筋密集区混凝土振捣以插入式振捣器为主，辅以附着式振捣器；端部钢筋较密部位的混凝土振捣用30mm型插入式振捣器，加强振捣，确保支座板处混凝土振捣密实。其他部位混凝土振捣均采用50mm型插入式振捣器，振捣棒禁止碰撞胶管。

b. 对于箱梁的腹板与底板、预应力筋锚固区以及其他钢筋密集区特别注意振捣。

c. 在浇筑混凝土梁体时，安排专人负责监视振捣器的运转使用的情况，如有故障则迅速组织抢修。以避免因振动不及时而导致混凝土出现空洞或蜂窝麻面。另外还须有专人负责监视模板，如连接螺栓松动、模板走形或漏浆及时采取措施予以处理。

d. 桥面混凝土用插入振捣棒振捣密实，然后用提浆机整平桥面，紧随进行人工赶光压面，压面时严禁洒水。注意按排水坡度抹面，同时埋设6个弹性上拱观测点。

e. 混凝土灌注入模时下料要均匀，注意与振捣相配合，混凝土不准集中一处下料，以免因混凝土分层厚度太大振捣困难，梁体混凝土产生蜂窝麻面等缺陷。

f. 底板及防护墙外侧顶板混凝土振捣完成后，应用人工进行精密整平，除去表面浮浆后再使用人工抹平；防护墙内侧顶板混凝土振捣完成后先使用自动提浆整平机整平，整平机开始工作前，先用水准仪复核整平机行走轨道。待定浆后对桥面进行第二遍抹平并压光，注意底板上表面要根据泄水孔的位置设置一定的汇水坡。抹面时严禁洒水，并应防止过度操作影响表层混凝土的质量。

g. 顶板混凝土灌注完毕，进行桥面抹面及拉毛处理，拉毛范围为底座板中线两边1.3m范围内（用钢丝绳进行定位），拉毛要求整齐顺直，间隙一致（间隙率50%），深度3mm。拉毛时间应根据混凝土初凝时间确定，不得过早或过晚。

h. 混凝土拌和站放料基坑，布料廊应设置防雨措施。在进行混凝土灌注时，要随时注意天气变化。当发现有下雨迹象时，要及时覆盖上防雨棚，并注意运输过程中的防雨。

4.3.9 混凝土试件制作、养护

1）混凝土试件

预制梁在灌注混凝土过程中，要随机取样进行温度（包括环境、模板、混凝土温度）和坍落度检验，同时随机取样制作混凝土强度、弹性模量试件，其中强度和弹性模量试件分别从箱梁底板、腹板及顶板取样。试件随梁在同条件下振动成型，混凝土试件的制作要具有代表性。

（1）试件模板须彻底清除灰渣，抗压试模尺寸标准150mm×150mm×150mm，弹性模量试模尺寸150mm×300mm×150mm，标准尺寸公差符合《混凝土物理力学性能试验方法

标准》(GB/T 50081—2019)要求；检查对角线尺寸合格后均匀涂油，不合格试模禁止使用。

（2）混凝土力学性能（强度）试验以3个试件为一组。每组试件所用的拌合物根据不同要求须从同一盘搅拌的混凝土中取样制作。

（3）在混凝土浇筑过程中，随机取样制作标准养护和施工用混凝土强度及弹性模量试件，试件分别从箱梁底板、腹板和顶板取样。试件取样在混凝土浇筑过程中平均取得，施工试件要随梁体或在同样条件下振动成型。

（4）试件上标明梁号、制作日期、混凝土浇筑部位。试件拆模后交专人负责保管，试件按梁号组别存放整齐。

2）混凝土试件养护

（1）确定混凝土特征值，强度等级或进行材料性能研究的试件采用标准养护，养护方法按《混凝土物理力学性能试验方法标准》(GB/T 50081—2019)执行。检查梁体混凝土质量的试件采用与梁体同条件养护。

（2）标准养护试件脱模前静置24h，脱模后放在标准养护室中养护，两阶段共养护28d，同条件养护试件随梁体一起养护。

（3）标准养护室温度20℃±2℃，相对湿度95%以上，试件间隔为10~20mm，并避免用水直接冲淋试件。

（4）每浇筑1组30000m^3梁体混凝土抽取抗冻融循环的耐久性试件，进行一次耐久性试验。每浇筑1组20000m^3梁体混凝土抽取电通量的耐久性试件，进行一次耐久性试验。

（5）每150m^3封锚混凝土进行一次混凝土耐久性试验。

（6）每孔箱梁要求制作的力学性能试验试件详见表4-21。

每孔箱梁要求制作的力学性能试验试件 表4-21

编号	试件用途	取样代表部位	所需组数	养护方式	备注
一	强度试件	梁各部位	19组/15组	—	19组（σ未知法）/15组（σ已知法）
1	拆除端模及预张拉	顶板	2组	随梁养护	其中1组备用
2	初张拉	底板	1组	随梁养护	
		腹板	1组	随梁养护	
		顶板	1组	随梁养护	
3	终张拉	底板	1组	随梁养护	
		腹板	1组	随梁养护	
		顶板	2组	随梁养护	其中1组备用

续上表

编号	试件用途	取样代表部位	所需组数	养护方式	备注
4	28d 强度评定	底板	3组/2组	标准养护	10组（σ未知法）/6组（σ已知法）
		腹板	3组/2组	标准养护	
		顶板	4组/2组	标准养护	
二	封锚28d强度评定	封锚	5组/4组	标准养护	5组（σ未知法）/4组（小样本法）
三	弹性模量试件	弹性模量试件	4组	—	
1	终张拉	底板	1组	随梁养护	
		腹板	1组	随梁养护	
		顶板	1组	随梁养护	
2	28d 弹性模量	顶板	1组	标准养护	

注：σ为检验批混凝土立方体抗压强度的标准差。

3）混凝土强度评定

（1）抗压强度及受压弹性模量试验，按现行《普通混凝土力学性能试验方法标准》（GB/T 50081—2019）的有关规定执行。

（2）混凝土强度评定。

混凝土强度评定采用分部位评定方式，按标准差未知法分别对底板、腹板、顶板混凝土进行评定。当混凝土的原材料、生产工艺及施工管理水平在较长时间内能保持一致，检验混凝土强度。评定方法符合《铁路混凝土强度检验评定标准》（TB 10425—2019）要求。

①混凝土强度须分批进行检验评定，一个验收批的混凝土须由强度等级和龄期相同以及生产工艺和配合比基本相同的混凝土组成。

②每组三块试件须同时从浇筑地点混凝土中随机取样制作，其强度代表值须符合下列规定：

a.取三块试件强度的算术平均值，作为试件的强度代表值，精确到 $0.1N/mm^2$。

b.当一组试件中，强度的最大值或最小值，与中间值之差超过中间值的15%时，取中间值作为该组试件的强度代表值。

c.当一组试件中，强度的最大值和最小值，与中间值之差均超过中间值的15%时，该组试件的强度值不得作为评定的依据。

（3）混凝土强度合格性评定。

①当混凝土强度经检验能分别满足设计要求时，则该批混凝土强度评定为合格，证明

梁场混凝土施工质量达标；否则该批混凝土强度评定为不合格，梁场混凝土施工质量不达标，需制定专项方案进行处理。

②当对验收批混凝土试件的强度代表性有怀疑时，可从梁体中钻取试件或采用非破坏检测方法（静载试验），按有关标准的规定对混凝土强度进行评定。

③不合格批混凝土制成的桥梁须进行鉴定，并及时处理。

4.3.10 橡胶抽拔管制孔

1）抽拔条件

（1）当梁体混凝土灌注完毕后，可以支撑其自重的时候，将橡胶抽拔管及时拔出来。

（2）梁体混凝土灌注完后的拔管时间，不但与气温有关，同时与水泥性质、混凝土坍落度、强度增长情况有关，通常可按桥面混凝土硬结情况判断胶管抽拔时间。混凝土浇筑完毕后，根据经验 30℃以上拔管时间约 3h，20~30℃为 3~5h，10~20℃为 5~8h，10℃以下为 8~12h。以不损伤混凝土孔道壁且易拔出、橡胶抽拔管上不黏附砂浆为准。

2）胶管的抽拔工艺

（1）预埋胶管的抽拔利用一台 5t 慢速卷扬机进行拖拽，并用直径 10~12mm 的钢丝绳，采用棕麻绳或吊带将梁端外露橡胶抽拔管顶端固定住，接上卷扬机上的钢丝绳，然后开动卷扬机往外拉，抽拔力求与管道方向顺直，即可将橡胶抽拔管拔出来。特别注意，使用前卷扬机必须预先检查维修保养完好，不能拔管时临时出现机械故障。

（2）抽拔顺序：从梁体混凝土先灌注的一端开始，先抽拔下面的胶管，依次往上进行。每次拔管的根数最多不超过 2 根，抽拔方向与孔道出口切线方向大致相同，拔管速度缓慢进行以免损伤橡胶抽拔管。

（3）先期抽拔的胶管，如拔出梁体部分附有仍处于潮湿状态的水泥浆，立即停止抽拔作业，待混凝土强度达到要求后再重新开始抽拔。

（4）抽拔胶管时，如感觉抽拔较困难，阻力较大时，减短胶管一次抽拔长度，以减小胶管的受力范围，避免破坏胶管。

（5）拔管时如遇到橡胶抽拔管被拔断，则采用单根钢丝探入孔道找出断管或死弯位置（也可用别的办法探查），在内腔相应位置将其混凝土凿开一个小洞，再从此处把橡胶抽拔管拔出来。最后将开刀部位的混凝土洞修补好，修补用混凝土需经试验室出修补配合比，保证修补处的强度达到梁体强度要求，修补时注意此处管道孔的顺直通畅。

（6）拔出来的橡胶抽拔管，须立即将其表面的灰尘污物清理干净，并理顺放好，以备下次再用。橡胶抽拔管存放时，禁止在上面施压重物，以免橡胶抽拔管变形，需特别注意不得有胶管磨割及挤压的现象。如发现橡胶抽拔管表面破损剥皮，则必须将其抽出来，禁止再次使用。

（7）胶管抽拔后，梁体孔道壁须光滑，无残渣，否则应对该孔道进行清孔处理。

（8）胶管全部抽拔后，须对梁体孔道用通孔器逐孔检查，该项工作可与钢绞线穿束合并进行，即在孔道内先期穿入一根或数根钢绞线达到检查目的。经检查不能通过者，采取措施进行处理。

（9）为避免孔道内进入杂物，同时防止自动喷淋养护或蒸汽养护时，孔道内存留水分，胶管抽拔完毕，应用海绵封闭孔道。

（10）为防止有积水冻裂管道，冬期张拉的梁必须用压缩空气把管内积水吹净并封闭孔道。

（11）进行胶管抽拔作业时，胶管两侧及对面严禁站人。卷扬机操作人员站在卷扬机一侧操作，并时刻注意胶管的抽拔状态。

4.3.11 温度控制要求

（1）混凝土入模时的模板及钢筋骨架温度为 5~35℃。

（2）混凝土入模温度为 5~30℃。

（3）拆模时的双控制：温度控制拆模时必须保证梁体芯内与芯外温差、混凝土表面与环境温差、箱内与箱外温差均不得大于 15℃；混凝土强度必须达到 33.5MPa 才可以拆端模、松内模。

4.3.12 梁体养护

为保证已浇筑的混凝土在规定龄期内达到设计强度，并防止产生收缩裂缝，必须做好养护工作。养护期间加强混凝土的湿度和温度控制，尽量减少混凝土表面的暴露时间，及时对混凝土包裹严实，确保裹覆层不透水，本梁场采用土工布进行覆盖，防止表面水分蒸发。梁体混凝土养护分为自动喷淋养护、蒸汽养护两种。进入冬季施工后，梁场采用蒸汽养护的方式。

1）自动喷淋养护

本梁场自动喷淋养护分为两个部分：一是箱梁桥面采用土工布覆盖并定时浇水，在平均气温高于 5℃的自然条件下，使混凝土在一定的时间内保持水泥水化作用所需要的适当温度和湿度条件；二是箱梁内腔及底板腹板设置自动喷水养护装置，箱梁内腔端部设置透明围板进行封闭，保证养护期间湿度达 90%以上，箱梁移运至存梁台座后在梁体两侧地面设置 14 个喷头（每侧 7 个），喷水系统根据手机应用程序（App）进行自动控制，使梁体表面保持湿润，确保养护质量。

（1）当箱梁混凝土灌注完毕，初凝后，对桥面覆盖土工布并洒水养护。待混凝土强度达33.5MPa时,拆除端模、松内模。待预、初张拉结束,将梁体提至存梁区,箱内设置自动喷水养护装置养护,梁端使用塑料隔板进行封闭,使内腔得到良好养护,降低箱内及底板温度并保证湿度。

(2)混凝土拆模后,混凝土的强度未达到设计强度的75%时,不应与直接流动的水接触,表面应覆盖土工布进行隔离、保湿。

(3)梁体养护用水与拌制梁体混凝土用水相同,水温与表面混凝土之间的温差不得大于15℃。

(4)在对梁体进行养护的同时,要对随梁养护的混凝土试件进行养护,使试件与梁体混凝土强度同步增长。

(5)冬期施工梁体蒸养脱模后的洒水养护(室外气温不低于5℃时):

①梁体蒸养脱模后其顶板顶部及底板顶部洒水养护次数及时间根据气温而定。

②在冬期和高温季节混凝土拆模后,若天气产生骤然降温时,则采取保温(冬季)隔热(夏季)措施,防止混凝土表面温度受环境因素影响(如暴晒、气温骤降等)而发生剧烈变化,保证养护期间混凝土的芯部与表层、表层与环境、箱内与箱外之间的温差不超过15℃,任何时候要保证淋注于混凝土表面的养护水温度与混凝土表面温度相差小于15℃,直至混凝土强度达到设计要求为止。

③移梁至存梁台座后也要继续进行养护。存梁区梁体的养护采用自动养护,顶板使用土工布覆盖洒水养护,腹板、底板、内腔使用自动喷水养护装置养护。

④养护期间,由专人负责对养护过程进行严格的监控记录。

2)混凝土的蒸汽养护

(1)本梁场蒸汽养护采用养护棚封闭、1台蒸汽锅炉供热的养护方法。

(2)梁体混凝土灌注完毕后,立即覆盖养护罩。

(3)蒸汽养护时,梁体芯部混凝土的最高温度不超过65℃。

(4)梁体混凝土蒸养分为以下四阶段:

①静停。混凝土灌注完毕后静停4h。在冬期,当环境温度低于+5℃时,灌注完毕后进行低温预养,预养温度为5~10℃。

②升温。升温速度每小时不超过10℃;测温频率为1次/h,梁场冬季施工期间升温速度取0.5℃/h。

③恒温。恒温养护期间蒸汽温度不超过45℃,梁体芯部混凝土温度不超过60℃,个别最大不得超过65℃。测温频率为1次/0.5h。恒温时间依据强度发展及环境气温确定,根据梁场所处区域历史气候情况及混凝土强度增长情况,梁场恒温养护温度设定为35℃±3℃,

恒温养护时间为36h。

④降温。降温速度不大于10℃/h，梁场冬季施工期间降温速度取0.5℃/h，从恒温温度降至与自然的气温相差不大于15℃，测温频率为1次/0.5h，撤除保温设施后，梁体混凝土芯部与表层、表层与棚内环境、棚内与环境温度之差不得大于15℃。

（5）混凝土从开始升温到降温结束整个过程中，梁体两端与跨中和箱梁内、外侧之间相对温差不大于15℃。

（6）箱梁在预制及蒸养过程中，梁体两端与跨中和箱梁内、外侧之间相对温度不大于15℃。

（7）养护班安排专人监控，当发现混凝土内外温差或升降温速率出现异常时，立即报告安质环保部。温控记录由专职质检员现场测量、收集、整理、归档。

（8）梁体蒸养结束后，根据气候条件进行自动喷淋养护，养护时间不少于14d。若环境温度低于5℃，则不进行洒水养护，改为蒸汽养护。

4.3.13 梁体温度监测

梁体温度监测采用混凝土测温仪进行温度数据收集工作，梁场混凝土测温仪包含测温线埋设、使用测温仪测量温度两个步骤，测温仪进场后立即送往计量所进行检验，严禁测温仪未检先用。

1）测温部位

预制箱梁混凝土、环境温度测量及监控测点的布置，应以能够真实反映出混凝土最高温升、芯部与表层温差、表层与环境温差、降温速率及环境温度为原则，测温点的布置选择1/4梁进行，在纵向可确定横截面A-A作为布点的平面，混凝土表层温度宜以混凝土表面以内5cm处的温度为准，布置测点8处，如图4-14所示。

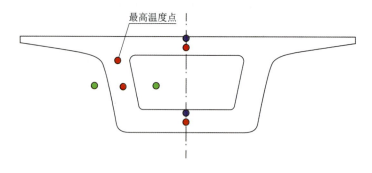

图4-14 A-A截面测温点布置图

红色-芯部温度；蓝色-表面温度；绿色-环境温度

2）测温频次

梁体灌注结束后2～4h开始对梁体混凝土测温，每1h记录一次温度，测温时间一般为2d（当梁体混凝土芯部温度与表层、表层与当天环境温度、箱内与箱外最低温差小于

15℃时可停止测温)。

3)测温点位布置及测量方法

箱梁梁体混凝土测温点位安装时先按测温点布置要求提前准备8根测温线(含测温探头),钢筋笼就位模板安装完后,梁体混凝土浇筑前将测温探头设置在规定位置处;待梁体混凝土浇筑完成2~4h后安排人员进行梁体温度测量,测量完形成完整的测温记录表。

4)温度控制要求

(1)混凝土蒸汽养护静停阶段:混凝土浇筑完成后,立即用蒸养棚将混凝土暴露面进行覆盖。对箱梁端模用篷布包裹严密,同时将蒸汽管路连接好,静停期间,保证混凝土周围环境温度不低于5℃,静停时间为4h。

(2)混凝土蒸汽养护升温阶段:静停时间达到4h后,打开送气阀(可以调节送气量),对箱梁顶板、箱内和箱外进行供气。在供气升温的时候,每1h测量一次箱梁顶板、箱内和箱外的温度。通过调节供气阀,保证升温速度不大于10℃/h,同时保证箱梁顶板、箱内和箱外之间的温度之差在15℃以内。

(3)混凝土蒸汽养护恒温阶段:在箱内、箱外和顶板的温度升至约40℃后,进入蒸汽养护恒温阶段。恒温阶段每1h测量一次顶板、箱内、箱外和混凝土的芯部温度,通过调节供气阀,保证顶板、箱内和箱外的温度不大于45℃,混凝土的芯部温度不大于60℃,同时保证箱内和顶板、箱内和箱外、混凝土芯部和表层之间的温差在15℃以内,恒温养护时间应根据梁体拆模强度要求、混凝土配合比及环境等通过试验确定。

(4)蒸汽养护降温阶段:在混凝土强度达到设计强度的60%时(冬期最好一次养护到设计强度)可以开始降温。通过调节供气阀,对箱梁顶板、箱内、箱外同时降温,降温阶段,每1h测量一次顶板、箱内、箱外和混凝土芯部的温度,保证降温速度不大于10℃/h,同时保证箱内和顶板、箱内和箱外、混凝土芯部和表层之间的温差在15℃以内。蒸汽养护期间及撤出保温措施时,保证梁体混凝土芯部与表层,表层与环境温差不超过15℃,从开始升温到降温结束整个过程中,梁体外两端与跨中及两侧,箱梁顶面与底面之间相对温差不宜大于10℃。棚内各部位的温度尽量一致。

4.3.14 孔道摩阻试验

预制梁试生产期间,对前两榀梁体进行孔道摩阻试验(前两榀梁摩阻系数使用图纸所给设计值),测算管道摩阻、喇叭口摩阻、夹片回缩,确定预应力损失,由设计单位对张拉控制应力进行验算,确定是否需要调整。正常生产后,每100孔进行一次孔道摩阻试验。

1)测试方法

(1)每个管道进行两次测试,两端各作为主动端张拉一次,取两次平均值作为测试结果。

（2）预应力束设计张拉控制力为P，测试时主动端的初始张拉力为 0.2P，分 8 级张拉至P。主动端加载步骤为：0→0.2P（初读）→0.3P→0.4P→0.5P→0.6P→0.7P→0.8P→0.9P→10P→0（卸载）。

（3）主动端加载前，被动端千斤顶液压缸伸出 15～16cm，并施加不超过 0.1P的张拉力，将预应力束调直。

（4）主动端千斤顶加载时应缓慢、均匀，每级加载时间不少于 1min，不应回油调整荷载。

（5）每级荷载加载到位稳定后，读取两端传感器压力值、千斤顶液压缸外露量和工具锚夹片外露量。

（6）每一管道测试完成后及时进行数据计算与分析，如钢绞线伸长量与张拉力的线性相关系数小于 0.99，应查找并排除影响因素后增加一次测试。

2）数据处理

采用二元线性回归法按式(4-2)计算管道摩擦系数μ和偏差系数k。

$$\begin{cases} \mu \sum_{i=1}^{n} \theta_i^2 + k \sum_{i=1}^{n} l_i \theta_i - \sum_{i=1}^{n} C_i \theta_i = 0 \\ \mu \sum_{i=1}^{n} l_i \theta_i + k \sum_{i=1}^{n} l_i^2 - \sum_{i=1}^{n} C_i \theta_i = 0 \end{cases} \quad (4\text{-}2)$$

式中：μ——预应力钢绞线与管道壁间的摩擦系数，结果保留 3 位小数；

　　　k——管道每米局部偏差对摩擦的影响系数，结果保留 5 位小数；

　　　n——实际测试的管道数量；

　　　C_i——第i个管道对应的$\ln(P_1/P_2)$回归系数，P_1、P_2分别为主动端与被动端传感器压力值（kN）；

　　　l_i——第i个管道对应预应力束的管道长度（m）；

　　　θ_i——第i个管道对应预应力束的空间曲线包角（rad），采用公式(4-3)计算。

$$\theta = \sum_{j=1}^{n} \sqrt{\theta_{Vj}^2 + \theta_{Hj}^2} \quad (4\text{-}3)$$

式中：θ_{Hj}——空间曲线在水平面内投影的切线角之和（rad）；

　　　θ_{Vj}——空间曲线在圆柱面内展开的竖向切线角之和（rad）；

　　　j——曲线分段的数量。

4.3.15 预应力张拉工艺

预应力张拉为箱梁质量控制的特殊工序，由安质环保部派质检工程师及质检员进行全程监控。试验室提供混凝土的强度、弹性模量给安质环保部。安质环保部核对强度、弹性模量、龄期后下发张拉通知单给张拉班组，由工程技术部安排张拉班组及时张拉。张拉前监控人员仔细核对抗压强度、弹性模量值及龄期符合要求并对张拉设备、工艺参数，以及张拉人员进行确认，张拉过程中对张拉应力、实测伸长值及持荷时间进行监控，如出现问题，立即停止并认真查明原因，消除后再进行张拉。

1）张拉设备

（1）本梁场选用全自动智能张拉系统，张拉千斤顶须保证预应力钢绞线在张拉过程中的安全可靠和准确性，以及便于处理在张拉过程中产生的滑丝、断丝现象。

（2）张拉液压传感器的额定油压为60MPa。

2）张拉设备的使用要求

（1）自动张拉系统

自动张拉系统除遵守一般预应力操作工艺有关规定外，还须注意以下问题。

①为了消除液压缸活塞运行中出现的爬行（突进），在试机过程中采用排气螺钉排气。

②为了保证预应力值的精确性，须定期对张拉设备液压系统各组成部分（千斤顶、压力传感器、位移传感器、油泵、控制阀管路等）进行检查和核正。

③千斤顶油泵用油，采用优质矿物油，油内不含水分、酸类及其他混合物，在常温下不分解变稠，一般使用46号液压油。张拉台车配备自动加温设备，满足冬季施工使用。通常油液使用半年或500工时后，更换新油。

（2）油泵

电动油泵应符合《预应力用电动油泵》（JG/T 319—2011）的规定，并应满足液压动力的额定压力≥60MPa，油泵额定流量≥2L/min。

①电源接线要加接地线，并随时检查各处绝缘情况，以免触电。

②油管与接头要按规格制造并随时检查，以免发生爆裂事故。油泵带压工作时不得拆卸接头、管路及压力表。

③位移传感器与压力传感器要定期校验，以防失灵而造成事故。

④开车前先打开控制阀（空载启动），使用前检查安全阀调整压力是否适当，并保证其灵敏可靠。

⑤电机转向限制，不可以正、反转交替使用。

⑥装在上体的轴承根据情况定期更换优质黄油。

⑦油面过低时，注意不得长时间带压工作。

⑧油箱内的油量，必须满足油泵使用说明书的规定，多于油箱容量的85%，不满足时

应加以补充。

（3）其他要求

①自动张拉设备在露天使用时，一般油温在 30～50℃，最高不得超过 60℃。

②操作人员须经培训，能熟练掌握机械性能及操作要求时，才允许上岗操作。

③张拉前须检查电路、传感器、千斤顶油路情况，确认不漏电、油时方可工作。

④连接油泵和张拉千斤顶的油管选用耐高压耐油橡胶管，工作压力与油泵额定油压配套。

（4）操作要点

①电源。

系统电源是以三相四线电（三相加地线接线方式）为入线，进入系统后通过对应电压转换后控制系统为 220V 加 24V 电源，动力系统为 380V 电源（电机只能正转）；当旋转钥匙开关通电后，系统自动检测入电相序，若不能使电机正转，系统自动断电且永不能上电，需工人将外接电源的三项电任意两项对调线序，然后上电，直到上电完成电源指示灯亮为止。

②连接通信线。

连接主控制柜和辅控制柜的通信线，如果不连接，上电后各控制柜屏幕会弹出对话框提示 COM 接口通信连接错误。

通信线连接方式为：主机 A1 与本端辅机 A2、另端辅机 B1 两机相连，辅机 B1 与本端辅机 B2、另端主机 A1 两机相连；插头已经按对应通信顺序设置好，插接不上即为错误，避免了人为误操作带来的通信错误。

③启动。

设备正确上电后，主机计算机和各辅机通过自检，对应显示屏幕会自动开启。

3）张拉设备的标定

张拉设备由专人使用和保管，并定期维护和标定（校验），其中压力传感器和位移传感器的标定应符合以下规定。

（1）梁场使用自动张拉系统，自动张拉系统制造具有经规定程序批准的技术证书，并出具具有资质的检测机构检测合格的产品型式检验报告，首次须送到有资质的计量部门进行标定，每月由梁场试验部门进行自校。

（2）压力传感器、位移传感器安装在千斤顶上，并与相应的主、辅机控制系统配套标定，使用中不可互换。

（3）压力传感器、位移传感器符合以下条件之一者，应重新校准：

①使用时间达到 6 个月；

②使用次数达到 3000 次时；

③出现异常情况；

④检修或更换配件。

（4）压力传感器和位移传感器应每月自校核1次。

4）钢绞线的下料、编束及穿束

（1）钢绞线制束

①下料前将钢绞线包装铁皮拆去，拉出钢绞线头，由2~3名工人牵引至调直台上并缓缓顺直拉出钢绞线，按技术部门下达的尺寸画线、下料，每次只能牵引一根钢绞线。

②预应力钢绞线的下料长度＝工作长度＋1660mm。

③预应力钢绞线采用砂轮锯切断，严禁用电弧切断，预应力钢绞线不得经受高温焊接火花或接地电流影响，下料后钢绞线不得散头。下料人工牵拉钢绞线过程中，由于钢绞线弹性大，要特别注意安全，单人不得牵引作业。

④钢绞线束质量标准见表4-22。

钢绞线束质量标准　　　表4-22

序号	项　　目	标　　准
1	钢绞线外观质量	无氧化铁皮，无严重锈蚀，无机械损伤和油迹；钢绞线内无折断、横裂和相互交叉的钢丝。无散头；钢绞线直径15.20mm，直径允许偏差为－0.15~＋0.4mm
2	束中各根钢绞线长度差	5mm
3	下料长度差	±10mm

⑤下完料的钢绞线每隔1.5m用铁线绑扎，编扎成束、顺直不扭转。

⑥根据每束钢绞线的长度，对钢绞线束进行编号标识，分别存放。编号时应在两端系上铁皮小牌，注明编号，以免混杂。钢绞线束搬运时，支点距离不得大于3m，端部悬出长度不得大于1.5m。预应力材料在存放和搬运过程中保持清洁，避免机械损伤和锈蚀，制作和安装时避免污染和电火花损伤，张拉期间应采取措施避免受雨水、养护用水浇淋。

（2）钢绞线穿束

①钢绞线穿束前检查锚垫板喇叭孔及压浆孔内是否有灰渣和积水。最后检查孔道有无串孔现象，在保证管道畅通，穿束可以顺利进行的情况下才能穿入钢绞线。

②钢束在移运过程中，采用多支点支承，支点间距1.4m，端部悬出长度1.0m，严禁在地面上拖拉，以免创伤钢绞线。在贮存、运输和安装过程中，采取防止锈蚀、污染及损伤的措施。

③钢束穿入梁体混凝土孔道，采用卷扬机引拉。先穿入一根钢丝作为引线，将钢丝拉进孔道，钢绞线穿入梳丝板并进行编号，然后将所有钢绞线端头套入牵引套，再将钢丝与

牵引套连接起来，然后开动卷扬机，人工扶正钢束，并让钢束穿过梳丝板，即可将钢束拉入管道，两端外露长度要基本一致。

④当穿较高位置的钢束时，在穿入端搭设平台，以保证穿入端钢绞线顺直。

⑤穿束时要有专人指挥，穿束后逐束按设计图纸和技术交底核对，以确认是否符合要求。

5）张拉前的准备工作

（1）检查工作锚安装类型、钢绞线束数与梁型是否一致，确保锚具、钢绞线安装无误。

（2）检查梁体混凝土强度、弹性模量和龄期是否已达设计要求。

（3）压力传感器、位移传感器在校正期内，无异常现象。

（4）使用配套检验合格的锚具，不得粘有污物。

（5）检查使用的预应力钢绞线是否准确，外露部位不得有损伤、扭结。

（6）清除梁体张拉端锚垫板上杂物，以保证锚具与锚垫板的密贴。

（7）在两端钢绞线（钢绞线不得交错扭转）上装上工作锚具，再将夹片按顺序套在钢绞线上，用$\phi 20mm$的钢管将夹片轻轻打入锚具孔内（要求所有夹片基本整齐一致），再安装限位板。把钢绞线束穿入千斤顶，锚具中心要与孔道中心对准，调整千斤顶位置，使千斤顶与孔道、锚具位于同一轴线上（三同心），且千斤顶与限位板、锚具接触密贴后，在千斤顶端安装工具锚和工具夹片。

（8）批接口规定。

由于钢绞线生产工艺水平有限，每批次进场的钢绞线弹性模量和直径都会有区别，弹性模量对钢绞线的伸长值影响明显，为避免限位板槽浅划伤钢绞线，张拉限位挡板须按钢绞线进场检验实测直径与槽深配套使用，对不同批次的钢绞线使用做如下规定。

①以每批次钢绞线进场检验试验报告上的实际直径和弹性模量，作为选择对应使用限位板规格和张拉伸长值计算的依据。

②同一榀梁同一孔道内的钢绞线，弹性模量差别不得大于5GPa。若两批钢绞线弹性模量差别大于5GPa时，则将剩余的钢绞线封存，等待与其他弹性模量相符批次的钢绞线匹配使用。

③制束时应对每束钢绞线做好穿入道编号的标识，应将相同直径等级的钢绞线穿入同一孔道内。工程技术部根据试验报告提供的钢绞线直径和锚具厂家提供的限位板槽深与钢绞线直径的对应关系，选定限位板并在张拉通知单上告知质检人员与班组。

④不同批次的钢绞线需分开存放。

⑤限位板由物资设备部仓库管理，每次张拉前，由质检人员核查制束钢绞线直径、孔道后到物资仓库领取限位板，并在张拉完毕后归还仓库，仓库管理员需做收发使用记录备查。

（9）张拉前需根据钢绞线的实际直径选择相应槽深的限位板，详见表 4-23。张拉班组依据工程技术部下发的张拉通知单中规定的限位板类型到仓库领取相应的限位板，使用完后 2h 内归还仓库。

限位槽深度与钢绞线直径对应尺寸 表 4-23

钢绞线直径（mm）	$\phi15.05\sim\phi15.10$	$\phi15.11\sim\phi15.20$	$\phi15.21\sim\phi15.30$	$\phi15.31\sim\phi15.40$	$\phi15.41\sim\phi15.50$	$\phi15.51\sim\phi15.60$
限位槽深度（mm）	6.8±0.10	7.2±0.10	7.6±0.10	8.0±0.10	8.4±0.10	8.6±0.10

6）预应力张拉工艺流程

张拉应使用与锚具四件套同一厂家制作的工具锚板、工具夹片及限位板。张拉前需按规定测量梁体上拱度初始值。预应力张拉流程如图 4-15 所示。

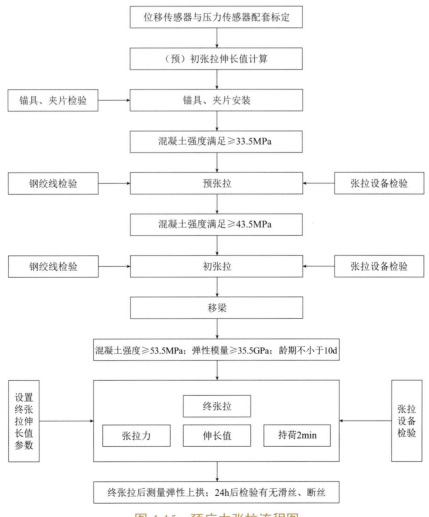

图 4-15 预应力张拉流程图

7）张拉阶段与张拉要求

（1）本梁场箱梁张拉分三阶段进行：第一次为预张拉，主要是为防止梁体出现早期裂缝，在梁体混凝土强度达到设计强度的60％＋3.5MPa（33.5MPa，由试验室出报告单）时松开内模、拆除端模，即可按设计要求进行预张拉，预张拉后可移出内模；第二次为初张拉，在梁体混凝土强度达到设计强度的80％＋3.5MPa（43.5MPa）时进行，初张拉后梁体可吊移出制梁台位。第三次为终张拉，该工序在存梁台座上进行，在梁体混凝土强度达到53.5MPa，弹性模量达到35.5GPa，且龄期不少于10d后进行。

张拉时的混凝土强度及弹性模量要求以现场同条件养护混凝土试块的试压报告为准。

①张拉前必须有工程技术部下达的张拉通知单，并经工程技术部部长复核签字认可，通知单中明确张拉强度与梁号一一对应。

②预应力张拉以应力为主，伸长值进行校核。当伸长值超过±6％时，停止张拉，待查明原因后方可继续张拉。

③预应力采用两端同步、左右对称、同时达到同一荷载值的方法控制，不同步率控制在5％以内，最大不平衡束不超过一束，张拉顺序按照图纸要求进行。预施应力采用三控措施，即应力、伸长值和持荷时间，张拉过程中保持两端的伸长量基本一致。

（2）根据预制梁技术条件规定首两孔梁进行锚口、喇叭口摩阻试验，正式生产后每100孔进行一次管道摩阻测试，以确定终张拉应力值和伸长量计算。通过现场实测数据，报请设计单位进行张拉控制力的调整，终张拉应按照调整后的控制力数据执行。

8）预、初张拉工艺

（1）梁体强度要求

当梁体混凝土强度达到预、初张拉要求的强度时，即可进行预、初张拉作业。

（2）张拉程序

预（初）张拉工艺流程：0→0.2σ_k→σ'_k→缓慢回油至10kN→回油至0→锚固。σ'_k为预张拉控制应力；σ_k为终张拉控制应力。

（3）千斤顶、锚具和夹片安装

①预、初张拉前，调整两侧钢绞线外露长度使两端长度基本均匀一致。将工作锚套入钢绞线束，将钢绞线按自然状态依顺时针方向插入夹片。用特制的套管挤推夹片使其进入锚环内，并使其端部整齐，外露长度一致。工作锚板与锚垫板对中止口重合。

②安装千斤顶。安设千斤顶使中线与孔道中线初对中，为方便工具锚缸脱，千斤顶预先出顶2～3cm。如箱梁锚穴无法提供千斤顶工作空间，需在限位板与千斤顶头部间加设支承物，加设一个延长套环满足施工要求，千斤顶安装如图4-16所示。

③安装工具锚。工具锚安装于千斤顶后盖，精确对中，钢绞线须在工作锚与工具锚之间顺直无扭结。工具锚夹片安装完成后，用特制的套管挤压工具锚夹片，使其进入工具锚

环内，并使端部整齐，外露长度基本一致。但不能过力挤压工具锚夹片，这对张拉时钢绞线受力状态的自动调整不利。

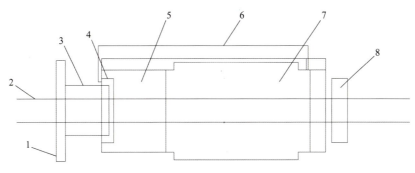

图 4-16　千斤顶安装示意图

1-锚垫板；2-钢绞线束；3-工作锚；4-限位板；5-延长套环；6-位移传感器；7-千斤顶；8-工具锚

（4）预应力筋的张拉

①初始应力阶段：初始应力即初应力主要是为了使钢绞线从松弛状态达到受力状态，消除伸长值测量误差，并使同束各根钢绞线受力趋于一致。初始应力值取终张拉控制应力的20%。当钢绞线张拉到初始应力值时，松开千斤顶吊绳，使千斤顶自动对中，用特制套管挤压工具锚夹片，使夹片紧紧握裹钢绞线，以减少钢绞线的回缩。

②张拉阶段：张拉阶段升压须平稳。张拉时须根据张拉流程中规定的张拉时间加载，确保在规定时间达到张拉力值。由于预应力筋是自锚，严禁过张拉。

③预、初张拉控制应力阶段：预、初张拉控制应力主要是按设计要求为梁体提供移梁下台位所需的预加应力值，防止梁体出现裂纹。

④液压缸回程：持荷结束后使液压缸回缩，液压缸回程后卸除工具锚及千斤顶，测量工作锚夹片的外露量不得超过 3mm，并在距离夹片端头一定距离（10cm）处的钢绞线上用胶带做出标记，观察 24h 再次测量，以判断钢绞线及夹片的回缩量。

9）终张拉工艺

（1）梁体强度弹性模量值要求

终张拉待梁体混凝土强度达到 53.5MPa，弹性模量达到 35.5GPa，且龄期不少于 10 天后进行。

（2）张拉程序

终张拉工艺流程如下所述。

①对于未张拉束：

$0 \rightarrow 0.2\sigma_k \rightarrow \sigma_k$（静停持荷 5min）$\rightarrow$ 补拉到 $\sigma_k \rightarrow$ 缓慢回油至 10kN — 回油至 0 $\rightarrow$ 锚固。σ_k 为终张拉控制应力。

②对于已张拉束：

$0 \to \sigma'_k \to \sigma_k$（静停持荷 5min）→补拉到 σ_k→缓慢回油至 10kN—回油至 0→锚固。σ'_k 为预张或初张拉控制应力；σ_k 为终张拉控制应力。

10）终张拉程序

（1）非复拉束孔道终拉工艺按终张拉工艺过程进行操作。张拉时，两端同时对主缸送油，使钢绞线束略为拉紧。并调整锚板和千斤顶位置，进一步使孔道轴线、锚具轴线和千斤顶轴线三轴同心，同时观察各根钢绞线的松紧度，并随时调整，务求各根钢绞线松紧度一致，以使其受力均匀。随后将两端同时对千斤顶主缸送油，两端千斤顶送油加载至钢绞线的初始应力（$20\%\sigma_{con}$，σ_{con} 为张拉控制应力）后，停止进油，在工具锚口处用笔在各股划线，以检查有无滑丝的标记，读大缸伸长值，若有滑丝，则检查具体是哪一根，对该根的夹片实施退锚处理（将千斤顶与限位板退除，在千斤顶与锚板之间安装上特制的退锚处理器，重新张拉），重新更换钢绞线或夹片；若无滑丝，则按张拉工艺流程进行张拉到控制应力（$100\%\sigma_{con}$），稳定进油量持荷 5min 以减少钢绞线松弛损失，并自动量取液压缸伸长值，自动计算张拉中钢绞线的伸长值，并与理论伸长量进行对比检算，两者误差在 ±6% 以内时张拉有效，然后回油至锚固，自动计算自锚阶段钢绞线回缩量，张拉完成。若两者误差超出 ±6%，则需查找原因，重新张拉。

（2）自动张拉设备自动控制升压速度，张拉力加载速度不大于 20MPa/s。严禁超出终拉控制应力值。锚固须在控制张拉应力处于稳定状态下进行。

（3）在持荷 5min 状态下，如发现油压下降，如设备不能自动补压，则立即手动补至规定油压，认真检查有无滑丝、断丝现象。

（4）在张拉过程中，预施应力以应力为主，以预应力钢绞线伸长作校核的双控法。张拉过程中，实测伸长值与理论伸长值的偏差超过 ±6% 时，自动张拉系统提示并报警，偏差超过 −8% 和 +12% 时，自动张拉系统停止张拉，待查明原因后重新张拉。

（5）整个张拉工序完成，在钢绞线紧贴夹片处缠上胶带做记号，以供张拉后对钢绞线锚固的质量情况的观察。

（6）油泵用油采用液压油，自动张拉设备配备自动加温装置，根据油温会自动加温。油中不得含有水、酸类及其他杂质，事先应对油箱、泵体、管路等彻底清除，灌油时严格过滤，使用时油温不得超过 60℃。

（7）终张拉完毕后必须按频次立即测量弹性上拱，实测梁体弹性上拱 ≤1.10 倍设计计算值。当弹性上拱度超出允许范围时，应及时进行修正。

11）张拉质量要求及注意事项

（1）张拉质量要求

①实际伸长值两端之和不超过理论计算值的±6%。

②每件后张预制梁张拉完成24h之后检测回缩及断丝、滑丝情况，断丝，滑丝总数不得超过预应力钢丝总数的0.5%，且一束内断丝不得超过一丝，也不得在同一侧。

③两端同步张拉，同时达到同一荷载值，两端伸长量保持基本一致，不同步率控制在5%以内，不同步率＝(大－小)/(大＋小)≤5%，自动张拉应两侧同步开始张拉。张拉作业必须由质检员进行统一控制，质检员站在张拉设备主控端，主控端与其余三顶用数据线进行联机，可以实时监控其余三顶应力与伸长值数值，自动张拉设备在张拉作业时自动调整给油速率，以保证同步。

④张拉后测量和计算，钢绞线回缩量不大于6mm，夹片外露量2~3mm，夹片错牙量1~2mm。

⑤因处理滑、断丝而引起钢绞线束重复张拉时，同一束钢绞线张拉次数不得超过3次。若钢绞线与锚具因滑丝而留有明显刻痕时，必须更换夹片、钢绞线。

⑥箱梁终张拉对称进行，最大不平衡束不超过1束。

⑦张拉过程中出现以下情况之一者，需更换锚具或换钢绞线来重新张拉。

a. 后期张拉时发现早期张拉的锚具中夹片断裂者；

b. 锚具内夹片错牙在2mm以上者；

c. 锚环裂纹损坏者；

d. 切割钢绞线或压浆时又发生滑丝者。

⑧张拉时保证预留管道、锚具、千斤顶三者同心。

⑨预应力钢绞线批接口"三对应"：

a. 试验弹性模量与伸长量计算对应；

b. 钢绞线线径与限位挡板槽深对应；

c. 前批剩余钢绞线穿入管道编号的技术指定与实际操作对应。

⑩两批钢绞线试验弹性模量超过±5GPa，钢绞线直径不处于同一等级时不得穿入同一孔梁。

⑪工作夹片不得使用钢丝圈套圈。

（2）张拉注意事项

①张拉时千斤顶升压或降压速度须缓慢、均匀，切忌突然加压或卸压。

②预应力张拉采用两端同步张拉，并符合设计张拉顺序，预应力张拉过程中保持两端

伸长量基本一致，测量伸长值必须两端同时进行。

③张拉时发现压力传感器、位移传感器、千斤顶、锚具等有异常情况时立即停止张拉，查找原因。

④张拉作业区标示明显的标记。张拉过程中，千斤顶后方不得站人，量伸长值或挤压夹片时，人员站在千斤顶侧面。

⑤张拉加力时，不得敲击及碰撞张拉设备，位移传感器要妥善保护避免撞击。

⑥未压浆或水泥浆未凝固结硬时，不得敲击锚具或脚踏手攀。

⑦更换锚具时两端都要装上千斤顶，采取其他措施放松钢绞线时更需做好场地的安全防护工作。

12）实测及理论伸长值的计算

（1）实测伸长值的计算

梁场采用自动张拉系统，实测伸长值由设备通过位移传感器实现自动测量、计算。实测伸长值计算原理如下所述。

①钢束总伸长＝大里程端钢束伸长值＋小里程端钢束伸长值。

②一端钢束伸长值＝液压缸伸长(控制)＋工具夹片外露长度(控制)－液压缸伸长(初始)－工具夹片外露长度(初始)。

③自锚时钢绞线回缩＝液压缸伸长(控制)－10kN 时液压缸外露－工作锚至工具锚段钢绞线弹性伸长值。

④分两次张拉的钢绞线束伸长值为：

a. 总伸长值＝第一次张拉伸长值＋第二次张拉伸长值。

b. 预应力混凝土梁张拉质量实行"三控"，即以油表读数控制为主，实测伸长值作为校核，持荷时间达到要求。因此预应力筋实测伸长值作为控制张拉质量的重要指标之一，其合格与否尤为重要。预应力筋实测伸长值偏差是与相应阶段的理论伸长值比较得出的，其偏差不允许超过理论计算伸长值的±6%。

（2）理论伸长值的计算

①钢绞线张拉伸长量。

钢束的施工理论伸长值计算：

$$\Delta L = \frac{P_p L}{A_y E_g} \tag{4-4}$$

式中：P_p——预应力筋的平均张拉力（N）；

L——预应力筋的长度（mm）；

A_y——预应力筋的实际截面面积（mm²）；

E_g——预应力筋的实际弹性模量（N/mm²）。

预应力筋平均张拉力计算：

$$P_p = \frac{(P_实 - P_0)[1 - e - (kL + \mu\alpha)]}{kL + \mu\alpha} \tag{4-5}$$

式中：$P_实$——施工时张拉力（kN）；

　　　P_0——初应力张拉时的力（kN）；

　　　e——自然对数底，e = 2.71828；

　　　k——孔道每米局部偏差对摩擦的影响系数；

　　　L——从张拉端至计算截面的孔道长度（m）；

　　　μ——预应力筋与孔道壁的摩擦系数；

　　　α——从张拉端至计算截面曲线孔道部分切线的夹角之和（rad）。

②公式应用要求。

a. 用式(4-4)计算理论伸长值时，因采用两端张拉的施工方法，故取半跨钢绞线长度计算，计算值乘以2即为总伸长值。

b. 对多曲线段组成的曲线束，或直线段与曲线组成的折线束，分段计算，然后叠加。

c. 伸长值的允许偏差。

预应力混凝土梁张拉质量实行"双控"，即以张拉力控制为主，伸长值作为校核。因此预应力筋伸长值作为控制张拉质量的重要指标之一，其合格与否尤为重要。预应力筋实测伸长值偏差是与相应阶段的理论伸长值比较得出的，其偏差不允许超过理论计算伸长值的±6%。

13）钢绞线滑丝与断丝处理

（1）为避免滑丝和断丝出现，保证张拉工作正常进行，须加强设备的检查工作。

①压力传感器和位移传感器按时进行校正，保证误差不超过规定。

②压力传感器和位移传感器须保持良好的工作状态，工具锚及夹片完好无损伤。

③锚具形状尺寸正确，保证规定的加工精度。锚环不得有内部缺陷。

（2）严格执行张拉工艺，防止断、滑丝。

①张拉前要对孔道、锚垫板进行检查，锚垫板承压面必须与孔道中线垂直，偏差不得超过1°。当发现不垂直的情况时，在锚环下垫薄铁板调整垂直度。

②锚具在使用前须先刷去油污，安装务必正位、对中。锚环、限位板的安装面必须与孔道中心线相垂直，锚具中心线与孔道中心线相重合。

③初始应力阶段，工具锚夹片的挤压程度务求一致。

④张拉操作要按规定进行，防止钢绞线受力超限发生拉断事故。

⑤在冬期施工时，特别是在负温条件下钢材性能发生了变化（如钢丝伸长量减少，弹性模量提高，锚具变脆变硬等），故冬期施工较易产生滑丝与断丝，因此预应力张拉工作须在正温条件下进行。

（3）断、滑丝处理。

①在张拉过程中如发生断（滑）丝现象，立即停止张拉，将千斤顶与限位板退除，在千斤顶与锚板之间安装上特制的退锚处理器（整体退锚套筒），重新张拉，其张拉须缓慢进行。张拉中注意观察，其退锚张拉应力大于原张拉吨位。借张拉钢绞线束带出夹片，然后用小钢丝（φ5mm 高强钢丝端头磨尖制成），从退锚处理器的空口处取出夹片，不让夹片在千斤顶回油时随钢绞线内缩。取完所有夹片，两端千斤顶回油，拔掉退锚处理器，检查锚板，重新装上新夹片，重新张拉。

②滑丝发生在张拉完毕锚固后，其处理方法同上。但退锚的力量须予以控制。一般拔力略大于张拉力量，即可拔出。两端不能同时进行，一端增压施拔时，另一端的千斤顶充油保险，待两端均拔完后，方可卸顶，以保安全。

③断丝多数发生于夹片范围内，张拉锚固时不对中，有时也在孔道内发生断丝，其主要原因是钢绞线本身有暗伤。断丝和滑丝的处理方法相同。

④张拉完毕后，认真做好预加应力、钢丝伸长、回缩、滑丝等记录工作，并经监控人员及监理工程师签字认可。

⑤张拉完成后，在锚具口处的钢绞线做上记号，作为张拉后对钢绞线锚固情况的观察依据。

14）锚端钢绞线的切割

（1）钢绞线外露头的切割：张拉完毕24h后复查，确认无滑、断丝时即可进行多余钢绞线的切割。切割钢绞线必须有安质环保部下发的切割通知单。

（2）割丝保留长度为：钢绞线外露30mm且预应力筋保护层（钢绞线端头距梁端面的距离）不小于40mm。

（3）钢绞线的切割采用砂轮锯切除，严禁采用氧乙炔焰进行切割，严禁使用电弧进行切割。

4.3.16 孔道压浆工艺

孔道压浆为箱梁质量控制的关键工序。压浆作用有二：一是保护预应力筋以免锈蚀；二是使预应力筋与构件混凝土有效地黏结，以控制超载时裂纹的间距与宽度并减轻梁端锚具的负荷状况，因此必须重视孔道压浆的质量。压浆派专职质检员作为现场监控人员，对压浆设备、压浆人员、压浆材料、浆液流动度、泌水率、真空度、压力值、持压时间进行严格监控，并做好相应的监控记录。

1）压浆条件

钢绞线束张拉完毕后 24～48h 内进行压浆。压浆时及压浆后 3d 内，梁体及环境温度不得低于 5℃，冬季压浆必须采取覆盖篷布并通蒸汽来保证梁体不受冻。

2）压浆剂技术要求

压浆剂中不得含有高碱（总碱量不超过 0.75%）膨胀剂或以铝粉为膨胀源的膨胀剂。不得掺入含氯盐类、亚硝酸盐类或其他对预应力筋有腐蚀作用的减水剂。压浆剂、压浆料及其他原材料引入氯离子含量不得超过胶凝材料总量的 0.06%。压浆剂各项技术指标符合《铁路后张法预应力混凝土梁管道压浆技术条件》（Q/CR 409—2017）要求。

浆体性能指标见表 4-24。

压浆用各材料允许称量误差 表 4-24

材料名称	水泥	压浆剂	水
允许称量误差（%）	±1	±1	±1

压浆料各种材料的称量以质量须精确计量。管道压浆前，对采用的压浆料进行试配，试验结果满足《高速铁路预制后张法预应力混凝土简支梁》（GB/T 37439—2019）和《铁路后张法预应力混凝土梁管道压浆技术条件》（Q/CR 409—2017）的技术要求。

3）压浆配合比

本梁场理论压浆配合比：水泥：压浆剂：水 = 1：0.111：0.356（水胶比：0.32）；

每立方米用量：水泥：压浆剂：水 = 1350kg：150kg：480kg。

4）压浆设备

压浆设备采用具有自动计量的压浆台车且具有二次加水能力及信息化数据上传功能，搅拌机转速不低于 1000r/min，桨叶最高线速度不超过 10～20m/s。压浆台车需具备将配比和称量误差自动记录并能将数据导出打印、存档的功能。桨叶形状与线速度匹配，并能满足在规定时间搅拌均匀要求；压浆机采用齿轮连续式压浆泵，压力表最小分度值不大于 0.1MPa，最大量程在实际工作压力的 25%～75% 量程范围内。储料罐带有搅拌功能，过滤网空格不大于 3mm×3mm。

5）压浆前的准备工作

（1）压浆前检查预施应力的锚固情况，如有不良现象，立即采取措施处理，方可压浆。检查各种压浆设备，并试运转情况良好，输浆管是否畅通，正常状况方可使用。

（2）压浆前，应清理管道，并按照封锚和封端要求切除钢绞线，将锚头部位全部用压浆罩堵塞密封。

（3）压浆作业必须在环境温度高于+5℃的条件下进行，否则须采取保温措施或采用冬期施工方法，入冬以前用高压风将全部存梁的管道内的水吹干净，以免冻裂梁体。

（4）清理锚垫板上的压浆孔，清除孔道内的杂物及积水，同时检查压浆孔是否通畅，压浆工具是否完好、齐全，压浆设备要用清水进行试压，确认压浆设备各部分的可靠性，所有设备、工具正常后，才能进行压浆作业。

（5）确定抽真空端和压浆端，安装引出管、球阀和接头，并检查其功能。

6）压浆工艺流程

本梁场孔道压浆采用真空压浆工艺，真空压浆的原理是在孔道的一端设置三通管，先采用真空泵对孔道进行抽真空，使之产生−0.06～−0.08MPa的真空度，然后用压浆机将配制好合格的水泥浆从三通管的另一接口灌入。压浆的最大压力不超过0.6MPa，压浆的充盈度应达到孔道饱满并且排气孔排出与规定流动度一致的浆体为止，关闭出浆口，保持0.5～0.6MPa且不小于3min的稳压期，以提高预应力孔道压浆的饱满度和密实度。压浆工艺流程如图4-17所示。

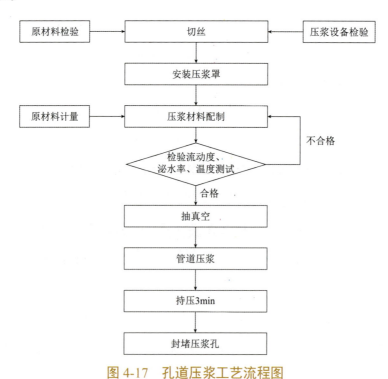

图4-17 孔道压浆工艺流程图

7）孔道压浆

（1）使用压浆罩进行压浆。搅拌前，应先清洗施工设备，不得有残渣，并检查搅拌机的过滤网，在压浆料由搅拌机进入储料罐时，必须经过过滤网，过滤网空格不得大于

3mm×3mm。

浆体搅拌操作顺序为：首先在搅拌机中先加入实际拌和水用量的80%～90%，开动搅拌机，均匀加入全部压浆剂，边加入边搅拌，然后均匀加入全部水泥，全部粉料加入后再搅拌2min，然后加入剩下的10%～20%的拌和水，继续搅拌2min。

搅拌均匀后，检验搅拌罐内浆体流动度，头三盘每盘检测一次，之后每10盘进行一次检测，其流动度在规定范围内（18s±4s）即可通过过滤网进入储料罐。浆体在储料罐中继续搅拌，以保证浆体的流动性。禁止在施工过程中由于流动度不够额外加水。水泥浆搅拌结束至压入管道时间间隔不得超过40min。

（2）水泥浆搅拌前必须计量准确；水泥浆料必须采用机械搅拌，使用专用的高速浆液搅拌机拌和均匀，不得有料团块；在注浆前，要对浆液进行不间断搅拌。如果浆体表面气泡较多，则适当降低搅拌速度，搅拌完毕，略加放置，刮去表面的浮浆。

（3）压浆过程中，每孔梁制作3组标养试件，全部标准养护，取样方法为：将拌好的压浆料倒入试模内，静置浆体初凝后，将其表面多余的浆体刮掉。标养试件24h拆模后放入标准养护室，于水中养护至7d、28d，分别进行7d、28d抗压强度和抗折强度试验，试模尺寸为40mm×40mm×160mm。

（4）压入管道内的浆料终凝时间小于24h，压浆时浆体温度不超过30℃，压浆时及压浆后3d内，梁体及环境温度不得低于5℃。冬期施工期间，使用保温布对梁体进行全方位覆盖，同时通蒸汽，以保证压浆时及压浆后3d内，梁体及环境温度不低于5℃。7d抗压强度≥35MPa，抗折强度≥6.5MPa，28d抗压强度≥50MPa，抗折强度≥10MPa，24h内自由膨胀率为0～3.0%。浆体对钢绞线无腐蚀作用，其技术要求符合高性能无收缩防腐蚀压浆料的规定，有结块不得使用，经检验合格后方可使用。梁体与标养试件所处环境温度不同，提前出场架梁，还需做随梁压浆试件1组，需提前出梁时，随梁养护试块及标养试块必须达到28d强度要求（抗压强度≥50MPa，抗折强度≥10MPa）。

（5）启动真空泵抽真空，抽真空采用三通管，使真空度达到–0.06～–0.08MPa并保持稳定。

（6）启动灰浆泵，当输出的浆体达到要求的稠度时，将输送管阀门打开，开始压浆。

（7）压浆次序自下而上，同一管道压浆须连续进行，一次压完，以免孔道漏浆将邻近孔道堵塞。压浆过程中，真空泵要保持连续工作。压浆过程中经常检查压浆管道是否堵塞和漏浆。

（8）待真空泵端的空气滤清器中有浆体经过时，关闭空气滤清器前端的阀门，稍后打开排气阀，当水泥浆从排气阀顺畅流出，且出浓浆后测流动度与压入的浆体相当时，关闭抽真空端所有的阀门。

（9）压浆泵继续工作，压力达到 0.5～0.6MPa，持压 3min。

（10）关闭灰浆泵及压浆端所有阀门，完成压浆。

（11）拆卸外接管路、附件，清洗空气滤清器及阀门等。完成当日压浆后，必须将所有粘有水泥浆的设备清洗干净。安装在压浆端及出浆端的球阀，在压浆后 10h 内拆除、清洗。

（12）冬期施工时采取保温措施，使用保温布对梁体进行全方位覆盖，同时通蒸汽，以保证压浆时及压浆后 3d 内，梁体及环境温度不低于 5℃。夏季施工时，避开高温天气，在早、晚进行，必要时夜间从事压浆作业，当气温高于 35℃时，停止压浆作业。

（13）夏、冬期压浆施工。

①夏季施工时，浆体温度不高于 30℃，冬期施工不低于 5℃。当环境温度超过 35℃时，安排在夜间施工。

②当环境温度低于 5℃时，安排在白天气温较高时段施工。

③当环境温度低于 5℃，仍需进行压浆时，则除按正常压浆规定执行外，要提高水泥浆用水温度，使水泥浆温度不低于 10℃。使用保温布对梁体进行全方位覆盖，同时通蒸汽，以保证压浆时及压浆后 3d 内，梁体及环境温度不低于 5℃。

④压浆完毕，孔道水泥浆需继续保温养护。

4.3.17 梁体封端

为防止水分及其他有害介质侵入梁体，腐蚀锚具及外露钢绞线，待孔道压浆工作完毕并经检查合格后，及时进行梁体封端。封端混凝土采用 C50 细石干硬性补偿收缩混凝土，其中掺入膨胀剂，混凝土坍落度在 50mm 以内满足施工要求。

1）凿毛

（1）在封端之前先进行锚穴凿毛，凿毛在端模拆除后进行，要充分均匀，凿毛面积不小于 90%，深度不小于 5mm，凿除混凝土表面水泥砂浆，露出新鲜石子，表面无灰浆。

（2）凿毛后锚穴须清理干净，封端灌注混凝土前用水清洗湿润。

（3）绑扎封锚钢筋之前，先将锚垫板表面的粘浆和锚环上的封锚砂浆铲除干净，为加强后灌部分混凝土与梁体的连接，梁端锚穴处凿毛处理，并清洗干净，各处的浮浆、灰渣等杂物也要清理干净。

2）封端钢筋

（1）封端钢筋按设计图加工点焊，尺寸准确，以便放入锚穴中。

（2）为加强后灌注部分混凝土与梁端的连接，在锚垫板上安装 2 根一端带螺纹短钢筋，使之与封锚钢筋连为一体，放置钢筋网片，网片保护层不得小于 35mm，允许偏差为 0～

5mm，并且把钢筋网片与锚垫板上安装的短钢筋绑扎牢固。

3）封端配合比

本梁场封端混凝土理论配合比：水泥∶粉煤灰∶细骨料∶粗骨料∶膨胀剂∶减水剂∶水 = 1∶0.174∶2.081∶2.544∶0.076∶0.12∶0.388（每立方米用料：水泥 384kg，粉煤灰 67kg，膨胀剂 29kg，细骨料 799kg，粒径 5~10mm 的粗骨料 977kg，聚羧酸系高性能减水剂 4.8kg，拌和水 149kg）。

4）混凝土的灌注

封端前先用清水湿润锚穴四周，便于新旧混凝土面的粘接，然后支撑封端模板，再填塞封端混凝土。封端混凝土可分几次填塞，保证填塞密实，并用钢筋棍捣固密实，不能有空洞、不饱满现象。封端混凝土应与梁端面平齐，封端混凝土各处与梁体混凝土的错台不超过 2mm。如有塑性变形造成其与原混凝土之间有缝隙的现象，必须在混凝土未凝固前重新捣固，保证与原混凝土之间达到密实效果。

5）封端试件

为方便拌和站拌和混凝土，减少拌和站的工作量，封端采用多片梁集中封端，试件每班次制作 4 组，全部标准养护 28d，用小样本法来评定混凝土强度。

6）混凝土的养护

本梁场封端混凝土采用I型膨胀剂，封端混凝土的养护方法采用洒水表面覆盖塑料薄膜密封保湿。在初凝后的 12h 之内必须加强养护，充分保持混凝土湿润，防止封锚混凝土与梁体之间产生裂纹。

冬期施工期间，封端后除表面采用塑料薄膜覆盖密封保湿外，另加设一层土工布，再于土工布表面粘贴电加热带，再覆盖一层保温棉布，使其发挥保温功能。

7）防水涂料施工

封端混凝土养护结束后，目测梁端干燥度，当梁端封锚混凝土不再有潮湿痕迹时，在梁端底板和腹板的表面涂超过 2mm 厚的聚氨酯防水涂料。防水涂料涂刷后 12h 之内应防止淋雨、暴晒、霜冻。

（1）施工工艺流程

梁端表面清理→粘贴分隔胶带→按比例配制涂料→涂刷防水层→检查验收。

（2）施工前准备

①施工前将梁体端头表面进行检查，检查确认表面无不平、气孔、起砂等缺陷，梁端无凹凸不平现象，凹凸不平处及裂缝必须用水泥砂浆抹平，平整度满足空隙不大于 2mm/m 的要求，方可进行施工。

②对表面残余灰浆、硬块及其他杂物清除干净，并用湿布擦拭干净。

③聚氨酯防水涂料进场应具有产品合格证及厂家的认证文件。

④施工机具、防护设备、人员到场完成，满足施工需要。

⑤环境条件符合要求。

（3）配制防水层涂料

①先将聚氨酯防水涂料按甲组分和乙组分按1∶2进行配料。

②在专用的容器内搅拌3～5min，充分拌和均匀后方可使用，搅拌时不得加水和稀释剂，配好的混合料应在30min内用完，不可时间过长，做到随配随用。

（4）涂刷防水层涂料

①聚氨酯防水涂料必须分层涂刷。

②涂刷厚度应达到要求厚度（≥2mm）。

③在底层防水涂料固化并干燥后，要先检查其上有无残留的气孔或气泡。如没有，即可进行涂刷施工；如果有气孔或气泡，则应用刮板将混合料用力压入气孔，局部再刷涂料，然后进行全面的涂料涂刷。

④涂刷第二层防水涂料：第一层涂料固化干燥后，即可在其上均匀涂刷第二层防水涂料，涂刷方向要与第一层涂刷方向垂直。

⑤防水涂料涂刷后12h之内应防止淋雨、暴晒、霜冻。

（5）质量要求

①原材料要求。

梁体使用的聚氨酯防水涂料，属于合成高分子有机反应型防水涂料，应具有出厂合格证及厂家产品的认证文件，并应取得中铁铁路产品认证中心（CRCC）产品质量认证。

②防水涂料厚度检测。

防水涂料的厚度要求不应小于2mm，用防水涂料涂层测厚仪分别测量梁两端防水涂料厚度，每端测量10处，平均厚度不低于设计值，且最低厚度不低于设计厚度的80%判定合格。

（6）环境要求

①应避免在雨雪天施工。

②施工温度宜控制在5～35℃。

③五级以上强风天气不宜进行防水施工。

④梁端表面不得有明水。

⑤聚氨酯防水涂料严禁日晒雨淋，或接近热源。

⑥已涂刷好的防水涂料在未固化干燥前，不允许在其附近进行施工，以免刷好的防水层表面被破坏，从而影响防水层对梁体的保护作用。

（7）常见缺陷预防措施

常见缺陷及对应的预防措施见表4-25。

常见的缺陷、产生的原因及预防措施 表4-25

常见的缺陷	原因分析	预防措施
气孔、气泡	一是材料搅拌方式及搅拌时间未使材料拌和均匀；二是梁体端头表面处理不洁净	涂刷防水涂料前要仔细清理梁端表面，不得有浮浆和结块，更不应有空隙，涂刷时出现的气孔要按工艺要求处理，防止防水层破坏
起鼓	梁端表面有起皮、起砂、开裂、不干燥现象，使涂料黏结不牢固	施工前要认真操作，做好养护，待梁端表面干燥后，按施工工艺逐层涂刷防水涂料
防水层翘边	主要是由梁端表层不洁净或不干燥，收头操作不细致，密封不好，底层涂料黏结力不强等造成的	要保证梁端表面洁净、干燥，工人施工要细致
破损	涂刷防水层过程中或全部涂刷完成后，防水层还未固化，受到人为的磕碰、划伤等	施工中和施工后加强防水层的保护

4.3.18 提梁、存梁、发梁

1）提梁

（1）箱梁初张拉完毕，各项检验结果符合要求后，准备进入提梁工序。

（2）吊装设备采用900t轮胎式吊梁机。在制梁区内把梁体吊起后，在移梁通道上移到存梁区。

（3）吊梁时有8个吊点，箱梁吊点设在梁端腹板内侧顶板上，每端吊点由4个吊孔组成，吊点的孔径120mm，其位置、垂直度须符合设计要求。箱梁吊点设在梁端腹板内侧顶板上，每端吊点由4个吊孔组成，吊点的孔径大小、位置、垂直度符合设计要求，吊环采用高强钢棒。在吊点的顶面及底面设置45°斜置的"井"字形钢筋，周边用ϕ8mm圆钢加工的螺旋筋进行加固（螺旋直径为190mm）。吊装孔待梁体架设后采用与梁体同级别的C50干硬性补偿收缩混凝土封堵，封堵前应凿毛并用水湿润，进行局部防水及保护层施工。吊装孔成型采用ϕ120mm实心钢棒，采用定位架角钢焊接卡具并连接于端模顶部进行固定。

（4）提梁机运行至制梁台座，通过吊梁天车上的横向和纵向液压缸来调整吊杆位置，当8个吊杆与梁体上8个吊装孔完全对位后，启动卷扬机下降吊杆。当吊杆完全穿过吊装孔后，安装垫板和锁紧螺母，保证8根吊杆的伸出量一致，且垫板与梁体有良好接触面，否则需加橡胶垫块或铺上细砂。

(5)在上述工作完成后,启动卷扬机缓慢起升,保证4台卷扬机同步起升,速度一致,误差不超过5mm。当箱梁底面起升到高出制梁台座的护栏200mm时,停止起升,此时提梁机可沿着走行线移向存梁区,将箱梁落至存梁台座上。

(6)箱梁存梁及顶梁支点设置在梁端底板的腹板下方,存梁时悬出长度为1350mm,横向间距为4500mm。

2)存梁

箱梁从制梁区通过900t提梁机运输到存梁区内,放置在存梁承台上。在单层存梁台座上放置4块500mm×500mm×50mm的橡胶支座板;双层存梁台座上部放置4块500mm×800mm×70mm的橡胶支座板,梁体的四个支座点须在同一平面上,相对高差(两对角线之和的差)不大于2mm。橡胶支座板进场时对厚度进行检测,并按高差进行分类使用。四块橡胶支座板的压缩相对变形量也不应大于2mm,梁体放置存梁台后对存梁墩进行变形观测,相对高差过大的通过垫不同规格的石棉垫+细砂找平调整。

存梁台座首次存放箱梁或双层存梁时,提梁机必须在存梁台座上方停留24h,不得拆除吊杆。对存梁台座进行观测,4个存梁墩不均匀沉降小于2mm后,方可拆除吊杆。

3)发梁

箱梁必须经安质环保部检查验收合格,出具箱梁出库单后,才允许发梁。

箱梁符合出场的技术条件后,通过900t轮胎式吊梁机将箱梁运送到提梁区的发梁台座,放置于运梁车上。

5 施工保证措施

5.1 组织保障措施

为确保本工程的施工安全，实现安全目标。项目部成立安全生产工作领导小组，设立安全管理部及专职安全员，形成自上而下的安全管理机构，构建纵向到底、横向到边的安全保证体系。

5.1.1 项目部安全生产领导小组

项目部安全领导小组由组长 1 名，副组长若干名，成员若干名组成。

5.1.2 安全生产保证体系

为保证安全组织机构的正常运转，促进项目安全管理工作规范有序的开展，确保工程项目安全管理目标的落实，需加强安全生产工作的管理，故结合本项目工程的特点，建立了项目安全保证体系，从思想上、组织上、制度上、技术上、经济上进行全面管理。安全保证体系如图 5-1 所示。

5.1.3 安全生产领导小组职责

（1）贯彻执行党和国家安全生产的方针政策，督促各部门、各分部严格执行国家和行业安全生产相关法律法规、标准规范及上级和集团公司有关文件和要求，积极组织开展各种形式的安全生产活动，提高全项目安全生产管理水平。

（2）研究制定并组织实施本项目安全生产各项管理制度和安全生产操作规程，推动落实项目各部门和各分部岗位安全生产责任，确保完成本项目安全生产责任目标。

（3）每月定期召开一次安全生产例会，总结项目上个月安全生产情况，分析项目当前的安全生产形势，提出下个月安全生产工作的重点和要求。

（4）每月定期组织安全生产大检查和安全隐患排查，及时发现并消除存在的各种事故隐患，对存在严重问题的分部按规定进行通报、处罚及责任追究。

（5）按规定及时报告生产安全事故，积极组织事故救援，并配合有关部门进行事故调查。按照"四不放过"（事故原因未查清不放过、责任人员未处理不放过、整改措施未落实不放过、有关人员未受到教育不放过）的原则对事故原因进行分析，以事故为教训对所有参建人员进行警示教育，采取切实的措施防止类似事故再次发生，对有关责任人和责任单位按规定进行处理。

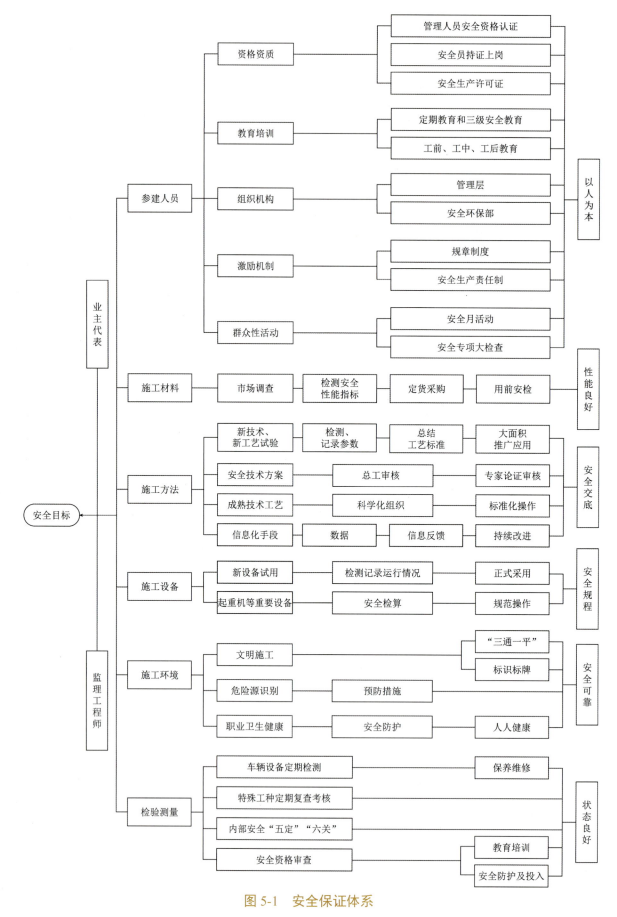

图 5-1 安全保证体系

"三通一平"-通电通路通水、土地平整

5.1.4 安全施工人员职责

1）项目经理安全职责

（1）建立健全并落实项目全员安全生产责任制，加强安全生产标准化建设。

（2）组织制定并实施项目安全生产规章制度和操作规程。

（3）确定符合条件的安全生产分管负责人或者安全总监、技术负责人。

（4）依法设置安全生产管理机构并配备安全生产管理人员，落实本单位技术管理机构的安全职能并配备安全技术人员。

（5）每季度至少召开一次安全生产专题会议，研究和审查有关安全生产的重大事项，协调本单位各相关机构的安全生产工作事宜。

（6）每年度向职工代表大会、职工大会或者股东大会报告安全生产情况，接受工会、从业人员对安全生产工作的监督。

（7）保证本单位安全生产投入的有效实施，依法履行建设项目安全设施与主体工程同时设计，同时施工，同时投入生产和使用的规定。

（8）组织建立并落实安全风险分级管控和隐患排查治理双重预防工作机制，负责管控重大风险，建立健全重大事故隐患排查、评估、报告、监控和治理制度。

（9）建立健全项目重大危险源安全管理制度并督促落实。

（10）督促并检查本项目的安全生产工作，及时排查并消除生产安全事故隐患。每季度至少全面检查一次，属于高危生产经营部位的，每月至少全面检查一次。

（11）组织制定并实施本项目安全生产教育和培训计划。

（12）依法开展安全生产标准化建设、安全文化建设和班组安全建设工作。

（13）加强本项目动火作业、临时用电作业、受限空间（有限空间）作业、高空作业、盲板抽堵作业、吊装作业、动土作业、断路作业、设备检修等特殊作业管理。

（14）建立健全本项目安全生产责任制绩效考核制度。

（15）组织制定并实施本项目的生产安全事故应急救援预案，配备必要的应急救援装备和物资，按规定组织开展应急演练。

（16）建立健全项目负责人现场带班制度。属于高危生产经营部位的，应当组织制定并实施24h应急值班制度。

（17）及时、如实报告生产安全事故，并组织事故抢救。

（18）法律法规和规章规定的其他安全生产职责。

2）项目部书记安全职责

（1）坚持"党政同责、一岗双责、齐抓共管"的原则，与项目经理同为项目安全生产的第一责任人共同对项目部的安全生产负责。

（2）贯彻执行国家安全生产方针政策、法律法规和上级规章制度。

（3）参与安全教育、培训、检查、考核、评比等活动；参与项目安全生产会议；分析从业人员的思想动态；参与应急预案（现场处置方案）等安全防范措施的制定。

（4）组织实施上级党组织开展的各项安全竞赛活动，践行企业安全文化。

（5）组织落实营区安全管理的各项措施。

（6）牵头负责职业健康管理相关工作。

（7）参与组织应急处置、救援和善后，配合事故调查处理。

（8）法律法规和规章规定的其他安全生产职责。

3）项目部副经理安全职责

（1）协助项目经理抓好现场安全生产工作，加强施工过程中的危险点和重要部位的防护、控制和管理。

（2）参与选择合格供应商及分包方，对各分包单位制定例会制度，并按规定对各分包单位施工人员的有关证件进行审查。

（3）负责安全设施所需材料及设备设施采购计划的审核及批准。

（4）负责整个施工过程中的安全环境控制，对各个施工过程进行连续监控并督促项目各管理人员及时进行安全资料编写；负责审批本工程三级动火及消防器材的布置方案，组织安全设施的验收，协助上级部门对工程项目进行安全检查和督促。

（5）实施现场管理标准化，确保操作现场工作环境不影响施工安全。

（6）负责落实危险点重要部位安全色标的设置，防范设施的工作人员及特种作业人中的持证上岗。

（7）组织管理人员和特殊工种按规定参加相关培训工作，并定期对施工人员进行教育，提高全体员工的安全意识和环境保护意识。

（8）参加巡查，落实所查出隐患的整改措施，做好整改的"三定"（定措施、定人、定时间）工作。

（9）落实应急救援工作，处理一般工伤事故，并协助处理重大工伤、机械事故、环境污染、中毒事故，处理事故遵循"四不放过"原则。

（10）组织定期安全、环境检查，对不符合项、事故采取纠正和预防措施。

（11）认真执行各项安全生产的规章制度，按照施工组织设计落实各项安全技术措施。

（12）法律法规和规章规定的其他安全生产职责。

4）项目安全总监安全职责

（1）协助主要负责人履行安全生产管理职责，对安全生产工作负有组织实施、综合管理和日常监督的责任。

（2）协助主要负责人建立健全项目全员安全生产责任制、安全生产规章制度和安全操作规程，并督促实施。

（3）主持日常安全管理工作，组织项目安全生产管理机构和安全生产管理人员开展工作，监督指导项目生产安全事故应急预案演练与修订工作。

（4）定期向安全生产领导小组和主要负责人报告工作，并提出须由安全生产领导小组研究、讨论和通过的安全工作议题。

（5）组织召开安全生产工作会议，及时总结和部署安全生产工作。定期预判、评估安全生产状况，研究解决安全生产问题。

（6）协助主要负责人组织开展安全生产宣传教育和培训工作。

（7）协助主要负责人建立落实安全生产风险分级管控制度，并负责职责范围内的较大风险的管控工作。

（8）协助主要负责人组织制定生产安全事故隐患排查治理制度，每月至少全面检查一次安全生产工作，对查出的事故隐患及时督促整改。

（9）组织制定项目外来施工作业安全管理制度，监督检查项目对承包、承租单位安全生产资质及条件的审核工作，督促承包、承租单位履行安全生产职责。

（10）组织制定本单位动火作业、临时用电作业、受限空间（有限空间）作业、高空作业、盲板抽堵作业、吊装作业、动土作业、断路作业、设备检修等特殊作业管理制度，并监督落实。

（11）协助主要负责人建立健全项目安全生产责任制绩效考核机制，考核与监督本单位各部门、各岗位履行安全生产责任制情况。

（12）发生生产安全事故，按规定时间和程序报告并组织事故救援和善后处置，配合有关部门开展事故调查处理，同时负责组织内部的事故调查处理。

（13）提名分支机构和工程项目派驻专职安全生产管理人员。

（14）对项目人员职务晋升、表彰奖励候选人履行安全生产职责的情况提出意见建议。对从业人员违反安全生产管理制度和安全操作规程的行为，经批评教育拒不整改的，提出处理意见并监督落实。

（15）法律法规、规章以及单位规定的其他安全生产职责。

5）项目总工程师安全职责

（1）对项目安全生产相关技术工作负分管领导责任，是项目安全技术保证的负责人。

（2）严格执行"先设计后施工、先变更后施工、按方案进行施工"的原则。

（3）组织编制施工组织设计和专项施工方案，并按规定组织评审论证；组织进行安全技术交底，给予指导并监督执行，为项目安全生产工作提供技术支持。

（4）不断优化施工组织设计，保证施工组织设计中的安全技术措施切实可行，并监督实施。

（5）开展安全技术攻关活动，对新产品的设计、开发组织可行性分析和研究。采用"四新"技术时必须采取专门的安全教育和培训等措施，把好安全技术关。

（6）主持项目大型施工设施、装备和特殊安全防护设施的验收。

（7）参与辨识风险，组织风险评估，制定风险防范措施。

（8）参与项目安全生产检查，对存在的重大安全隐患制定整改方案。

（9）参与事故救援，配合事故调查处理，从技术层面分析事故原因，制定防范措施。

（10）法律法规和规章规定的其他安全生产职责。

6）项目安质环保部长安全职责

（1）组织或者参与拟定项目安全生产规章制度、操作规程并监督实施。

（2）参与项目涉及安全生产的经营决策，提出改进安全生产管理的建议，督促项目其他机构、人员履行安全生产职责。

（3）组织制定项目安全生产管理年度工作计划和目标，并进行考核。

（4）组织或者参与项目安全生产宣传教育和培训，如实记录安全生产教育和培训情况。

（5）监督项目安全生产资金投入和技术措施的落实。

（6）组织开展危险源辨识和评估，督促落实项目重大危险源的安全管理措施，监督劳动防护用品的采购、发放、使用和管理。

（7）检查项目的安全生产状况，及时排查生产安全事故隐患，提出改进安全生产管理的建议。

（8）纠正和制止违章指挥、强令冒险作业、违反操作规程的行为。

（9）组织落实安全风险分级管控措施和隐患排查治理制度，督促落实安全生产整改措施。

（10）制定项目外来施工作业安全管理制度，督促承包、承租单位履行安全生产职责，并对承包、承租单位及人员的相关资质进行审核、监管。

（11）对项目动火作业、临时用电作业、受限空间（有限空间）作业、高空作业、盲板抽堵作业、吊装作业、动土作业、断路作业、设备检修等现场作业情况进行抽查监督。

（12）组织制定安全生产责任制绩效考核制度并监督实施。

（13）组织或者参与拟定项目生产安全事故应急救援预案。

（14）组织或者参与单位应急救援演练。

（15）参与工程施工方案和"四新"技术开发应用及有关安全技术措施的研究制定。

（16）负责安全标准化、信息化具体工作的落实。

（17）协助组织召开安全工作会议，对出现的安全生产问题进行追溯及分析，制定改进措施并组织实施。

（18）参与事故的调查、分析、处理，并负责上报安全事故月报。

（19）法律法规、规章以及单位规定的其他安全生产职责。

7）项目工程部长安全职责

（1）贯彻执行国家和上级有关安全管理规定和安全技术的规程。

（2）负责对工程的自身风险、作业风险进行识别，对项目风险进行评估。

（3）在编制施工组织设计、施工方案时，制定安全风险防控措施。

（4）负责编制落实危大工程专项施工方案、临时用电设计方案，负责组织安全技术交底。

（5）负责对超前地质预报、监控量测等数据进行分析、判别、处置、反馈等。

（6）参与安全隐患排查治理，对重大安全隐患从技术上分析原因，制定整改措施。

（7）负责项目应用"四新"技术的安全培训和安全技术交底。

（8）参与、配合安全事故调查。

（9）法律法规和规章规定的其他安全生产职责。

8）项目财务部长安全职责

（1）落实安全技术措施和劳保用品所需的资金，做到安全生产措施费专款专用，依法合规。

（2）负责兑现安全生产奖惩。

（3）负责危险作业人员意外伤害险、安全生产责任险等投保工作。

（4）法律法规和规章规定的其他安全生产职责。

9）项目物资设备部长安全职责

（1）负责所有施工机械设备的安全管理，定期进行检修、维保。

（2）负责所有机械设备的安全技术资料档案管理。

（3）制定专业安全技术培训计划，组织安全操作培训、技术交底。

（4）负责特种设备作业人员的管理，杜绝无证上岗。

（5）参与专项施工方案的制定和会审，配置满足方案需要的机械设备。

（6）负责安全器材、劳保用品的采购、使用和管理。

（7）负责物资材料、构配件及工器具进场验收、标识，按安全标准堆码、储存。

（8）负责危爆物品安全管理。

（9）法律法规和规章规定的其他安全生产职责。

10）项目计划合约部长安全职责

（1）负责在编制和下达生产计划时，应列入安全生产的指标和措施要求的制定。

（2）负责分包商的资信、能力、业绩和管理人员、特种作业人员证件的审核，并对进场人员进行履约检查。

（3）负责施工合同和安全协议的签订。

（4）负责分包商上场人员的动态统计和实名制管理工作。

（5）负责安全措施费的验工计价工作。

（6）法律法规和规章规定的其他安全生产职责。

11）项目试验室主任安全职责

（1）负责工程有关试验方面的安全防护工作。

（2）负责各种原材料的试验、混合料配合比试验、过程试验、试验记录填写、试验报告出具。保持与监理工程师的联系，配合抽检试验。

（3）制定并执行试验仪器、设备的操作规程及维修、保养等管理制度，落实仪器、设备管理责任人，填写仪器使用档案，以确保试验工作的安全性。

（4）在施工过程中配合安质环保部对危险物品做好鉴定工作。

（5）建立试验仪器和设备台账的使用档案。

（6）保持试验室环境符合规程要求，按照操作规程进行试验仪器操作，发现异常情况及时进行检查、检定，保证仪器处于良好工作状态。

（7）法律法规和规章规定的其他安全生产职责。

12）项目综合办公室主任安全职责

（1）负责安全文件的收发工作。

（2）组织购置和发放防暑降温物品，配置保暖防寒设施。

（3）负责食堂管理，保证职工饮食安全。

（4）负责项目部生活区、办公区和乘用车辆安全管理。

（5）组织职业健康体检工作，并建立员工职业健康档案。

（6）积极参加职工安全生产教育和法制宣传教育，负责对项目安全生产情况进行宣传报道。

（7）法律、法规、规章规定的其他安全生产职责。

13）项目安质环保部安全职责

（1）对施工现场有关人员安全生产行为及安全措施落实负有监督责任。

（2）严格执行各级安全法律法规和规章制度。

（3）参与编制项目各项安全管理制度和实施细则，并负责实施。

（4）掌握项目施工工艺中相关专业知识和安全生产技术，监督施工方案和安全规章制度的实施，参与相关计划或预案的制定和审核。

（5）负责对工程重点部位、关键环节和特种作业的跟踪检查，发现隐患及时报告处理。

（6）进行日常安全检查和巡查，参与安全检查和隐患排查，发现问题提出整改要求，并监督落实。

（7）配合开展项目全体从业人员的安全教育、培训、考核工作，如实记录安全生产教育培训情况。

（8）熟悉技术交底、安全技术交底及安全管理相关要求，监督施工现场按照技术交底、安全技术交底及安全相关要求进行施工。

（9）参与危险源辨识、安全风险评价工作，进行风险告知，及时反馈现场信息，为做好安全风险预判、预防、预控提供依据。

（10）制止和纠正违章指挥、强令冒险作业、违反操作规程的行为，对极易引发事故或险性事件的，有权勒令停工整顿，并及时报告项目领导处理，必要时，可越级向上级反映安全问题。

（11）对项目劳保用品、安全防护用品的采购、使用和管理进行监督检查。

（12）参加应急救援预案的编制，参与实施应急演练。

（13）报告安全事故，参与事故救援，配合事故调查。

（14）法律法规和规章规定的其他安全生产职责。

14）项目物资设备部安全职责

（1）严格执行机械设备、周转材料、物资储运的安全管理规章制度和操作规程。

（2）负责机械设备、施工机具的进场检查、验收，定期检查设备的运行、维修、保养情况，建立相应的安全技术档案。

（3）负责组织特种设备和大型施工装备的检测、验收工作，并按规定向建设行政主管部门或者其他有关部门登记。

（4）对特种设备运转状态和操作人员的技能进行检查，发现问题及时处理。

（5）负责组织大型机械、特种设备操作人员的操作技能培训、取证和安全技术交底。

（6）负责各类危化等物品的采购、储运、使用和管理。

（7）参与事故救援，配合事故调查。

15）项目财务部安全职责

（1）落实安全生产费的专款专用和费用的及时支付、列销情况。

（2）负责项目安全责任险和人身意外伤害险等保险业务的办理。

（3）及时兑现各项安全奖罚。

16）项目工程部安全职责

（1）对项目安全生产和劳动保护的技术工作负指导责任。

（2）贯彻落实国家安全生产方针政策，严格执行安全技术规程、规范、标准，编制安全技术交底。

（3）制定风险源控制措施和安全技术措施，批准后进行安全技术交底并组织实施。

（4）编制施工组织设计、专项施工方案和临时用电方案，结合方案进行安全技术交底，指导并监督执行。

（5）应用"四新"（新材料、新设备、新工艺、新技术）技术时，负责对从业人员进行安全技术交底和培训。

（6）负责项目安全防护设施和设备的验收，按规定进行定期检查，发现问题及时处理或上报。

（7）参与项目安全检查和隐患排查，对工程项目存在的安全隐患编制整改方案。

（8）参与项目应急救援预案的编制和演练。

（9）参与事故救援，配合事故调查。

17）项目计划合约部安全职责

（1）负责分包商安全资质的审查、报批及进场验证。

（2）组织签订劳务合同及安全协议。

（3）负责建立分包商台账和劳务人员名册，为安全教育培训提供依据。

（4）负责安全生产费用的计量工作。

18）项目试验室安全职责

（1）参加试验设施和设备的验收，设备、设施发生不正常情况应及时采取措施，发现问题及时汇报。

（2）对有毒、有害的建筑材料进行检验的同时，对施工作业人员进行危险、有害因素的告知。

（3）贯彻落实安全生产方针政策、法令法规、标准、制度。

19）项目综合办公室安全职责

（1）收集有关安全生产方面的文件、通知，及时进行上传下达。

（2）购置并发放劳保用品和防暑降温物品，配置保暖防寒设施。

（3）负责安全宣传标语标牌的制作、管理，加强营区安全管理。

（4）负责后勤保障，确保饮食安全。

（5）加强乘用车辆及驾驶员管理，确保行车安全。

（6）负责职业健康体检工作，并建立员工职业健康档案。

（7）对项目安全生产情况进行宣传报道。

20）项目施工队长安全职责

（1）贯彻执行项目部安全生产管理制度，督促作业人员落实安全生产岗位职责。

（2）合理安排各工班工作，确保均衡、有序、安全生产。

（3）积极参加对班组工前安全活动的考核评比。

（4）配合项目部加强安全协管员的日常管理。

（5）积极调配资源，妥善处置隐患。

（6）及时、如实上报险情和事故。

21）项目班组长安全职责

（1）贯彻企业和单位对安全生产的规定和要求，全面负责班组（施工区域）的安全生产。

（2）发现危及人身安全的状况，立即组织人员撤离并报告。

（3）对作业中发生的险情、突发事件及时报告，组织事故初期应急处置并采取措施保护现场。

（4）每天召开班前会，开展班前安全教育，告知班组作业区域的主要安全生产风险点、防范措施和事故应急措施，做好技术交底。

（5）加强班组安全培训，督促班组人员熟知工作岗位存在的危险因素、防范措施及事故应急措施。

（6）严格执行单位安全风险分级管控和隐患排查治理各项工作制度，组织开展班前、班中、班后安全检查或交接班检查，对班组作业区域进行安全风险隐患排查，落实安全防范措施，并做好相关记录。

（7）督促班组人员严格遵守单位的安全生产规章制度和岗位安全操作规程，正确佩戴和使用劳动防护用品。

（8）法律法规、规章以及单位规定的其他安全生产职责。

22）作业人员安全职责

（1）作业人员自觉遵守施工现场安全生产管理制度和劳动纪律。服从工班的安全生产管理，不服从管理的人员，所有人员均有权停止其工作，由此所造成的损失，由其个人承担。

（2）作业人员本人为安全生产责任人，全面负责自身的安全生产工作，认真贯彻落实和学习项目部安全生产规章制度。

（3）上班必须正确佩戴和使用安全防护用品，做好"两穿一戴"（穿项目部发的工作服——反光衣、穿工鞋、戴安全帽），安全帽必须将下颚帽带扣好。工装穿着必须得体，整洁，不准打赤膊、穿拖鞋，不准披衣、敞怀、挽裤腿。

（4）上班时间不准无故外出，禁止脱岗、串岗、打盹、睡觉、闲谈、玩手机、看书报等。禁止酒后上岗作业，做到饮酒不上岗，上岗不饮酒。

（5）私事外出或回家探亲必须执行请销假制度并做好记录，在此期间必须保证个人人身安全，要遵守交通规则，不得乘坐黑车，不得住黑店，不得食用路边摊食品，不得饮酒误事，应保持通信畅通。

（6）参加集体活动（如洗海澡、爬山、旅游、宴请等）时，要遵守安全规定，不得进行力所不及的活动（如不会游泳的下水游泳，未经训练攀岩、滑雪，过量饮酒等），不得单独行动，发现险情及时呼救。

（7）非专业人员，禁止触动电器设备的开关、仪表、仪器与各种闸阀，未经许可，禁止调整任何技术参数等。

（8）不准携带违禁物品、危险品、易燃物及其他与生产无关的物品进入生产或工作场所。

（9）认真学习项目部下发的安全相关文件，牢记安全生产制度，遵守安全操作规程，杜绝"三违"（违章指挥、违章作业、违反劳动纪律）现象，做到"四不伤害"（不伤害自己、不伤害他人、不被他人伤害、保护他人不被伤害）和禁止进入非本人作业区域。

（10）配合并支持安全检查，落实隐患整改措施，及时向工班长和上级领导反映本工种及相关工种存在的安全隐患和安全信息，提供事故的真实情况。

（11）有权拒绝违章指挥和强令冒险作业，如高空作业脚手架搭设无安全防护网、脚手板没有满铺、脚手板没有绑扎牢固、无爬梯或爬梯一步到顶、脚手架已经被项目部列为不合格且要求立即整改的、立体交叉作业互相有安全干扰的。发现直接危及人身安全的紧急情况时，必须停止作业或者在采取可能的应急措施后撤离作业场所。

（12）必须接受岗前安全教育，积极参加工前教育、工中检查、工后讲评的"三工"（工地生活、工地文化、工地卫生）活动，有权拒绝施工工班在未进行安全培训教育和安全技术交底的情况下从事高危作业，如高空脚手架搭设、起重吊装作业等，建立个人安全教育培训档案。

（13）积极参加安全学习及安全培训，掌握本职工作所需的安全生产知识，提高安全生产技能。从事特种作业的必须经培训取得相应资格证书。

（14）项目及劳务队伍聘用的人员，必须接受岗前体检，发现男性年龄大于60周岁，女性年龄大于50周岁，身患心脑血管病等疾病、有职业禁忌和职业病的，不得上岗作业。聘用人员必须接受岗中体检和离岗体检。

（15）发生生产安全事故后，事故现场有关人员应当立即报告单位负责人。发现事故隐患或者其他不安全因素时，应当立即向现场安全管理人员或者单位负责人报告。

（16）熟悉岗位的安全生产风险和应急处置措施，发现直接危及人身安全的紧急情况时，有权停止作业，或者在采取可能的应急措施后撤离作业现场。

（17）熟练掌握应急逃生知识，提高互救自救能力。

（18）法律法规、规章以及项目规定的其他安全生产职责。

5.1.5 安全制度

1）安全教育培训制度

为认真贯彻"安全第一，预防为主，综合治理"的方针，加强员工安全培训教育工作，增强员工的安全意识和安全防护能力，减少伤亡事故的发生，根据住建部《建筑业企业职工安全培训教育暂行规定》的要求，并结合项目生产实际，制定项目部安全培训教育制度。

（1）根据年度安全施工生产需要，由安质环保部制定本项目部年度安全教育培训计划。

（2）项目部员工必须定期接受安全培训教育，必须执行先培训后上岗的制度。

（3）项目员工每年必须接受一次专门的安全培训。

①项目经理每年接受安全培训的时间，不得少于30学时。

②专职安全管理人员除通过学习培训取得岗位合格证并持证上岗外，每年还必须接受安全专业技术业务培训，时间不得少于40学时。

③其他管理人员和技术人员每年接受安全培训不得少于20学时。

④特殊工种（包括电工、焊工、机械操作工、起重工、指挥人员等）在通过专业技术培训并取得岗位操作证后，每年仍须接受有针对性的安全培训，时间不得少于20学时。

⑤其他员工每年接受安全培训的时间，不得少于15学时。

⑥待岗、转岗、换岗的员工，在重新上岗前，必须接受一次安全培训，时间不得少于20学时。

（4）施工人员进入施工现场前须进行"三级"安全教育和培训，经考核合格后方能上岗，培训时长不得少于24学时，每年再培训时间不得少于8学时。

①一级为项目经理部安全教育培训。内容包括：一般教育（桥梁施工的特点、施工过程中给劳动者安全带来的不利因素及当前的安全生产情况），安全生产法规和安全知识教育（建筑法、消防法、宪法、刑法等相关法律的有关条款，交通运输部颁布的企业安全生产条例、规定，关于重伤事故范围的意见，地方政府、主管部门、业主和监理单位发布的有关安全生产规定，项目部有关安全生产管理办法及安全生产操作规程等），工程施工时容易发生的伤亡事故及其预防。

②二级为部门安全教育培训。内容包括：《安全技术操作规程》的有关规定，桥梁工程现场的安全管理规定细则，在建工程基本情况和必须遵守的安全事项等。

③三级为班组安全教育培训。内容包括：班组生产工作概况、工作性质及范围，个人从事生产工作的性质，必要的安全知识，各种机具设备及其安全防护设施的性能和作用，工种的安全操作规程，容易发生事故的部位及劳动防护用品的使用要求等。

（5）项目部与各班组负责人针对施工作业和施工特点，及时抓好对在场职工特殊天气（冬雨季）及节假日前后的安全生产教育，做到不违章操作。

（6）项目部必须建立员工的安全培训教育档案，没有接受安全教育的职工，不得在施工现场从事作业或者管理活动。

（7）职工安全培训，应当使用经国家各行业安全主管部门审定的大纲和教材。

（8）每一个分项工程开工前，应对全体职工进行针对工程技术措施、施工方案、方法、工艺、质量标准的教育，以及重点、难点工程的安全和技术培训工作。

（9）在采用新设备、新工艺、新材料、新技术时，首先对直接接触和从事该项工作的人员进行具体方法、性能、规程等的技术培训，然后再上岗。

（10）项目经理部定期培训各级管理人员，提高政策水平，熟悉安全技术、劳动卫生业务知识，做好安全生产工作。培训主要内容：安全生产的重大意义，国家有关安全生产、健康与环境卫生方面的方针政策、规定，安全生产法规、条例、标准，施工生产的工艺流程和主要危险因素以及预防重大伤亡事故发生的主要措施，项目安全生产的规章制度、安全纪律以及保证措施，各级领导在安全生产中的职能、任务以及管理方法，编制、审查安全技术措施计划及施工组织设计安全技术措施的基本内容等。

（11）在做好对普通工种、特种作业人员安全生产教育和各级领导干部、安全管理干部的安全生产培训的同时，把经常性的安全教育贯穿于管理工作的全过程，并根据接受教育的对象的不同特点，采取多层次、多渠道和多种方法进行。内容包括：安全生产宣传教育，普及安全生产知识宣传教育，适时安全教育等。

2）安全检查制度

安全检查分为定期检查、不定期检查和节假日专项检查。

安全检查是安全管理工作的重要内容，是消除隐患、防止事故、改善劳动条件的重要手段，是促进企业安全生产行之有效的措施。通过安全检查可以发现施工现场在生产过程中的不安全状态和潜在的危险等，以便采取相应地措施保证施工生产的正常进行。

（1）定期检查：每月检查一次（具体日期根据现场情况），由项目部安全领导小组成员对所属单位进行检查。

（2）不定期检查：由项目部安全员进行检查，所属各单位安全员协助此项工作。检查的内容与定期检查一样，也可有针对性的检查某项或几项。安全检查当中有不符合安全规定的，责令限期整改。

（3）节假日专项检查：在国家法定的节假日前，对施工现场进行安全大检查，主要检查施工现场危险品的使用、领用、退库手续是否健全及各施工队的执行情况是否到位。

（4）安全检查的内容。

①各级领导和职工对安全生产的认识以及贯彻落实国家安全生产法律法规、方针政策的情况。

②所属各施工队安全组织机构是否健全，人员配备是否合理，规章制度是否齐全及其执行情况是否到位。

③三级安全教育、安全生产责任制的落实情况。

④特种作业人员的持证情况和特种设备的安全管理情况。

⑤日常安全管理工作以及班组安全活动情况。

⑥危险品的使用和管理情况。

⑦施工现场存在的安全隐患、作业人员的不安全行为和物的不安全状态。

⑧施工现场的机械设备运行情况和日常保养情况。

⑨对安全隐患的整改落实情况。

⑩事故处理情况，如工伤事故是否按照"四不放过"的原则严肃处理。

（5）检查方法。

①常规检查：对作业人员的行为、作业场所的机械设备设施等进行的定期检查。

②对照安全检查评分表检查：安全部编制安全检查评分清单，对照安全检查清单的内

容进行安全检查，施工单位与安全检查评分清单中不附的或工作做不到位存有安全隐患，经项目部安全工作领导小组鉴定无误，将由安全管理部开出定期整改通知书，并根据项目部安全管理评分办法进行扣分，在月底的综合评分办法中扣除安全工作管理基金。

③通过和有关人员的访谈、查阅文件和安全工作记录等，查看安全工作内业方面是否健全，是否有人管理安全工作和单独存放安全工作资料。

3）安全技术交底制度

为使职工在各分项工程施工和不同工种作业中都能明了各自的工作环境和施工特点及应采取的安全措施，特制定本制度。

（1）单位工程开工前必须进行安全技术交底，公布现场"七牌二图"［施工现场平面布置图、工程立面（或效果）图、工程概况牌、入场须知牌、安全生产牌、文明施工牌、施工现场管理制度牌、管理人员名单及监督电话牌、消防责任牌］，公布本工程安全技术措施及安全生产指标。

（2）安全技术交底应向下分级进行，最终落实到操作人员。

（3）安全技术交底必须有针对性、指导性及可操作性，交底双方需要书面签字确认。

（4）分部分项工程书面安全技术交底，由项目专业工程师向各工种班组长交底，并履行书面手续。安全技术交底必须定期或不定期地分工种、分项目、分施工部位进行。

（5）各级安全技术交底工作必须按照规定程序进行，并履行书面交底签字手续，接受交底人必须全员在书面交底上签字确认，相关责任人各执一份。

（6）工长向作业班组交代任务时，必须进行安全技术交底，班组长每天要向工人进行工（班）前安全讲话，对每天作业的施工要求、作业环境等进行安全交底，并做好记录，履行签字手续。

（7）各工种应以各工种特殊要求制定出防火、防坠落、防物体打击、防机械伤害、防触电等各针对性的安全技术交底，并向操作工人进行书面交底并由被交底人在交底书上签字检查。

（8）各施工班组及各工种在没有安全技术交底前有权拒绝上岗，凡强迫职工上班者，视情节轻重，严肃查处。

（9）固定场所工种可定期交底，非固定作业场所工种可按每一分部工程或定期交底，新进场工人（班组）必须交底后再上岗。

（10）工程项目出现以下情况时，专业工程师必须及时对班组进行新的安全技术交底：

①实施重大和季节性技术措施。

②更新仪器、设备和工具，推广新技术、新工艺，使用新材料。

③发生因工伤亡事故、机械损坏事故及重大未遂事故。

④出现其他不安全因素或安全生产环境发生变化。

（11）项目安全管理部门负责监督安全技术交底的执行情况，并对安全技术交底书进行备案。

（12）安全技术交底涵盖以下内容：

①工程名称。

②施工单位名称。

③施工班组名称或隶属分包单位名称。

④分部分项工程名称。

⑤施工部位。

⑥施工环境简介（要说明危险点、危险源）。

⑦针对危险点采取的防患措施。

⑧有关安全操作规程和防护标准。

⑨施工安全纪律。

⑩事故发生时的避险和急救措施。

4）劳保用品管理制度

为加强对劳动防护用品的采购、验收、储存、发放范围、使用时间等管理，有效保障职工的安全与健康，特制定本制度。

（1）物资部门在编制劳动防护用品计划时，须经项目经理审核同意后，方可实施。

（2）物资部门应到国家定点经营单位或企业购买劳动防护用品和特种劳动防护用品。

（3）采购部门在购买过程中，应要求经营或生产方出示劳动防护用品生产许可证和生产检验合格证。在采购特种防护用品时，应要求经营或生产方出示生产许可证编号，产品合格证和安全鉴定证。

（4）劳动保护用品入库前，采购部门应会同安全质量监察部门，对入库的劳动防护用品进行验收，合格后方可办理入库手续。

（5）仓库保管部门应对劳动防护用品实行验收、发放、保管和定期检查，并实行失效报废制度，从而保证劳动防护用品的发放质量。油料仓库应由专人进行看管，并与施工建筑物保持安全距离（不小于50m）。

（6）使用劳动防护用品的单位，要教育指导职工，按照劳动防护用品使用规定和防护要求，正确使用劳动防护用品，使用者要在使用前对其防护功能进行必要的检查。

（7）劳动防护用品发放的原则：

①项目部必须严格按照国家规定为劳动者免费发放劳动保护用品,更换已经损坏或已到使用期限的劳动保护用品,不得收取或变相收取任何费用。

②项目部应根据作业人员的生产特点和劳动防护的需要,对不同工种、不同生产环境发放不同的防护用品;对相同工种,因工艺、设备、材料、环境不同,防护用品发放也应不同。

(8)劳动防护用品发放要求。发放领用劳动防护用品,要从实际出发,按照"实用节约"的原则,不准扩大或缩小发放范围,要杜绝变卖防护用品的现象。对不执行劳动防护用品管理规定的单位或个人,要依法追究用人单位负责人及有关人员的责任。

(9)物资部要建立劳动保护用品的使用台账,并详细登记劳动保护用品的采购、验收、保管、发放、使用、更换、报废等记录。且劳动保护用品的使用台账保存期限不得少于两年,以保证劳动保护用品的质量具有可追溯性。

(10)安全质量监察部须定期对各项目部施工现场劳动保护用品的使用情况进行监督检查。发现有不使用,或不按要求使用劳动保护用品的违章行为,视情节轻重给予经济处罚。

5)起重设备安全管理制度

(1)起重机械安装必须选择持有建设行政主管部门颁发的起重机械安装资质和安全生产许可证的单位。

(2)安装单位安装前应具备的资料和手续

①安装单位的资质证、安装人员的资格证。

②安装方案、安全保证措施。

③安装合同协议书及各方的安全责任。

(3)安装单位在安装起重机械前,安装区域应设置警戒线,划出警戒区,由专人进行监护。安装单位应当在设备投入使用前将有关安装工程资料移交使用单位,使用单位应将其存入工程项目安全技术资料档案中。

(4)验收和定期检验。起重机械安装结束后,安装单位应按照安全技术规范及技术说明书的有关要求对起重机械进行自检和调试,自检合格后申请特种设备监督管理部门核准的检验检测机构进行验收检验,未检验和检验不合格的起重机械不得投入使用。起重机械实行定期检验制度,其周期为两年。包括新设备首次启用或经大修、改造的;若遇可能影响其安全技术性能的自然灾害或者发生重大机械事故,以及停止使用一年以上再次使用的起重机械,应在验收检验合格后使用。

6)变配电设施安全管理制度

(1)配电房由专人负责,其他人员不得进入电房重地。

（2）配电房内除正常的电工工具外，不得堆放其他杂物，使配电房内保持清洁、干净。

（3）安装、维修或拆除用电工程，必须由电工专人完成，其他人员不得入房擅自动用配电设备。

（4）用电负责人员，要严格按施工规范、规定操作。严格按施工组织设计操作，建立安全用电技术档案。

（5）用电工程要定期检查、检修，检查工作应按分部、分项工程进行，对不安全因素，必须及时采取措施，并履行检查、复查验收手续。

（6）配电房专人做好当天的施工用电情况记录。

7）特种作业人员持证上岗制度

《建设工程安全生产管理条例》第二十五条规定：垂直运输机械作业人员、起重机械安装拆卸工、起重信号工、电工作业、金属焊接切割作业、企业内机动车辆驾驶、登高架设作业及压力容器操作，都必须按照国家有关规定进行专门的安全作业培训，并取得特种作业操作资格证书后，方可上岗作业。

特种作业人员必须按照国家有关规定进行专门的安全作业培训，并取得特种作业操作资格证书后，方可上岗作业。专门的安全作业培训，是指由有关主管部门组织的专门针对特种作业人员的培训，也就是特种作业人员在独立上岗作业前，必须进行与本工种相适应的、专门的安全技术理论学习和实际操作训练。经培训考核合格，取得特种作业操作资格证书后，才能上岗作业。特种作业操作资格证书在全国范围内有效，离开特种作业岗位一定时间后，应当按照规定重新进行实际操作考核，经确认合格后方可上岗作业。对于未经培训考核从事特种作业造成重大安全事故，构成犯罪的，对直接责任人员，依照刑法的有关规定追究刑事责任。

8）消防安全管理制度

（1）认真贯彻"消防为主、防消结合""谁主管，谁负责"方针。

（2）施工现场总平面布置图、施工方法和施工技术均应符合消防安全要求。

（3）建立防火领导小组，落实防火责任制，现场做好防火标志和宣传。施工现场用火必须严格执行明火作业审批流程，许可后方可作业，并应有防火监护人。

（4）电焊工必须持证上岗，并严格遵守电气焊操作规程，任何负责人不能以任何形式纵容焊工进行冒险作业。开工前按施工组织设计防火措施需要，配置相应种类数量的消防器材设施。

（5）乙炔瓶、氧气瓶严禁暴晒、撞击。瓶嘴不准接近任何带油物。乙炔瓶与氧气瓶存放距离不小5m，操作点与乙炔瓶、氧气瓶不能上下垂直作业。

（6）易燃物与职工食堂等处的明火应保持不少于 25m 的距离。物资仓库应有禁烟牌，易燃物及时处理。

（7）在仓库和生活区配备种类、数量均合适的灭火器，并在临时集中的地方设专供消防水池、消防砂池。

（8）禁止使用电炉及大容量灯具烘烤，不准随意乱接电源等，现场要明确规定吸烟点，非吸烟点严禁吸烟。

（9）经常对职工进行消防知识教育，组织防火检查，发现不安全因素及时采取措施消除。

（10）定期向职工进行防火安全教育和普及消防知识，提高职工的防火警惕性。

（11）定期实行防火安全检查制度，发现火险隐患必须立即消除，对于难以消除的隐患必须采取有效的防治措施。

（12）对违反规定造成火灾的有关人员要进行处罚，情节严重的应依法追究刑事责任。

9）安全生产、文明施工奖罚制度

为了促进安全生产、文明施工的工作，同时加强各部门、各级人员搞好安全生产、文明施工的责任心，提高积极性，制定本制度。

（1）各部门必须按照国家的方针政策、法规以及地方建筑行业行政主管部门及安监站的要求，做好安全生产、文明施工的工作。

（2）工程项目开工前，由项目经理代表项目安全生产、文明施工责任小组签订安全生产、文明施工目标管理责任书，明确各项安全生产指标。

（3）项目部在施工过程中，必须重视安全生产、文明施工工作，做好安全生产、文明施工的资料收集和归档工作。项目完成后，按"项目部质量创优、安全生产、文明施工基金奖励办法"给予奖罚。

5.2 技术措施

5.2.1 安全保证措施

1）防止设备倾覆、模型坍塌的安全保证措施

（1）各构件严格按照设计要求安装，必要时可增加构件的临时性稳定措施，在进行气割作业时不得损坏构件的截面。

（2）使用的材料必须符合国家标准，存在明显缺陷的材料禁止使用。

（3）门式起重机起吊、落钩和移动大小车前必须发出信号，未得到吊运指挥人员的信号不得移动。

（4）门式起重机开动到小车前，应向行驶方向瞭望，在确认没有障碍物后，方能开车。

（5）门式起重机在六级以上强风时不吊，并应将门式起重机刹车，挂上缆风绳。

2）防止高处坠落的安全保证措施

（1）凡是离地面2m以上的作业必须遵守下列规定：

①作业人员必须定期进行检查，不适宜高处作业的人员不得从事此项工作。

②高处作业人员必须系好安全带、戴安全帽、穿防滑鞋，禁止打赤脚或穿拖鞋作业。

③作业人员上下脚架要安设爬梯，不得通过攀登支架上下，更不允许乘坐非乘人的升降设备上下，发现违规者应立即制止。

④支架临空应设置栏杆，要接安全网等防护设施。

⑤安全网在使用前，应按规定进行试验，合格后方准使用。

⑥高空作业区的风力5级以上时，应停止作业。

⑦吊装作业配备专业资质司机，且每台吊装设备配备专业指挥员。操作前后都必须严格检查设备运转情况及钢丝绳的安全可靠性，在保证安全条件下方可操作。

⑧因违反安全管理规定，造成人员受伤或死亡，必须视情节严重程度严厉处罚。

（2）发现工作人员在工作前饮酒、精神不振时，禁止高处施工。

（3）在临边作业和吊篮作业等高处作业，必须扎好安全带。

（4）安全带在使用前必须经过试验，合格后方可使用，安全带的绳子或挂钩应挂在牢固的构件上或专为挂安全带的钢丝绳上。

（5）不准将工具及小型构件材料上下抛掷，要用绳系牢后往上或往下吊送，以免引起坠落打伤下方工作人员。

（6）在六级及以上的大风、暴雨、打雷、大雾等恶劣天气下，停止露天高处作业。

（7）现场必须设有专职安全员，专职安全员不得随意离开作业现场。

（8）作业平台四周，要及时设置护栏和铺设桥面板走道。

3）防止起重伤害的技术保证措施

（1）施工吊装起重作业繁忙，必须加强起重安全管理和对人员的教育。

（2）起重作业必须严格遵守起重机械安全操作规程，起重机司机、司索工、指挥工均是特殊工种，必须经培训考试合格并取得相关证书后方能上岗作业。

（3）施工前，现场负责人必须向在场所有工作人员交代技术措施和安全注意事项。

（4）起重作业必须由指挥工负责指挥，使用统一的标准信号。起重机司机必须集中精力，听从指挥工的指挥。

（5）严禁使用非起重用机械吊、运重物。

（6）防起重伤害的安全技术措施：起重机械和索具严禁超负荷使用；移动式起重机必须在平整、坚硬的路面上行走、起吊、停留；汽车式、轮胎式起重机，必须在支好支腿后才允许起吊重物；起重机工作结束后，臂杆、吊钩应置于规定方位，各控制操作杆拨回零位。轨道式起重机固定制动装置，切断电源；起重机械的刹车制动装置、限位装置、安全防护装置、信号装置应齐全灵活，不得使用极限位置的限制器停车；不得在有载荷的情况下调整起升、变幅机构的制动器；不得将被吊物件从人的上空通过，吊臂下不得有人；不得在起重设备工作时进行检查和维修作业；不得未经试吊便起吊与设备额定载荷接近的重物；有下列情况之一，不准起吊。

①起重设备、起吊索具未经检测合格或超过检测合格有效期。

②起重设备的结构或零部件有影响安全的缺陷或损伤：如制动器、安全装置失灵，吊钩螺母防送装置损坏，钢丝绳损伤达到报废标准，吊钩不安装防脱落装置等。

③遇有6级以上强风、暴雨、雷电等恶劣天气。

④指挥信号不明。

⑤吊物捆绑、吊挂不牢。

⑥吊物重量超过起重机、索具允许负载。

⑦重物棱角处与钢丝绳之间未加衬垫。

⑧臂架、吊具、辅具、钢丝绳、缆风绳、重物等，与电力线路的安全距离不足。

⑨起重机械安全装置不灵。

⑩吊物上有人或其他附着物。

⑪吊物埋在地下，情况不明。

⑫光线不足，视线不清。

⑬吊物边缘锋利，无防护措施。

⑭液体盛放过满。

⑮斜拉斜拽。

⑯法律法规及标准规定的其他情况。

4）防触电安全保证措施

（1）施工必须配备专职电工，电工必须经过培训后持证上岗，施工现场所有电气设备的安装、维修和拆卸作业必须由电工完成。

（2）电缆线路采用TN-S系统，电气设备和电气线路必须绝缘良好，不得采用老化脱皮旧电缆。

（3）各种型号的电动设备按使用说明书的规定接地或接零。传动部位按设计要求安装防护装置。维修、组装和拆卸电动设备时，断电挂牌，防止其他人私接电动开关发生伤亡事故。

（4）现场的配电箱要坚固，有门、有锁、有防雨装置，设备实行"一机一闸一漏一箱"。不得用一个开关直接控制二台及以上的用电设备。

（5）使用自备电源或与外电线路共用同一供电系统时，电气设备根据当地要求统一作保护接零或作保护接地，不得一部分设备作保护接零，另一部分设备作保护接地。

（6）变压器设接地保护装置，其接地电阻不大于 4Ω，变压器设护栏，设门加锁，专人负责，近旁悬挂"高压危险、请勿靠近"的警示牌。

（7）施工现场临时用电应定期进行检查，包括接地保护、变压器及绝缘强度等。固定用电场所每月检查一次，移动式电动设备、潮湿环境下和水下电气设备每天检查一次。对检查不合格的线路、设备及时予以维修或更换，严禁带故障运行。

（8）焊工坐靠在工件上施焊时，身体与工件间应采取可靠的绝缘措施，以防触电。

（9）雷雨天气，停止露天高处作业。

5）防止物体打击的安全保证措施

（1）施工人员进入生产作业现场必须按规定佩戴安全帽。生产作业人员按生产作业安全要求在规定的安全通道内上下出入通行，不准在非规定的通道位置处通行走动。

（2）高处作业所用物料，均应合理分散堆放确保平稳、牢固，不可放置在临边或升降机口附近，也不得妨碍通行和装卸。拆除下的物件应及时清理运走，不得随意乱置，严禁向下丢弃物料，传递物件时不得抛掷。

（3）高处作业配备工具袋，防止各种工具、零件等物件坠落伤人。

（4）作业人员在上下交叉作业时，不得在同一垂直面上。下层作业位置应处于上层作业物体可能坠落的范围之外。当不能满足要求时，上下之间应设置隔离防护层。

（5）严禁将零部件放置在起吊物上与起吊物同时起吊。

（6）操作人员进入高空作业、起重作业等有物体坠落危险的施工现场，必须按要求正确使用安全防护用品。高处作业点的下方必须设置安全警戒线，严禁在作业区下方逗留，以防物料坠落伤人。

（7）安全通道上方应搭设防护设施，防护设施使用的材料要能防止高空坠落物穿透，工作平台外侧应设置踢脚板。

（8）施工作业平台上堆放物料，应不超过平台的容许承载力。防止因平台承载力不足或物料叠垛倾斜而倒塌伤人。

（9）夜间施工必须配备足量的照明设施。

6）防止机械伤害安全技术措施

（1）提高操作者的安全素质，对其进行安全培训以提高辨别危险和避免伤害的能力和增强避免伤害的自觉性，对危险部位进行警示和标志。

（2）消除产生危险的原因，减少或消除接触机器危险部位的次数，采取安全防护装置避免接近危险部位并注意个人防护，实现安全机械的本质安全。

（3）加强操作人员的安全管理，抓好三级安全教育和业务技术培训、考核，提高安全意识和安全防护技能。

（4）建立健全安全操作规程和规章制度。

（5）按规定进行安全检查或巡回检查，对机械进行保养和维修。

（6）严格遵守劳动纪律，杜绝违章操作或习惯性违章。

（7）施工现场的机械设备应按照相关要求进行合理布局。

（8）提高机械设备零、部件的安全可靠性：

①合理选择结构、材料、工艺和安全系数。

②必须设置防滑、防坠落及预防人身伤害的防护装置，如限位装置、限速装置、防逆转装置、防护网等。

③必须有安全控制系统，如配置自动监控系统、声光报警装置等。

7）防止火灾事故的安全技术措施

（1）对施工人员进行消防培训，使其清楚发生火灾时应采取的程序和步骤，掌握正确的灭火方法。

（2）在施工现场入口和现场临时设施处设立固定的安全、防火警示牌、宣传牌。配备必要的消防器械和物资，确保现场配备的灭火器材在有效期内并注意日常维护，使其处于完好状态。

（3）油漆燃气瓶等易燃、易爆物资，应存放在专用库房内随用随取，库房处设置醒目的禁火警示牌。

（4）施工现场用电应严格执行有关规定，防止发生电器火灾。

（5）在高处进行电焊作业时，作业点下方及周围火星所及范围内，必须彻底清除易燃、易爆物品。

（6）在焊接和切割作业过程中及结束后，均应认真检查是否遗留火种。

（7）焊、割作业点与氧气瓶、乙炔瓶等危险物品的距离不得少于 5m，与易燃易爆物品的距离不得少于 30m。

（8）加强对易燃、易爆及危险品的管理。机械设备使用的柴油、重油、汽油等易燃品，其采购、运输、贮存及使用各环节均严格按照有关安全操作规程执行，储料现场配备充足的消防灭火器材。

（9）要由合格电工安装线路，不可用废旧电线私拉乱接，穿管内导线不得有接头，电线连接处应包以绝缘胶布，不可破损裸露。

8）防止健康伤害的安全技术措施

（1）在确定的职业危害作业场所的醒目位置，设置职业病危害警示标志。

（2）加强对施工作业人员的职业病危害教育，定期组织培训，提高他们对职业病危害的认识，了解其危害并掌握职业病防治的方法。

（3）孔内应安装通风设备加强空气更新，因为临时施工场所作业须在通风良好的环境下作业。

（4）电焊工作业时必须穿戴好工作服、手套等防护用品，必须使用镶有防护镜片的面罩，根据焊接时的电流强度和个人的眼睛情况选择镜片。

（5）露天作业和高温工种根据作业性质合理调整作息时间，采取早上班、晚收工，延长午休时间的作息表，保证从业人员即能充分休息又能精力充沛地工作。

（6）夏季天气炎热，施工期间配备足量防暑降温药品，合理调整工作时间，避开高温时段。

（7）正确穿戴个体防护用品，提高自我保护意识。

9）张拉作业的安全技术措施

（1）油泵的操作应徐徐加压，缓缓回油，确保其平稳、无冲击，不得猛摇急放，以免损坏油压表、油泵及千斤顶。

（2）在张拉和顶压作业中，严禁工作油压力超过额定压力。

（3）千斤顶加载应平稳、均匀、缓慢，在卸载时，应慢慢打开回油阀，使油压缓缓下降。

（4）千斤顶作业时，构件两端严禁站人，并要对危险地区加以防护。

（5）在千斤顶负压的情况下，不得拆卸油顶和油管路，也不得拧动任何部位螺钉。

（6）油泵运转时，若有不正常现象，应立即停车。

5.2.2 质量技术保证措施

（1）定期进行质量教育，使全体员工从思想上树立"质量是企业生命"的观念。

（2）严格实行"质量一票否决"制度。

（3）严格做好施工前的技术交底工作，要求每个施工人员都了解施工流程和方法。

（4）加强施工过程控制，层层落实岗位责任制，把责任落实到人。

（5）坚持"三检"（自检、互检、专检）制度，不放过任何质量漏洞。

5.2.3 环境保护及文明施工措施

1) 自然环境保护

(1) 对施工场地进行详细测量,编制出详细的场地布置图,合理布置施工场地生产、办公设施。临建严格控制在征地红线及临时征地范围以内,尽量不破坏原有的植被,保护自然环境,并且按图设计的施工围挡布置临建。临时设施建设要考虑到同周围环境协调。

(2) 对施工有影响的名木古树采取必要的保护措施,对需要迁移的树木须报请园林部门确认后,及时向业主报告,由业主委托园林部门进行迁移,不得私自移植或破坏。

(3) 弃渣运至指定的弃渣场,严禁随意弃渣,破坏环境。

2) 保持现场环境卫生

(1) 施工场地采用符合要求的围挡,施工区的材料堆放、材料加工、出渣及出料口等场地均设置围挡封闭。施工现场以外的公用场地禁止堆放材料、工具、建筑垃圾等。建筑垃圾要及时清理并运至指定地点。

(2) 场地出口设洗车槽,并设专人对所有出场地的车辆进行冲洗,严禁遗洒。运渣车辆和运泥浆车辆采用封盖车体和密封容器运输,渣土应低于槽帮10cm,严防落土掉渣污染环境,影响道路。

(3) 落实"门前三包"(包卫生、包绿化、包秩序)责任制,保持施工区和生活区的环境卫生。及时清理垃圾,运至指定地点进行掩埋处理,生活区设置化粪池,生活污水和大小便经化粪池处理后才能排入污水管道。

(4) 工程车辆的行驶路线和时间要严格遵守交管部门的要求,禁止超载、超高、超速行驶。对工地周围的道路派专人清扫,保持周边环境的整洁。

(5) 燃料、燃油必须采用专用车辆运输,并要有专人负责保护。

3) 施工噪声控制

(1) 优先选用先进的环保机械。对于施工机械产生的噪声,除对施工机械定期进行维护保养以保持其良好的运行状态,还应科学地进行施工现场布局,将噪声声级较高、作业时间较长的施工机械集中布置于远离敏感点的一侧,必要时可以在噪声较大的施工场地周围设置临时性的隔声屏障。

(2) 合理安排施工作业的时间和重型运输车辆的运行时间,避开噪声敏感时段;较高噪声、较高振动的施工作业尽量安排在环境噪声值较高的白天施工,禁止施工人员在居民区附近或夜间施工时高声喧哗,避免人为噪声扰民。

(3) 工程施工期间,严格按照国家、安徽省和黄山市有关法规要求,控制噪声、振动对周围地区建筑物及居民的影响。施工噪声遵守建筑施工场界噪声限值标准,施工振动对环境的影响遵守环境振动标准。

（4）夜间施工经批准领取"夜间施工许可证"或"昼夜施工许可证"，并采取上述措施减少噪声扰民；同时，在夜间施工时，严禁大声喧哗，装卸物料及码放时轻拿轻放。

4）施工粉尘控制

（1）工地周围需设置高度不低于1.8m的硬质密闭围挡，设置车辆清洗设施及配套的沉沙井，车辆冲洗干净后方可驶出工地；弃土等建筑垃圾即时清运，若48h内不能清运，应当设置不低于堆放物高度的密闭围栏并予以覆盖。

（2）施工场地硬面化，要定期向地面洒水，减少灰尘对周围环境的污染。每天安排专人清扫工地和道路，保持工地和所有场地道路的清洁；道路每天洒水四次，施工现场每天洒水两次。

（3）砂、石等散状材料在搬运过程中要洒水，装卸前用固定喷管系统喷水湿润。

（4）运载散体、流体的车辆要有防护措施，封闭车辆缝隙确保沿途不漏洒飞扬，运土车出场前，车体特别是车轮要清扫干净，装载高度要符合不遗洒要求。

（5）砂石料堆放应避免敞开存放。需要露天存放的采取绿色网遮盖。

（6）在工地安装锅炉、炉具不得使用可能产生烟尘的燃料，不得在工地焚烧残物和废料。禁止在施工现场烧有毒、有害和有恶臭气味的物质。

（7）拆除临时设施时应及时洒水以减小扬尘污染。

（8）工地出入口设置洗车槽、冲洗台，车辆外出要用高压水冲洗干净，确认不会对外部环境产生污染后，方可出门。

（9）空气总悬浮颗粒物（TSP）的浓度限值为日平均300μg/m^3。

5）环境绿化

（1）对门前屋后凡可进行绿化的地点均种植临时花草树木，并由专人挂牌维护管理，增加现场的美观。

（2）工程竣工后搞好地面恢复，恢复原有植被以防止水土流失，保持原有环境风貌的完整和美观。

6）防止污染措施

（1）在施工过程中应密切注意有无泄露污染物的现象，如有发生应立即采取措施。

（2）施工区域设置隔油带，防止不小心泄露的油污扩散，污染水源。

（3）对于不小心泄露的油污，采用吸油棉及时进行处理。

（4）施工中废弃的材料不得随意抛洒，应及时收集，存放于指定地点，定期集中进行处理。

（5）处理后的污油用油桶装运到指定地点；禁止把施工中的生活垃圾直接抛入水中，应用袋装处理后运到指定地点。

（6）坚持执行"谁污染、谁治理"的环境保护原则。

（7）自觉接受环保、业主等相关部门的监督，切实做好环境保护工作。

（8）严禁施工污水乱排乱流，根据地形、场地条件等合理进行排放组织，避免污染道路、景区设施。含有泥沙、水泥等物质的施工废水，应当经临时沉淀池处理达标后，方可排入城市排水系统。在工程施工场地内需构筑集水沉砂池，以收集高浊度泥浆水和含油废水，经过沉砂、除渣和隔油等处理后排入市政管网。

（9）凡需要进行混凝土、砂浆等搅拌作业的现场，必须设置沉淀池，使清洗机械和运输车的废水经沉淀后，方可排入市政污水管线，废浆和淤泥使用封闭的车辆进行运输。

（10）现场存放油料的库房，必须进行防渗漏处理。储存和使用都要采取措施，防止跑、冒、滴、漏，污染水体。桥梁施工时应防止施工机械严重漏油，注意残油、废油的回收和处理。

（11）其他环保措施。

①生产用油料必须严格保管，防止泄漏，污染湖水。

②生活垃圾定点放置后定期运至陆上处理，严禁抛至水中。

③办公区废弃的墨盒、硒鼓、电池等由办公室集中回收，定期交予环保部门处理。

5.2.4 季节性施工保障措施

1）夏期保证措施

在炎热气候下灌注混凝土时，应避免模板和新浇混凝土受阳光直射，入模前的模板、钢筋骨架温度以及附近的局部气温不应超过35℃。应尽可能安排傍晚灌注，避开炎热的白天，同时也不宜在早上灌注以免气温升到最高时加速混凝土的内部温升。在相对湿度较小、风速较大的环境下，宜采取喷雾、挡风等措施或在此时避免灌注有较大面积混凝土暴露的桥面板。当室外温度超过35℃或混凝土拌合物出盘温度达到25℃及以上时，应按夏季施工办理，尽量安排在上午11:00以前灌注完或下午16:00以后开盘灌注。

（1）梁体混凝土施工。

梁体混凝土夏季施工须符合以下规定：

①混凝土选用水化热较低的水泥。

②粗细骨料应用提前采取降温措施的或降低拌和用水的温度。

③混凝土输送管道覆盖防晒，并浇水降温。

④待浇筑的台位在钢筋拼装完后，立即吊装防雨（晒）棚进行遮阳防晒。

⑤混凝土浇筑速度变快时入模温度不高于30℃。

⑥梁体浇筑完毕应及时覆盖严密。混凝土初凝后箱内灌水，并增加梁体浇水次数。

（2）张拉压浆作业。

①自动张拉台车，油温一般控制在30~50℃，最高不得超过60℃。

②夏季进行压浆作业时，水泥浆应在5~30℃，当环境温度高于35℃时，应选择湿度较低的时间施工，如在夜间进行。

（3）夏季应充分做好防暑降温工作，施工现场配备必要的抗暑药品，并安排充足的饮用水，加强对施工人员的监护工作，及时制止身体不适者强行作业。

（4）在夏季施工时间内应充分加强电缆及用电设备的监护，防止由于高温状态下热量不易于散发引起的火灾，电气焊作业时必须对周围场地进行整理并加强监护措施，防止火花溅射到干燥物体上引起火灾。

2）冬期保证措施

冬期搅拌混凝土前，先经过热工计算，并经试拌确定水和骨料需要预热的最高温度，以保证混凝土的入模温度满足大于5℃的规定。水先加热，同时对运输混凝土的搅拌运输车通过裹棉布进行保温；炎热季节拌制混凝土时，将骨料存放在棚内，并对拌和用水进行加热，同时选择气温高的时间进行拌制混凝土。当室外日平均气温连续3d低于5℃或最低气温低于0℃时应采取冬期保护措施。

（1）施工准备

①梁场在入冬前由工程技术部编制冬期施工方案。编制的原则是：确保工程质量，经济合理，使增加的费用为最少；所需的热源和材料有可靠的来源，并尽量减少能源消耗；确实能缩短工期。冬期施工方案包括以下内容：施工程序，施工方法，现场布置，设备、材料能源、工具的供应计划，安全防火措施，测温制度和质量检查制度等。方案确定后，要组织有关人员学习，并向各工班进行安全、技术交底。

②进入冬期施工前，对锅炉操作人员、测温人员等专门组织技术培训，学习工作范围内的有关知识，明确职责，经考试合格后方准其上岗工作。

③梁场工程技术部应做好气温观测及记录工作。必要时与当地气象台保持联系，及时接收天气预报，防止寒流突然袭击。

④根据冬期施工方案安排，提前组织有关机具、减水剂和保温材料进场。

⑤对已铺设的蒸养管道进行保温处理，对锅炉进行试压，并请当地检定部门检测，对各种加热的材料、设备要检查其安全可靠性。

⑥对砂、石料场四周的排水沟进行疏通，以防冬期积水使砂石料中混杂冰块。

⑦做好冬期施工混凝土、水泥浆及掺外剂的试配试验工作，提出配合比。

（2）安全措施

①冬期施工时，要采取防滑措施，如混凝土灌注、提梁作业工序等。

②电源开关，控制箱等设施要加锁，并设专人负责管理，防止漏电触电。

（3）钢筋加工冬期施工

在负温条件下，钢筋的力学性能可能会发生变化：屈服点和抗拉强度增加，伸长率和抗冲击韧性降低，脆性增加，这种性质称为冷脆性。

①钢筋的冷拉调直。

a. 钢筋加工在负温条件冷拉，其环境温度不低于−10℃。

b. 在负温条件下冷拉调直钢筋时，要严格控制伸长率。

②钢筋的焊接。

梁场定位网、综合接地施工需使用电弧焊，注意事项如下：

a. 冬期电弧焊接时须有防雪、防风及保温措施，并选用韧性较好的焊条。焊接后严禁立即接触冰雪。

b. 钢筋负温手工电弧焊的焊接参数可参考表5-1。

焊 接 参 数　　　　　　　　表5-1

焊接种类	钢筋直径（mm）	焊接层数	平 焊		立 焊		焊接速度（mm/min）
			焊条直径（mm）	焊接电流（A）	焊条直径（mm）	焊接电流（A）	
搭接	10～14	1	3.2	130～140	3.2	90～110	90～100
			4.0	150～170	4.0	110～130	
	16～20	2	3.2	130～140	3.2	90～110	80～90
			4.0	150～170	4.0	120～140	
	22～40	3	4.0	150～170	3.2	100～120	70～90
			5.0	180～240	4.0	140～180	

c. 进行搭接电弧焊时，第一层焊缝应先从中间起弧，再向两段运弧；立焊时，先从中间向上方运弧，再从下端向中间运弧，以使接头端部的钢筋达到一定的预热效果。在以后各层焊缝焊接时，采取分层控温施焊。

d. 层间温度应控制在150～350℃，以起到缓冷的作用。

e. 焊接电流应略微增大，焊接速度应适当减慢。在焊接过程中，应采用短弧施焊，防止断弧，且不要产生烧伤现象和在非焊接部位引弧，以避免使钢筋受到损伤。

(4）混凝土工程冬期施工

混凝土工程的冬期施工，要从施工期间的气温情况、工程特点、施工条件出发，在保证质量、加快速度、节约能源、降低成本的前提下，选择适宜的冬期施工措施。

①基本要求。

a. 混凝土的温度降至0℃前，其抗压强度不得低于抗冻临界强度：硅酸盐水泥或普通硅酸盐水泥配制的混凝土，为标准强度的30%。

b. 用蒸汽直接加热养护混凝土时，采用普通硅酸盐水泥，梁体芯部混凝土的温度不超过60℃，恒温时蒸汽不超过45℃。

c. 当环境温度低于0℃，模板拆除在混凝土冷却到5℃以下方可进行。蒸养期间及撤出保温设施时或拆除模板时，梁体混凝土芯部与表层、表层与环境、箱内与箱外温差不超过15℃。

d. 因未完全冷却的混凝土有较高的脆性，所以结构在冷却前不得遭受冲击荷载或动力荷载的作用，如模板撞击梁体混凝土等。

e. 冬期施工期间，工程技术部要密切关注气温变化情况，随时掌握天气预报和寒潮、大风警报，以便及时采取防护措施。

②混凝土的配制和拌和。

a. 冬期搅拌混凝土前，先经过热工计算，并经试拌确定水和骨料需要预热的最高温度，满足相应要求。预热方法采用锅炉蒸汽，搅拌前先对蓄水池的水通蒸汽进行加热，并做好覆盖保温措施，水的加热温度不高于80℃，保证混凝土入模温度在5℃以上，水泥、减水剂及掺合料不得直接加热，在使用前应覆盖帆布进行保温。冬季施工搅拌投料顺序为：先投入细骨料和碎石搅拌30s，再加水搅拌30s，最后投入水泥、矿物掺合料和外加剂继续搅拌。

b. 严格控制混凝土水胶比，由骨料带入的水分要从拌和水中扣除。

c. 骨料不得混有冰雪、冻块及易被冻裂的矿物质。

③混凝土的运输和浇筑。

a. 冬期施工泵送混凝土拌合物要尽量减少热量损失，必要时应对混凝土的输送管道采取保温措施。

b. 混凝土浇筑前，须清除模板及钢筋上的冰雪和污垢，特别要认真检查底模有无结冰现象。侧模和底模上的冰雪可用蒸汽融化，但模内不得存有积水，积水应通过底模预留的排水孔排出。

c. 当混凝土灌注时，梁模板覆盖的篷布应顺着浇筑位置开启，以防棚内温度散失。

④混凝土养护。

因冬期气温较低，混凝土养护应采用蒸汽养护方式进行。蒸汽养护根据工程技术部编制的作业指导书及技术交底进行施工。

⑤压浆时，当室外日平均气温连续3d低于5℃或最低气温低于0℃时，应按冬期施工处理，不得在压浆剂中使用防冻剂。冬期施工期间必须采用相应的加热措施，加热搅拌用水，温度不超过60℃。在压浆前要做好防温下降的措施确保在压浆的过程中和压浆完成后使箱梁所处的环境温度不低于5℃且压浆后3d不得低于5℃。压浆冬期施工时，尽量在中午温度较高的时段进行施工。压浆时用篷布将梁体两侧面及两端覆盖并通蒸汽进行升温保温，当温度达到5℃以上后方可施工。压浆施工完成后适当进行通蒸汽保温，保证压浆后3d不低于5℃。

（5）机械设备冬季施工保证措施

①所有施工机械在入冬前进行保养，按要求更换冬季机油。每日工作前对所用机械进行预热，并做详细检查，确认无问题后正式作业。

②施工机械、车辆采用低标号柴油，每日施工完毕后排空水箱余水，防止冻结，对有特别要求的机械开进车库保温。给冰雪天气作业的车辆安装防滑链。机械加强保养，勤检查，多观察，防止设备冻裂。

③水源及消火栓提前做好保温工作，防止受冻。

3）雨季施工保证措施

（1）钢筋雨季施工

①钢筋原材料，成品、半成品须做好储存工作，避免雨水浸泡、锈蚀。

②钢筋下料与制梁保持同步，不能贮存过多的成品钢筋，以免增大防护工作。下好的成品料存于钢筋棚内，避免雨淋。当露天存放时，采取措施进行遮盖。

③绑扎好的梁体钢筋骨架须及早合模并灌注梁体混凝土，否则要进行防淋防护。

④钢筋焊接必须在棚内进行，不得冒雨施工。焊好的钢筋，不得直接遭受雨水冲刷。

（2）模板施工

①已涂刷隔离剂还未进行合模的模板，不得直接受到雨水冲刷，否则重新涂刷隔离剂。

②合完模还未灌注混凝土的模板严禁雨水冲淋。否则拆除模板，并重新涂刷脱模剂。

③梁体混凝土灌注前，将模板内积水排除干净。

（3）梁体混凝土施工

梁体混凝土的灌注应避开雨天施工。浇筑过程中突遇暴雨时，应迅速用门式起重机将防雨棚遮盖灌注台位后再进行灌注，灌注间断时间不得超过1h；对拌和站上料斗和皮带廊采用彩钢瓦围挡,防止雨水侵入;对混凝土输送泵料斗用防雨棚覆盖,上料坑配备潜水泵进行抽水。

(4)张拉作业

雨天进行张拉作业时,要采取相应措施避免自动张拉台车、千斤顶、传感器等受潮淋雨。

(5)压浆作业

压浆作业要避开雨天施工。本梁场配备压浆防雨棚,施工时要保证水泥不被雨淋,拌制好的水泥浆容器内不得进入雨水。

5.2.5 职业健康保护措施

1)劳动保护措施

(1)接触粉尘、有毒有害气体等有害、危险施工环境的作业职工,按有关规定发放个人劳动保护用品,并监督检查使用情况,以确保正常使用。

(2)加强机械保养,减少施工机械不正常运转造成的噪声。

(3)对于噪声超标的机械设备,采用消音器降低噪声。洞内运输机械行驶过程中,只许按低音喇叭,严禁长时间鸣笛。

(4)对经常接触有噪声的职工,要加强个人防护,可佩戴耳塞消除影响。

(5)按照劳动法的要求,做好本工程的劳动保护装备工作,根据每个工种的人数以及劳动性质,由物资部门负责采购,配备充足且必要的劳动保护用品。同时加强行政管理,落实劳动保护措施。

(6)劳动保护装备要符合以下要求:采购劳动保护用品时,必须审核产品的生产许可证、产品合格证和安全鉴定证,确保产品的质量和使用安全;对于未列入国家生产许可证管理范围的劳动防护用品,按路用劳动防护用品许可证制度进行质量管理。

2)医疗卫生保护措施

(1)医疗保证措施

联系医院,全面负责医疗卫生和传染病、地方病防治的监测监督工作,落实防治措施,做好职工的健康教育工作。对项目内出现的疫情信息,及时向上一级医疗卫生机构报告。对内规范管理、对外加强协调联系,营造一个良好的内外卫生防疫工作环境。

(2)卫生保证措施

工地卫生管理主要包括环境卫生、食堂卫生和个人卫生三大部分。

①环境卫生保证措施包括:工地配备一定数量的环境卫生清扫人员,每天对工地的环境卫生进行打扫,尤其是职工宿舍周围的环境卫生。

②食堂卫生保证措施包括：设立食堂卫生监督机制，由项目部综合部组织对食堂卫生进行不定期抽查，全体员工进行监督，确保食堂卫生。

③个人卫生保证措施为：通过项目部积极为职工搞好个人卫生创造条件，如修建洗澡堂、发放劳保用品等。

3）职业病防治措施

（1）严格执行《中华人民共和国传染病防治法》《中华人民共和国突发公共卫生事件应对法》及所在地政府有关职业病管理与疾病防治的规章制度。

（2）各单位配备应有的设施。负责职工的疾病预防及事故中受伤职工的抢救。

（3）邀请卫生防疫部门定期对工地及生活区进行防疫检查和处理，按时接种有关疫苗及消灭鼠害、蚊蝇和其他虫害，以防对职工造成任何危害。

（4）强化施工和管理人员卫生意识，杜绝疾病的产生，对已患传染病者及时隔离治疗。

（5）有针对性地进行职业病的检查，发现病情时，及时进行病情分析，寻找发病根源，加强和改进施工方法及工艺，消除发病根源，防止病情的蔓延。对特殊工种进行岗前培训，持证上岗，按规定采取防范措施，按规定进行施工操作。及时发放个人劳动保护用品，并监督检查其正确使用。

（6）加强健身运动，增强体质，提高员工的抗病能力，积极开展各种文娱活动，丰富员工的业余生活，有效地消除员工的疲劳和工作压力，使员工在良好的心态下工作，有效防止职业病的发生。

（7）做好对员工卫生防病的宣传教育工作，针对季节性流行病、传染病等，要利用板报等形式向职工介绍防病、治病的知识和方法。

（8）保护工作环境，有效控制或消除环境毒源，做好自我防护工作，预防职业中毒事故。施工现场的各种机械排出的废气废物、材料装卸和搬运过程中产生的扬尘，被人体吸收后，对身体产生很大的危害，因此，施工人员一定要佩戴口罩进行自我防护，机械操作手要做好机械的维护工作，最大限度地减少机械的噪声和废气的排放量，材料装卸和搬运时应轻拿轻放，减少扬尘对环境的污染，从而有效地预防职业中毒事故。

（9）加强施工运输道路和防尘工作。拌和站和预制场内的行车道路，均采用混凝土硬化处理。对粉尘较多的进场施工便道，采取填筑砂砾等材料铺设路面，以减少由于行车造成灰尘增多，同时指派专人对施工运输道路进行维护，并用洒水车经常洒水，保持道路湿润，最大限度地减少道路粉尘飞扬。

（10）保持作业场地、运输车辆以及其他各种施工设备的清洁。作业场地要经常进行整理和清扫，运输车辆在运输飞扬性物资时，要用彩篷布覆盖，停运时注意冲洗，保持车辆干净卫生，施工区内的搅拌、运输设备、模板、输送泵等机械设备按"谁管理，谁负责保养"的原则，定期进行清洁，使机械在空闲时不产生扬尘。

（11）爱护环境，保护当地植被，防止水土流失。对工地外围的草皮、树木不得进行破坏，必要时对在施工环境中产生扬尘的地方进行绿化，以控制扬尘的产生。

（12）对施工场地固定的经常性运转设备进行合理布置、分散安置，以分散振动和噪声源，有效避免各种振动和噪声产生共振，降低其危害程度。

（13）振动和噪声较大的大型机械布置，尽可能在离居民区及职工生活区较远的地方，并尽可能避免夜间施工，且深夜必须停工，以免影响当地居民及员工的正常休息。

（14）在各种施工机械和经常性运转设备中安装消音器来降低振动和噪声。

（15）对产生较大振动和噪声的常运转固定设备（如发电机、空压机等）采用搭设隔离音棚或修建隔音墙等措施来降低振动和噪声的危害。

（16）处于振动和噪声区的施工人员，合理佩戴手套、耳塞、耳罩等防护用品来减轻危害。

5.2.6 疫情防控措施

（1）项目部成立了疫情防控领导小组，项目经理为领导小组组长。

（2）项目部的所有人员必须登记造册，各个班组长负责收集节后返场人员的姓名、数量、行程信息，及时如实向项目部登记，而且严格控制人员的外出，严格执行请销假制度，一律报主管领导审批。

（3）充分利用宣传栏等宣传工具，做好宣传工作。对预防常识等进行宣传，同时教育大家要正确对待，提高自身的预防意识。

（4）施工现场路口处，安排专人负责对入场的每位人员进行体温检测，出现高温以及咳嗽症状者，立即制止入场并及时上报。

（5）定期对职工的生活区、工作区、食堂等场所进行检查，发现不符合要求的立即进行整改。

（6）尽量少去人多密集场所，避免去人口密集、通风差的地方，非必要不出差。

（7）在日常工作中做到早发现、早报告、早隔离、早治疗，按上级要求及时上报。

5.3 监测监控措施

5.3.1 测量监控类型

梁场测量监控项目包括：制梁台座变形监控、存梁台座不均匀沉降监控、粉罐基础不均匀沉降监控、梁体上拱度（弹性上拱、30d上拱度）监控、预制梁徐变沉降观测。

5.3.2 制、存梁台座监控

在进行沉降观测的准备阶段,首先应埋设沉降观测水准基点并对制、存梁台座、梁体进行观测点的布设。

1)水准点的布设

沉降观测是根据制、存梁台座附近的水准点并通过水准测量测出制、存梁台座的上观测点的高程。水准点是整个沉降观测的基准,它的稳定性直接关系着观测成果的可用性,也是制、存梁台座成败的决定因素,所以水准基点必须坚固稳定,且数量不少于3个。

2)沉降观测点的布设

(1)制梁台座沉降观测点埋设:

制梁台座底部基础为三块条形钢结构基础,条形基础上方为钢结构,在左右两侧条形基础内侧底部沿梁长方向均布2个测点,左右两侧对称布置,共布设4个沉降观测点。

(2)存梁台座沉降观测点埋设:

存梁台座上布设4个沉降观测点,布设在4个墩台基础上。另外,在梁体底面四个支座处设点,检测梁体底面高差是否在2mm以内。存梁台座沉降观测点布置如图5-2所示。

图 5-2　存梁台座沉降观测点布置图(尺寸单位:mm)

1~4-沉降观测点

(3)观测前,应对所使用的仪器和设备进行检验校正,并保留记录。仪器使用自动安平水准仪、钢板尺。每次变形测量时,应符合下列规定。

①采用相同的测量路线和观测方法。

②使用同一台仪器和设备。

③固定观测人员。

④在基本相同的环境和观测条件下作业。

（4）每组模板第一次使用时，每天检测一次，根据加载和卸载后的沉降观测记录，后续箱梁施工时及时通过转动其相应处外模桁架支撑螺旋千斤顶伸缩量来进行调整，以后使用一次检测一次，直到连续 5 次无沉降时才能停止沉降和变形观测。

（5）存梁台座基础必须保证其沉降量满足设计要求，不均匀沉降小于 2mm，支撑垫石顶面需严格抄平。

（6）制梁台座观测频次见表 5-2，存梁台座观测频次见表 5-3。

制梁台座观测频次　　表 5-2

观测阶段	观测周期	备注
制梁台座施工过程中	—	设置观测点
首次制梁前	1 次	原始数据
沉降稳定之前	每天 1 次	测量台座沉降
沉降稳定后	1d	
	3d	
	7d	
	15d	
	30d	
	60d	
	120d	
	240d	按此频次观测直至不再沉降

存梁台座观测频次　　表 5-3

观测阶段	观测周期	备注
存梁台座施工过程中	—	设置观测点
首次存梁前	1 次	原始数据
沉降稳定之前	每天 1 次	测量台座沉降
沉降稳定后	1d	
	3d	
	7d	
	15d	
	30d	
	60d	
	120d	
	240d	按此频次观测直至不再沉降

（7）沉降观测的评估。

分析制梁台座基础沉降是否均匀或已稳定，反拱值是否已经稳定且不需要再进行调整，符合制梁要求。当制梁台座发生不均匀沉降时，应检查模板的预设反拱值是否符合要求并及时进行调整。制梁台座最终沉降量不超过20mm，不均匀沉降小于2mm。

分析存梁台座基础沉降是否均匀或已稳定，存梁台座4个支点的沉降（包括橡胶垫块压缩量）要求在2mm以内，如超出2mm，应用提梁机将梁体提起，并采用加垫钢板或铺细砂对支点进行调平，保证存梁台座四支点高差在2mm以内。

3）梁体上拱度测量

（1）梁体弹性上拱观测点埋设：在每片梁提运至存梁台座后在梁底两侧梁端支座中心、跨中处做好6个观测点标记。

（2）终张前测一遍6个观测点水平高程，终张后（24h内）再测一遍6个观测点的水平高程，两侧取平均值即为梁体弹性上拱值。弹性上拱值不大于设计值的1.10倍。本梁场存梁支距与理论跨度不同，实测梁体上拱值修正系数为0.92。

（3）上拱度：梁体终张拉完成30d后测量梁体上拱度及梁体压缩量，上拱度测量时用水准仪分别测量左右侧梁底支座板和跨中处高差（用水平尺引出并在上面立标尺）并取平均值作为最后结果，要求上拱度在$\pm L/3000$（L为梁体跨度）以内。

4）预制梁徐变沉降观测

（1）观测点布置

简支梁的一孔梁设置观测标6个，分别位于两侧支点及跨中，测点布置如图5-3所示。

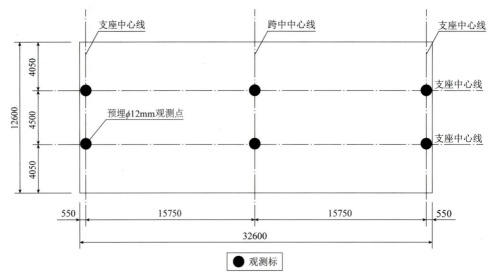

图5-3　测点布置示意图（尺寸单位：mm）

（2）梁体观测元件与埋设技术要求

梁体观测标：选择$\phi 20mm$观测标，顶部磨圆并刻画十字线，埋置深度不小于0.1m，高出埋设表面3mm，表面做好防锈处理。完成埋设后将测量桩顶高程作为初始读数。梁体观测标设置如图5-4所示。

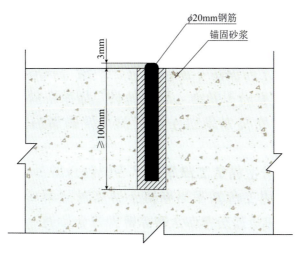

图5-4 梁体观测标设置示意图

5）观测技术要求与实施方法

（1）预制梁徐变形观测技术要求

对原材料变化不大、预制工艺稳定、批量生产的预应力混凝土预制梁，前3孔梁逐孔设置观测标，每100孔选择1孔设置观测标（或30孔，根据业主和相关要求确定）。对实测弹性上拱度大于设计值的情况，前后未观测的梁应补充观测标，逐孔进行观测。

（2）测量工作基本要求

①每次观测前，确认使用的仪器（DiNi03电子水准仪、铟瓦尺）在检定有效期内方可使用仪器。

②每次沉降变形观测时应满足以下要求。

a. 参与观测的人员必须经过培训才能上岗，并固定观测人员。

b. 为了将观测中的系统误差减到最小，达到提高精度的目的，各次观测应使用同一台仪器和设备，前后视观测最好用同一铟瓦尺，必须按照固定的观测路线和观测方法进行，观测路线必须形成附合或闭合路线，使用固定的工作基点对应沉降变形观测点进行观测。实行"五固定"，即固定水准基点、工作基点、固定人、固定测量仪器、固定监测环境条件、固定测量路线和方法，以提高观测数据的准确性。

c. 观测时要避免阳光直射，且在基本相同的环境和观测条件下工作。

d. 成像清晰、稳定时再读数。

e. 随时观测，随时检核计算，观测时要一次完成，中途不中断。

（3）测量方法

桥梁梁部水准路线观测按二等水准测量精度要求形成闭合水准路线，沉降观测点位置布设及水准路线如图 5-5 所示,其中测点 1、2、3、4 构成第一个闭合环,测点 3、4、5、6 构成第二个闭合环。

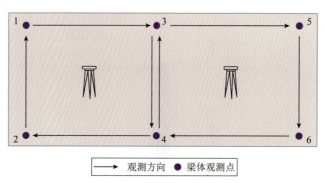

图 5-5　沉降观测点位置布设及水准路线

1～6-测点编号

（4）梁体徐变量计算

对于梁体的徐变变形观测,每孔梁支点之间的梁体徐变变形应以两支点的连线为基准线进行观测计算,由于下部结构沉降变形的影响,该基准线的位置会发生变化,梁体观测点至该基准线的垂直距离利用几何方法计算取得,垂直距离差值就是梁体徐变变形量。

（5）判定标准

预应力混凝土桥梁上部结构的变形应符合以下规定：

终张拉完成时,梁体跨中弹性变形不宜大于设计值的 1.10 倍。

（6）观测精度要求

梁体徐变沉降变形的观测精度为±1mm,读数取位至 0.01mm。

（7）观测频次要求

自梁体预应力张拉开始至无砟轨道铺设前,应系统观测梁体的竖向变形。预应力张拉前为变形起始点,梁体测量间隔见表 5-4。

梁 体 测 量 间 隔　　表 5-4

观 测 阶 段	观 测 周 期
预应力终张拉	张拉前、后各 1 次
预应力张拉完成～无砟轨道铺设前	张拉完成后第 1d
	张拉完成后第 3d
	张拉完成后第 5d
	张拉完成后 1～3 月,每 7d 为一测量周期

续上表

观 测 阶 段	观 测 周 期
桥梁附属设施安装	1次/周,要求安装前、后必须各有1次
无砟轨道铺设期间	1次/周
无砟轨道铺设完成后	第0~3个月,每1个月为一测量周期
	第4~24个月,每3个月为一测量周期

6）资料整理与提交文件的技术要求

（1）测段观测完成后，必须及时整理观测数据。

（2）当发现变形监测数据出现异常时必须先自查，应重测并分析工作基点的稳定性，并提交自查分析报告。为确保评估工作的顺利进行，在保证外业测量数据精度合格的前提下，应在当天进行内业整理，及时针对异常数据进行分析，并及时采取相应处理措施，填写在观测数据处理文件的说明文档中。

（3）在观测过程中，应做好一些重点信息的记录，如对架梁、运梁车通过施工荷载的记录，天气情况应对结构变形特性的分析和异常数据的分析有利。

6 施工管理及作业人员配备和分工

6.1 施工管理人员

为了加强建设项目管理,全面履行合同,控制建设投资,确保工程建设工期、质量、安全、生态环境的保护,全面实现建设目标,针对本梁场工程的特点,通过全面考察,抽调国内铁路干线施工经验丰富、专业技术能力强、综合素质高的工程技术和管理人员参与项目管理。

梁场下设"五部二室",施工组织管理机构如图6-1所示。

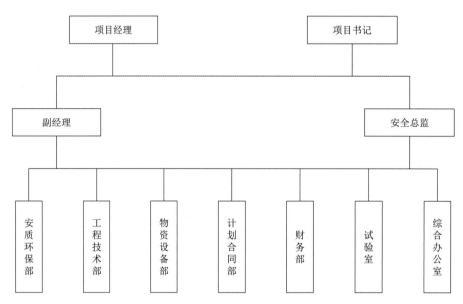

图6-1 施工组织管理机构图

主要管理人员及职能部门岗位职责见表6-1。

主要管理人员及职能部门岗位职责　　表6-1

序号	岗位/部门	岗 位 职 责
1	梁场经理	负责组织好此次均衡生产;组织和指挥生产系统合理安排劳动,组织实施质量改进、批准有关部门采取纠正和预防措施,并验证其效果;对梁场人力、资金、材料、施工设备等资源进行优化配置,合理安排施工进度,保证均衡生产,做到文明施工
2	梁场书记	在经理的领导下,负责梁场的办公室日常事务和后勤保障工作,协调各部门之间的关系,做好梁场各方面的宣传工作及对外联系和接待工作

续上表

序号	岗位/部门	岗 位 职 责
3	副经理	组织好均衡生产，为保证和提高施工质量创造良好条件。在掌握施工进度的同时，也要掌握质量动态，发现质量问题要及时与安质环保部门联系，要对重大质量问题改进措施的落实负责
4	总工程师	负责箱梁架设工程施工技术工作，主管梁场的质量管理、质量检验、试验、工程管理等管理工作；组织制定梁场总体的施工组织设计和施工方案，负责收集梁场相关的各项技术指标、规范和设计文件；对制梁场质量文件、质量记录、质量考核、质量评审及质量资料等进行审批
5	安全总监	（1）贯彻国家、行业、地方和企业有关安全、环境保护等法规、规范和要求，负责本工程安全生产、环保水保和文明施工工作。负责组织开展生产安全、环保水保、文明施工教育培训工作。负责施工现场安全防范措施、安全操作规程、持证上岗作业、文明施工、环境保护等工作的检查落实。 （2）负责对施工安全隐患、不安全因素、不环保行为和不文明施工等进行处置，有权要求限期整改、有权开具罚单、有权对严重危及人身和设备物资安全的施工行为进行停工制止，有责提出整改措施。负责组织制定事故应急预案，完善抢险组织、物资设备保证、医疗救急、日常演练等控制和处置体系
6	综合办公室	负责生活物资的采购、补给，制梁场的安全保卫工作及行政事务；职工的医疗保健，食堂管理，文化娱乐设施的管理；对外联络协调工作
7	试验室	负责试验室信息化建设工作、验收工作，会同物资部一起做好制梁配合比、原材料及钢配件的报审、检验工作
8	工程技术部	负责梁场施工技术管理。修订现场施工工艺及操作细则，进行技术交底，对施工过程中出现的问题提出处理方案；负责工程测量
9	安质环保部	负责梁场箱梁施工质量、环水保工作。制定质量标准及工地的创优规划并负责实施，对质量进行监督检查，组织QC活动，负责与监理工程师的联络。负责施工现场环境保护管理工作。制定工地的创优规划并负责实施。落实国家、地方有关安全、环保等政策。负责梁场整体信息化建设，对业主及公司的各项系统录入工作起督导作用，针对业主下达的各项信息化建设要求分别制定对应的实施方案并组织落实
10	物资设备部	（1）负责按施工计划进度提出材料采购计划，施工生产材料的采购、管理，负责进库物资有关证件的收集，要杜绝不符合的产品入库，对特种设备和物资要及时报检检验，做好废旧物资的回收工作。 （2）机械设备的采购及管理，水电供应的管理。负责机械设备的进场、现场协调和租赁，指导、监督机械设备的维修保养，编制上报设备购置和报废申请。建立设备台账，及时上报业务统计报表
11	计划合同部	负责项目责任成本管理基础工作；制定并落实项目成本管理制度；负责项目合同管理，及时准确填报项目责任成本报表，对填报数字的真实性负责。负责成本预算的分解和编制，办理对上对下计价，按时提供计价资料和相关的单价分析资料、预计合同总成本和预计还要发生的合同成本；编制年、季、月施工产值计划等

续上表

序号	岗位/部门	岗 位 职 责
12	财务部	办理现金支付业务及内部银行、内部调度中心的收付、结算工作，进行功效研究，促进施工生产。加强会计基础工作，按时上报月、季、年财务报表。及时清理债权债务。按照会计控制制度规定，及时清理，结算应收、应付账款预收、预付款、备用金等各种债权债务

主要工程技术管理人员安排见表6-2。

主要工程技术管理人员安排表　　　　表 6-2

序号	职 务	工 作 内 容
1	项目经理	项目总负责人、施工负责人
2	项目总工程师	负责总的技术指导
3	安全总监	负责现场施工安全及环境监控
4	实验室主任	负责材料和有关检验检测工作
5	工程部长	负责技术交底，工程质量检查及监控
6	质量部长	负责方案编制，工程质量检查及监控
7	主管工程师	负责现场技术管理及资料收集
8	主管工程师	负责现场技术管理及资料收集
9	主管工程师	负责现场技术管理及资料收集
10	主管工程师	负责现场技术管理及资料收集

6.2 专职安全人员

本工程设1名专职安全生产管理人员，具体名单略。

6.3 特种作业人员

本工程特种作业人员主要为电工、焊工、起重机司机、司索工等，特种作业人员需持证上岗，具体名单略。

6.4 其他作业人员

开工后，按照拟定的进度计划，陆续地组织施工人员进场，以满足施工的需要。拟投入工程的箱梁预制劳动人员组织配置见表6-3。

箱梁预制劳动人员组织配置表

表 6-3

部门	岗位			人数	主要工作内容
制梁架子队（161人）	钢筋工班（80人）	钢筋加工		20	主要负责钢筋加工
		钢筋绑扎		60	主要负责钢筋绑扎、安装
	混凝土工班（51人）	模板工班		12	主要负责模板的安装、拆除、保养、维修、预埋件安装等工作
		拌和站人员（8人）	搅拌机司机	2	负责搅拌机的操作、日常管理等工作
			看灰人员	2	负责观察混凝土搅拌质量及拌和站卫生
			混凝土搅拌运输车驾驶员	4	主要负责混凝土搅拌运输车驾驶工作
		洗石、筛砂（3人）	装载车驾驶员	2	主要负责骨料的移运、上料等工作
			洗石、筛砂	1	主要负责洗石、筛砂及骨料库卫生
		混凝土浇筑（24人）	布料机、拖泵司机	4	负责混凝土泵送及布料机、拖泵的日常管理
			打棒、捣固	16	负责混凝土的振捣工作
			抹面	4	负责混凝土面整平、抹面、拉毛等工作
		养护工班		4	负责箱梁的蒸养及后期养护工作
	张拉工班（12人）	张拉		8	负责钢绞线制束、安装、锚具安装、张拉作业等工作
		压浆、封端		4	负责梁体压浆、封端、梁端防水等工作
	起重维修综合工班（8人）	天车司机		4	主要负责门式起重机吊装作业和日常管理工作
		维修工班（4人）	电工	2	负责梁场所有电力设备、管线的维修、管理及日常维护等工作
			钳工	2	负责梁场内机械设备的维修、配件管理、机加工、配件制作等工作
	移梁工班（10人）	提梁机司机		2	负责箱梁的场内移运及提梁机的日常管理
		提梁机配合人员		8	负责提梁机吊具的安装、箱梁起落的指挥工作，配合提梁机司机做好箱梁的场内移运工作

7 验收要求

7.1 验收标准

（1）《高速铁路预制后张法预应力混凝土简支梁》（GB/T 37439—2019）；

（2）《铁路混凝土工程施工质量验收标准》（TB 10424—2018）；

（3）《高速铁路桥涵工程施工质量验收标准》（TB 10752—2018）；

（4）《铁路混凝土》（TB/T 3275—2018）；

（5）《时速 350 公里高速铁路预制无砟轨道后张法预应力混凝土简支箱梁（双线）跨度 23.5m（直、曲线）》，图号：通桥（2016）2322A-V-1；

（6）《时速 350 公里高速铁路预制无砟轨道后张法预应力混凝土简支箱梁（双线）跨度 31.5m（直、曲线）》，图号：通桥（2016）2322A-Ⅱ-1。

7.2 验收程序及人员

7.2.1 验收程序

（1）根据工程特点制定验收工作内容，明确需进行验收的部位、内容和要点。

（2）每道工序施工完成后由班组长自检，自检合格后报项目安质环保部，经安质环保部质检工程师检验合格后向监理工程师提出验收申请。

（3）经监理工程师检查验收合格后方可进入下道工序。

（4）对验收中存在的问题，项目部需按照要求进行整改，整改完成后重新报验。

7.2.2 验收人员

（1）施工单位

项目技术负责人或授权委派的专业技术负责人、安质环保部负责人、技术部负责人、项目专职安全生产管理人员及相关人员。

（2）监理单位

监理单位驻项目专业监理工程师。

7.3 验收内容

检测工具采用经荆门市技术监督局授权的计量检验单位标准核定校准过的专用器具。实行周期检定、定期校准、用前复核。预制梁生产过程控制检验和成品出厂检验项目、质量要求和检验频次见表7-1，预制梁产品外观、尺寸偏差及其他质量要求见表7-2，后张法预应力混凝土箱形简支梁产品质量检验评定见表7-3。

预制梁生产过程控制检验和成品出厂检验项目、质量要求和检验频次　表7-1

序号	检验项目		质量要求	检验频次
1	模板安装		符合（GB/T 37439—2019）要求	每次模板拼装
2	端模板预留孔偏离设计位置		≤3mm	每个预留孔
3	四个支座板相对高差		≤2mm	每次模板安装
4	预应力管道位置		≤4mm	每个管道
5	预应力定位网钢筋的间距		符合设计要求，偏差≤10mm	每根定位钢筋
6	钢筋绑扎位置		符合（GB/T 37439—2019）要求	抽检
7	混凝土浇筑时模板、钢筋骨架温度		5~35℃	每件预制梁浇筑前
8	混凝土拌合物	入模含气量	2%~4%	每批不大于50m³
9		坍落扩展度	符合灌溉工艺要求	每批不大于50m³
10		坍落度	符合灌溉工艺要求	每批不大于50m³
11		入模温度	5~30℃	每批不大于100m³
12	蒸养	升温速度	≤10℃/h	每60min一次
13		恒温时梁体芯部混凝土温度	≤60℃，个别不超过65℃	每60min一次
14		降温速度	≤10℃/h	每30min一次
15	撤除保温设施时	混凝土芯部与表层温差	≤15℃	每件预制梁
16		混凝土表层与环境温差	≤15℃	每件预制梁
17		箱内与箱外温差	≤15℃	每件预制梁
18	拆模时温差	混凝土芯部与表层温差	≤15℃	每件预制梁
19		混凝土表层与环境温差	≤15℃	每件预制梁
20		箱内与箱外温差	≤15℃	每件预制梁

续上表

序号	检验项目		质量要求	检验频次
21	混凝土力学性能	脱模及预张拉时随梁养护混凝土抗压强度	符合设计要求	每件预制梁2组
22		初拉时随梁养护混凝土抗压强度	符合设计要求	每件预制梁3组
23		终拉时随梁养护混凝土抗压强度	符合设计要求	每件预制梁4组
24		终拉时随梁养护混凝土弹性模量	符合设计要求	每件预制梁3组
25		标准养护28d混凝土立方体强度	符合设计要求	每件预制梁6组
26		标准养护28d混凝土棱柱体弹性模量	符合设计要求	每件预制梁1组
27	预应力管道摩阻		必要时调整张拉力	每批不大于100件预制梁
28	预应力筋实际伸长值		0.94～1.06倍计算伸长值	每束/每根预应力筋
29	终拉后实测梁体弹性上拱		≤1.10倍设计计算值	每件预制梁
30	压浆前管道真空度		−0.06～−0.08MPa	每个管道
31	管道中浆体注满后持荷压力		0.50～0.60MPa	每个管道
32	梁体混凝土	抗冻融循环	重量损失≤5% 动弹性模量比≥60%	每批不大于30000m³梁体混凝土
33		抗渗性	≥P20	每批不大于20000m³梁体混凝土
34		抗氯离子渗透性	≤1200C（氯盐环境≤1000C）	
35		抗碱-骨料反应	合格	
36	预制梁成品混凝土保护层厚度		符合（GB/T 37439—2019）要求	每件预制梁
37	预制梁成品外观、尺寸偏差及其他质量要求		符合（GB/T 37439—2019）要求	每件预制梁

预制梁产品外观、尺寸偏差及其他质量要求　　表7-2

序号	项目	要求	备注
1	梁体及封锚混凝土外观	平整密实，整洁，不露筋，无空洞，无石子堆垒，桥面流水畅通	对空洞、蜂窝、漏浆、硬伤掉角等缺陷，需修整并养护到规定强度。蜂窝深度不大于5mm，长度不大于10mm，不多于5个/m²
2	梁体表面裂纹	桥面保护层、挡渣墙、端隔墙、遮板、预力筋封锚和转折器处凹穴封堵等，不允许有宽度大于0.2mm的表面裂纹，其他部位梁体表面不允许有裂纹	

7 验收要求

续上表

序号	项目		要求	备注
3	产品外形尺寸	桥梁全长	±20mm	检查桥面及底板两侧
		桥梁跨度	±20mm	
		桥面及挡渣墙内侧宽度	±10mm	检查1/4L、跨中、3/4L和梁两端
		腹板厚度	+10mm，−5mm	检查1/4L、跨中、3/4L
		底板宽度	±5mm	检查1/4L、跨中、3/4L和梁两端
		桥面外侧偏离设计位置	≤10mm	从支座螺栓中心放线，引向桥面
		梁高	+10mm，−5mm	检查两端
		梁体上拱度	±L/3000	终张拉后30d时
		顶、底板厚	+10mm，0	检查最大误差处
		防护墙厚度	±5mm	
		表面倾斜偏差	≤3mm/m	检查两端，抽查腹板
		梁面平整度偏差	≤3mm/m	—
		保护层厚度	在90%保证率下不小于设计值（抽样总数不小于100点，并按不同部位分别统计）	梁跨中、梁两端的顶板顶底面、底板顶底面、两腹板内外侧面、梁两端面、挡砟墙侧面和顶面各20点
		底板顶面不平整度	≤10mm/m	检查1/4L、跨中、3/4L和梁两端
	支座板	每块边缘高差	≤1mm	用水平尺靠量
		支座中心线偏离设计位置	≤3mm	
		螺栓孔	垂直梁底板	
		螺栓中心偏差	≤2mm	指每块板上的4个螺栓中心距
		外露底面	平整无损无飞边防锈处理	目测
4	桥面预留钢筋		齐全设置，位置正确，±10mm	用钢卷尺测量，满足设计要求
	防落梁预埋板		位置尺寸正确	
	接触网支柱预埋件		齐全设置，位置正确	
	无砟轨道预埋件		形状、位置尺寸正确	
	声（风）屏障预埋件		位置、尺寸正确	
	伸缩缝预埋件		形状、位置尺寸正确	
	检查梯拉手预埋件		尺寸准确，安装正确	
	接地端子		位置正确，安装牢固	
	接地电阻		≤1Ω	
	泄水管、管盖		齐全完整，安装牢固，位置正确	

续上表

序号	项 目	要 求	备 注
5	施工原始记录、制造技术证明书	完整正确，签章齐全	目测
6	桥牌	标志正确，安装牢固	目测

注：L 为梁体跨度。

后张法预应力混凝土箱形简支梁产品质量检验评定表　　表 7-3

梁场名称：　　　　　　　　　　　　　　　　　　　　梁号：

序号	类别	质量指标	标准值	实测记录	重要度分级 A	重要度分级 B	判定方法	单项合格判定
1	静载试验	预制梁静载弯曲抗裂性 K_f 不应小于 1.20 实测精或者挠度值 $f_{实测} \leq 1.05(f_{设计}/\Psi)$	—		√		否决项	
2	预防碱-骨料反应	碱-骨料反应快速，砂浆棒膨胀率不大于 0.2%，水泥碱含量不大于 0.6%			√		否决项	
3	混凝土耐久性	梁体混凝土及封锚混凝土抗冻性试件在 200 次冻融循环后重量损失不应超过 5%、相对弹性模量不应低于 80%，混凝土电通量不应大于 1000C	$P=80\%$ $\Delta W=5\%$ （≥200次） 电通量≤1000C		√		否决项	
4	梁体混凝土 28d 强度	混凝土强度等级不应低于设计强度	C50		√		否决项	
5	梁体混凝土 28d 弹性模量	混凝土弹性模量不低于设计值	35.5GPa		√		否决项	
6	封端混凝土 28d 强度	混凝土强度等级不应低于设计强度	C50 干硬性补偿收缩混凝土			√	允许 0 片不合格	
7	管道压浆 28d 强度	水泥浆强度等级不应低于设计强度	$f_f \geq 10.0\text{MPa}$ $f \geq 50.0\text{MPa}$			√	允许 0 片不合格	
8	梁体表面裂纹	桥面保护层、挡渣墙、端隔墙、遮板、预应力筋封端和转辙器处凹穴封堵等不允许有宽度大于 0.2mm 的表面裂纹，其他部位梁体表面不允许有裂纹	—			√	允许 0 片不合格	

续上表

序号	类别	质量指标	标准值	实测记录	重要度分级 A	重要度分级 B	判定方法	单项合格判定
9	桥梁全长	±20mm	32600mm			√	允许0个不合格	
10	桥梁跨度	±20mm	31500mm		√		允许0个不合格	
11	梁高	−5,+10mm	3035mm			√	允许0个不合格	
12	梁上拱	$L/3000$	—			√	允许0个不合格	
13	桥面外侧偏离设计位置	10mm	—			√	允许2个不合格	
14	桥面宽度	±10mm	12600mm			√	允许1个不合格	
15	顶板厚度	0,+10m	595mm/285mm			√	允许1个不合格	
16	底板厚度	0,+10mm	700mm/280mm			√	允许1个不合格	
17	腹板厚度	−5,+10mm	1050/464mm（标准段水平测量）			√	允许1个不合格	
18	预埋支座板外露底面空腹声	支座板上方混凝土有空洞现象计入超差，支座板与上方混凝土分离不计入超差	—			√	允许出现0处空洞	
19	预埋支座板螺栓中心位置偏差	≤2mm	—		√		否决项	
20	预埋支座板中心横向偏离设计位置	≤3mm	—			√	允许0个不合格	
21	接地电阻	≤1Ω	—			√	允许0处不合格	
22	统计	A类不合格数		B类不合格数				
23	产品检验结论							
	说明	A类检验项目全部合格，且B类检验项目不合格数不大于4个，方可判定产品检验合格						

注：f_f为管道压浆28d抗折强度；f为管道压浆28d抗压强度。

8 应急处置措施

8.1 应急处置领导小组与职责

项目经理部成立应急救援领导小组,总指挥由梁场经理担任,副总指挥由梁场书记、副经理、总工程师、安全总监担任,成员由工程技术部部长、安质环保部部长、物资设备部部长、计划合同部部长、实验室主任、办公室主任组成。应急小组办公室设在安质环保部,应急救援领导小组名单略。

8.1.1 职责分工

应急救援领导小组职责见表8-1。

应急救援领导小组职责 表8-1

序号	组织机构	职责
1	总指挥	(1)应急总指挥由梁场经理担任; (2)分析紧急状态确定相应报警级别,根据相关危险类型、潜在后果、现有资源,控制紧急情况的行动类型; (3)指挥、协调应急反应行动,与应急反应人员、部门、组织和机构进行联络; (4)直接监察应急操作人员行动,最大限度地保证现场人员和外援人员及相关人员的安全; (5)协调后勤方面以支援应急反应组织的启动; (6)应急评估、确定升高或降低应急警报级别,决定是否请求外部援助; (7)决定应急撤离,决定事故现场外影响区域的安全性
2	副总指挥	(1)应急副总指挥由梁场书记、总工程师担任; (2)协助应急总指挥组织和指挥应急操作任务,总指挥不在现场时,代替总指挥行使职责; (3)向应急总指挥提出采取的减缓事故后果行动的应急反应对策和建议; (4)保持与事故现场各救援小组的直接联络; (5)协调、组织和获取应急所需的其他资源、设备以支援现场的应急操作; (6)定期检查各常设应急反应组织和部门的日常工作和应急反应准备状态; (7)梁场根据施工现场的实际条件,努力与周边有条件的企业为在事故应急处理中共享资源、相互帮助、建立共同应急救援网络和制定应急救援协议

续上表

序号	组织机构	职责
3	危险源评估组	（1）危险源评估组组长由安全质量部部长担任，部室人员为成员； （2）对施工现场特点以及生产安全过程的危险源进行科学的风险评估； （3）实施安全措施落实和监控工作，减少和避免危险源的事故发生； （4）完善危险源的风险评估资料信息，为应急反应的评估提供科学的、合理的、准确的依据； （5）确定各种可能发生事故的应急反应现场指挥中心位置以使应急反应及时启用
4	医疗救援组	（1）医疗救援组组长由办公室主任担任，部室人员为成员； （2）准备必要的交通工具，抢救现场伤员，将伤员送往医院； （3）了解伤员伤势和受伤部位，为医院急救提供依据
5	抢险救灾组	（1）抢险救灾组组长由架子队队长担任、工程管理部部长为副组长，其他人员为成员； （2）组织人员抢救现场物资； （3）组建现场义务消防队； （4）保证现场救援通道的畅通； （5）控制事故发展，排除险情
6	后勤保障组	（1）后勤保障组组长由物资设备部部长担任，部室人员为成员； （2）协助制定施工应急反应物资资源的储备计划，根据已制定的施工生产现场的应急反应物资储备计划，检查、监督、落实应急反应物资的储备数量，收集并建立档案并归档； （3）定期检查、监督、落实应急反应物资资源管理人员的到位和变更情况及时调整应急反应物资资源的更新和达标； （4）项目部定期收集和整理施工生产现场的应急反应物资资源信息、建立档案并归档，为应急反应行动的启动，做好物资源数据储备； （5）应急预案启动后，按应急总指挥的部署，有效地组织应急反应物资资源到施工生产现场，并及时对事故现场进行增援，同时提供后勤服务
7	善后工作组	（1）善后工作组组长由书记担任，相关人员为成员； （2）做好伤亡人员及家属的稳定工作，确保事故发生后伤亡人员及家属思想能够稳定，大灾之后不发生大乱； （3）做好受伤人员医疗救护的跟踪工作，协调处理医疗救护单位的相关矛盾； （4）协助保险部门一起做好伤亡人员及财产损失的理赔工作； （5）慰问有关伤员及家属
8	事故调查组	（1）事故调查组组长由安全负责人担任，安全质量部、工程管理部、物资设备部为成员； （2）保护事故现场； （3）对现场的有关实物资料进行取样封存； （4）调查了解事故发生的主要原因及相关人员的责任； （5）按"四不放过"的原则对相关人员进行处罚、教育、总结； （6）协助上级调查人员对事故进行调查

8.1.2 应急处置程序

（1）当发生险情时，现场值班领导立即组织抢救遇险人员，并及时报告项目经理。项目经理启动现场处置方案的同时及时上报指挥部，指挥部启动应急预案的同时上报总承包和建设单位。

（2）当事故有扩大趋势时，由建设单位向地方政府相关部门报告，项目部配合政府部门、社会救援力量进行抢险救援。

（3）项目经理向指挥部汇报的内容主要是：伤害发生的时间、地点、背景，造成的损失（包括人员伤亡数量、设备受损情况及造成的直接经济损失），已采取的处置措施和需要救助的内容。

（4）突发事件应急处置流程如图 8-1 所示。

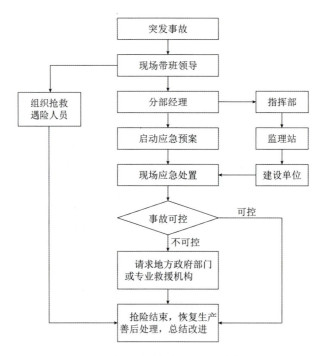

图 8-1　突发事件应急处置流程图

8.2　事故类型及应急措施

本工程易产生的事故类型有：高处坠落、物体打击、起重伤害、触电、机械伤害、火灾以及其他伤害。

8.2.1 事故类型及原因

1）高处坠落

（1）高处作业人员患有高血压、心脏病、癫痫、恐高症等不适宜于高处作业的疾病。

（2）操作平台周边无防护栏杆。

（3）高处作业人员未配备安全带、防滑鞋。

（4）六级以上大风、大雨、大雾天气时仍进行作业。

（5）孔洞未设置临边防护设施或未覆盖、未挂牌。

（6）人货混装，人员利用起重机进行上下。

2）物体打击

（1）高处作业人员未配备工具袋。

（2）高处作业所用物料堆放集中不平稳。

（3）施工现场未封闭，有闲杂人员在吊物下停留。

（4）吊装时，零部件随钢箱梁同时起吊。

（5）设备运转中违章操作，器具部件飞出对人体造成的伤害。

（6）人为乱扔废物、砸物伤人。

3）起重伤害

（1）设备设施缺陷（起重机械强度、刚度不够，失稳，吊钩、钢丝绳、制动器等关键零部件失修）。

（2）安全防护装置失效（电气联锁装置、各限位装置、音响信号及其他安全防护装置损坏）。

（3）吊索具缺陷（吊具，钢丝绳，索具破损）。

（4）违章作业，起重吊装司机未持证上岗，作业过程中无专人指挥或指挥信号不明。

（5）操作失误（疲劳驾驶，注意力不集中，捆绑不牢靠等）。

（6）吊装作业生产组织混乱（指挥错误，配合不当，未进行试吊）。

（7）作业场地拥挤，夜间照明不足。

4）触电

（1）临时用电线路混乱，线路老化，未定期进行检查。

（2）用电设备未设置接地保护，绝缘保护。

（3）私自乱接电线，未遵守"一机一闸一漏保"的用电制度。

（4）配电未实行箱体化、无防雨措施、缺盖少帽、无漏电保护器。

（5）电工未持证上岗。

（6）在不安全的天气条件（六级以上大风、雷雨和雪天）下继续带电施工。

（7）用电设备在长期搁置以后在未做检查的情况下重新投入使用。

5）机械伤害

（1）误触开关或违章开机。操作者操作时注意力不集中或思想过紧张而发生误操作或误动作或操作者业务技术素质低，操作不熟练，缺乏正规的专业培训以及监督检查不够。

（2）起重设备不符合安全规定，可能导致的砸、挤、绞、机械伤害、人身伤害。

（3）操作失误，疲劳驾驶，注意力不集中，酒后上班等。

（4）安全防护设施不健全或形同虚设。

（5）机械未定期进行保养，长期搁置后未做检查便重新投入使用。

（6）场地狭窄、布局不合理，夜间施工照明不足。

6）火灾

（1）操作平台或者易燃物因电焊施工造成火灾。

（2）临时用电混乱，电线破损引起失火。

（3）民工宿舍因为大功率用电设施引起火灾。

（4）随地乱扔烟头。

（5）雷电击中易燃易爆物品。

7）健康伤害

（1）劳动组织和制度不合理，劳动作息制度不合理等。

（2）工人上岗前未进行体检，带病上班。

（3）劳动强度过大，长时间不良体位或使用不合理的工具等其他伤害。

（4）焊接作业产生的金属烟雾危害。

（5）生产性噪声和局部振动危害。

（6）明火作业时不慎烧伤。

（7）带电作业产生的电弧伤害。

（8）氧气乙炔泄漏引起的爆炸。

（9）焊接引起的火花。

8）其他伤害

（1）作业人员安全帽、安全带、安全绳存在缺陷、破损、断裂导致失去防护功能的情况。

（2）应急救援措施、设备不到位，员工缺少应急救援知识，盲目救援。

（3）在不安全的天气条件（六级以上大风、雷雨）下继续施工。

8.2.2 事故应急措施

1）高空坠落事故应急措施

（1）迅速将伤员脱离危险地方，移至安全地带。

（2）保持呼吸道通畅，若发现窒息者，应及时解除其呼吸道梗塞和呼吸机能障碍，应立即解开伤员衣领，消除伤员口鼻咽喉部的异物、血块、分泌物、呕吐物等。

（3）有效止血，包扎伤口。

（4）视伤情采取报警或简单处理后去医院检查等措施。

（5）伤员有骨折、关节伤、肢体挤压伤、大块软组织伤要进行简易固定。

（6）若伤员有断肢情况发生，应尽量用干布包裹，转送医院。

（7）记录伤情，现场救护人员应边抢救边记录伤员的受伤部位、受伤程度等第一手资料。

（8）立即拨打120向当地急救中心取得联系（医院在附近的直接送往医院），应详细说明事故地点、受伤程度、联系电话，并派人到路口接应。

（9）梁场接到报告后，应立即在第一时间赶赴现场，了解和掌握事故情况，开展抢救并维护现场秩序，保护事故现场。

2）物体打击事故应急措施

物体打击事故发生后，事故发现第一人应立即大声呼救，报告工班长或现场管理人员。物体打击应急救援领导小组接到事故报告并确认物体打击事故发生以后，应做到以下几点：

（1）以最快的速度赶到事故现场；

（2）组织应急处理保卫小组、医疗小组和应急处理突击队进行施救；

（3）立即向项目领导、业主（建设单位）安质环保部、监理工程师报告；

（4）立即向当地医疗卫生（120）电话报告；

（5）严格保护事故现场。

医疗救护步骤如下：

（1）把人员撤离到安全地带；

（2）初步检查伤病员，进行现场急救和监护，采取有效的止血、防止休克、包扎伤口、预防感染、止痛等措施；

（3）呼叫救护车并在现场继续施救，坚持到救护人员或其他施救人员到达现场接替为止；当事人被送入医院接受抢救以后，总指挥立即指令善后处理人员到达事故现场；

（4）做好与当事人家属的接洽善后处理工作；

（5）按职能归口做好与当地有关部门的沟通、汇报工作。

3）触电事故应急救援措施

（1）现场人员要迅速拉闸断电，尽可能地立即切断总电源（关闭电路），亦可用现场得到的干燥木棒或绳子等非导电体使触电人员脱离带电体。

（2）将伤员立即脱离危险地方，组织人员进行抢救。

（3）若发现触电者呼吸或呼吸心跳均停止，则将伤员仰卧在平地上或平板上立即进行人员呼吸或同时进行体外心脏按压。

（4）立即拨打120向当地急救中心取得联系（医院在附近的直接送往医院），应详细说明事故地点、受伤程度、联系电话，并派人到路口接应。

（5）通知有关现场负责人。

（6）维护现场秩序，严密保护事故现场。

4）起重伤害应急救援措施

（1）立即停止作业，向现场值班领导报告，检查人员受伤情况。

（2）受伤人员休克或昏迷时，应立即进行人工呼吸和胸外按压。

（3）出现骨折时，尽量让人员保持固定姿势，头部铺垫衣服，使其保持舒适姿势，等待专业人员救护。

（4）伤口止血要用消毒纱布盖住伤口，然后进行包扎。若包扎后仍有较多渗血，可再加绷带止血。

5）火灾事故应急救援措施

扑救初起火灾要分析确定起火物品的性质（可燃气体/液体/固体/电器/金属）→分析是否有发生爆炸的危险→确定灭火办法和器具（需要时报警）→灭火扑救和疏散救援→守护邻近建筑→设法隔离火情→无法控制时配合专业消防部门进行扑救。

要及早发现被困人员，用喊、听、看、摸等方法寻找被困人员。在喊话之后，要仔细听哪里有回答声、呼救声或喘息声。在有浓烟的房间里，要蹲在地上仔细察看。救人时，要针对具体情况区别对待。对于神志不清的人或迷失方向的人，可引导他们撤离险境；对于不能行走的人要护送他们出火场。需要穿过火区时，应先将被救人员的头部包好。如烟气很大，应背着伤员匍匐着前进，并设法稳住被困者的情绪。在人员比较集中的地方发生火灾时，首先要设法稳住大家的情绪，防止因惊慌失措而引起的混乱。同时，疏通火场四面所有的通道，进行紧急疏散，避免发生挤踩事故。与此同时，也要抓紧时间疏散物资。疏散物资时，应先疏散贵重物资，后疏散一般的物资；先疏散有爆炸危险的物资，后疏散其他物资；先疏散处在火势下风方向的物资，后疏散处于侧风或上风方向的物资。

6）机械伤害应急救援措施

由相关在场人员迅速切断机械电源。必要时拆卸机器，移出受伤肢体；将人员救出后，立即检查可能的伤害部位，如伤员发生休克，应先处理休克，遇呼吸、心跳停止者，应立即进行人工呼吸，胸外心脏按压。

遇出血者，应迅速包扎压迫止血，使病员保持在头低脚高的卧位，并注意保暖。遇骨折者，以固定骨折处上下关节为原则。可就地取材，利用木板、竹片等。在无材料的情况下，上肢可固定在身侧，下肢与健侧下肢缚在一起。如有切断伤害，应寻找切断的部分，将其妥善保留。根据病情轻重，及时送医院治疗，转送途中应尽量减少颠簸，同时密切注意伤害者的呼吸、脉搏、血压及创口等情况。总之，在急救中心医生到来之前，应尽最大努力，进行自救，以使伤害程度降到最低。在急救医生到来后，应将伤员受伤原因和已经采取的救护措施详细告诉医生。

7）高温中暑应急处置措施

中暑常发生在高温和高湿环境中，对高温、高湿环境的适应能力不足是致病的主要原因。在气温大于32℃、湿度大于60%的环境中，由于长时间工作或强体力劳动，又无充分防暑降温措施时，极易发生中暑。为了避免中暑，在高温天气，对施工人员进行高温季节施工措施，提高对先兆中暑的认识，一旦出现头昏、头痛、口渴、出汗、全身疲乏、心慌等症状，应立即脱离中暑环境，及时采取纳凉措施。

高温中暑急救方法：

（1）立即将病人移到通风、阴凉、干燥的地方。

（2）使病人仰卧，解开衣领，脱去或松开外套。若衣服被汗水湿透，应更换干衣服，同时开电扇或开空调（应避免直接吹风），以尽快散热。

（3）意识清醒的病人或经过降温清醒的病人可饮服绿豆汤、淡盐水，或服用人丹、十滴水和藿香正气水（胶囊）等解暑。

（4）用湿毛巾冷敷头部、腋下以及腹股沟等处，有条件的话用温水擦拭全身，同时进行皮肤、肌肉按摩，加速血液循环，促进散热。

（5）一旦出现高烧、昏迷抽搐等症状，应让病人侧卧，头向后仰，保持呼吸道通畅，同时立即拨打120电话，求助医务人员给予紧急救治。

8.3 周边救援机构（略）

8.4 应急物资准备

荆门制梁场应急救援资源详见表8-2。

应 急 资 源 清 单　　　　　　　　　表8-2

序号	名　　称	规格/单位	数量	备　　注
1	灭火器	个	30	
2	急救箱	个	2	

续上表

序号	名　　称	规格/单位	数量	备　　注
3	防尘面具	个	10	
4	警戒带	卷	5	
5	应急灯	个	4	
6	绝缘手套	副	5	
7	应急发电机	台	2	
8	铲车	辆	1	
9	铁锹	把	5	
10	应急车辆	辆	2	
11	对讲机	台	3	
12	雨衣	套	5	
13	防滑鞋	双	5	
14	雨鞋	双	5	
15	沙袋	只	若干	
16	喇叭	个	2	
17	测温仪	个	2	
18	口罩	个	500	
19	消毒液	kg	50	
20	消毒喷雾器	个	1	

9 计算书及相关图纸

9.1 荆门制梁场平面图(见二维码)

中国铁建大桥工程局集团有限公司
CHINA RAILWAY CONSTRUCTION BRIDGE ENGINEERING BUREAU GROUP CO.,LTD.

铁路箱梁架设
专项施工方案标准范本

（以昌景黄项目昌江制梁场为例）

目 录
CONTENTS

1 工程概况 157

2 编制依据 164

3 施工计划 167

4 施工工艺技术 172

5 施工保证措施 196

6 施工管理及作业人员配备和分工 226

7 验收要求 230

8 应急处置措施 235

9 计算书及相关施工图纸 243

1 工程概况

新建南昌经景德镇至黄山铁路位于赣东北和皖南地区，西起江西省南昌市，途经江西省上饶市、景德镇市，东至安徽省黄山市。正线全长289.807km，其中江西省区域内200.276km、安徽省区域内89.531km。联络线长29.383km，动走线长9.57km。正线桥隧比为87.31%，全线设黄山北、黟县东、祁门南、瑶里、景德镇北、凰岗、鄱阳南、余干、军山湖、南昌东共10个车站。

本标段线路位于景德镇市昌江区、上饶市昌江县区域内，线路起自跨城昌江特大桥DK164+565.08，向西南行进跨越昌江、皖赣铁路、206国道、济广高速公路，经皇岗镇西南再次跨越昌江，经洋墩洲跨越至标段终点DK200+353.33，标段内含预留凰岗站1座及新建昌江南站1座。

本标段为新建南昌经景德镇至黄山铁路站前工程CJHZQJX-3标段，正线起讫里程为DK164+565.08~DK200+353.33，正线全长36.864km，其中DK187+057~DK200+353.33范围由CJHZQJX-4标负责简支梁制架。

主要工程数量：区间路基土石方1754419m³，站场路基土石方865488m³；正线双线桥梁31.98km（其中特大桥11座/31.09km）；梁场2座（鄱阳制梁场/昌江制梁场）；铺设无砟道床73.277km。

1.1 预制梁场概况

中国铁建大桥工程局集团有限公司昌景黄铁路CJHZQJX-3标项目昌江制梁场（以下简称"昌江制梁场"）选址线路里程DK169+700线路左侧，总占地约92.3亩（1亩=666.67m²），负责昌景黄铁路CJHZQJX-3标段，承担DK164+565.08~DK175+389.4里程范围内的212孔箱梁制运架任务。在义城昌江特大桥DK165+059.20及DK166+273.64两处跨越皖赣铁路架梁。制梁场设办公生活区、制梁区、存梁区、辅助生产区等功能区，辅助生产区包含钢筋加工区、钢筋绑扎区、拌和站、锅炉房、仓库等；设置6个制梁台座，其中双线32m制梁台座5个、双线32m/24m复合制梁台座1个，设置双层存梁台座40个（其中32m/24m双层复合存梁台座4个、32m/24m/23.85m双层复合存梁台座2个、32m/24m/28.3m双层复合存梁台座1个、复合静载台座1个），最大存梁能力达80孔。

昌江制梁场预制桥梁采用简支箱梁，桥面宽 12.6m、高 3.035m，32m 整孔箱梁质量 821.86t，24m 整孔箱梁质量 640.9t。

本项目共配置 1 台 TLJ900 型架桥机，1 辆 TLC900C2 型运梁车，1 台 ME900/41.6 轮轨式提梁机，采用架梁通道运梁上桥方式进行施工。

1.2 气候特征

本段线路地处我国东南部的江西东北部地区，位于北纬 29°30′～30°08′之间，属于亚热带湿润季风气候区，四季分明，雨量丰富，日照时数和日照百分率偏低。年平均气温 16℃ 左右，5—7 月份多雨。本段灾害性气候有暴雨、冰雹等，地势较陡，降水集中，易成洪灾。沿线多年平均气温 16.1～18.3℃，极端最高气温为 38.9～41.8℃，极端最低气温为 −10.9～−16.1℃，多年平均降水量为 1586.4～1979.6mm，多年最大降水量为 2453.2～2508.2mm，多年最小降水量为 1034.3～1216.3mm，日最大降水量 228.5～291.4mm，年均蒸发量 1220.7～1557.7mm，最大积雪厚度达 20～35cm，多年平均风速 1.1～2.9m/s。

1.3 正线主要技术标准

正线主要技术标准见表 1-1。

正线主要技术标准　　　　表 1-1

铁路等级	高速铁路
正线数目	双线
设计速度	350km/h
线间距	5.0m
最小曲线半径	一般地段 7000m，困难地段 5500m
限制坡度	20‰
到发线有效长度	650m
牵引种类	电力
追踪间隔	3min
建筑限界	按《高速铁路设计规范（试行）》（TB 10621—2009）❶规定执行
列车运行控制方式	自动控制
行车指挥方式	调度集中

---

❶ 现行规范版本为《高速铁路设计规范》（TB 10621—2014）。

1.4 主要工程内容和数量

制架桥梁数量为 212 孔，其中 32m 箱梁 195 孔，24m 箱梁 14 孔，伸缩箱梁 3 孔。根据各桥梁工点分布及架梁制约工点（连续梁）的分布情况，确定本梁场桥梁架设方向为先架南昌（大里程）方向 32m 梁 104 孔、24m 梁 5 孔，后架设黄山（小里程）方向 32m 梁 91 孔、24m 梁 9 孔、伸缩梁 3 孔，详见表 1-2、表 1-3。

桥梁孔跨及工点长度分布表　　　　　　　　　　　　　表 1-2

序号	工点名称	中心里程	孔数	孔跨样式（m）	工点长度（m）
1	江家湾 1 号大桥	DK170+676.86	21	1×24m（高）+20×32m 双线简支箱梁	684.12
2	江家湾 2 号大桥	DK171+736.63	26	26×32m 双线简支箱梁	987.3
3	跨凤凰昌江特大桥	DK174+325.02	62	14×32m 双线简支箱梁+框架梁+11×32m 双线简支箱梁+1×24m 双线简支箱梁+22×32m 双线简支箱梁+3×24m 双线简支箱梁+11×32m 双线简支箱梁	3522.31
4	新柳村特大桥	DK168+729.04	17	2×32m 双线简支箱梁+1×6×32.7m 双线夹渡线道岔梁+2×24m 双线简支箱梁+13×32m 双线简支箱梁	741.2
5	新柳村中桥	DK168+181.16	3	3×32m 双线简支箱梁	103.23
6	义城昌江特大桥	DK165+431.73	83	现浇梁+1×128m 钢构拱+3×32m 双线简支箱梁+2×24m 双线简支箱梁+4×32m 双线简支箱梁+1×(24~32)m 伸缩梁+3×24m 双线简支箱梁+31×32m 双线简支箱梁+2×(24~32)m 伸缩梁+1×32m 双线简支箱梁+64m 现浇梁+21×32m 双线简支箱梁+(32+48+32)连续箱梁+11×32m 双线简支箱梁+2×24m 双线简支箱梁+2×32m 双线简支箱梁	5138.17

昌江制梁场架设箱梁数量表　　　　　　　　　　　　　表 1-3

序号	桥　名	梁型	直线无声屏障	直线有声屏障	曲线无声屏障	曲线有声屏障	备注
1	跨义城昌江特大桥	32m	7		66		
		24m	5		2		
		伸缩梁	1		2		

续上表

序号	桥　　名	梁型	直线无声屏障	直线有声屏障	曲线无声屏障	曲线有声屏障	备注
2	新柳村中桥	32m	3				
3	新柳村特大桥	32m	9	6			
		24m	2				
4	江家湾1号大桥	32m	2		18		
		24m	1				
5	江家湾2号大桥	32m			26		
6	跨凤凰昌江特大桥	32m	43	11	4		
		24m	4				
小计		32m	64	17	114		共195孔
		24m	12	0	2		共14孔
		伸缩梁	1		2		共3孔
合计		—	77	17	118		共212孔

1.5 施工要求

1.5.1 工期目标

按照施组总体要求，计划2021年2月25日开始箱梁架设，2022年7月30日完成212孔箱梁架设任务。总工期控制在批准的建设工期内，在政策允许、环境条件顺利的情况下，争取提前完成建设任务。

1.5.2 质量目标

（1）质量总目标：竣工验收工程质量等级为合格。

（2）按验收标准，各检验批、分项、分部工程施工质量检验合格率100%，单位工程一次验收合格率100%。

（3）杜绝一般及以上质量事故。

1.5.3 安全目标

坚持"安全第一，预防为主，综合治理"的方针，建立健全安全生产管理组织机构，以无任何伤亡事故，无险性事件发生为目标，确保人员安全，创建文明工地。

（1）建立健全科学、完善、有效的安全生产监督管理体系。

（2）配齐专职安全人员，落实包保责任和各项安全生产工作。

（3）消除事故隐患。

（4）遏制险性事件。

（5）杜绝重伤及死亡事故。

（6）严防安全生产失信惩戒。

1.5.4 环水保目标

建立环水保管理体系，明确环水保目标，制定环水保管理措施。

对本项目开展绿色通道专题研究，打造"绿色走廊"，努力把施工对环境的不利影响降至最低程度，确保铁路沿线景观不受破坏，地表水和地下水水质不受污染，植被有效保护；坚持做到"少破坏、多保护，少扰动、多防护，少污染、多防治"，使环境保护监控项目与监控结果达到设计文件及有关规定，教育培训率100%，贯彻执行率和覆盖率100%。

无集体投诉事件，环境监控达标，环境保护、水土保持设施与主体工程"同时设计、同时施工、同时投入使用"。

严格执行《中华人民共和国环境保护法》和中国国家铁路集团有限公司及工程所在地等对环境保护的有关规定，严格执行项目环评批复意见和环评文件要求，严格执行水保批复及水土保持方案报告书内容。施工过程制定完善的环保、水保措施，废水、弃渣、泥浆，以及工程垃圾等按规定排放、处理。

1.6 施工平面布置图

详见本方案9.4"梁场平面布置图"与9.5"运梁通道平面图"。

1.7 风险辨别与分级

根据箱梁提、运、架作业环境，对活动的人员、场所、设施以及运行、生产设备产生的危险源进行辨识，评价风险的重要程度，确定、更新重要危险源，并制定防范措施。风险辨识与分级见表1-4。

风险辨识及分级表 表1-4

序号	风险类别	风险等级	风险描述	事故类型	控制措施
1	自身风险	II	起重量30t及以上起重设备、提运架机械设备自身安拆工程	倾覆、高空坠落、起重伤害	（1）编制专项施工方案及应急救援预案； （2）对所有相关作业人员进行安全教育培训及安全技术交底； （3）特种作业人员持证上岗； （4）现场专人旁站监督

续上表

序号	风险类别	风险等级	风险描述	事故类型	控 制 措 施
2	自身风险	III	起重量 30t 以下采用起重机械进行安拆的工程	倾覆、高空坠落、起重伤害	（1）编制专项施工方案及应急救援预案； （2）对所有相关作业人员进行安全教育培训及安全技术交底； （3）特种作业人员持证上岗； （4）现场专人旁站监督
3	作业风险	II	上跨既有线架梁施工	倾覆、高空坠落、起重伤害	（1）编制专项施工方案及应急救援预案； （2）对所有相关作业人员进行安全教育培训及安全技术交底； （3）关键岗位及特种作业人员持证上岗
4	作业风险	IV	邻近既有线架梁施工	倾覆、高空坠落、起重伤害	（1）编制专项施工方案及应急救援预案； （2）对所有相关作业人员进行安全教育培训及安全技术交底； （3）关键岗位及特种作业人员持证上岗
5	作业风险	IV	起重量≥50t 的起吊作业、提梁作业、架梁作业	高空坠落、起重伤害、机械伤害	（1）对所有相关作业人员进行安全教育培训及安全技术交底； （2）特种作业人员持证上岗； （3）遵守安全操作规程； （4）现场专人旁站监督
6	作业风险	IV	维修作业	高空坠落、机械伤害、触电、物体打击	（1）停电、挂牌、专人监护； （2）对所有相关作业人员进行安全教育培训及安全技术交底； （3）遵守安全操作规程； （4）特种作业人员持证上岗
7	作业风险	IV	测量作业	高空坠落	（1）对所有相关作业人员进行安全教育培训及安全技术交底； （2）遵守安全操作规程
8	作业风险	IV	车辆运输作业（运梁车、混凝土搅拌运输车、叉车、装载车、机动车辆）	车辆伤害	（1）对所有相关作业人员进行安全教育培训及安全技术交底； （2）遵守安全操作规程； （3）特种作业人员持证上岗
9	作业风险	IV	桥面系作业	高空坠落、机械伤害、物体打击、车辆伤害、触电	（1）对所有相关作业人员进行安全教育培训及安全技术交底； （2）遵守安全操作规程； （3）特种作业人员持证上岗

1.8 参建各方责任主体单位

项目名称：新建南昌经景德镇至黄山铁路（江西段）CJHZQJX-3 标。

建设单位：江西省铁路发展有限公司。

代建单位：昌九城际铁路股份有限公司。

工程总承包（EPC）单位：中国铁路设计集团有限公司。

监理单位：武汉桥梁建筑工程监理有限公司。

施工单位：中国铁建大桥工程局集团有限公司。

2 编制依据

2.1 法律依据

2.1.1 法律法规

（1）《中华人民共和国安全生产法》；

（2）《中华人民共和国消防法》；

（3）《中华人民共和国特种设备安全法》；

（4）《中华人民共和国突发事件应对法》；

（5）《中华人民共和国职业病防治法》；

（6）《建设工程安全生产管理条例》（国务院令第393号）；

（7）《特种设备安全监察条例》（国务院令第373号）；

（8）《生产事故应急条例》（国务院令第708号）；

（9）《建设工程质量管理条例》（国务院令第279号）；

（10）《生产安全事故报告和调查处理条例》（国务院令第493号）；

（11）《生产经营单位安全培训规定》（安全监督管理总局令第3号）；

（12）《特种作业人员安全技术培训考核管理规定》（安全监督管理总局令第30号）；

（13）《安全生产培训管理办法》（安全监督管理总局令第44号）；

（14）《安全生产事故隐患排查治理暂定规定》（安全监督管理总局令第16号）；

（15）《安全生产事故应急预案管理办法》（安全监督管理总局令第88号）；

（16）《安全生产事故信息报告和处置办法》（安全监督管理总局令第21号）；

（17）《建设工程消防监督管理规定》（公安部令第106号）；

（18）《建设项目安全设施"三同时"监督管理办法》（安全监督管理总局令第36号）；

（19）《工贸企业有限空间作业安全管理与监督暂行规定》（安全监督管理总局令第59号）；

（20）《建筑起重机械安全监督管理规定》（建设部令第166号）；

（21）《建筑施工企业主要负责人、项目负责人和专职安全生产管理人员安全生产管理规定》（住房和城乡建设部令第17号）；

（22）《建筑施工特种作业人员管理规定》（建质〔2008〕5号）；

（23）《危险性较大的分部分项工程安全管理规定》（住房和城乡建设部令第 37 号）；

（24）《住房城乡建设部办公厅关于实施〈危险性较大的分部分项工程安全管理规定〉有关问题的通知》（建办质〔2018〕31 号）；

（25）《危险性较大的分部分项工程专项施工方案编制指南》（建办质〔2021〕48 号）。

2.1.2 设计标准与规范

（1）《工程结构通用规范》（GB 55001—2021）；

（2）《工程结构可靠性设计统一标准》（GB 50153—2008）；

（3）《建筑结构可靠性设计统一标准》（GB 50068—2018）；

（4）《建筑结构荷载规范》（GB 50009—2012）；

（5）《钢结构通用规范》（GB 55006—2021）；

（6）《钢结构设计标准》（GB 50017—2017）；

（7）《公路工程技术标准》（JTG B01—2014）；

（8）《公路钢结构桥梁设计规范》（JTG D64—2015）；

（9）《公路桥涵设计通用规范》（JTG D60—2015）；

（10）《公路桥涵地基与基础设计规范》（JTG 3363—2019）；

（11）《城市桥梁设计规范》（CJJ 11—2011）。

2.1.3 施工、验收标准与规范

（1）《建设工程项目管理规范》（GB/T 50326—2017）；

（2）《工程测量标准》（GB 50026—2020）；

（3）《工程测量通用规范》（GB 55018—2021）；

（4）《高速铁路工程测量规范》（TB 10601—2009）；

（5）《钢结构工程施工规范》（GB 50755—2012）；

（6）《钢结构焊接规范》（GB 50661—2011）；

（7）《钢结构工程施工质量验收标准》（GB 50205—2020）；

（8）《高速铁路桥涵工程施工质量验收标准》（TB 10752—2018）；

（9）《高速铁路桥涵工程施工技术规程》（Q/CR 9603—2015）；

（10）《铁路架桥机架梁技术规程》（Q/CR 9213—2017）；

（11）《高速铁路箱梁架桥机》（TB/T 3296—2013）。

2.1.4 施工安全规范

（1）《施工企业安全生产管理规范》（GB 50656—2011）；

（2）《建筑施工安全检查标准》（JGJ 59—2011）；

（3）《建设工程施工现场供用电安全规范》（GB 50194—2014）；

（4）《建筑机械使用安全技术规程》（JGJ 33—2012）；

（5）《建筑施工起重吊装工程安全技术规范》（JGJ 276—2012）；

（6）《起重机械安全规程　第 1 部分：总则》（GB/T 6067.1—2010）；

（7）《架桥机安全规程》（GB 26469—2011）；

（8）《铁路工程基本作业施工安全技术规程》（TB 10301—2020）；

（9）《铁路桥涵工程施工安全技术规程》（TB 10303—2020）。

2.2 项目文件

（1）《时速 350 公里高速铁路预制无砟轨道后张法预应力混凝土简支箱梁（双线）跨度 23.5m（直、曲线）》，图号：通桥（2016）2322A-V-1。

（2）《时速 350 公里高速铁路预制无砟轨道后张法预应力混凝土简支箱梁（双线）跨度 31.5m（直、曲线）》，图号：通桥（2016）2322A-II-1。

（3）新建南昌经景德镇至黄山站前工程施工承包招标文件、招标资料。

（4）现场实地勘察、调查所取得的基础资料，结合实际施工能力及类似工程施工工法、科技成果。

2.3 施工组织设计

（1）设计文件、昌九国际铁路股份有限公司和 EPC 工程总承包项目部联合编制的指导性施工组织设计。

（2）经审批的项目实施性施工组织设计。

3 施工计划

3.1 施工进度计划

昌江制梁场承担212孔箱梁分2个批次进行架设,梁场设于DK167+700线路左侧,第一批由江家湾1号大桥桥台(DK170+337.30)向大里程方向架设至跨凤凰昌江特大桥连续梁(DK175+888.80)共计109孔预制梁(32m梁104孔、24m梁5孔);然后架桥机返回梁场掉头,掉头后行至新柳村特大桥桥头位置(DK169+097.14)时开始往小里程方向架设至跨义城昌江特大桥现浇梁位置(DK165+012.18)共计103孔预制梁(32m梁91孔、24m梁9孔,伸缩梁3孔),昌江制梁场架梁各结构物统计见表3-1、昌江制梁场制架梁计划进度见表3-2、架梁进度计划见表3-3。

架梁各结构物统计表　　　　　　　　　　　　　　　表3-1

序号	架梁需经过特殊结构物名称	里　　程
1	路基	DK169+700.00～DK170+337.30
2	路基	DK171+245.48～DK171+061.42
3	框构桥	DK171+245.48～DK171+376.49
4	路基	DK169+097.14～DK169+700.00
5	6×32m双线夹渡线道岔连续梁	DK168+835.49～DK169+031.69
6	路基	DK168+230.27～DK168+360.94
7	路基	DK167+996.81～DK168+132.04
8	3270现浇梁+1×128m钢构拱	DK167+832.84～DK167+996.81
9	上跨皖赣铁路	DK166+255.48～DK166+288.82
10	64m现浇梁	DK166+288.82～DK166+353.52
11	(32+48+32)m连续箱梁	DK165+486.98～DK165+600.08
12	上跨皖赣铁路	DK165+044.98～DK165+077.68

昌江制梁场制架梁计划进度表　　　　表 3-2

序号	项目	单位	梁型	2021年		2022年						
				11月	12月	1月	2月	3月	4月	5月	6月	7月
1	制梁数量	孔	32m	2	15	11	20	37	37	35	38	0
			24m	0	3	6	5	0	0	0	0	0
			伸缩梁	0	0	0	0	0	0	3	0	0
			合计	2	18	17	25	37	37	38	38	0
2	累计制梁数量	孔	32m	2	17	28	48	85	122	157	195	195
			24m	0	3	9	14	14	14	14	14	14
			伸缩梁	0	0	0	0	0	0	3	3	3
			合计	2	20	37	62	99	136	174	212	212
3	架梁数量	孔	32m	0	0	0	11	44	39	31	36	34
			24m	0	0	0	1	0	4	3	4	2
			伸缩梁	0	0	0	0	0	0	0	3	0
			合计	0	0	0	12	44	43	34	43	36
4	累计架梁数量	孔	32m	0	0	0	11	55	94	125	161	195
			24m	0	0	0	1	1	5	8	12	14
			伸缩梁	0	0	0	0	0	0	0	3	3
			合计	0	0	0	12	56	99	133	176	212
5	梁场存梁数量	孔	32m	2	17	28	37	30	28	32	34	0
			24m	0	3	9	13	13	9	6	2	0
			伸缩梁	0	0	0	0	0	0	3	0	0
			合计	2	20	37	50	43	37	38	36	0

注：架梁完成时间为 2022 年 7 月 30 日。

昌江制梁场架梁进度计划表　　表3-3

名称	里程或墩（台）号		运距（km）		中心里程	架梁数量（孔）	梁场位置及架梁通道、设备配置	架梁持续时间（d）	架梁时间（年-月-日）		功效（孔/d）	架梁方向
	黄山北台尾	南昌台尾	黄山北台尾	南昌台尾					开始时间	结束时间		
义城昌江特大桥	DK162+864.24	DK168+002.31	6.84	1.70	DK165+433.28	83	昌江制梁场（DK169+700）采用路基上桥方式。配备1台900t分体式架桥机。架梁进度指标1~4孔/d。先大里程，后小里程	63	2022-5-29	2022-7-30	1.3	DK165+059.20及DK166+273.64两处跨越皖赣铁路架梁
新柳村中桥	DK168+129.54	DK168+232.77	1.57	1.47	DK168+181.16	3		2	2022-5-24	2022-5-25	1.5	
新柳村特大桥	DK168+358.44	DK169+099.64	1.34	0.60	DK168+729.04	17		12	2022-5-11	2022-5-22	1.4	
昌江制梁场（DK169+700）								—				
江家湾1号特大桥	DK170+334.80	DK171+018.92	0.63	1.32	DK170+676.86	21		11	2022-2-25	2022-3-7	2	
江家湾2号特大桥	DK171+242.98	DK172+230.28	1.54	2.53	DK171+736.63	26		14	2022-3-9	2022-3-21	2	
跨凤凰昌江特大桥	DK173+260.64	DK175+389.40	3.56	5.69	DK174+325.02	62		41	2022-3-26	2022-5-5	1.5	

3.2 材料与设备计划

（1）箱梁运架施工主要材料为支座砂浆，球型支座等。

（2）球型支座由甲方供应，支座砂浆由物资部门按照公司规定招投标进行购买，材料进场应注意按程序进行检验，合格后，分次将材料送至施工现场，根据不同的要求进行堆码、保护、标识。支座砂浆注意防潮。

（3）防护栏杆、警戒带及劳保用品等所有材料均需提前 15～30 天上报进场计划，留够加工和运输时间，确保现场不等料不积料，合理周密安排工序计划。箱梁架设材料需求计划见表 3-4。箱梁架设施工主要设备及机具配备见表 3-5。

箱梁架设材料需求计划　　　　　　　　　　　　　表 3-4

材料名称	规格型号		单位	总需求量
固定支座	32m	TJQZ-8360-5500（5000）GD-0.1g	套	198
	24m	TJQZ-8360-4500（4000）GD-0.1g	套	14
横向支座	32m	TJQZ-8360-5500（5000）HX-0.1g	套	198
	24m	TJQZ-8360-4500（4000）HX-0.1g	套	14
纵向支座	32m	TJQZ-8360-5500（5000）ZX-0.1g	套	198
	24m	TJQZ-8360-4500（4000）ZX-0.1g	套	14
多向支座	32m	TJQZ-8360-5500（5000）DX-0.1g	套	198
	24m	TJQZ-8360-4500（4000）DX-0.1g	套	14
支座砂浆	—	—	t	106

主要设备及机具表　　　　　　　　　　　　　　表 3-5

名　称	规格型号	单位	数量	性能
架桥机	TLJ900	台	1	良好
运梁车	TLC900	台	1	良好
轮轨式提梁机	MEB450＋450-41.6A3	台	1	良好
千斤顶	YCT600B.0	台	4	良好
油泵	6-600	台	4	良好
叉车	5t	台	1	良好
搅拌机	SJD-30 型	台	1	良好
空气压缩机	L-22/7	台	1	良好
交流电弧机	BX1-500	台	1	良好
指挥车	—	辆	1	良好
水准仪	DSZ2	台	1	良好
全站仪	徕卡 TS16	台	1	良好

3.3 劳动力计划

提运架人员共计 32 人,分为提梁班、运梁班、架梁班,综合工班,维修工班 5 个班组,详见表 3-6。

劳动力配置计划表　　　　　　　　表 3-6

岗位	人数	人员配置计划
提梁工班	6	提梁司机 1 人,指挥 1 人,上吊具工人 4 人
运梁工班	3	1 个运梁车司机,2 个指挥
架梁工班	13	架梁司机 1 人,后支腿总指挥 1 人,前支腿指挥 1 人,灌浆对位指挥 1 人,天车监护指挥 1 人,灌浆 8 人
综合工班	8	叉车驾驶员 1 人,支座安装人员 4 人,测量人员 2 人,面包车驾驶员 1 人
维修工班	2	维修人员 2 人

4 施工工艺技术

4.1 技术参数

4.1.1 TLJ900 型架桥机

1）TLJ900 型架桥机主要结构组成

TLJ900 型架桥机主要由前后 2 台吊梁天车、箱形主梁 2 根及横联、前支腿 1 套、后支腿 1 套、后支腿台车及顶升装置、辅助支腿、悬臂梁、下导梁、下导梁天车、轨道、电气控制系统、液压系统和动力系统等组成。

2）TLJ900 架桥机主要技术参数

TLJ900 型架桥机主要技术参数见表 4-1。

TLJ 架桥机主要技术参数表　　　　表 4-1

序号	项　目	参　　数
1	额定起重能力	900t
2	架设梁跨	32m、24m、等跨及变跨整孔箱梁
3	梁体起落速度	0~0.5m/min
4	梁体起落高度	7m
5	梁体横向微调速度	0.7m/min；微调距离：±200mm
6	吊梁纵移速度	0~3m/min（重载），0~6m/min（空载）
7	梁体吊装方式	三点
8	架设方式	单跨简支梁
9	过孔方式	架桥机自身简支移位过孔；移位速度 0~5m/min 桥面铺设临时轨道，轮轨形式过孔；辅助支腿运行于下导梁上；后支腿运行于桥面铺设的临时轨道上
10	架设桥形	$R \geqslant 2000m$
11	控制方式	手动、自控

续上表

序号	项　目	参　数
12	适应纵坡	2%
13	适应工作环境	−20～+50℃
14	适应风力	6级（工作状态），11级（非工作状态）
15	下导梁移位方式及调运机构	下导梁天车起重能力80t；下导梁天车移动距离19m；下导梁天车移动速度0～3m/min；下导梁移位方式：前吊梁行车、辅助支腿、下导梁天车等配合作业
16	作业效率	2孔/8h（运距8km）
17	工作级别	A3
18	外形尺寸（长×宽×高）	76m×18m×13.5m
19	装机容量	300kW
20	自重	573t

注：R为线路最小曲线半径。

3）TLJ900型架桥机技术特点

（1）简支架设：前、后支腿简支支撑主梁，架设工况受力明确，操作简单。

（2）借助一跨式下导梁，架桥机自身可以实现移位过孔，纵向稳定性强；由于下导梁长度短，架桥机能够较方便的架设第一孔和最后一孔桥。

（3）整机自重轻，架设过程对梁体临时荷载作用合理。

（4）架桥机和运梁车有效配合，解决了同步运行问题。

（5）对于短桥群区域施工，架桥机选用运梁车驮运，不需解体，不需辅助机具，转场速度快。

（6）前、辅支腿配合动作，可实现自行移位，满足变跨需要。

（7）墩顶和箱梁不需辅助预埋件，给施工带来便利。

4.1.2 TLC900C2型运梁车

1）TLC900C2型运梁车主要结构组成

TLC900C2型运梁车由主梁、支腿、驮梁小车、承梁台、液压悬挂、动力系统、液压系统、电气系统、控制系统、制动系统、转向系统及驾驶室等部件组成。

2）TLC900C2型运梁车主要技术参数

TLC900C2型运梁车主要技术参数见表4-2。

运梁车主要性能参数表 表 4-2

序号	项目	参数
1	额定装载质量	900000kg
2	车辆自身质量	310000kg
3	轴线/悬挂	17/34
4	悬挂载质量	35600kg
5	驱动轴/从动轴数量	6/11
6	运行速度	空载平地 0～10km/h，满载平地 0～5km/h
7	满载爬坡能力	纵坡 5%，横坡 4%
8	轮胎规格	23.5R25/68
9	轮辋规格	19.50−2.50/68
10	平台最低位置	25100mm
11	外形尺寸（宽×长×高）	6600mm×42873mm×3305mm
12	运梁适应最小半径	$R \geqslant 2000$m

3）TLC900C2 型运梁车主要特点

该车是机、电、液相结合的先进设备，采用液压驱动，各行走桥液压悬挂，具有独立转向以及车架液压升降调平功能。采用工业级微型计算机来控制驱动、转向、升降和调平，同时能够实现直行、斜行、八字转向、半八字转向等多种运行模式。整车运行非常灵活，可实现无滑移或少滑移行驶，可以在较小的场地完成工作任务。

在设计时选用优质的通用件、标准件，其主要配套件均选用国内外知名品牌，整车综合性能及技术水平均达到国际先进水平。

4.1.3 ME900/41.6 型轮轨式提梁机

ME900/41.6 轮轨式提梁机是制梁场吊运桥梁的重要起重设备，由石家庄铁道学院国防交通研究所设计，江苏华远澳玛重工有限公司制作。

本提梁机主要参数：ME900/41.6 提梁机设备总质量为 390.471t，设备总高度 16.2m，设备总宽为 23.45m，轨道中心跨度为 41.6m（轨道共有 4 根）。

本提梁机主要部件包括：主梁 2 根（箱形对结），端梁 2 根，支柱 4 根，大车行走台车 4 台组，小车台车 2 台，卷扬机 4 台，司机室等。

4.2 工艺流程

箱梁提运架施工工艺流程如图 4-1 所示。

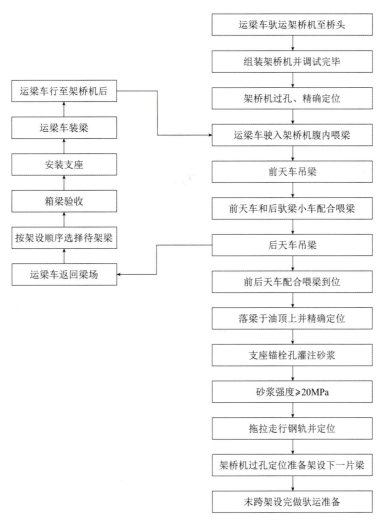

图 4-1 箱梁提运架工艺流程图

4.3 支座灌浆工艺

4.3.1 支座砂浆配合比

每批砂浆进场时，产品合格证上均有一个通用的水灰比，由于所处地域不同、施工时气温、温度、温度差异，该水灰比往往不能很好地满足当时施工要求。此时，需要对该水灰比进行修正。为方便选择合适的水灰比，将最近 7d 内施工时所采用的水灰比及当时施工时的气温、温度等参数如实记录，根据施工时的气象参数选择相近的水灰比，并现场进行流动度测试。

水料比以厂家提供的出厂检验报告（水料比为 1∶0.14～1∶0.15）的加水量为参考，

实际加水量应按送检试验室试配确定。加水量一定要在现场试验人员的监督下进行，防止出现料浆泌水和离析，影响灌浆料的强度。支座灌浆料的性能要求见表4-3。

支座灌浆料的性能要求　　　　　　　　　　　　　表4-3

名　称	性　能　要　求
抗压强度	28d抗压强度≥50MPa，56d和90d后抗压强度不降低
弹性模量	28d弹性模量≥30GPa
抗折强度	24h抗折强度≥10MPa

注：1. 浆体水灰比不宜大于0.34，且不得泌水，流动度≥320mm，30min后流动度不小于240mm。
　　2. 标准养护条件下浆体28d膨胀率为0.02～0.1%。
　　3. 当有特殊要求时，灌浆材料可用早强快硬材料，常温条件下，灌浆材料2h抗压强度不宜低于20MPa，56d抗压强度不应小于50MPa。

4.3.2 支座砂浆施工所需工机具

支座砂浆施工所需工机具见表4-4。

支座砂浆施工所需工机具　　　　　　　　　　　　表4-4

序号	名　称	规　格	单　位	数　量	备　注
1	台称	量程25kg	台	1	称水
2	搅拌机	350强制式	台	2	砂浆搅拌
3	漏斗	—	个	2	—
4	塑料软管	DN50	m	6	—
5	大塑料桶	—	个	2	储水用
6	小塑料桶	—	个	4	称水用
7	温度计	量大里程100℃	支	2	测水温
8	手推车	—	台	1	运水、砂浆
9	热水器	90L	台	1	冬季对水加温
10	钢模	L80×75×8角钢	套	4	—

4.3.3 灌浆料搅拌

（1）测量需灌注空间的体积，计算灌浆料的用量（按2.4t/m³计算）。每个支座应尽可能一次连续灌注完成。TGM灌浆料拌和水以质量计，加水量必须根据随产品提供的检测报告计算得出。水必须秤理后加入，精确至0.1kg。拌和水应采用饮用水，使用其他水源时，应符合《混凝土用水标准》（JGJ 63—2006）规定。

（2）机械搅拌时，砂浆称量完毕后先将砂浆倒入搅拌机内干搅 2～3min，然后边搅边加水。当加水至80%时，停止加水并继续搅拌 3～5min，最后加入剩余20%的水，加完所有的水后继续搅拌 3min。在搅拌过程中，用抹子将结块的砂浆捣碎，使砂浆无结块。砂浆搅拌时，要注意砂浆搅拌的时间，从开始加水搅拌至灌注完毕不能超过 30min。

（3）人工搅拌时，先将灌浆料倒在拌板上，而后加80%水量，搅拌 4～5 次后再加所剩的20%水，搅拌 4 次。搅拌要边翻倒，边插捣。使之彻底拌和均匀，并增大流动性。一般要求 5～10min。

（4）搅拌完的浆料，随停放时间延长，其流动性降低。自加水算起应在 0.5h 内用完。刚搅拌完的浆料表面上如果有浮水，表明水量过多。应再加一些灌浆料干料，适当搅拌将浮水"吃"光，有浮水会降低膨胀效果。

（5）灌浆料中严禁加入任何外加剂或外掺剂。

4.3.4 灌浆料灌注注意事项

（1）灌浆前垫石表面应凿毛，凿毛率不小于90%，将模板和混凝土基础表面润湿，但不得有积水。

（2）砂浆搅拌与试模制作在梁顶板进行，灌浆漏斗固定在梁内焊接支架上。根据预先计算所需的浆体体积及配合比，将砂浆在强制式搅拌机中进行搅拌（拌浆时应严格把握水温及搅拌时间）。

（3）砂浆搅拌完毕后，采用压力灌浆方式灌注支座下部及锚栓孔处空隙。灌浆过程应从支座中心部位向四周注浆，直至从钢模与支座底板周边间隙观察到砂浆全部灌满为止（支座底板压浆厚度应符合设计要求），为增大灌浆的压力，应将灌浆用漏斗置放在梁顶。同时，为保证灌浆效果，应在预制梁场做模拟试验。

（4）梁体就位后，在支座底板与桥墩或桥台支承垫石顶面之间应留有 20～30mm 的空隙，以便灌注无收缩高强度灌注材料。在进行灌浆作业的同时，梁面作业人员可进行收吊具、检查钢丝绳排绳情况等作业。

（5）灌浆料强度达到 20MPa 后，拆除钢模板，检查是否有漏浆处，对漏浆处进行补浆。拧紧下支座板锚栓，并拆除各支座的连接角钢、螺栓及吊装部件，拆除临时支撑千斤顶，安装支座围板清洗整理桥面灌浆设备。架桥机过孔时，将临时支撑千斤顶运到支腿处，后支撑千斤顶从梁内运至下一孔。

（6）使用专用支座灌浆料，施工所用批次的灌浆料质保书、产品合格证、试验报告等技术质量文件齐全且验收合格，灌浆材料性能应满足《铁路桥梁球型支座》（TB/T 3320—2013）的规定。

（7）为提高灌浆料的强度，冬季需采取覆盖，暖风机供热等措施保温。在没有可靠保温措施，灌浆材料低温性能未进行实验验证时，严禁在负温条件下灌浆。

4.3.5 立模

模板采用角钢组拼，底面设一层 4mm 厚工程用双面胶防漏胶条防止漏浆；用膨胀螺栓或水泥钉固定好模板。模板与支座间距离为 3~5cm。

4.3.6 灌浆

灌浆前初步计算所需浆体体积，确定搅拌数量，一般情况下搅拌数量要略大于计算数量，防止出现中途缺浆。灌浆时要将灌浆管深入到支座与垫石间隙处的中心位置，从支座中心向四周注浆，排除气泡，直至从支座底板周围间隙观察到灌浆材料全部灌满为止。在灌浆过程中发现已灌入的拌合浆料有浮水时，应当马上灌入较稠一些的拌合浆料，使其吃掉浮水，或适当投入一些干料将浮水"吃掉"。灌浆层上表面超过支座下表面最高点 3~5mm 时，停止灌浆。灌浆完毕，立即进行表面加工，然后进行养护。灌浆过程中，不准许使用振捣器振插。灌浆完成时，若有多余的浆料，需要将其倒掉时，一定要注意不要污染墩台、支座和箱梁，以免造成工程形象上的损失。

4.3.7 养护

（1）灌浆料施工温度为 -15~40℃。

（2）气温在 0℃以上时，应在灌浆结束后 10~30min 内注水养护。环境温度在 0~15℃时应用热水养护，初始水温 20~40℃；裸露部位覆盖塑料薄膜，并加盖岩棉被或其他保温材料，养护时间至少 3d。如采用注水养护不能保证养护时间，至少应注水养护 1d，拆模后用湿布覆盖裸露部位，并保持潮湿养护至少 2d。拆除覆盖物后立即涂刷养护剂。

（3）由于在灌浆后的 1~6h 内产生大量的水化热，灌浆部位温度迅速升高，水分迅速蒸发，因此注水养护时必须及时向蓄水槽内补水。

（4）气温在 0℃以下时，应在灌浆结束后立即搭设保温棚，采用蒸汽养护不少于 2h，待强度达到不少于 20MPa，拆除蒸汽养护设备，继续采取保温养护设施不少于 3d。拆除保温棚和模板后在裸露部位涂刷养护剂。

（5）灌浆后 2h 内不可受到振动。

（6）在冬季低温（-5~-15℃及以下）条件下施工中必须采取加热和防冻措施，用蒸汽发生器对锚栓孔在施工前进行预加热，拌和水可加热 15~30℃；在灌浆完毕后立即搭设保温棚，采用蒸汽发生器进行保温养护，使其达到强度的时间得以缩短。

4.3.8 拆模

灌浆 2h 后，根据实验室提供的砂浆试块强度大于 20MPa 后，方可拆除模板，并拆除各支座的上、下锚碇板连接钢板及螺栓，接着拆除临时千斤顶，拧紧下支座锚碇板螺栓。拆除模板过程中要检查是否有漏浆位置和拆模时对砂浆层造成破损的地方，若有上述情况必须要进行补浆，同时要检查支座是否有污损，支座表面的防锈漆是否受到损坏，若有要进行清除或补漆，不锈钢构件不可上漆。

4.4 球型钢支座安装

4.4.1 球型钢支座的安装方法

支座进场后必须进行进场检验，查看出厂合格证、附件清单和材质报告单，并按相关要求对支座外观质量和组装质量进行全面的检查，合格方可进场验收存放。支座安装分两步进行：第一步先在存梁台座上进行初步安装，安装利用1台3t的叉车进行；第二步在墩顶支座垫石上进行。

（1）待架梁片检查合格后，提梁机将待架箱梁提至预定的装梁区内，预制箱梁的支座安装作业在装梁区内进行。

（2）在支座安装前，应对所选用的支座预埋钢板及其锚栓孔尺寸检查，将孔内的冰雪、灰渣等杂物清理干净，为保证孔内无冻结冰块，锚栓孔施工完毕后，及时用棉布或海绵等物品将锚栓孔堵塞，防止雨雪落入后冻结。对垫石顶进行凿毛处理。摘除球型钢支座保护塑料套，检查支座上下面板是否平整，有无缺陷；清除支座上底板表面杂物，检查上下支座板中心是否对齐，但不得拆除支座上下底板之间的连接；认真核对支座铭牌显示支座型号是否与桥梁设计图纸中要求的支座安装型号和支座产品合格证中一致，并在成品梁上进行复查。

（3）检查箱梁底部支座安装预埋板是否平整，有无缺陷，位置是否正确，清理预埋钢板表面杂物，检查螺栓孔位置是否正确，螺栓孔与底座板是否垂直，以保证支座安装后，紧固密贴无间隙。

（4）然后按照图纸要求每个支座分别对应位置，利用手动液压叉车将支座举起，由人工配合不断调整位置将支座安装在梁底预埋钢板上，支座上顶板与梁底预埋钢板之间要密贴不得留有间隙。安装后，应仔细复核多向活动支座、固定支座与单向活动支座的位置和方向，确认无误后，拧紧支座与梁底的连接螺栓至设计力矩，支座安装位置见表4-5。

支座规格型号及安装位置　　　　　　　　表4-5

支　座　名　称	图示	32m箱梁	24m箱梁
固定支座	○	TJQZ-8360-5500（5000） GD-0.1g	TJQZ-8360-4500（4000） GD-0.1g

续上表

支 座 名 称	图示	32m 箱梁	24m 箱梁
横向支座		TJQZ-8360-5500（5000） HX-0.1g	TJQZ-8360-4500（4000） HX-0.1g
纵向支座		TJQZ-8360-5500（5000） ZX-0.1g	TJQZ-8360-4500（4000） ZX-0.1g
多向支座		TJQZ-8360-5500（5000） DX-0.1g	TJQZ-8360-4500（4000） DX-0.1g
支座安装位置示意图		注：固定支座设于梁的下坡端，且设在线路左侧/曲线内侧	

4.4.2 球型钢支座安装工艺要求

箱体下落至接近垫石 10cm 时，安装支座锚杆，将螺栓拧紧后，技术人员对支座进行检查，检查上下板螺栓的螺母安装是否齐全，有无松动现象。支座与梁底、支座与支承垫石密贴有无缝隙。检查合格后，梁体继续下降至设计高度进行对位，梁体对位后，由主管技术员负责检查支座安装及梁体对位情况。

（1）球型钢支座安装允许误差值见表 4-6。

球型钢支座安装允许误差 表 4-6

序号	项 目	允许误差（mm）
1	支座中心线与墩台十字线的纵向错动量	≤15
2	支座中心线与墩台十字线的横向错动量	≤10
3	支座板每块板边缘高差	≤1
4	支座螺栓中心位置偏差	≤2
5	同一端两支座横向中心线间的相对错位	≤5
6	螺栓	垂直梁底板
7	四个支座顶面相对高差	≤2
8	支座板四角高差	≤1
9	同一梁端两支座高差	≤1

续上表

序号	项目		允许误差（mm）
10	一孔箱梁四个支座中，一个支座不平整度限值		≤3
11	固定支座上下座板及中线的纵、横错动量		≤1
12	活动支座中线的纵、横错动量（按设计气温定位后）		≤3
13	同一端两支座纵向中线间的距离	误差与桥梁设计中心线对称	+30，-10
		误差与桥梁设计中心线不对称	+15，-10

（2）球型钢支座在工厂组装时，应仔细调平，上、下支座板对中安装，并预压50kN荷载后用上下支座连接角钢将支座连接成整体。

（3）在支座安装前，先用安装螺栓与梁底支座预留孔进行试安装，检查预留孔孔径、孔深、螺纹，清除预留孔里面的海绵。

（4）在支座安装前，应检查支座连接情况是否正常，但不得任意松动上下支座连接螺栓。

（5）上支座板与梁底预埋钢板之间不得留有间隙。支座安装后，作业人员应划出支座底板中心线与箱梁顶面中心线。

（6）支座墩顶安装：支座安装施工前，应对千斤顶和压力表进行校正，校正系数不大于1.05。根据回归方程分别计算不同二期恒载支座反力对应的压力表读数。压力表应采用防振型，级数不应低于0.4，定期校正。支座安装前，检查桥梁跨距、支座位置及预留锚栓孔位置、尺寸和支座垫石顶面高程、平整度，合格后方可安装。进行支座安装时，应先分清楚固定支座、多向活动支座、横向活动支座、纵向活动支座的类别，支座安装应符合固定端和活动端的设计规定，将支承垫石表面湿润，然后落梁至墩顶的千斤顶上，准备灌浆。

4.5 箱梁提运架施工工艺

4.5.1 箱梁提运架施工流程

1）架桥机组装

提、运、架900t箱梁的设备属特种设备，结构比较庞大，需分组件运往施工工地进行拼装，由于设备组件质量大，拼装施工的难度及技术含量相对较高，在拼装时一定要按照设计图纸及相关标准，在详细的施工组织和严格的作业程序中进行，同时健全和制定安全生产方面的各种制度、规程。拼装完成后进行搬梁机和架桥机的型式试验，获技术监督部门安全检验合格证后方可投入使用。

2）运梁车、架桥机型式试验

运梁车、架桥机完成组装后应按规定进行型式试验和性能试验。型式试验由国家指定机构进行，机械设计单位和使用单位配合完成。具体试验内容包括：外形、外观检查，结构及性能检查，制动装置检查，主要结构件检查，液压系统检查，电气系统检查，控制室检查，整机稳定性检查，超载保护装置检查，作业性能试验，空载试验及重载试验等。实验通过后，需由国家指定机构下发相关机械使用证明。

3）墩、台质量验收

桥梁主体工程完工后当墩台的沉降变形及外观质量达到设计要求时，需对墩、台的中线，支座十字线，墩台垫石高程、平整度和外部尺寸，支座锚栓孔深度、孔径、间距、垫石间的纵横向间距及桥墩台的孔跨距离等进行质量验收；当验收结果满足设计和验收标准后方可进行架梁施工。

4）桥梁准备

检查桥梁外观尺寸（梁体全长、跨度、梁高）等外形尺寸是否满足设计要求，吊孔位置、孔径、垂直度是否正确。

在箱梁底板上安装支座，按照线路纵向坡度正确安装，活动支座及固定支座位置、型号应与设计相符合。同时注意支座上底板的坡度方向应与线路的坡度方向一致。

安装支座应仔细调平，对中上、下支座板，并预压 50kN 荷载后用上、下座连接角钢将支座连接成整体。

支座安装在箱梁底部后，应拧紧支座与梁体的连接螺栓，在支座与梁底预埋钢板之间不得有间隙。

5）架梁施工安全检查内容

（1）各种类型的架桥机的架梁作业均应严格按照该架桥机的操作规程和使用说明书进行，并符合《铁路架桥机架梁技术规程》（Q/CR 9213—2017）、《架桥机安全规程》（GB 26469—2011）要求。

（2）架桥机通过正线路基运梁时，路基必须满足运梁要求。桥涵过渡段软土路基均应满足架梁要求。

（3）提、运、架箱梁时，吊点位置符合设计规定，保持箱梁水平。

（4）架桥机的最大工作风力等级为 6 级，当架桥机的风速仪发出警报时，立即采取措施将梁体临时放置妥当，暂停作业。

（5）架梁前，要对架桥机进行日常检查和日常保养。

（6）架桥机工作前，先进行试运转作业，特别注意启动、停止控制是否灵敏，语音系统是否可靠，制动器是否可靠，确保各项作业安全可靠。

6）运梁车运梁

（1）运梁车工作前应该进行试运行，检验制动等系统是否有效，运梁车载梁走行前应先收起前后两端支腿。

（2）运梁车装箱梁启动起步应缓慢平稳，严禁突然加速或紧急制动。在运梁的过程中，速度挡位只能在低速挡或中速挡，严禁使用高速挡。当运梁车前行至距架桥机 40cm 时自动停车。将运梁车前后 4 个液压支腿支撑在桥面上，在得到指令后才能喂梁。

（3）箱梁在运输过程当中应控制梁体四个支点高程保持在同一平面。任一支点高程偏离其他三点平面不得超过 2mm。运梁车运梁过程中，行驶速度不得大于 4km/h。

（4）运梁车在运梁过程中，特别是通过路基段、桥台与路基交接处，应加强观测路基的变化和运梁车的走行情况。

（5）运梁车通过已架箱梁或现浇梁时，运梁车的轮组应保持在警戒线以内运行。运梁车运梁如图 4-2 所示。

图 4-2　运梁车运梁

7）运梁车喂梁

（1）运梁车与架桥机对位开始前，运梁车司机提前将运梁车前司机室旋转 90°，然后启动运梁车缓缓驶向架桥机尾部，运梁车向架桥机行驶过程中，运梁车前司机室司机与运梁车运梁巡视人员应密切注意运梁车中轴线与运梁车走行参照线的偏差情况，以确保运梁车与架桥机精确对位；当运梁车前端接近架桥机时运梁车提前减速，低速就位，运梁车与架桥机对位完毕后，将运梁车制动，支顶好运梁车前后支腿，并在运梁车前后车轮安放止轮器。

（2）运梁车中心线应与架桥机中心线一致，左右偏差为 1cm，运梁车前端与后支腿下横梁最小净距为 15cm。

（3）运梁车驮运箱梁运行到达架桥机尾部后，将运梁车前方的两个支承液压缸伸出，通过枕梁支承于桥面的走行轨道上。

（4）解除两台驮梁小车与运梁车间的约束，两台驮梁小车同步驮梁向前纵移至前吊梁天车吊梁位置；起重天车将箱梁前端吊起约20cm（后端仍作用在驮梁小车上）；运梁车前端降低10～15cm。

（5）前吊梁天车和后驮梁小车同步向前纵移至后吊梁天车吊梁位置；连接后吊具，后天车起吊箱梁至水平状态。

（6）两台驮梁小车退回到装梁位置并锁定，运梁车返回进行下一片箱梁的运输。运梁车喂梁如图4-3所示。

图4-3　运梁车喂梁

8）架桥机吊梁、出梁

在架桥机架梁时，当运梁车对位后，运梁车与架桥机调节同步，前起重台车（以下称"小车"）吊具下降，螺栓通过待架梁前端的孔，拧紧螺母，将前小车起吊装置与待架梁前端连接，起吊待架梁前端，将待架梁前端略吊起，注意此时起吊高度不应大于100mm。然后通过架桥机前小车和运梁车上驮梁小车的动力系统同步移动箱梁前行，使待架梁后端的孔到达吊点位置，起重小车停止运行，起升机构下降，螺栓通过待架梁后端的孔，拧紧螺母，使前小车吊具与待架梁后端连接固定。起吊箱梁后端，起吊高度100mm。这时两台起重小车同时吊梁纵移，将待架梁后端吊起后小车以相同速度运行，将待架梁运到桥墩上方，距架梁墩柱1m处开始减速运行，当箱梁前端距架梁墩柱100mm时，起重小车停止纵移。架桥机吊梁、出梁如图4-4所示。

图4-4　架桥机吊梁、出梁

9）落梁、对位

（1）前、后吊梁天车以不高于 0.5m/min 的速度平稳、同步落梁，当箱梁支座距墩台顶面支承垫石约 1.6m 时，在箱梁支座上安装地脚螺栓。

（2）继续下落箱梁，当箱梁下底板距离墩台支承垫石顶面约 50cm 时，卷扬机制动，安装支座下座板锚固螺栓，通过支座下底板将锚固螺栓与套筒上紧，然后起动卷扬机落梁，在支座顺桥向和横桥向的安装参照线位置吊垂球，参照支承垫石表面的支座安装十字线对箱梁落梁位置进行引导，监视并检查支座中心的位移量。

（3）继续下落箱梁，当支座下底板与支承垫石表面约 20cm 时，采用线锤对中引导、监视支座中心的偏移量。距支撑垫石顶面 40mm 时，卷扬机制动，利用起重小车纵、横移装置微量调整箱梁位置后落梁就位。架桥机前后、左右调整箱梁位置，对正箱梁位置以及地脚螺栓和支承垫石上锚栓孔位置，对位准确后，撤除吊于支座上的垂球。

（4）继续下落箱梁，按设计位置准确落在两端作为临时支点的测力千斤顶上，通过千斤顶调整梁体支点高程，调整过程中注意观察 4 台千斤顶的反力，同时应保证每台千斤顶支点反力与 4 台千斤顶支点反力的平均值相差不超过±5%，支承垫石顶面与支座底面间隙应控制在 20~30mm。在坡道上落梁时，当箱梁上坡端就位后，位于下坡端的架桥机吊梁小车单边下落箱梁至千斤顶上。位于桥墩顶上的 4 台千斤顶，前、后 2 个墩台各放 2 台，其中位于前方墩台的两个千斤顶串联，以保证落位后的箱梁支撑点受力要求。依靠千斤顶调整 4 个支座的高程和水平（由工程技术人员进行全程跟踪测量）位置，要求位于同一端墩台上的 2 个支座高差不超过 1mm。

（5）利用千斤顶调整箱梁高程过程中，架桥机工作人员及技术人员应从以下几个方面控制箱梁高程，以保证箱梁落梁质量。

①桥面高程不能高于设计高程，并不得低于设计高程 20mm。

②支座下座板与支承垫石表面之间的距离控制在 20~30mm，具体控制办法为在利用千斤顶调整箱梁高程过程中，架桥机机组人员和工程技术人员利用角尺在支承垫石复测的测点处进行测量控制。

③相邻梁跨梁端桥面之间、梁端桥面与相邻桥台胸墙顶面之间的相对高差不得大于 10mm。落梁过程中，在箱梁的 4 个支座处、相邻梁跨处均应有人员进行全程检查；同时，在箱梁调整过程中，工程技术人员要根据支承垫石高程、注浆层厚、箱梁高度以及胸墙高度控制箱梁高程与设计高程的偏差。

架桥机落梁如图 4-5 所示。

图 4-5 架桥机落梁

10）支座安装

（1）支座安装前，应检查支座连接状况是否正常，但不得随意松动上、下支座连接螺栓。检查支座锚固螺栓及螺母数量是否齐全。

（2）清除垫石面、支座锚栓孔内的冰雪、雨水、石块及其他杂物，凿毛支座就位部分的支承垫石表面，安装灌浆用模板，并用水将支承垫石表面浸湿，灌浆用模板采用预制钢模，在模板底面设一层 4mm 厚橡胶防漏条。

（3）当梁跨与桥跨有误差时，其纵向误差以桥梁支座中心线为准向两端平均分配。活动支座应按梁的温度变化及混凝土的收缩徐变产生的错动量（具体参照《活动支座纵向错动量数值表》），调整顶板与底板的相对位置。

（4）调整后的支座底板十字线与墩台十字线的纵横向错动量和同端两支座中心线横向距离的误差应满足《支座安装允许偏差和检验方法表》。

（5）支座就位后，在支座底板与桥墩或桥台支承垫石顶面之间应留有 20~30mm 的空隙，以便灌注无伸缩高强度浆液。

11）调整支座反力、质量检查

架桥机撤除后用 4 台测力千斤顶精调箱梁 4 个支点的支座反力，应保证每个支点的支座反力与 4 个支点支座反力的平均值相差不超过±5%。

（1）支座反力控制设备

①油压表采用防振型，其精度等级采用 0.4 级。最小分刻度 0.5MPa。

②千斤顶、油泵、油压表配套校验，千斤顶、油压表要定期校正，其期限不超过三个月，校正系数不得大于 1.05，到期后，必须送计量局复验，得出回归方程，并做好更换使用记录。

③在使用中发现指针无油压不回零，油压表玻璃破损或其他不正常情况，对其准确性有怀疑时，不得继续使用，必须送试验室进行修复，经重新校正合格后方可投入使用。

（2）质量检查

检查支座十字线与支撑垫石十字线间纵向、横向实际错动量，核实支座安装质量及固定端、活动端位置是否正确，检查梁缝、相邻两梁端左右与上下错台、相邻两梁端底面的高差、支座处的梁面高程等，并且要及时填写相关表格。

12）灌注锚固砂浆

（1）安装灌浆用模板，灌浆用模板采用预制钢模，在模板底面设一层 4mm 厚橡胶防漏条。

（2）灌注的砂浆应严格按照 C50 无收缩砂浆试验配合比拌和。如有特殊要求时，注浆材料可用早强快凝材料，常温条件下材料 2h 抗压强度不宜小于 20MPa，56d 抗压强度不应小于 50MPa。

（3）采用合适的注浆设备，灌注支座下部及锚栓孔处空隙，灌浆过程应从支座中心部位向四周注浆，直至从钢模与支座底板周边间隙观察到灌浆材料全部灌满为止。每孔梁做一组试验试块，并在 2h 后现场检测试块抗压强度，达到 20MPa 后方可拆除顶梁千斤顶。

（4）灌浆前，应初步计算所需的浆体体积，灌注实用浆体数量不应与计算值产生过大误差，应防止中间缺浆。

（5）灌浆材料强度达到 20MPa 后，拆除钢模板，检查是否有漏浆处，必要时对漏浆处进行补浆，拧紧上、下支座板锚栓，并拆除各支座的上、下支座连接板及螺栓，拆除临时支承千斤顶，安装支座钢围板。

（6）用细砂与水泥按 1∶1 的配合比拌制的水泥砂浆，将支座四周抹坡，坡顶不得高于支座下底板，坡宽均为 10mm，四周坡角光滑、平顺。

（7）平均气温低于 5℃或最低温度低于 0℃时，应按混凝土冬季施工标准进行施工。

（8）对出现的锈蚀、脱漆表面做除锈处理。清除支座表面的泥浆、灰尘、杂物，然后安装支座围板。支座围板搭接长度不小于 10cm，压条不缺螺钉，安装要牢固。最后将墩台顶面、梁体内腔杂物彻底清理。

（9）在施工完成后将适用过的施工机具和设备清洗干净。

（10）浆体终凝后，注意保湿、保温养护。要采用浇水、覆盖塑料薄膜等养护，养护期为 1～3d，寒冷季节养护期为 3～7d。如采用注水养护不能保证养护时间，至少应注水养护 1d，拆模后用湿布覆盖裸露部位，并保持潮湿养护至少 2d。拆除覆盖物后立即涂刷养护剂；由于在灌浆后的 1～6h 内产生大量的水化热，灌浆部位温度迅速升高，水分迅速蒸发，因此注水养护时必须及时补水。

13）架桥机梁场内掉头

运梁车升起悬挂驮起架桥机后，利用悬臂梁天车起升前导梁适当高度，低位通过已施工完梁部结构，不与桥面干涉返回梁场，在梁场内利用运梁车掉头后，继续下一个方向架梁。

4.5.2 提梁施工工艺

（1）提梁机自行到提梁台座进行对位，放下吊具，将吊杆穿过箱梁吊孔用齿形连接板与箱梁顶板内腔齿槽啮合并用螺母将吊杆固定。起吊箱梁，吊具与梁体确认可靠连接后方可起吊。

（2）在指挥人员的指挥下，提梁机提升箱梁，在提升过程中，操作人员必须听从指挥，指挥人员、操作人员随时观察提升情况，保持箱梁提升高度一致。

（3）提梁机在存梁台位上吊起箱梁，当箱梁离开存梁台位约 20mm，静停 10min，检查起吊装置是否位于负载垂直面上，起吊、制动装置、钢丝绳、吊具索具有无异异常。检查合格后，起吊桥梁至规定高度。在箱梁起吊过程中，禁止行人从梁下行走或穿越。

（4）提梁机将箱梁提升至装车位置，吊起箱梁后，吊梁行车横移至运梁车正上方，装梁前应调整好运梁车支撑架左右高度，使运梁车同一端支撑架处于水平状态。

（5）在装梁过程中，应调整运梁车支承架上四个支承座，使液压缸均匀受力防止箱梁受扭。梁体装载到运梁车上之后，箱梁重心线应与运梁车中心线重合，允许偏差±20mm。梁体在装运过程中支点应位于同一平面，同一端支点相对高差不得超过 2mm。梁体运输时运输支点距离梁端应小于或等于 3m。

（6）提梁注意事项如下：

①横行同步要求：在横行 20m 距离后，前后车行走距离之差不超过 20cm（即同步差不超过 1‰），后车相对主梁转角不超过 0.2°，当超过此角度时应报警、停车、进行调整后再横行。

②90°转向之前，必须将前、后车支承液压缸顶起；转向之后收起前、后车支承液压缸。

（7）提梁要则：

①遵循串绳端（后起重小车）先提升，串绳端后降落的原则。

②领班指挥安装吊具吊杆。下落吊具，一般吊杆距梁面 4～5cm 时，调整起重小车位置和吊具横移装置，将吊具纵向对称中心与梁体横向吊孔对称中心对中，再将吊具横向对称中心与吊孔纵向对称中心对中；即使预留吊孔系中心与吊具中心重合，偏差在 1cm 以内，吊杆穿入梁体吊孔中；继续下落吊具，保持吊具底面距梁面 4～5cm（强制性要求），装好垫块、凹板、螺母；将螺母旋到与吊杆端头平齐位置，起升至钢丝绳微拉紧状态，再次检查对中情况，避免因对中误差造成的梁体起吊过程中横向、纵向偏移摆动。

③吊具严禁过渡下放，接近到位时微调，吊具不能全松，吊具下平面距梁体上平面之间的距离保持 4～5cm，保证钢丝绳有一定的张力，以防钢丝绳跳槽、卷扬机排绳混乱。

④梁体起升高度不超过 10cm 时应制动、下降，如此试吊 2 次，确认起升制动安全可

靠后方可正式起吊梁体。

⑤起升过程中应注意观察卷扬机的同步性，并注意观察结构和机构的变化，发现异常及时停车。

⑥起吊后，横移起重小车，使梁体重心位于运梁车的纵向中心线上，允许偏差为±1cm。

⑦吊梁离地高度50cm后，方可运梁前行。

⑧不得在大风、雨雾、冰雪等恶劣天气条件下使用提梁机。

⑨风力超过6级时不允许进行吊装作业，风力超过11级需要采取强制锚固措施，以确保设备的稳定。

⑩夜间施工应按照安全规则进行，在工作区域和通道处提供适当的照明条件，以改善可见度，确保施工安全。

4.5.3 运梁施工工艺

（1）运梁车应由专人操作，并配备指挥人员、监护人员，禁止无关人员进入操作室。

（2）运架车行走前重点检查制动装置、操作面板、轮胎压力、驱动轮等重要部位是否处于完好状态，并清除运行界限内障碍物。

（3）运梁车载箱梁起步应缓慢平稳，严禁突然加速或紧急制动，应尽量走大弯，严禁急转弯。在运行过程中派专人加强巡视，观察桥面变化情况、箱梁平衡状态、轮胎受力状况及减振液压缸工作状态等，遇有桥面高差过大或桥缝错台严重时，应进行垫实处理。

（4）操作人员应高度集中精力，密切注意运梁车的运行状况和前方道路情况，如遇障碍，应停车清除后方可继续行进。空载平地行驶速度应控制在5km/h以内，满载平地行驶速度应控制在3km/h以内，曲线、坡道地段应严格将速度控制在3km/h以内。运梁过程中因故不能卸载而需长时间停置，必须选择平整坚固的场地使梁体落地，应在两侧轮胎下塞楔木，防止滑动。

（5）安装支座下座板锚固螺栓，后端50m处，运梁车行驶速度不得大于1km/h。

（6）运梁过程当中，运梁车前应由专人引导，运梁车两边应有专人严密监视运梁车运行情况，发现有变化，应立即采取措施，保证运梁车安全，严禁紧急制动。当运行中各仪表显示超过正常值时，应停车检查，并采取相应的措施。

（7）运梁车通过已架箱梁或现浇梁时，运梁车的轮组应保持在警戒线以内运行。当发现不正常噪声时，应及时停车检查，运梁车不得超载、带病运行。

4.5.4 箱梁架设施工工艺

1）普通架梁工况

普通架梁施工工艺流程见表4-7。

普通架梁施工工艺流程 表 4-7

工步	施工内容及图示（尺寸单位：mm）
工步一	（1）架桥机准备工作完毕； （2）运梁车装梁； （3）运梁车运梁行至架桥机尾部对位制动配合喂梁； （4）前吊梁行车吊具对准梁体前端吊装孔下落； （5）安装吊具
工步二	（1）前吊梁行车拖梁和运梁车上后台车配合前移梁体； （2）图示梁体前端行至架桥机主梁 1/2 处
工步三	（1）梁体继续前移，梁体后端至架桥机尾部； （2）后吊梁行车起吊梁体后端；运梁车返回； （3）前后吊梁行车共同配合前移梁体
工步四	（1）前后吊梁行车吊梁行至架梁位置； （2）降低梁体高度距离墩面 200mm； （3）前后、左右调整梁体位置，就位梁体灌浆； （4）桥机准备过孔

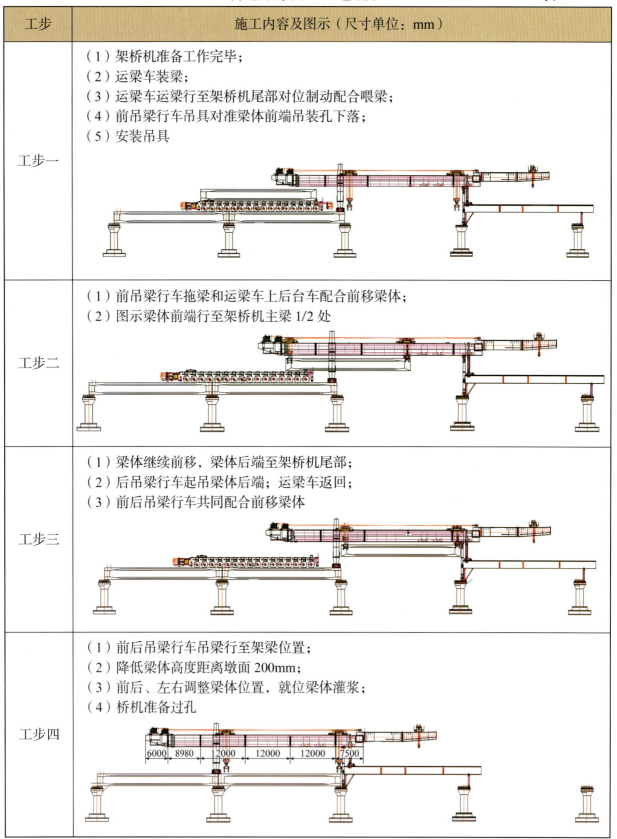

2）架桥机过孔工况

架桥机过孔工况施工工艺流程见表 4-8。

架桥机过孔施工工艺流程 表4-8

工步	施工内容及图示（尺寸单位：mm）
工步一	过孔准备： （1）架桥机架设该孔完毕、检查架桥机各机构动作，解除前支腿锚固系统； （2）于桥面铺设架桥机临时轨道； （3）解除架桥机后支腿台车下部2个液压缸，台车轮落于轨面上； （4）利用辅支腿和前支腿液压缸交替动作，使前支腿下支撑座离开墩面 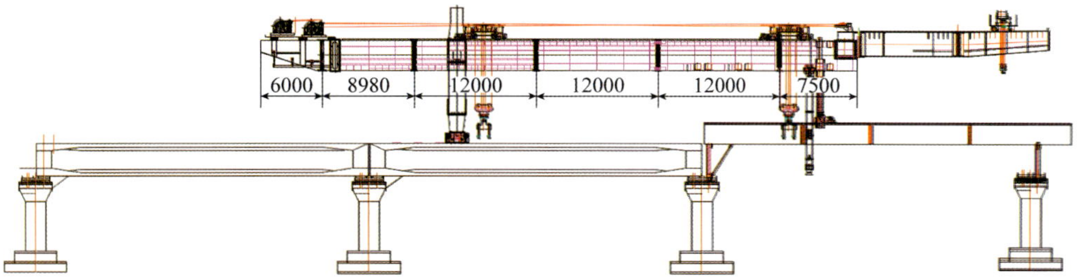
工步二	架桥机过孔纵移： （1）同时启动架桥机后纵移台车、辅助支腿纵移台车，整机前移，图示后支腿行至已架梁体梁1/2处； （2）架桥机前移至前支腿架梁预定位置； （3）安装后支腿台车机械顶下部4个调整垫块； （4）利用辅支腿液压缸、前支腿调整丝杠，调整前支腿，支平主梁。并锚固前支腿 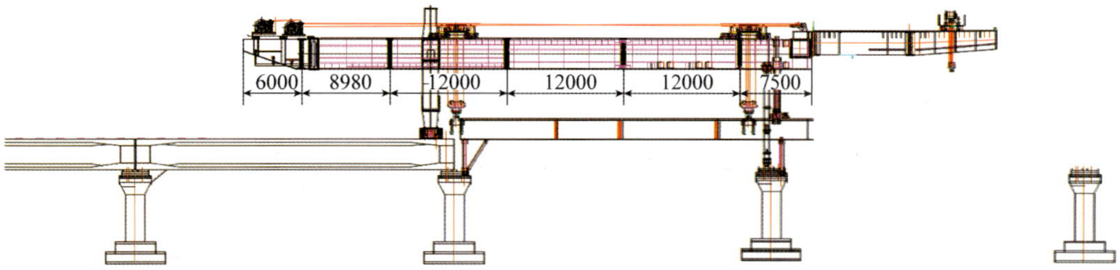
工步三	下导梁纵移过孔： （1）前吊梁天车前移至位，吊起下导梁后端；辅支腿升高台车挂轮吊起下导梁前端，使下导梁前后支腿脱离桥面10cm左右（视纵坡大小调整）； （2）前吊梁天车前行纵移，推动下导梁前移； （3）下导梁中心行至距辅助支腿中心1m处（后），纵移停止；下导梁天车后移吊挂下导梁前部吊装耳板； （4）前吊梁天车、下导梁天车与辅助支腿挂轮配合纵移下导梁前移至设计位置； （5）解除下导梁天车捆吊，下导梁天车回退3.16m重新捆吊下导梁 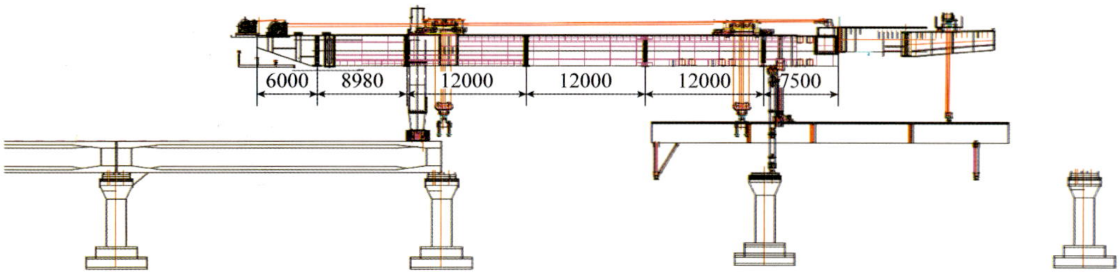

续上表

工步	施工内容及图示（尺寸单位：mm）
工步四	下导梁就位： （1）前吊梁行车行至前支腿附近停止； （2）解除前吊梁行车吊挂； （3）下导梁天车、辅助支腿反挂继续拖动下导梁前移； （4）下导梁天车拖动下导梁至前方桥台； （5）下导梁天车吊具下降使下导梁前支腿支撑于桥台上； （6）支平、调整、稳固下导梁； （7）拆除下导梁天车吊挂，架桥机临时轨道，台车底部垫实钢垫； （8）前吊梁小车后移至尾部，全面检查，架桥机准备架梁

3）32m 跨变 24m 跨

架桥机由 32m 变跨至 24m 时，下导梁前、后支腿在上一过孔时，已经变跨为 24m 支点距（24.7m），下导梁纵移过孔步骤同 32m 梁相同，如图 4-6 所示。施工工艺流程见表 4-9。

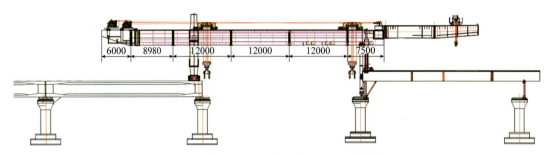

图 4-6　32m 跨变 24m 跨示意图（尺寸单位：mm）

32m 跨变 24m 跨施工工艺流程　　　　　　　　　表 4-9

工步	施工内容及图示（尺寸单位：mm）
工步一	32m 梁体架设完毕，准备过孔 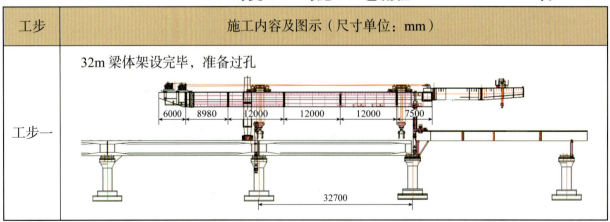

续上表

工步	施工内容及图示（尺寸单位：mm）
工步二	（1）桥面铺设轨道； （2）顶起辅支腿，收起前支腿； （3）启动后支腿底部台车纵移、辅助支腿底部台车纵移，架桥机纵移24.7m； （4）收辅支腿使前支腿受力支撑于桥墩上，架桥机后支腿支垫好，架桥机至24m梁体架梁工况
工步三	下导梁天车、辅支腿、前吊梁行车配合吊运下导梁过孔，下导梁过孔到位，支好下导梁。工法同32m过孔工法
工步四	顶起辅支腿，前支腿脱离墩台面，主机继续前纵移8m
工步五	前支腿回退8m，支好前支腿于桥台并锚固，支撑后支腿台车，准备架24m梁

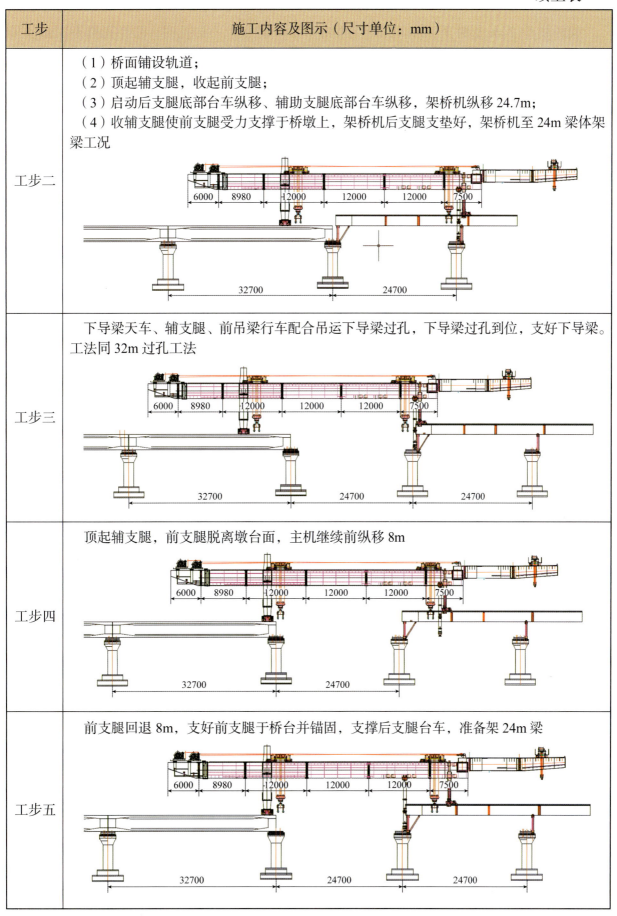

4）24m 跨变 32m 跨

架桥机由 24m 变跨至 32m 时，下导梁前、后支腿在上一过孔时，已经变跨为 32m 支点距（32.7m），下导梁纵移过孔步骤同 32m 梁相同，如图 4-7 所示。施工工艺流程见表 4-10。

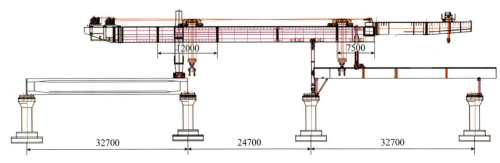

图 4-7　24m 跨变 32m 跨示意图（尺寸单位：mm）

24m 跨变 32m 跨施工工艺流程　　　　　　表 4-10

工步	施工内容及图示（尺寸单位：mm）
工步一	24m 梁体架设最后一孔完毕
工步二	（1）桥面铺设轨道； （2）顶起辅支腿，桥机前移 24.7m 至架梁位； （3）前支腿向前变跨 8m，收辅支腿，前支腿至前方墩台，并支撑牢固
工步三	下导梁天车、辅支腿、前吊梁行车配合吊运下导梁过孔到位，至架梁工况（下导梁过孔见架梁过孔工况）

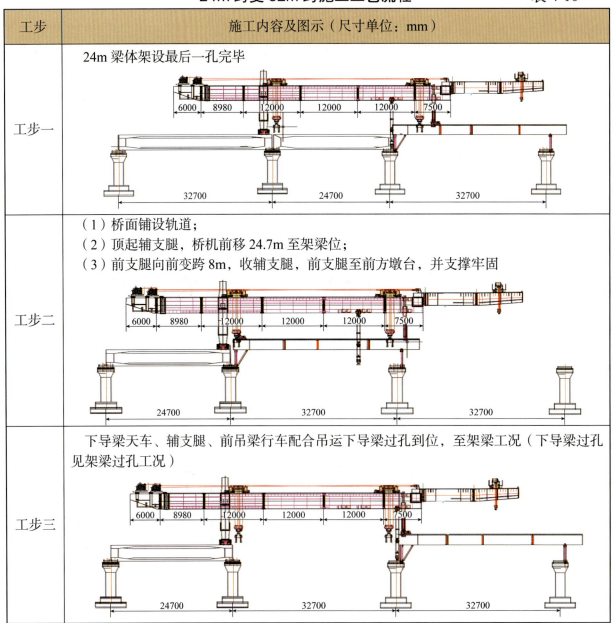

5）架桥机下桥及通过已完成连续梁

（1）运梁车按桥机所在梁面中线慢速行进于桥机下、不得与桥机任何部位接触，涌动挡对位前后驮运架，升高调整运梁车悬挂液压缸、驮起架桥机并锚固。

（2）运梁车线上驮运桥机

运梁车升起悬挂驮起架桥机后，利用悬臂梁天车起升前导梁适当高度，不与桥面干涉；运梁车主副司机控制权模式转换，先利用涌动挡位起步，对正车体沿梁面或路基设定的中心线、驮运速度不大于 1.5km/h 行进，通过已架设梁面（已浇筑连续梁）。驮运时设专人监护。

（3）架桥机架设首孔梁和末孔梁架设注意事项。

当架桥机架设首孔梁需要安装导梁支腿，末孔梁架设时候，需要对导梁支腿进行拆卸，主机过孔与普通工况一致。

5 施工保证措施

5.1 组织保障措施

为确保本工程的安全施工，实现安全目标。项目部成立安全生产工作领导小组，设立安全管理部及专职安全员，形成自上而下的安全管理机构，做到纵向到底、横向到边的安全管理体系。

5.1.1 项目部安全生产领导小组

组长：1名；副组长：2名；成员：数名；现场管理人员：2名；专职安全员：1名；专职电工：2名。

5.1.2 安全生产保证体系

为了加强安全生产工作的管理，保证安全组织机构的正常运转，促进项目安全管理工作规范有序的开展，确保工程项目安全管理目标的落实，结合本项目工程的特点，建立项目安全保证体系，从思想上、组织上、制度上、技术上、经济上进行全面管理。安全保证体系如图 5-1 所示。

5.1.3 安全生产领导小组职责

（1）贯彻执行党和国家安全生产的方针、政策，督促各部门、各分部严格执行国家、行业安全生产法律法规、标准规范、上级和集团公司有关文件和要求，积极组织开展各种形式的安全生产活动，提高全项目安全生产管理水平。

（2）研究制定并组织实施本项目安全生产各项管理制度和安全生产操作规程，推动落实项目各部门和各分部岗位安全生产责任，确保完成本项目安全生产责任目标。

（3）每月定期召开一次安全生产例会，总结本项目上个月安全生产情况，分析本项目当前的安全生产形势，提出下个月安全生产工作重点和要求。

（4）每月定期组织安全生产大检查和安全隐患排查，及时发现和消除存在的各种事故隐患，对存在严重问题的分部按规定进行处罚、通报及责任追究。

（5）按规定及时报告生产安全事故，积极组织事故救援，配合有关部门进行事故调查，按照"四不放过"的原则对事故原因进行分析，以事故为教训对所有参建人员进行警示教育，采取切实措施预防类似事故再次发生，对有关责任人和责任单位按规定进行处理。

5 施工保证措施

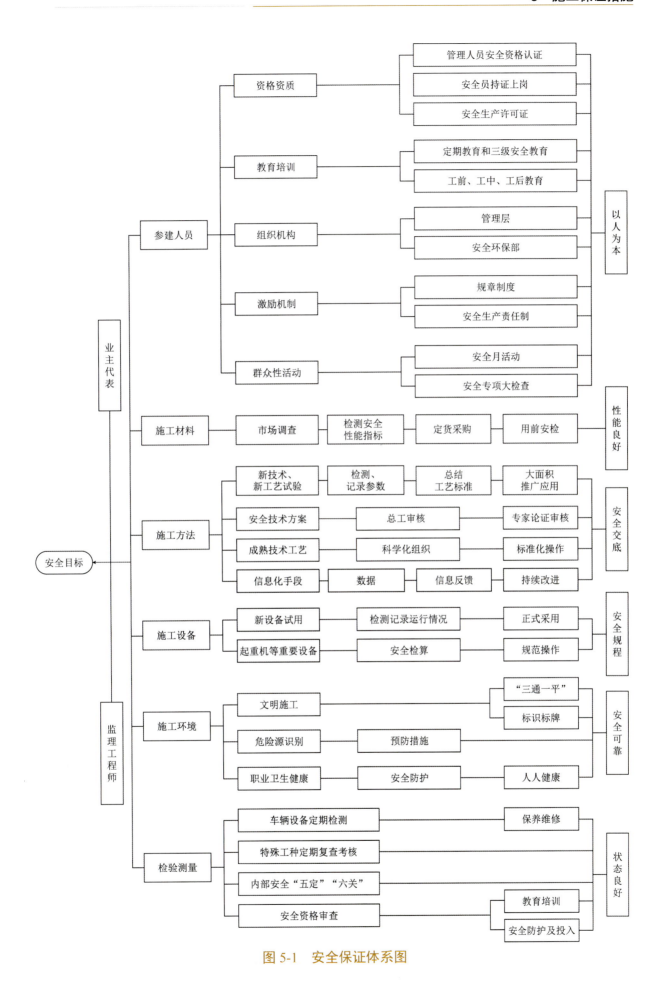

图 5-1 安全保证体系图

5.1.4 安全施工人员职责

1）项目经理安全职责

（1）代表企业主要负责人行使项目建设过程中的安全管理责任，是项目安全生产的第一责任人，对项目安全生产全面负责。

（2）贯彻执行国家安全生产方针、政策、法律法规和上级规章制度。

（3）组织制定项目安全生产规章制度、操作规程和全员安全生产责任制，并督促落实。

（4）建立健全安全监管机构，配备专职安全人员，充分发挥安全监管机构和人员的作用。

（5）负责项目安全生产和应急体系的建立，组织制定项目的生产安全事故应急救援预案。

（6）落实安全风险分级管控和隐患排查治理双重预防工作机制。

（7）组织制定并实施项目安全生产教育培训计划。

（8）督促、检查项目安全生产工作，及时消除各类安全隐患。

（9）保证项目安全生产投入的有效实施。

（10）及时、如实上报生产安全事故，组织应急处置、救援，配合事故调查处理。

（11）组织开展安全生产检查、考核、评比等活动，召开项目安全生产会议，分析安全形势，落实安全奖惩。

2）项目书记安全职责

（1）坚持"党政同责、一岗双责、齐抓共管"的原则，与项目经理共同对项目部的安全生产负责，同为项目安全生产的第一责任人。

（2）贯彻执行国家安全生产方针、政策、法律法规和上级规章制度。

（3）参与安全教育、培训、检查、考核、评比等活动，参与项目安全生产会议，分析从业人员的思想动态，参与应急预案（现场处置方案）等安全防范措施的制定。

（4）组织实施上级党组织开展的各项安全竞赛活动，践行企业安全文化。

（5）组织落实营区安全管理的各项措施。

（6）牵头负责职业健康管理相关工作。

（7）参与组织应急处置、救援、善后，配合事故调查处理。

3）项目副经理安全职责

（1）协助项目经理做好项目施工过程中的安全管理工作，实施现场安全标准工地建设管理工作，是项目安全措施实施的负责人。

（2）落实分管范围内的安全生产工作。

（3）落实项目各项安全管理规章制度，组织实施施工组织设计和专项施工方案的安全技术措施。

（4）协助项目经理排查治理安全隐患。

（5）发生事故时，组织救援和保护现场工作，并按规定报告事故，按"四不放过"原则落实整改措施。

4）项目安全总监安全职责

（1）协助项目经理建立健全项目安全管理体系，组织制定项目安全管理规章制度，组织安全生产总体策划和部署，监督检查项目安全生产工作，是项目安全监督负责人。

（2）负责综合协调和监督各部门落实安全生产责任，推进全员安全生产责任体系的有效运行。

（3）组织开展风险分级管控和隐患排查治理双重预防工作。

（4）负责对危大工程专项施工方案、安全技术交底的管理程序和执行情况进行监督。

（5）组织开展员工各类安全教育培训。

（6）组织开展安全检查，对大型施工设施、装备、设备、方案执行、安全防护措施、劳保用品等进行安全验收。

（7）监督安全生产费用的投入和使用。

（8）组织开展安全标准化、信息化等工作。

（9）协助召开安全生产例会，分析安全现状，提出改进建议。

（10）编制应急预案，并组织应急培训、演练。

（11）及时上报生产安全事故，参与或协助生产安全事故应急救援，配合事故调查处理。

5）项目总工程师安全职责

（1）对项目安全生产相关技术工作负分管领导责任，是项目安全技术保证的负责人。

（2）严格执行"先设计后施工，先变更后施工，按方案进行施工"的原则。

（3）组织编制施工组织设计和专项施工方案，并按规定组织评审、论证，组织进行安全技术交底，指导并监督执行，为项目安全生产工作提供技术支持。

（4）不断优化施工组织设计，保证施工组织设计中的安全技术措施切实可行，并监督实施。

（5）开展安全技术攻关活动，对新产品的设计、开发组织可行性分析和研究。采用"四新"技术时必须采取专门的安全教育和培训等措施，把好安全技术关。

（6）主持项目大型施工设施、装备和特殊安全防护设施的验收。

（7）参与辨识风险，组织风险评估，制定风险防范措施。

（8）参与项目安全生产检查，对存在的重大安全隐患制定整改方案。

（9）参与事故救援，配合事故调查处理，从技术层面分析事故原因，制定防范措施。

（10）法律、法规、规章规定的其他安全生产职责。

6）项目安质环保部长安全职责

（1）在安全总监领导下，组织落实项目各项安全生产工作，对施工过程进行监督检查。

（2）落实风险分级管控和隐患排查治理工作。

（3）负责制定安全教育培训大纲，并组织落实。

（4）编制安全生产费使用计划，并建立使用台账。

（5）负责组织对施工环境、职业健康及危险、有毒、有害气体等监测工作，并对数据分析、处置、防护等情况进行监督检查。

（6）负责安全检查，参与对大型施工设施、装备、设备、方案执行、安全防护措施、劳保用品等进行安全验收。

（7）负责开展各类安全生产活动和安全生产宣传工作。

（8）参与工程施工方案和"四新"技术开发应用及有关安全技术措施的研究制定。

（9）负责安全管理人员、特种作业人员、设备操作人员证件管理。

（10）负责安全标准化、信息化具体工作的落实。

（11）协助组织召开安全工作会议，对出现的安全生产问题进行追溯及分析，制定改进措施并组织实施。

（12）编制应急预案，并组织应急培训、演练。

（13）参与事故的调查、分析、处理，并负责上报安全事故月报。

7）项目工程技术部部长安全职责

（1）贯彻执行国家和上级的有关安全管理规定和安全技术规程。

（2）负责对工程的自身风险、作业风险进行识别，对项目风险进行评估。

（3）在编制施工组织设计、施工方案时，同时制定安全风险防控措施。

（4）负责编制落实危大工程专项施工方案、临时用电设计方案，负责组织安全技术交底。

（5）负责对超前地质预报、监控量测等数据进行分析、判别、处置、反馈等。

（6）参与安全隐患排查治理，对重大安全隐患从技术上分析原因，制定整改措施。

（7）负责项目应用"四新"技术的安全培训和安全技术交底。

（8）参与、配合安全事故调查。

8）项目财务部长安全职责

（1）落实安全技术措施和劳保用品所需的资金，做到安全生产措施费专款专用、依法合规。

（2）负责兑现安全生产奖惩。

（3）负责危险作业人员意外伤害险、安全生产责任险等投保工作。

9）项目物资设备部长安全职责

（1）负责所有施工机械设备的安全管理，定期进行检修、维保。

（2）负责所有机械设备的安全技术资料档案管理。

（3）制定专业安全技术培训计划，组织安全操作技术、操作交底。

（4）负责特种设备作业人员的管理，杜绝无证上岗。

（5）参与专项施工方案的制定和会审，配置满足方案需要的机械设备。

（6）负责安全器材，劳保用品的采购、使用管理。

（7）负责物资材料、构配件及工器具进场验收、标识，按安全标准堆码、储存。

（8）负责危爆物品安全管理。

10）项目经管部部长安全职责

（1）编制和下达生产计划时，应列入安全生产指标和措施要求。

（2）负责分包商的资信、能力、业绩和管理人员、特种作业人员证件的审核，并对进场人员进行履约检查。

（3）负责施工合同和安全协议的签订。

（4）负责分包商上场人员的动态统计和实名制管理工作。

（5）负责安全措施费的验工计价工作。

（6）法律、法规、规章规定的其他安全生产职责。

11）项目试验室主任安全职责

（1）负责工程有关试验方面的安全防护工作。

（2）负责各种原材料的试验、各种混合料配合比试验、过程试验、填写试验记录、出具试验报告。保持与监理工程师的联系，配合抽检试验。

（3）制定并执行试验仪器、设备的操作规程及维修、保养等管理制度，落实仪器、设备管理责任人，填写仪器使用档案，以确保试验工作的安全性。

（4）在施工过程中配合安质环保部对危险物品的鉴定工作。

（5）建立试验仪器和设备台账，使用档案。

（6）保持试验室环境符合规程要求，按照操作规程进行试验仪器操作，发现异常情况时及时进行检查，检定，保证仪器处于良好工作状态。

（7）法律、法规、规章规定的其他安全生产职责。

12）项目综合办公室主任安全职责

（1）负责安全文件的收发工作。

（2）组织购置、发放防暑降温物品，配置保暖、防寒设施。

（3）负责食堂管理，保证职工饮食安全。

（4）负责项目部生活区、办公区和乘用车辆安全管理。

（5）组织职业健康体检工作，并建立员工职业健康档案。

（6）积极参加职工安全生产教育和法制宣传教育，负责对项目安全生产情况进行宣传报道。

（7）法律、法规、规章规定的其他安全生产职责。

13）项目专职安全员职责

（1）对施工现场有关人员安全生产行为安全措施落实负有监督责任。

（2）严格执行各级安全法律法规和规章制度。

（3）编制项目各项安全管理制度和实施细则，并负责实施。

（4）掌握项目施工工艺中相关专业知识和安全生产技术，监督施工方案和安全规章制度的实施，参与相关计划或预案的制定和审核。

（5）负责对工程重点部位、关键环节和特种作业的跟踪检查，发现隐患及时报告处理。

（6）进行日常安全检查和巡查，参与安全检查和隐患排查，发现问题提出整改要求，并监督落实。

（7）配合开展项目全体从业人员的安全教育、培训、考核工作，如实记录安全生产教育培训情况。

（8）熟悉技术交底、安全技术交底及安全管理相关要求，监督施工现场按照技术交底、安全技术交底及安全相关要求进行施工。

（9）参与危险源辨识、安全风险评价工作，进行风险告知，及时反馈现场信息，为做好安全风险预判、预防、预控提供依据。

（10）制止和纠正违章指挥、强令冒险作业、违反操作规程的行为，对极易引发事故或险性事件的，有权勒令停工整顿，并及时报告项目领导处理，必要时，可越级向上级反映安全问题。

（11）对项目劳保用品、安全防护用品的采购、使用和管理进行监督检查。

（12）参加应急救援预案的编制，参与实施应急演练。

（13）报告安全事故，参与事故救援，配合事故调查。

14）项目班组长安全职责

（1）贯彻企业和本单位对安全生产的规定和要求，全面负责本班组（施工区域）的安全生产。

（2）发现危及人身安全的状况，立即组织人员撤离并报告。

（3）对作业中发生的险情、突发事件及时报告，组织事故初期应急处置并采取措施保护现场。

（4）每天召开班前会，开展班前安全教育，告知班组作业区域的主要安全生产风险点、防范措施和事故应急措施，做好技术交底。

（5）加强班组安全培训，督促班组人员熟知工作岗位存在的危险因素、防范措施及事故应急措施。

（6）严格执行本单位安全风险分级管控和隐患排查治理各项工作制度，组织开展班前、班中、班后安全检查或交接班检查，对班组作业区域进行安全风险隐患排查，落实安全防范措施，并做好相关记录。

（7）督促班组人员严格遵守本单位的安全生产规章制度和岗位安全操作规程，正确佩戴和使用劳动防护用品。

（8）法律、法规、规章以及本单位规定的其他安全生产职责。

15）作业人员安全职责

（1）作业人员自觉遵守施工现场安全生产管理制度和劳动纪律。服从工班的安全生产管理，不服从管理的，所有人员有权停止本人工作，由此所造成的损失，由本人承担。因不服从管理导致生产事故的，由个人承其担相应责任。

（2）作业人员本人为安全生产责任人，全面负责自身的安全生产工作，认真贯彻落实和学习项目部安全生产规章制度。

（3）上班必须真确佩戴和使用安全防护用品，做好"两穿一戴"[即穿项目部发的工作服（反光衣）、穿工鞋、戴安全帽]，安全帽必须将下颚帽带扣好。工装穿着必须得体，整洁，不准打赤膊、穿拖鞋、披衣、敞怀、挽裤腿。

（4）上班时间不准无故外出，禁止脱岗、串岗、打盹、睡觉、闲谈、玩手机、看书报等。禁止酒后上岗作业，做到饮酒不上岗，上岗不饮酒。

（5）外出或探亲必须执行请销假制度并做好记录，外出或探亲期间必须保证个人人身安全，要遵守交通规则，不得乘坐黑车，不得住黑店，不得食用路边摊食品，不得饮酒误事，电话开机，保持通信畅通。

（6）参加集体活动（如洗海澡、爬山、旅游、宴请等）时，要遵守安全规定，不得进行力所不及的活动（如不会游泳的下水游泳，未经训练攀岩、滑雪，过量饮酒等），不得单独行动，发现险情及时呼救。

（7）非专业人员，禁止触动电器设备的开关、仪表、仪器与各种闸阀，未经许可，禁止调整任何技术参数等。

（8）不准携带违禁物品、危险品、易燃物或其他与生产无关的物品进入生产或工作场所。

（9）认真学习项目部下发的安全相关文件，牢记安全生产制度，遵守安全操作规程，杜绝"三违"（即违章指挥、违章作业、违反劳动纪律）现象，做到"四不伤害"（即不伤害自己、不伤害他人、不被他人伤害、保护他人不被伤害）和禁止进入非本人作业区域。

（10）配合并支持安全检查，落实隐患整改措施，及时向工班长和上级领导反映本工种及相关工种存在的安全隐患和安全信息。提供事故的真实情况。

（11）有权拒绝违章指挥和强令冒险作业，如高空作业脚手架搭设无安全防护网、脚手板没有满铺、脚手板没有绑扎牢固、无爬梯或爬梯一步到顶、脚手架已经被项目部列为不合格且要求立即整改的、立体交叉作业互相有安全干扰的。发现直接危及人身安全的紧急情况时，必须停止作业或者在采取可能的应急措施后撤离作业场所。

（12）必须接受岗前安全教育，积极参加工前教育、工中检查、工后讲评的"三工"活动，有权拒绝施工工班未进行安全培训教育和安全技术交底而从事高危作业，如高空脚手架搭设、起重吊装作业等，建立个人安全教育培训档案。

（13）积极参加安全学习及安全培训，掌握本职工作所需的安全生产知识，提高安全生产技能，从事特种作业的必须经培训取得相应资格证书。

（14）项目及劳务队伍聘用的人员，必须接受岗前体检，男性年龄大于60周岁，女性年龄大于50周岁，身患心脑血管病等疾病、职业禁忌和职业病的，不得上岗作业。聘用人员必须接受岗中体检和离岗体检。

（15）发生生产安全事故后，事故现场有关人员应当立即报告本单位负责人。发现事故隐患或者其他不安全因素，应当立即向现场安全管理人员或者本单位负责人报告。

（16）熟悉本岗位的安全生产风险和应急处置措施，发现直接危及人身安全的紧急情况时，有权停止作业或者在采取可能的应急措施后，撤离作业现场。

（17）熟练掌握应急逃生知识，提高互救自救能力。

（18）法律、法规、规章以及本项目规定的其他安全生产职责。

16）特种作业人员安全职责

（1）自觉接受专业安全教育和安全技术培训，经主管部门考核合格，取得相应工种的操作资格证书，持证上岗。

（2）熟悉本工种所操作的设备、器具、器材性能，并能熟练操作。

（3）正确使用防护用品、安全设施、工具及安全标志。

（4）服从分配，坚守岗位，严格遵守操作规程。

（5）经常检查本岗位的工作环境及所使用设备、工具的性能并及时保养维护，使其处于良好的技术安全状态。

（6）及时发现、分析和处理各种安全隐患，及时消除隐患或提出治理建议。

（7）及时如实报告安全事故并保护现场，参与救援和配合调查。

5.1.5 安全制度

1）安全教育培训制度

为认真贯彻"安全第一，预防为主、综合治理"的方针，加强员工安全培训教育工作，增强员工的安全意识和安全防护能力，减少伤亡事故的发生，根据住建部《建筑业企业职工安全培训教育暂行规定》的要求，结合项目生产实际，制定项目部安全培训教育制度。

（1）根据年度安全施工生产需要，由安质环保部制定本项目部年度安全教育培训计划。

（2）项目部员工必须定期接受安全培训教育，必须先培训，后上岗的制度。

（3）项目员工每年必须接受一次专门的安全培训。

①项目经理每年接受安全培训的时间，不得少于30学时。

②专职安全管理人员除通过学习培训取得岗位合格证并持证上岗外，每年还必须接受安全专业技术业务培训，时间不得少于40学时。

③其他管理人员和技术人员每年接受安全培训的时间不得少于20学时。

④特殊工种（包括电工、焊工、架子工、机械操作工、起重工、指挥人员等）在通过专业技术培训并取得岗位操作证后，每年仍需接受有针对性的安全培训，时间不得少于20学时。

⑤其他员工每年接受安全培训的时间，不得少于15学时。

⑥待岗、转岗、换岗的员工，在重新上岗前，必须接受一次安全培训，时间不得少于20学时。

（4）施工人员进入施工现场，进行"三级"安全教育和培训，经考核合格后，方能上岗，培训时长不得少于24学时，每年再培训时间不得少于8学时。

①一级为项目经理部安全教育培训。内容包括：一般教育（桥梁施工的特点、桥梁施工给劳动者安全带来的不利因素、当前的安全生产情况）；安全生产法规和安全知识教育（建筑法、消防法、宪法、刑法等相关法律的有关条款，交通运输部颁布的企业安全生产

条例、规定，关于重伤事故范围的意见，地方政府、主管部门、业主和监理单位发布的有关安全生产规定，项目部的有关安全生产管理办法及安全生产操作规程等）；工程施工时容易发生的伤亡事故及其预防。

②二级为部门安全教育培训。内容包括：《安全技术操作规程》的有关规定；桥梁工程现场的安全管理规定细则；在建工程基本情况和必须遵守的安全事项等。

③三级为班组安全教育培训。内容包括：本班组生产工作概况、工作性质及范围；个人从事生产工作的性质，必要的安全知识，各种机具设备及其安全防护设施的性能和作用；本工种的安全操作规程；容易发生事故的部位及劳动防护用品的使用要求等。

（5）项目部与各班组负责人针对施工作业和施工特点，及时抓好对在场职工特殊天气（冬季、雨季）及节假日前后安全生产教育，做到不违章操作。

（6）项目部必须建立员工的安全培训教育档案，没有接受安全教育的职工，不得在施工现场从事作业或者管理活动。

（7）职工安全培训，应当使用经国家各行业安全主管部门审定的大纲和教材。

（8）开工前，对全体职工进行针对工程技术措施、施工方案、方法、工艺、质量标准的教育，以及重点、难点工程的安全和技术培训工作。

（9）在采用新设备、新工艺、新材料、新技术时，首先对直接接触和从事该项工作的人员进行具体的方法、性能、规程等的技术培训，然后再上岗。

（10）项目部定期培训各级管理人员，提高政策水平，熟悉安全技术、劳动卫生业务知识，做好安全生产工作。培训主要内容：安全生产的重大意义；国家有关安全生产、健康与环境卫生方面的方针、政策、规定；安全生产法规、条例、标准。施工生产的工艺流程和主要危险因素以及预防重大伤亡事故发生的主要措施；项目安全生产的规章制度、安全纪律以及保证措施；各级领导在安全生产中的职能、任务以及管理方法；编制、审查安全技术措施计划，以及施工组织设计安全技术措施的基本知识等。

（11）在做好对普通工种、特种作业人员安全生产教育和各级领导干部、安全管理干部的安全生产培训的同时，把经常性的安全教育贯穿于管理工作的全过程，并根据接受教育的对象的不同特点，采取多层次、多渠道和多种方法进行。内容包括：安全生产宣传教育、普及安全生产知识宣传教育、适时安全教育等。

2）安全检查制度

安全检查分为定期和不定期检查与节假日检查。

安全检查是安全管理工作的重要内容，是消除隐患、防止事故、改善劳动条件的重要手段，是促进企业安全生产行之有效的措施。通过安全检查可以发现施工现场在生产过程中的不安全状态、潜在的危险，人为因素等，以便采取措施，保证施工生产的正常进行。

（1）定期检查：每月检查一次（具体日期根据现场情况），由项目部安全领导小组成员对所属单位进行检查。

（2）不定期检查：由项目部安全员进行检查，所属各单位安全员协助此项工作，检查的内容与定期检查一样，也可有针对性的检查某项或几项。安全检查当中有不符合安全规定的，责令限期整改。

（3）节假日专项检查：在国家法定的节假日前，对施工现场进行安全大检查，主要检查施工现场的危险品的使用、领用、退库手续是否健全，各施工队的执行情况。

（4）安全检查的内容：

①检查各级领导和职工对安全生产的认识以及贯彻国家安全生产法律、法规、方针政策的情况；

②检查所属各施工队安全组织机构是否健全，人员配备是否合理，规章制度是否齐全及其执行情况是否到位；

③三级安全教育、安全生产责任制的落实情况；

④特种作业人员的持证情况和特种设备的安全管理情况；

⑤日常安全管理工作以及班组安全活动情况；

⑥查危险品的使用和管理情况；

⑦查施工现场存在的安全隐患、作业人员的不安全行为和物品的不安全状态；

⑧查施工现场的机械设备运行情况和日常保养情况；

⑨查对安全隐患的整改落实情况；

⑩查事故处理、工伤事故是否按照"四不放过"的原则严肃处理。

（5）检查方法：

①常规检查：对作业人员的行为、作业场所的机械设备、设施等进行的定期检查。

②对照安全检查评分表检查：安全部编制安全检查评分清单，对照安全检查清单的内容进行安全检查，施工单位与安全检查评分清单中不附的或工作做不到位，存有安全隐患，经项目部安全工作领导小组鉴定无误，安全管理部将开出定期整改通知书，并根据项目部安全管理评分办法进行扣分，在月底的综合评分办法中扣除兑现安全工作管理基金。

③通过和有关人员的访谈、查阅文件和安全工作记录等、查看安全工作内业方面是否工作是否健全，是否有人管理安全工作和单独存放安全工作资料。

3）安全技术交底制度

为使职工在各分项工程施工和不同工种作业中都能明了各自的工作环境和施工特点

及应采取的安全措施，特制定本制度，望遵照执行。

（1）开工前必须进行安全技术交底；公布现场"七牌二图"[施工现场平面布置图、工程立面（或效果）图、工程概况牌、入场须知牌、安全生产牌、文明施工牌、施工现场管理制度牌、管理人员名单及监督电话牌、消防责任牌]，公布本工程安全技术措施及安全生产指标。

（2）安全技术交底应向下分级进行，最终落实到操作人员。

（3）安全技术交底必须有针对性、指导性及可操作性，交底双方需要书面签字确认。

（4）分部分项工程书面安全技术交底，由项目专业工程师向各工种班组长交底，并履行书面手续。安全技术交底必须定期或不定期地分工种、分项目、分施工部位进行。

（5）各级安全技术交底工作必须按照规定程序进行，并履行书面交底签字手续；接受交底人必须全员在书面交底上签字确认，相关责任人各执一份。

（6）工长向作业班组交代任务时，必须进行安全技术交底，班组长每天要向工人进行工（班）前安全讲话，对每天作业的施工要求、作业环境等进行安全交底，并做好记录，履行签字手续。

（7）各工种应以各工种特殊要求制定出防火、防坠落、防物体打击、防机械伤害、防触电等各针对性的安全技术交底，并向其进行书面交底并由被交底人在交底书上签字检查。

（8）各施工班组及各工种在没有安全技术交底前有权拒绝上岗，凡强迫职工上班者，视情节轻重，严肃查处。

（9）固定场所工种可定期交底，非固定作业场所工种可按每一分部工程或定期交底，新进场工人（班组）必须交底后再上岗。

（10）工程项目出现以下情况时，专业工程师必须及时对班组进行新的安全技术交底，内容包括：

①实施重大和季节性技术措施；

②更新仪器、设备和工具，推广新技术、新工艺，使用新材料；

③发生因工伤亡事故、机械损坏事故及重大未遂事故；

④出现其他不安全因素和安全生产环境发生变化。

（11）项目安全管理部门负责监督安全技术交底的执行情况，并对安全技术交底书进行备案。

（12）安全技术交底涵盖以下内容：

①工程名称；

②施工单位名称;

③施工班组名称或隶属分包单位名称;

④分部分项工程名称;

⑤施工部位;

⑥施工环境简介(要说明危险点、危险源);

⑦针对危险点采取的防患措施;

⑧有关安全操作规程和防护标准;

⑨施工安全纪律;

⑩一旦发生事故如何采取避险和急救措施。

4)劳保用品管理制度

为加强对劳动防护用品的采购、验收、储存,发放范围、使用时间等管理,有效保障职工的安全与健康,制定以下制度。

(1)物资部门在编制劳动防护用品计划时,须经项目经理审核同意后,方可实施。

(2)物资部门应到国家定点经营单位或企业购买劳动防护用品和特种劳动防护用品。

(3)采购部门在购买过程中,应要求经营或生产方提供出示劳动防护用品生产许可证和生产检验合格证。在采购特种防护用品时,应要求经营或生产方提供出示生产许可证编号,产品合格证和安全鉴定证。

(4)劳动保护用品入库前,采购部门应会同安全质量监察部门,对入库的劳动防护用品进行验收后,方可办理入库手续。

(5)仓库保管部门应对劳动防护用品实行验收、发放、保管,定期检查,并实行失效报废制度,从而保证劳动防护用品的发放质量。油料仓库由专人进行看管,并与施工建筑物的安全距离不小于50m。

(6)使用劳动防护用品的单位,要教育指导职工,按照劳动防护用品使用规定和防护要求,正确使用劳动防护用品,使用者要在使用前对其防护功能进行必要的检查。

(7)劳动防护用品发放的原则:

①项目部必须严格按照国家规定为劳动者免费发放劳动保护用品,更换已经损坏或已到使用期限的劳动保护用品,不得收取或变相收取任何费用;

②项目部应根据作业人员的生产特点和劳动防护的需要,对不同工种、不同生产环境发给不同的防护用品;

③对相同工种,因工艺、设备、材料、环境不同,防护用品发放也不同。

(8)劳动防护用品发放要求。发放领用劳动防护用品,要从实际出发,按照"实用节约"的原则,不准扩大或缩小发放范围,要杜绝变卖防护用品的现象,对不执行劳动防护用品管理规定的单位或个人,要依法追究用人单位负责人及有关人员的责任。

(9)物资部要建立劳动保护用品的使用台账,并详细登记劳动保护用品的采购、验收、保管、发放、使用、更换、报废等记录。且劳动保护用品的使用台账保存期限不得少于两年,以保证劳动保护用品的质量具有可追溯性。

(10)安全质量监察部定期对各项目部施工现场劳动保护用品的使用情况进行监督检查。发现有不使用,或使用不符合要求的劳动保护用品的违章行为的,视情节轻重给予经济处罚。

5)起重设备安全管理制度

(1)起重机械安装必须选择持有建设行政主管部门颁发的起重机械安装资质和安全生产许可证的单位。

(2)安装单位安装前应具备以下的资料和手续:

①安装单位的资质证、安装人员的资格证;

②安装方案、安全保证措施;

③安装合同协议书及各方的安全责任。

(3)安装单位在安装起重机械前,安装区域应设置警戒线,划出警戒区,由专人进行监护。安装单位应当在设备投入使用前将有关安装工程资料移交使用单位,使用单位应将其存入工程项目安全技术资料档案中。

(4)起重机械安装结束后,安装单位应按照安全技术规范及技术说明书的有关要求对起重机械进行自检和调试,自检合格后申请特种设备监督管理部门核准的检验检测机构进行验收检验,未检验和检验不合格的起重机械不得投入使用。

(5)起重机械实行定期检验制度,其周期为两年。包括新设备首次启用;经大修、改造的;若遇可能影响其安全技术性能的自然灾害或者发生重大机械事故,以及停止使用一年以上再次使用的起重机械,应在验收检验合格后方可使用。

6)特种作业人员持证上岗制度

《建设工程安全生产管理条例》第二十五条规定:垂直运输机械作业人员、安装拆卸工、爆破作业人员、起重信号工、登高架设作业人员等特种作业人员,必须按照国家有关规定经过专门的安全作业培训,并取得特种作业操作资格证书后,方可上岗作业。

特种作业人员必须按照国家有关规定经过专门的安全作业培训,并取得特种作业操作资格证书后,方可上岗作业。专门的安全作业培训,是指由有关主管部门组织的专门针对特种作业人员的培训,也就是特种作业人员在独立上岗作业前,必须进行与本工种相适应的、专门的安全技术理论学习和实际操作训练。经培训考核合格，取得特种作业操作资格证书后，才能上岗作业。特种作业操作资格证书在全国范围内有效，离开特种作业岗位一定时间后，应当按照规定重新进行实际操作考核，经确认合格后方可上岗作业。对于未经培训考核从事特种作业造成重大安全事故，构成犯罪的，对直接责任人员，依照刑法的有关规定追究刑事责任。

7）消防安全管理制度

（1）认真贯彻"消防为主、防消结合""谁主管，谁负责"方针。

（2）施工现场总平面布置图、施工方法和施工技术均应符合消防安全要求。

（3）建立防火领导小组，落实防火责任制，现场做好防火标志和宣传。施工现场用火必须严格明火作业审批，许可后方可作业，并应有防火监护人。

（4）电焊工必须持证上岗，并严格遵守电气焊操作规程，任何领导人不能以任何形式纵容焊工进行冒险作业。开工前按施工组织设计防火措施需要，配置相应种类数量的消防器材设施。

（5）乙炔瓶、氧气瓶严禁暴晒、撞击。瓶嘴不准接近任何带油物。乙炔瓶与氧气瓶存放距离不小5m，操作点与乙炔瓶，氧气瓶不能上下垂直作业。

（6）易燃物与职工食堂等处的明火应保持不少于25m的距离。物资仓库应有禁烟牌，易燃物及时处理。

（7）在仓库和生活区配备种类、数量合适的灭火器，并在临时集中的地方设置专供消防的水池、砂池。

（8）禁止使用电炉及大容量灯具烘烤，不准随意乱接电源等。现场要明确规定吸烟点，非吸烟点严禁吸烟。

（9）经常对职工进行消防知识教育，组织防火检查，发现不安全因素及时采取措施消除。

（10）定期向职工进行防火安全教育和普及消防知识，提高职工的防火警惕性。

（11）定期实行防火安全检查制度，发现火险隐患必须立即消除，对于难于消除的隐患必须采取有效的防治措施。

（12）对违反规定造成火灾的有关人员要进行处罚，情节严重的应依法追究刑事责任。

8）安全生产、文明施工奖罚制度

为了促进安全生产、文明施工工作，加强各部门、各级人员搞好安全生产、文明施工的责任心，提高工作积极性，制定以下奖罚制度。

（1）各部门必须按照国家的方针、政策、法规以及地方建筑行业行政主管部门及安监站的要求，做好安全生产、文明施工的工作。

（2）工程项目开工前，由项目经理代表项目安全生产、文明施工责任小组签订安全生产、文明施工目标管理责任书，明确各项安全生产指标。

（3）项目部在施工过程中，必须重视安全生产、文明施工工作，做好安全生产、文明施工的资料收集、归档工作。项目完成后，按考核办法给予奖罚。

5.2 技术措施

5.2.1 提梁作业安全技术保证措施

（1）吊点设在梁端腹板内侧，吊点面积不小于460mm×380mm。

（2）存梁支点应设置在梁腹板下，距梁端距离≤1.5m。

（3）运输支点应设置在梁腹板下，距梁端距离≤3m。

（4）在吊梁、发梁过程中，应保证各吊点或支点受力均匀，各种工况下，梁体四支点应位于同一平面，误差不应大于2mm。为此，设计并建造足够刚度的存梁台座，控制四支承点高程精确度保证在要求范围内，存梁过程中经常进行受力监测，确保四个支撑点受力均匀。做好存梁台座周边的排水，防止基底软化沉降。及时检修搬运梁机的液压、电动、行走等关键部位，确保设备处于良好状况，防止故障发生。

（5）对制梁承重基础的保证措施：存梁台位等在使用前应进行测量检查，并做好检查记录，进行控制，使其达到使用要求；经过一个循环过程后，对其沉降情况再进行测量，对不符合要求的，要经重新处理后方可使用。

5.2.2 箱梁运输安全技术保证措施

（1）所用操作人员必须是经过培训并合格的人员，操作员必须在年龄、心理和生理上都适合操作运梁车，并且对运梁车的各种性能非常熟悉。司机必须严格遵守操作规程，严禁酒后驾驶。

（2）运梁车只有在所用功能运转正常时才能使用。

（3）不得改变运梁车的功能、性能参数和部件，不得将低位运梁车用于其他运输用途。

（4）严格遵循运梁车的组装、使用和维护要求，以使运梁车的部件和结构无损、工作性能及运转均正常。

（5）严格遵守运梁车上及司机室内的安全警告指示和防止意外事故的安全措施。行驶前确定运输路线上无障碍物；开始行驶时，警告现场的无关人员；在接近目标和定位时，放慢运行速度。

（6）司机离开司机室时，要进行停车制动。

（7）运梁车运行中出现任何错误或问题时，立即停止使用并报告负责人员，由负责人员组织对运梁车进行检查和测试。

（8）严格遵循运梁车定时保养、检修原则，并记录下所有的检查数据和备注情况（包括制动器、限位开关等）。

（9）在开始运行前，应对运梁车的制动器和紧急限位开关进行检查。

（10）当所有安全保护装置正常运转时，才可以使用运梁车。严禁破坏、不使用或不正确使用安全装置。

（11）箱梁在移动、运送、存放及装车过程中，必须按规定的位置设置支点。

（12）运梁车装箱梁起步应缓慢平稳，严禁突然加速或紧急制动。重载运行速度控制在3~6km/h，曲线、坡道地段应严格控制在3.0km/h以内，当运梁车接近架桥机时应停车，在得到指令后才能喂梁。

（13）在发现运梁车出现故障或正处在危险情况下或需立即停车，司机要立即按下紧急制动按钮；运梁车经技术检测后，司机确定导致故障的原因已解决，并确定没有危险后重新启动。

5.2.3 箱梁架设安全技术保证措施

（1）前方作业由一名分项目负责人指派专人负责，机上作业由机长单一指挥，机组人员必须分工明确。由机械管理人员和安监人员建立和完善各岗位操作规程和安全岗位责任制并监督其贯彻执行。桥梁架设过程中，严格遵守架桥机架梁规程和使用说明书的有关规定。

（2）架桥机动机作业前，负责架梁的施工指挥人员要带领工程技术人员对线路状态、高架线、途中障碍等周边情况全面检查。架桥机桥头对位前应对照"程检表"等技术资料对路基、桥台、桥墩的工程质量和技术数据进行认真的检测，确认无误后方可施工。

（3）架桥机通过路基或现浇梁时，要求承载位置达到设计标准，断面宽度、路基护坡完成，表层级配碎石按设计完成，压实密度达到设计文件的要求，平整且均质性好，桥台与台后路基高差用级配碎石顺平。

（4）确认运梁车所通过的线路和结构允许承受运梁车的荷载，在新建的路基上运行时，运梁车的接地比压不得超过路基的允许承载能力。

（5）运梁线路填筑要达到路基质量要求，其纵向坡度不大于2%，横向坡度（人字坡）不大于3%，最小曲率半径不小于运梁车允许半径，清除走行界限内障碍物。

（6）架梁作业要认真做好安全保卫工作。为了防止干扰架梁和发生人身安全事故，架梁作业区在拉好安全线后禁止闲杂人员进入。

（7）根据桥梁架设施工特点和现场实际，制定安全预检制、线路负责制、架桥机防护制、架梁地区安全防护制、电气防护制、架梁作业人员人身安全防护制等制度，并确保其贯彻执行。

（8）当最大风力超过6级时停止架梁，横向风力超过5级时停止对位。

（9）架桥机到达工地后，随机负责人应立即向工地负责人汇报架桥机的机况和架桥情况，并组织人员对桥墩台进行认真检查，确认符合标准后，方可进行架梁作业。如有不良处所应向工地负责人报告。

（10）当有妨碍架桥机安全的施工安排和违章作业时，架桥机组人员有权提出改进意见、要求，采取紧急措施；必要时可停止架梁工作，以确保安全生产。

（11）架梁时，吊装、运输工作频繁、危险性大，在施工作业过程中必须严格执行起吊、运输的有关规程，确保桥梁在吊装、运输过程中的绝对安全。

（12）轮轨提架设桥梁时，严格按照有关规定施工，不得随意简化作业程序。运输箱梁时，必须由专人对提梁机进行监护，特别是走行线线路质量必须达到标准，两台提梁机走行和提升速度必须一致，提升箱梁过程须由专人统一指挥。

（13）架桥机在大坡道行走、对位或停止时，应严防制动不足而发生溜放事故，对此应派专人在两侧随行，做好跟踪检查。

（14）所有运转部件在工作前应进行间歇性试运转，检查转动方向是否正确。

（15）检查各种起重零件，包括钢丝绳、卡环、轧头、吊钩等的工作情况。

（16）检查各种电器设备，包括发电机、电动机、开关、线路、信号指示等，其性能应可靠、准确。

（17）运输、架设箱梁前必须对通信联络设备进行检查，确保性能良好。

（18）机组操作人员作业时必须佩戴安全帽，并使用相应的劳动保护用品。

（19）架桥机须进行技术交底，操作人员必须服从指挥、团结协作、明确岗位、忠于职责、精心操作，安全完成架梁任务。

（20）每次交接班均应填写好《机械运转及交接班记录》。

（21）箱梁架设前要对发包方提供的所有墩顶平面、高程位置进行全面贯通测量，确保架梁顺利进行。根据墩顶上的测量位置标志，全面复测桥墩中线位置及方向、墩间跨距、高差，在复测合格的基础上放设支座平面、高程位置：平面位置误差小于10mm，跨距误差小于5mm、墩顶高程误差小于10mm，相邻墩顶相对高差小于5mm。用精密水准仪进行箱梁支座的放样，支座位置放样精度满足相关规范要求，支座四角高差小于±2mm。

（22）架梁前应做好支座安装前的准备工作，检查墩台支承部位尺寸、墩台顶预留螺栓孔位置、跨长偏差、支座的安装高程等。进行支座安装时，应先分清楚固定支座、多向活动支座、横向活动支座、纵向活动支座的类别，支座安装应符合固定端和活动端的设计规定。安装支座时，将支座整体（除密封件外）安装在梁底上，不得拆开安装。

（23）为保证梁体架设时四支点受力均匀，落梁时应采用千斤顶控制各支座反力，各支座反力间误差范围应小于5%；顶梁位置应在腹板以下或靠近梁端支座内侧。当在支座内侧顶梁时，对32m梁千斤顶横向中心距≥3.1m，对24m梁千斤顶横向中心距≥3.3m，纵向距梁端距离为0.75m。顶梁时应在千斤顶上面加垫600mm×600mm×40mm厚的钢板，顶梁过程中要缓慢进行，防止因千斤顶受力不均造成梁体侧翻或损坏。

（24）检查支座的安装位置是否正确，所有支座螺栓是否已经紧固；然后安装密封橡胶和钢围板，对支座四周的砂浆进行整固，将墩台表面清理干净。

（25）支座灌注的注浆材料强度不应低于垫石混凝土的设计强度，注浆压力不小于1.0MPa。待浆体填实并达到强度后方可落梁。箱梁就位后，四个支座应受力均匀。为提高灌浆料的强度，冬季需采取覆盖、烘烤等措施保温。

（26）箱梁架设后，对外观进行检查，保证梁端面平齐，梁缝符合要求，两侧外缘平直圆顺。如不符合要求，将箱梁提升，重新进行对位落梁。

（27）架桥机安全操作规程。

作业前：

①作业前必须严格认真交接班；

②接班人员应共同对主要安全装置进行检查；

③操作者必须确定本人在安全状态，设备也在良好状态；

④操作者必须确定没有闲杂人员逗留现场，其他人员没有处于危险状态中；

⑤操作者必须确定工作区无障碍物，确保起吊、操作和行进具有足够的空间；

⑥操作者必须检查制动器、限位开关、紧急制动开关；

⑦检查泵站及液压缸压力表读数处于在控制范围内；

⑧检查钢丝绳处理张紧状态，卷筒、滑轮内钢丝绳缠绕正常；

⑨检查发动机、电器装置和所有机件处于完好状态后，将控制柄处于零位，鸣铃后方可开机。

作业中：

①禁止吊运区内有游人的情况下起吊荷载，禁止在载荷悬吊的情况下操作人员离开；

②禁止触摸正在旋转的滑轮、移动的钢丝绳及起吊状态下的吊具；

③禁止起吊荷载在空中长时间停留，禁止人员在悬吊的荷载下穿行、停留；

④禁止起吊超过额定能力的载荷，禁止在荷载不平衡时起吊；

⑤禁止用架桥机拖拉牵引翻转重物；

⑥禁止用架桥机起吊与地面连接的荷载；

⑦禁止用钢丝绳直接吊装荷载；

⑧禁止将吊具放在地上或被起吊的重物上；

⑨禁止多部操作时快速变化步骤；

⑩按照操作程序进行操作；

⑪作业过程中对重要部分进行监视运行；

⑫架设过程中必须保证主梁的水平度、垂直度；

⑬操作人员一旦发现其他人有危险，必须紧急制动架桥机；

⑭架桥机发现异常或部件损坏，必须停机；

⑮起吊时不允许滑轮撞击架桥机；

⑯实际起吊速度不允许超过额定起吊速度；

⑰起吊时检查起吊装置是否位于垂直平面位置，使其平衡；

⑱架桥机运行时避免和其他物碰撞；

⑲架桥机行驶过程中，接近桥梁或接近终止位置时应减速；

⑳运行期间，应有专人监护。

作业后：

①架桥机停止工作后，必须将停机制动器处于工作状态；

②吊钩升起，所有控制手柄处于零位；

③按规定进行保养；

④派专人看护。

（28）架桥机过孔注意事项：

①过孔前灌浆强度必须大于 20MPa；

②下导梁前、后支腿应按照技术要求垫好；

③架桥机临时前行轨道应保持垂直，防止后台车行走轮损坏；

④后支腿监护要注意观察后台车行走机构是否正常运转，辅支腿监护要注意观察行走机构是否正常运转及链条是否可靠，前吊梁及下导梁天车监护要注意观察链条及电缆拖链是否可靠；

⑤前吊梁行车、辅助支腿反挂配合纵移下导梁时，要注意下导梁中心位置不得超出设定位置，防止倾覆；

⑥纵移过孔前应检查架桥机各功能动作，运行轨道有无障碍物等，检查合格后方可

过孔；

⑦架桥机组装后运行通过高压线时，运行速度不应超过 5km/h；

⑧特殊工况施工按照专项施工方案进行操作。

5.2.4 高处作业安全技术保证措施

（1）高处作业中所用的物料，均要堆放平稳，不妨碍通行和装卸。

（2）高处作业必须按规程搭设安全网；作业人员佩戴安全帽、安全带等防护用具。

（3）高处作业人员必须精力集中，不得嬉闹，酒后严禁高处作业。

（4）作业时，工具要随手放入工具袋，走道、通道板和登高用具要随时清扫干净；拆卸下的物件及余料和废料均要及时清理运走，不得任意乱置或向下丢弃。高处作业所有料具应放置稳妥，传递物件禁止抛掷。

（5）严禁人员跟随起重物上下。

（6）高处作业采用统一的信号与地面联系。

（7）高处作业时应与输电线路保持安全距离，遇有恶劣天气停止作业。

（8）上下交叉作业必须采取隔离措施。

（9）防护用品要穿戴整齐，裤脚要扎住，戴好安全帽，不穿光滑的硬底鞋，要佩戴有足够强度的安全带。

（10）夜间不宜进行高处作业。

（11）攀登用具，结构构造上必须牢固可靠。

（12）梯脚底部应坚实，梯子不得垫高使用，梯子的上端要有固定措施。

（13）立梯工作角度以 75°±5° 为宜，踏板上下间距以 30cm 为宜，并不得有缺档。折梯使用时上部夹角以 35°~45° 为宜，铰链必须牢固，并有可靠的拉撑措施。

（14）使用直爬梯进行攀登作业时，攀登高度以 5m 为界宜。爬梯高度超出 2m 加设护笼；爬梯高度超过 8m，设置梯间休息平台。

（15）作业人员从规定的通道上下，上下梯子时必须面向梯子，且不得手持器物。

（16）攀登的用具，结构构造上必须牢固可靠。

（17）箱梁架设施工区域应标示明显的安全标志，禁止非操作人员进入。

（18）进行高空焊接、气割作业时，要事先清理火星飞溅范围内的易燃、易爆物，或将其进行可靠隔离。

5.2.5 安全用电技术保证措施

（1）安装、维修或拆除临时用电工程，必须由专职电工完成；电工必须持证上岗，实行定期检查制度，并做好检查记录。

（2）检修电气设备时应停电作业，电源箱或开关手柄应悬挂"有人检修，严禁合闸"的警示牌，或设专人看管。必须带电作业时应经有关部门批准。

（3）照明电线要绝缘良好，导线不得随地拖拉或绑在脚手架上。照明灯具的金属外壳必须有效接地。室外照明灯具距地面不低于3m，室内距地面不低于2.4m。开关箱与用电设备实行"一机一闸保险"，箱内开关电器必须完整无损，接线正确，并设置漏电保护器。

（4）作业人员严禁带电操作，要正确使用电工器具，遵守安全操作规程；电动工具的电源连接线，必须按其容量选用无接头的铜芯橡皮护套软电缆。

（5）发电机组电源应与外接电线路电源互锁，严禁并列运行供电，发电机组应设置短路保护和过载保护。

（6）电气设备或线路发生火情时，应首先切断电源；在未切断电源之前，严禁使身体接触导线或电气设备，严禁用水进行灭火。

（7）发生人身触电时，应立即切断电源，方可对触电者做紧急救护。严禁在未切断电源之前与接触着直接接触。

（8）电气装置遇跳闸时，应查明原因排除故障后，方可在进行合闸，严禁强行合闸。

5.2.6 机械伤害安全技术保证措施

（1）强化安全教育，提高安全防护意见，提高工人操作技能。

（2）正确使用安全"三宝"（安全帽、安全带和安全网）。

（3）合理组织交叉作业，采取防护措施。

（4）拆除作业有监护措施，有施工方案，有交底。

（5）起重吊装作业制定专项安全技术措施。

（6）对起重吊装工进行安全交底，落实"十不吊"措施。

①超载或被吊物质量不清不吊；

②指挥信号不明确不吊；

③捆绑、吊挂不牢或不平衡，可能引起滑动时不吊；

④被吊物上有人或浮置物时不吊；

⑤结构或零部件有影响安全工作的缺陷或损伤时不吊；

⑥遇有拉力不清的埋置物件时不吊；

⑦工作场地昏暗，无法看清场地、被吊物和指挥信号时不吊；

⑧被吊物棱角处与捆绑钢绳间未加衬垫时不吊；

⑨歪拉斜吊重物时不吊；

⑩容器内装的物品过满时不吊。

（7）安全通道口、安全防护棚搭设双层防护，符合安全规范要求。

（8）加强安全检查，严禁向下抛掷。

（9）材料堆放控制高度，特别是临边作业。

（10）高处作业应进行交底，工具入袋，严禁抛物。

5.2.7 质量保障措施

（1）定期进行质量教育，使全体员工从思想上树立"质量是企业生命"的观念。

（2）严格实行"质量一票否决"制度。

（3）严格做好施工前的技术交底工作，要求每个施工人员都了解施工流程、施工方法。

（4）加强施工过程控制，层层落实岗位责任制，把责任落实到人。

（5）坚持"三检"制度，不放过任何质量漏洞。

5.2.8 季节性施工保障措施

1）夏期架梁保证措施

（1）在高温条件下施工，应密切注意施工人员身体状况，防止中暑事故发生，应配备仁丹、藿香正气水等防暑药品。如果有人员中暑，应及时送往医院。

（2）由于在高温条件下施工，砂浆的浆体流动度损失较快，因此需要采取降温措施。一般在气温高于35℃时，需要采取降温措施。在搅拌时，搭置遮阳伞，避免搅拌机及其他搅拌设备、砂浆材料温度过高；必要时，现场准备冰柜，制备冰水作为搅拌水，也可以将搅拌机和材料放到箱梁内部，进行搅拌和灌注。

2）冬期架梁保证措施

（1）清除运梁道上的冰雪，清除锚栓孔内及支承垫石面上的冰雪，严禁将支座安放在有薄冰层的垫石上。

（2）进行锚栓孔、支承垫石顶面与支座底面间隙的重力灌浆施工应符合冬季施工有关规定，并采取可靠的保温防冻措施。

（3）运架梁设备发动机、液压系统应采用冬季施工同等温度下的柴油、润滑油、液压油。

3）冬期施工支座灌浆质量保证措施

（1）当昼夜平均气温低于5℃或最低气温低于0℃时，按冬期施工处理。气温低于0℃施工时可以不预湿或在灌浆前用少量热水喷湿。支座灌浆拌和用水可加热15~30℃，具体参照实际情况调整。

（2）冬期施工中必须采取加热和防冻措施，用电热棒、电暖风对锚栓孔和施工面提前进行加热，在灌浆完毕后进行保温养护，用棉被包裹在棉被下增加电热毯增强保温效果，并采取暖风机吹热风（温度≥30℃），混凝土表面温度和环境温度不低于5℃，养护时间不低于 3d，使其强度达到时间得以缩短。

（3）灌浆两个小时后，根据试验室提供的砂浆试块强度大于 20MPa 后，方可拆除模板。

4）风、雨、雾天架梁措施

做好运梁便道的保护工作，电气设备尤其是箱梁提运架设备变频器应采取防雨、防潮等措施，阴雨天气箱梁提运架设备安装好接地保护装置。箱梁提运架作业的最大风力不超过 6 级，风力超过 6 级时停止作业；8 级以上风力时，架桥机前后吊杆锁定在已架设的箱梁吊装孔内，锁定机械；雨雾天作业前，应仔细检查变频器内是否附着水气，如发现，应在烘干后开启设备，并点动运行，一切正常后方可进行作业。

5.2.9 环境保护、文明施工保障措施

1）自然环境保护

（1）对施工场地进行详细测量，编制出详细的场地布置图，合理布置施工场地生产、办公设施，临建严格控制在征地红线及临时征地范围以内，尽量不破坏原有的植被，保护自然环境，并且按图设计的施工围挡布置临建。临时设施建设要考虑到同周围环境协调。

（2）对施工有影响的名木古树采取必要的保护措施，对需要迁移的树木须报请园林部门确认后及时向业主报告，由业主委托园林部门进行迁移，不得私自移植或破坏。

（3）弃渣运至指定的弃渣场，严禁随意弃渣，破坏环境。

2）保持现场环境卫生

（1）施工场地采用符合要求的围挡，施工区的材料堆放、材料加工、出渣及出料口等场地均设置围挡封闭。施工现场以外的公用场地禁止堆放材料、工具、建筑垃圾等。建筑垃圾要及时清理，运至指定地点。

（2）场地出口设洗车槽，并设专人对所有出场地的车辆进行冲洗，严禁遗洒，运渣车辆和运泥浆车辆采用封盖车体和密封容器运输，渣土应低于槽帮 10cm，严防落土掉渣污染道路，影响环境。

（3）落实"门前三包"责任制，保持施工区和生活区的环境卫生，及时清理垃圾，运至指定地点进行掩埋处理，生活区设置化粪池，生活污水和大小便经化粪池处理后才能排入污水管道。

（4）工程车辆的行驶路线和时间要严格遵守交管部门的要求，禁止超载、超高、超速行驶，对工地周围的道路派专人清扫，保持周边环境的整洁。

（5）燃料、燃油必须采用专用车辆运输，并要有专人负责保护。

3）施工噪声控制

（1）优先选用先进的环保机械。对于施工机械产生的噪声，除对施工机械维护保养以

保持其良好的运行状态以外，还应科学地进行施工现场布局，将噪声声级较高、作业时间较长的施工机械集中布置于远离敏感点的一侧，必要时可以在噪声较大的施工场地周围设置临时性的隔声屏障。

（2）合理安排施工作业、重型运输车辆的运行时间，避开噪声敏感时段；较高噪声、较高振动的施工作业尽量安排在环境噪声值较高的白天施工；禁止施工人员在居民区附近和夜间施工时高声喧哗，避免人为噪声扰民。

（3）工程施工期间，严格按照国家有关法规要求，控制噪声、振动对周围地区建筑物及居民的影响。施工噪声遵守建筑施工场界噪声限值标准，施工振动对环境的影响遵守环境振动标准。

（4）夜间施工经批准领取"夜间施工许可证"或"昼夜施工许可证"，并采取上述措施减少噪声扰民；同时，在夜间施工时，严禁大声喧哗，装卸物料及码放时轻拿轻放。

4）施工粉尘控制

（1）工地周围设置高度不低于1.8m的硬质密闭围挡；设置车辆清洗设施及配套的沉沙井，车辆冲洗干净后方可驶出工地；弃土等建筑垃圾即时清运，若48h内不能清运，应当设置不低于堆放物高度的密闭围栏并予以覆盖。

（2）施工场地硬面化，要定期向地面洒水，以减少灰尘对周围环境的污染。每天安排专人清扫工地和道路，保持工地和所有场地道路的清洁；道路每天洒水4次，施工现场每天洒水2次。

（3）砂、石等散状材料在搬运过程中要洒水，装卸前用固定喷管系统喷水湿润。

（4）运载散体、流体的车辆采取防护措施，封闭缝隙，做到沿途不遗撒（洒）飞扬；运土车出场前，车体特别是车轮要清扫干净，装载高度符合不遗撒要求。

（5）砂石料堆放应避免敞开存放，需要露天存放的采取绿色网遮盖。

（6）在工地不得安装锅炉、炉具，不得使用可能产生烟尘的燃料，不得在工地焚烧残物和废料。禁止在施工现场焚烧有毒、有害和有恶臭气味的物质。

（7）拆除临时设施时，及时洒水，减小扬尘污染。

（8）工地出入口设置洗车槽、冲洗台，车辆外出即用高压水冲洗干净，确认不会对外部环境产生污染后，方可让车辆出门。

5.2.10 职业健康保护措施

1）劳动保护措施

（1）接触粉尘、有毒有害气体及危险施工环境的作业职工，按有关规定发放个人劳动保护用品，并监督检查使用情况，以确保规范使用。

（2）加强机械保养，减少施工机械不正常运转造成的噪声。

（3）对于噪声超标的机械设备，采用消音器降低噪声。洞内运输机械行驶过程中，只许按低音喇叭，严禁长时间鸣笛。

（4）对经常接触噪声的职工，加强个人防护，佩戴耳塞消除影响。

（5）按照《中华人民共和国劳动法》的要求，做好本工程的劳动保护装备工作，根据每个工种的人数以及劳动性质，由物资部门负责采购，配备充足而必要的劳动保护用品。同时加强行政管理，落实劳动保护措施。

（6）劳动保护装备要符合以下要求：

①采购劳动保护用品时，必须审核产品的生产许可证、产品合格证和安全鉴定证，确保产品的质量和使用安全；

②对于未列入国家生产许可证管理范围的劳动防护用品，按路用劳动防护用品许可证制度进行质量管理。

2）医疗卫生保护措施

（1）医疗保证措施

联系医院，全面负责医疗卫生和传染病、地方病防治的监测监督工作，落实防治措施，做好职工的健康教育工作。对项目内出现的疫情信息，及时向上一级医疗卫生机构报告。对内规范管理、对外加强协调联系，营造一个良好的内外卫生防疫工作环境。

（2）卫生保证措施

工地卫生管理主要包括环境卫生、食堂卫生和个人卫生三大部分。

①环境卫生保证措施：工地配备一定数量的环境卫生清扫人员，每天对工地的环境卫生进行打扫，尤其是职工宿舍周围的环境卫生。

②食堂卫生保证措施：设立食堂卫生监督机制，由项目部综合部组织对食堂卫生进行不定期抽查，全体员工进行监督，确保食堂卫生。

③个人卫生保证措施：项目部将积极为职工搞好个人卫生创造条件，如修建洗澡堂、发放劳保用品等。

3）职业病防治措施

（1）严格执行《中华人民共和国传染病防治法》《中华人民共和国突发公共卫生事件应对法》及所在地政府有关职业病管理与疾病防治的规章制度。

（2）各单位配备应有的设施。负责职工的疾病预防及事故中受伤职工的抢救。

（3）邀请卫生防疫部门定期对工地及生活区进行防疫检查和处理，按时接种有关疫苗及消灭鼠害、蚊蝇和其他虫害，以防止对职工造成任何危害。

（4）强化施工和管理人员卫生意识，杜绝疾病的产生，对已患传染病者及时隔离治疗。

（5）有针对性地进行职业病的检查，发现病情时，及时进行病情分析，寻找发病根源，加强和改进施工方法及工艺，消除发病根源，防止病情的漫延。对特殊工种进行岗前培训，持证上岗，按规定采取防范措施，按规定进行施工操作。及时发放个人劳动保护用品，并监督、检查，保证其正确使用。

（6）加强健身运动，增强体质，提高员工的抗病能力，积极开展各种文娱活动，丰富员工的业余生活，有效地消除员工的疲劳和工作压力，使员工在良好的心态下工作，有效防止职业病的发生。

（7）做好对员工卫生防病的宣传教育工作，针对季节性流行病、传染病等，要利用板报等形式向员工介绍预防、治疗的知识和方法。

（8）保护工作环境，有效消除或控制环境毒源，做好自我防护工作，预防职业中毒事故。施工现场的各种机械排出的废气废物、材料装卸和搬运过程中产生的扬尘，被人体吸收后，对身体会产生很大的危害。因此，施工人员一定要佩戴口罩进行自我防护，机械操作手要做好机械的维护工作，最大限度地减少机械的噪声和废气的排放量，材料装卸和搬运时应轻拿轻放，减少扬尘对环境的污染，从而有效地预防职业中毒事故。

（9）加强施工运输道路和防尘工作。拌和站和预制场内的行车道路，均采用混凝土进行硬化处理；对粉尘较多的进场施工便道，采取填筑砂砾等材料铺设路面，以减少由于行车造成灰尘增多；指派专人对施工运输道路进行维护，并用洒水车经常洒水，保持道路湿润，最大限度地减少道路粉尘飞扬。

（10）保持作业场地、运输车辆以及其他各种施工设备的清洁，作业场地经常进行整理和清扫。运输车辆在运输飞扬性物资时，采取彩篷布覆盖措施；停运时注意冲洗，保持车辆干净卫生。施工区内的搅拌、运输、输送泵等机械设备按"谁管理，谁负责保养"的原则，经常进行清洁，使机械在空闲时不产生扬尘。

（11）爱护环境，保护当地植被，防止水土流失。对工地外围的草皮、树木不得进行破坏，必要时对在施工环境中产生扬尘的地方进行绿化，以控制扬尘的产生。

（12）对施工场地固定的经常运转设备进行合理布置，分散安置，以分散振动和噪声源，有效避免各种振动和噪声产生共振，降低其危害程度。

（13）振动和噪声较大的大型机械布置，尽可能在离居民区及职工生活区较远的地方，并尽可能避免夜间施工，深夜必须停工，以免影响当地居民及员工的正常休息。

（14）在各种施工机械和经常运转设备中安装消音器来降低振动和噪声。

（15）对产生较大振动和噪声的常运转固定设备（如发电机、空压机等）采用搭设隔离音棚或修建隔音墙等措施来降低振动和噪声的危害。

（16）处于振动和噪声区的施工人员,合理佩戴手套、耳塞、耳罩等防护用品来减轻危害。

5.2.11 疫情防控措施

（1）项目部成立了疫情防控领导小组，项目经理为领导小组组长。

（2）项目部的所有人员必须登记造册，各个班组长负责节后返场人员的姓名、数量、行程，及时如实向项目部登记，而且严格控制人员的外出，严格执行请销假制度，所有人员外出及请假一律报主管领导审批。

（3）充分利用宣传栏等宣传工具，做好宣传工作，对预防常识等进行宣传，同时教育大家要正确对待，提高自身的预防意识。

（4）施工现场路口处，安排专人负责对入场的每位人员进行体温检测，出现高温以及咳嗽症状者制止入场，并及时上报。

（5）定期对职工的生活区，工作区、食堂等场所进行检查，发现不符合要求的立即进行整改。

（6）尽量少去人员密集场所，避免去人口密集、通风差的地方，非必要不出差。

（7）在日常工作中做到早发现、早报告、早隔离、早治疗，按上级要求及时上报。

5.3 监测监控措施

沉降观测标采用直径 20mm 钢筋，长 110mm，顶部磨圆并刻画十字线。梁体变形观测点应设置在支点和跨中截面，简支梁每孔梁的测点设置 6 个，观测标埋设于梁顶面，高出梁面 10mm，对称布置。箱梁徐变观测前 3 孔，每孔都设置徐变观测标，以后每 100 孔选择一孔进行观测。梁体徐变变形观测需在梁体施工完成后开始布置，梁体徐变变形观测频次见表 5-1。

梁体徐变变形观测频次　　　　表 5-1

观测阶段	观测频次		备注
	观测期限	观测周期	
梁体施工完成	—	—	设置观测点
预应力张拉期间	全程	张拉前、后各 1 次	测试梁体弹性变形
预应力张拉完成～轨道板（道床）铺设前	≥3 个月	张拉完成后第 1 天、第 3 天、第 5 天各 1 次，后 1 次/周	—

续上表

观 测 阶 段	观 测 频 次		备 注
	观测期限	观测周期	
轨道铺设期间	—	铺设前后各 1 次	—
轨道铺设完成后	0~3 个月	1 次/月	—
	4~12 个月	1 次/3 月	—
	12 个月以后	1 次/6 月	残余徐变变形长期观测

6 施工管理及作业人员配备和分工

6.1 施工管理人员

为了加强建设项目管理、全面履行合同、控制建设投资,确保工程建设工期、质量、安全、保护生态环境,全面实现建设目标,针对本梁场工程的特点,经过全面考察,抽调具有丰富的国内铁路干线施工经验、专业技术能力强、综合素质高的工程技术和管理人员参与项目管理。

梁场下设"五部二室",即工程技术部、安质环保部、物资设备部、计划合同部、财务部、综合办公室、试验室,如图6-1所示。

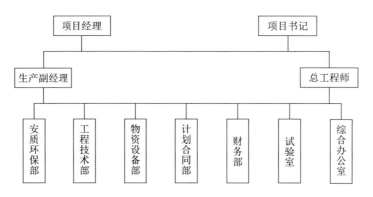

图6-1　昌江制梁场组织机构图

6.1.1 岗位职责分工

主要管理人员及职能部门岗位职责分工详见表6-1。

主要管理人员及职能部门岗位职责　　　　表6-1

序号	岗位/部门	岗 位 职 责
1	项目经理	(1)负责此次组织好均衡生产;组织和指挥生产系统合理安排劳动组织实施质量改进、批准有关部门采取纠正和预防措施,并验证其效果; (2)对梁场人力、资金、材料、施工设备等资源进行优化配置,合理安排施工进度,保证均衡生产,做到文明施工
2	项目书记	(1)负责梁场的办公室日常事务和后勤保障工作; (2)协调各部门之间的关系; (3)做好梁场各方面的宣传工作及对外联系和接待工作

续上表

序号	岗位/部门	岗 位 职 责
3	生产副经理	（1）组织好均衡生产，为保证和提高施工质量创造良好条件，掌握施工进度的同时，掌握质量动态； （2）发现质量问题要及与安全质量部门联系； （3）对重大质量问题改进措施的落实负责
4	总工程师	（1）负责箱梁架设工程施工技术工作，主管梁场的质量管理、质量检验、试验、工程管理等管理工作； （2）组织制定梁场总体的施工组织设计和施工方案，负责收集梁场有关的各项技术指标、规范和设计文件； （3）对制梁场质量文件、质量记录、质量考核、质量评审及质量资料等进行审批
5	综合办公室	（1）负责生活物资的采购、补给；制梁场的安全保卫工作及行政事务； （2）职工的医疗保健，食堂管理，文化娱乐设施的管理； （3）对外联络协调工作
6	试验室	（1）负责试验室信息化建设工作、验收工作； （2）会同物资部一起做好制梁配合比、原材料及钢配件的报审、检验工作
7	工程技术部	（1）负责梁场施工技术管理； （2）修订现场施工工艺及操作细则，进行技术交底，施工过程中出现的问题提出处理方案； （3）负责工程测量
8	安质环保部	（1）负责梁场箱梁施工质量、环水保工作； （2）制定质量标准及工地的创优规划并负责实施，对质量进行监督检查，组织QC活动，负责与监理工程师的联络； （3）负责施工现场环境保护管理工作； （4）制定工地的创优规划并负责实施； （5）落实国家、地方有关安全、环保等政策； （6）负责梁场整体信息化建设，对业主及公司的各项系统录入工作起督导作用，针对业主下达的各项信息化建设要求分别制定对应实施方案并组织落实
9	物资设备部	（1）负责按施工计划进度提出材料采购计划；施工生产材料的采购、管理；负责进库物资有关证件的收集，杜绝不符合产品入库，对特种设备和物资要及时报检检验，做好废旧物资的回收工作； （2）机械设备的采购及管理、水电供应的管理； （3）负责机械设备的进场、现场协调和租赁，指导、监督机械设备的维修保养； （4）编制上报设备购置和报废申请； （5）建立设备台账，上报业务统计报表
10	计划合同部	（1）负责项目责任成本管理基础工作； （2）制定并落实项目成本管理制度； （3）负责项目合同管理，填报项目责任成本报表； （4）负责成本预算的分解和编制，办理对上对下计价，按时提供计价资料和相关的单价分析资料、预计合同总成本和预计还要发生的合同成本； （5）编制年、季、月施工产值计划等

续上表

序号	岗位/部门	岗 位 职 责
11	财务部	（1）办理现金支付业务及内部银行、内部调度中心的收付、结算工作，进行功效研究，促进施工生产； （2）加强会计基础工作； （3）按时上报月、季、年财务报表； （4）及时清理债权债务； （5）按照会计控制制度规定，及时清理、结算应收、应付账款预收、预付款、备用金等各种债权债务

6.1.2 主要工程技术管理人员工作内容

主要工程技术管理人员工作内容见表6-2。

主要工程技术管理人员工作内容　　　　表6-2

序号	职 务	工 作 内 容
1	项目经理	项目总负责人
2	项目总工程师	负责项目总技术指导
3	项目副经理	负责现场施工生产
4	安全总监	负责现场施工安全及环境监控
5	测量工程师	负责测量放样工作
6	试验室主任	负责材料和有关检验检测工作
7	工程部长	负责技术交底，工程质量检查及监控
8	安质环保部部员	工程质量检查及监控
9	主管工程师	负责现场技术管理及资料收集
10	专职安全员	负责现场安全管理
11	现场管理人员	负责现场管理
12	电工	现场设备用电管理

6.2 专职安全人员

本工程设 2 名专职安全生产管理人员。

6.3 特种作业人员

本工程特种作业人员主要为提梁机司机、叉车驾驶员、起重指挥、架桥机司机、电工、运梁车司机等，特种人员需持证上岗，具体名单略。

6.4 其他作业人员

本工程其他作业人员见表 6-3。

提运架梁施工队伍明细表　　　　　　表 6-3

岗位	人数	人 员 配 置	主要工作内容
提梁工班	6	1 个提梁司机，1 个指挥，4 个上吊具工人	负责箱梁梁场制梁台座到存梁台座，及存梁台座至运梁车上作业
运梁工班	3	1 个运梁车司机，2 个指挥	负责箱梁自出场至架设工点的运输及巡道作业
架梁工班	13	1 个架梁司机，后支腿总指挥 1 人，前支腿 1 个指挥，灌浆对位指挥 1 人，天车监护 1 个指挥，灌浆 8 人	负责箱梁的架设作业
综合工班	8	1 个叉车驾驶员，4 个支座安装人员，测量人员 2 人，1 个面包车驾驶员	负责箱梁支座安装、测量
维修工班	2	2 个维修人员	负责运架梁设备的维修、管理、日常维护等工作

7 验收要求

7.1 验收标准

(1)《高速铁路桥涵工程施工质量验收标准》(TB 10752—2018)。

(2)《高速铁路桥涵工程施工技术规程》(Q/CR 9603—2015)。

(3)《铁路架桥机架梁技术规程》(Q/CR 9213—2017)。

(4)《架桥机安全规程》(GB 26469—2011)。

(5)《高速铁路箱梁架桥机》(TB/T 3296—2013)。

(6)《高速铁路工程测量规范》(TB 10601—2009)。

7.2 验收程序

(1)运架设备组装完毕后的试运转及验收工作应由有关职能部门组成的小组进行,对起重机的安装质量和安装后的起重机性能质量等进行必要的审查,并且填写特种设备报检申请表,申请施工所在地、市质量技术监督局特种设备检验部门,进行起重机质量检验,经检验合格后提交正式验收报告和有关资料。

(2)垫石验收由线下单位自检,自检合格后,架梁单位复检,架梁单位复检合格后,在报请监理单位检验,若复检不合格,由线下单位整改,整改合格后,再由架梁单位复核。

(3)箱梁验收先由制梁单位技术人员自检,自检合格后再由架梁单位复核,制、架梁单位检验合格后报请监理单位主管监理进行验收。

7.3 验收人员

(1)设备验收:采用联合验收方式。参加验收组人员主要有厂家和安装单位技术负责人或授权委派的专业技术人员、项目负责人、项目技术负责人、专项施工方案编制人员、项目专职安全生产管理人员及相关人员;监理单位项目总监理工程师及专业监理工程师。

(2)垫石验收:由局指工程部牵头,箱梁制运架单位项目技术负责人、测量人员应与线下施工单位单位项目技术负责人,测量负责人联合参加。

(3)箱梁成品验收:由制梁、架梁单位,监理单位项目技术人员联合验收。

（4）完工验收：架设完成后，由监理工程师组织架梁单位技术人员，制梁单位单位技术人员进行检查。

7.4 验收内容

7.4.1 架桥机检查验收

（1）检查钢结构焊缝有无开裂，螺栓连接有无松动，钢板有无凹凸变形。

（2）检查提梁机、运梁车轮胎压力是否符合要求，储存压力>6bar（1bar = 0.1MPa）。

（3）检查提梁机、运梁车、架桥机主机、起重小车、主支腿走行减速机和液压驱动马达的状况是否正常，走行减速机的制动器要调整好间隙，保证打开和释放的良好制动效果。

（4）检查起升机构传动装置，包括液压马达、液压失效保护制动器、卷筒；调整好液压失效保护制动器间隙，保证打开和释放的良好制动效果；确认起升机构传动装置无异常声响。

（5）检查钢丝绳的卷绕排绳状况；查看钢丝绳在动、定滑轮绳槽中的卷绕情况，保证钢丝绳都在护绳轴之内，不能跳槽；检查钢丝绳夹的数量、质量、夹紧程度；检查钢索绳有无断丝、打搅、断股情况。如有不良状况，需及时进行处理。

（6）检查吊具的状况，确保连接可靠；检查吊具、滑轮组座板有无变形、裂缝。

（7）检查各类限位器、行程开关是否准确可靠；检查缓冲器、死挡是否牢固可靠。

（8）检查液压泵站的状态，检查液压系统油面高度是否符合要求。空载运行泵站，检查系统压力，检查液压件密封是否可靠，严禁漏油；检查电磁换向阀是否灵敏，检查油路是否阻塞，空载试验液压执行机构的动作，如有异常状况及时进行处理。

（9）检查发动机工作是否正常，机油油位是否正常，各连接部位是否松动，冷却系统、空气滤清器是否正常，各仪表指示是否正确；检查柴油机燃油系统是否有泄漏、松动，燃油量是否足够；检查发电机蓄电池液面高度和液体密度是否符合规定；检查发电机、电压调节器、起动机等各接头和连接线路是否良好。

（10）照明、警示系统工作是否正常，随机工具及附件是否齐全。

（11）整机进行一次全面润滑检查。

7.4.2 垫石验收

架梁单位在箱梁架设前由测量班对桥梁墩台的纵横向中心线、支承垫石顶面高程以及跨度进行贯通测量，检测待架梁的墩台支承垫石的中心线，支座位置、高程、锚栓孔位置、大小、深度，若存在支承垫石不合格，则由线下施工单位负责处理后再进行交接验收。支承垫石验收标准见表7-1。

支承垫石验收标准 表 7-1

序号	项目		允许偏差（mm）	检验方法
1	支承垫石	顶面高程	0~10	测量 （全部检查）
		中心位置	10	
2	锚栓孔	纵、横向中心位置	5	
		深度	0~20	

7.4.3 架梁通道验收

在首架前或经过路基前，需由制梁单位牵头对线下施工的运梁通道以及架梁经过的路基段的承载力，宽度，横纵坡度，平整度等技术参数进行共同验收，确保架梁前期工程顺利交接。并与局指单位共同确认架梁通道内有无其他结构物（如高压线、既有线，公路、连续梁，刚构桥梁等）影响运架梁施工。

7.4.4 箱梁验收

对箱梁的外观质量（包括混凝土表面、预埋件表面等）、施工记录、质保书资料、混凝土强度（梁体封端、压浆等）、静载试验（抗裂、挠度），梁体混凝土弹性模量测试等进行验收，并确认出场箱梁的编号与设计要求的待架桥孔编号正确无误。由制梁单位向架梁单位提供"箱梁移交检验记录"及"箱梁制造技术证明书"。架梁单位架梁前向监理单位提供该合格证书复印件。成品箱梁检查内容为：

（1）混凝土梁体、桥面、封端混凝土外观质量。

（2）梁体全长、跨度、梁高等外形尺寸。

（3）预埋件位置、中心线、板面平整度、清洁度。

（4）吊装孔位置、孔径、垂直度。

（5）梁体混凝土及管道压浆龄期。

（6）发梁前，进行箱梁梁号检查、外观尺寸检查，复核梁高，标识梁端头及梁面中心线，并形成记录。

①架梁前必须认真核实孔跨支座类型与方向，由技术人员严格把关，坚持运梁前，落梁前两次确认，确保对号入座。

②架梁所用支座垫石、锚栓、锚固料坚持每批检查验收，确认原材料合格证、检验证书符合铁路建设要求，严禁不合格料用于施工。

③按设计要求安装固定支座，横向、纵向、多项活动支座，坚持过程检查制度，保证位置准确。

7 验收要求

预制梁产品外观、尺寸偏差及其他质量要求见表7-2。

预制梁产品外观、尺寸偏差及其他质量要求 表7-2

	项目		要求	备注
1	梁体及封锚混凝土外观		平整密实，整洁，不露筋，无空洞，无石子堆垒，桥面流水畅通	对空洞、蜂窝、漏浆、硬伤掉角等缺陷，需修整并养护到规定强度；蜂窝深度不大于5mm，长度不大于10mm，不多于5个/m²
2	梁体表面裂纹		桥面保护层、挡渣墙、端隔墙、遮板、预力筋封锚和转折器处凹穴封堵等，不允许有宽度大于0.2mm的表面裂纹，其他部位梁体表面不允许有裂纹	
3	产品外形尺寸	桥梁全长	±20mm	检查桥面及底板两侧
		桥梁跨度	±20mm	
		桥面及挡渣墙内侧宽度	±10mm	检查1/4L、跨中、3/4L和梁两端
		腹板厚度	+10mm，-5mm	检查1/4L、跨中、3/4L
		底板宽度	±5mm	检查1/4L、跨中、3/4L和梁两端
		桥面外侧偏离设计位置	≤10mm	从支座螺栓中心放线，引向桥面
		梁高	+10mm，-5mm	检查两端
		梁体上拱度	±L/3000	终张拉后30d时
		顶、底板厚	+10mm，0	检查最大误差处
		防护墙厚度	±5mm	
		表面倾斜偏差	≤3mm/m	检查两端，抽查腹板
		梁面平整度偏差	≤3mm/m	—
		保护层厚度	在90%保证率下不小于设计值（抽样总数不小于100点，并按不同部位分别统计）	梁跨中、梁两端的顶板顶底面、底板顶底面、两腹板内外侧面、梁两端面、挡砟墙侧面和顶面各20点
		底板顶面不平整度	≤10mm/m	检查1/4L、跨中、3/4L和梁两端
	支座板	每块边缘高差	≤1mm	用水平尺靠量
		支座中心线偏离设计位置	≤3mm	
		螺栓孔	垂直梁底板	
		螺栓孔中心偏差	≤2mm	指每块板上4个螺栓孔中心距
		外露底面	平整无损无飞边防锈处理	目测

续上表

项 目		要 求	备 注
4	桥面预留钢筋	齐全设置，位置正确，±10mm	用钢卷尺测量，满足设计要求
	防落梁预埋板	位置尺寸正确	
	接触网支柱预埋件	齐全设置，位置正确	
	无砟轨道预埋件	形状、位置尺寸正确	
	声（风）屏障预埋件	位置、尺寸正确	
	伸缩缝预埋件	形状、位置尺寸正确	
	检查梯拉手预埋件	尺寸准确，安装正确	
	接地端子	位置正确，安装牢固	
	接地电阻	≤1Ω	
	泄水管、管盖	齐全完整，安装牢固，位置正确	
5	施工原始记录、制造技术证明书	完整正确，签章齐全	—
6	桥牌	标志正确，安装牢固	目测

注：L 为梁体跨度。

7.4.5 架设后验收

主要检查灌浆层质量，厚度，支座安装质量，箱梁架设横纵曲线，相邻梁面及梁底高差，梁面高程。保证梁端面平齐，梁缝符合要求，两侧外缘平直圆顺。箱梁就位后的允许偏差要符合表 7-3 的规定。

箱梁架设就位允许偏差　　　　表 7-3

序号	检查项目	允许偏差（mm）
1	梁体中线与桥梁线路设计中心线偏移	±2
2	固定支座处支承中心里程与设计里程纵向偏差	±15
3	同墩两侧梁底面高差	±1
4	相邻墩处梁底面高程偏差	±2
5	梁段尾部的梁端面不垂直度	不大于 1/1000 梁高
6	相邻梁面高程	−20，0
7	灌浆层厚度	+20，+30
8	梁缝	−10，+10

8 应急处置措施

8.1 应急处置领导小组及职责

成立相应的事故应急领导小组,总指挥由梁场经理担任,副总指挥由梁场书记、副经理、总工担任,各小组组长由工程管理部部长、安全质量部部长、物资设备部部长、计划合同部部长、试验室主任、办公室主任组成。应急救援领导小组人员职责见表8-1。

应急救援领导小组人员职责 表8-1

序号	组织机构	职 责
1	总指挥	(1)应急总指挥由梁场经理担任。 (2)分析紧急状态确定相应报警级别,根据相关危险类型、潜在后果、现有资源控制紧急情况的行动类型。 (3)指挥、协调应急反应行动,与应急反应人员、部门、组织和机构进行联络。 (4)直接监察应急操作人员行动,最大限度地保证现场人员和外援人员及相关人员的安全。 (5)协调后勤方面以支援应急反应组织的启动。 (6)应急评估、确定升高或降低应急警报级别,决定是否请求外部援助。 (7)决定应急撤离,决定事故现场外影响区域的安全性
2	副总指挥	(1)应急副总指挥由梁场书记、副经理、总工担任。 (2)协助应急总指挥组织和指挥应急操作任务,总指挥不在现场时,代替总指挥行使职责。 (3)向应急总指挥提出采取的减缓事故后果行动的应急反应对策和建议。 (4)保持与事故现场各救援小组的直接联络。 (5)协调、组织和获取应急所需的其他资源、设备以支援现场的应急操作。 (6)定期检查各常设应急反应组织和部门的日常工作和应急反应准备状态。 (7)梁场根据施工现场的实际条件,努力与周边有条件的企业在事故应急处理中共享资源、相互帮助、建立共同应急救援网络和制定应急救援协议
3	危险源评估组	(1)危险源评估组组长由安全质量部部长担任,部室人员为成员。 (2)对施工现场特点以及生产安全过程的危险源进行科学的风险评估。 (3)实施安全措施落实和监控工作,减少和避免危险源的事故发生。 (4)完善危险源的风险评估资料信息,为应急反应的评估提供科学的、合理的、准确的依据。 (5)确定各种可能发生事故的应急反应现场指挥中心位置以使应急反应及时启用

续上表

序号	组织机构	职　责
4	医疗救援组	（1）医疗救援组组长由办公室主任担任，部室人员为成员。 （2）准备必要的交通工具，抢救现场伤员，将伤员送往医院。 （3）了解伤员伤势和受伤部位，为医院急救提供依据
5	抢险救灾组	（1）抢险救灾组组长由工程管理部部长担任，部室人员为成员。 （2）组织人员抢救现场物资。 （3）组建现场义务消防队。 （4）保证现场救援通道的畅通。 （5）控制事故发展，排除险情
6	后勤保障组	（1）后勤保障组组长由物资设备部部长担任，部室人员为成员。 （2）协助制定施工应急反应物资资源的储备计划，根据已制定的施工生产现场应急反应物资储备计划，检查、监督、落实应急反应物资的储备数量，收集和建立并归档。 （3）定期检查、监督、落实应急反应物资资源管理人员的到位和变更情况及时调整应急反应物资资源的更新和达标。 （4）项目部定期收集和整理施工生产现场的应急反应物资资源信息、建立档案并归档，为应急反应行动的启动，做好物资源数据储备。 （5）应急预案启动后，按应急总指挥的部署，有效地组织应急反应物资资源到施工生产现场，并及时对事故现场进行增援，同时提供后勤服务
7	善后工作组	（1）善后工作组组长由计划合同部部长担任，部室人员为成员。 （2）做好伤亡人员及家属的稳定工作，确保事故发生后伤亡人员及家属思想能够稳定，大灾之后不发生大乱。 （3）做好受伤人员医疗救护的跟踪工作，协调处理医疗救护单位的相关矛盾。 （4）协助保险部门一起做好伤亡人员及财产损失的理赔工作。 （5）慰问有关伤员及家属
8	事故调查组	（1）事故调查组组长由试验室主任担任，部室人员为成员。 （2）保护事故现场。 （3）对现场的有关实物资料进行取样封存。 （4）调查了解事故发生的主要原因及相关人员的责任。 （5）按"四不放过"的原则对相关人员进行处罚、教育、总结。 （6）协助上级调查人员对事故进行调查

8.2 应急处置程序

（1）当发生险情时，现场值班领导立即组织抢救遇险人员，并及时报告项目经理。项目经理启动现场处置方案的同时及时上报指挥部，指挥部启动应急预案的同时上报总承包和建设单位。

（2）当事故有扩大趋势时，由建设单位向地方政府相关部门报告，项目部配合政府部

8 应急处置措施

门、社会救援力量进行抢险救援。

（3）项目经理向指挥部汇报的内容主要是：伤害发生的时间、地点、背景，造成的损失（包括人员伤亡数量、设备受损情况及造成的直接经济损失），已采取的处置措施和需要救助的内容。

突发事件应急处置流程如图 8-1 所示。

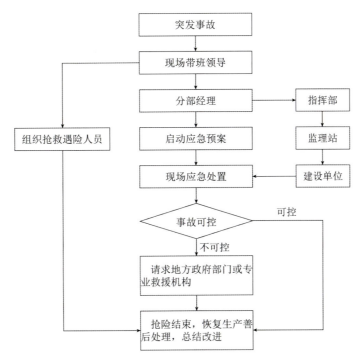

图 8-1　突发事件应急处置流程图

8.3 应急措施

8.3.1 事故类型

本工程易产生的事故类型有高处坠落、物体打击、起重伤害、触电、机械伤害，以及其他伤害。

1）高处坠落

（1）高处作业人员患有高血压、心脏病、癫痫、恐高症等不适宜于高处作业的疾病。

（2）操作平台周边无防护栏杆。

（3）高处作业人员未系安全带、未穿防滑鞋。

（4）风力 6 级以上大风天气，以及大雨、大雾天气时仍进行作业。

（5）孔洞未设置临边防护设施或覆盖、挂标志牌。

（6）人货混装，人员利用起重机进行上下。

2）物体打击

（1）高处作业人员未配备工具袋。

（2）高处作业所用物料堆放不平稳。

（3）施工现场未封闭，有闲杂人员在吊物下停留。

（4）吊装时，零部件随钢箱梁同时起吊。

（5）设备运转中违章操作，器具部件飞出对人体造成伤害。

（6）人为乱扔废物、杂物伤人。

3）起重伤害

（1）设备设施缺陷，如起重机械强度、刚度不够，失稳，吊钩、钢丝绳、制动器等关键零部件失修。

（2）安全防护装置失效，如电气联锁装置、各限位装置、音响信号及其他安全防护装置损坏。

（3）吊索具缺陷，如吊具，钢丝绳，索具破损。

（4）违章作业，起重吊装司机未持证上岗，作业过程中无专人指挥或指挥信号不明。

（5）操作失误，如疲劳驾驶、注意力不集中、捆绑不牢靠等。

（6）吊装作业生产组织混乱，如指挥错误、配合不当、未进行试吊等。

（7）作业场地拥挤，夜间照明亮度不足。

4）触电

（1）临时用电线路混乱，线路老化，未定期进行检查。

（2）用电设备未设置接地保护，绝缘保护。

（3）私自乱接电线，未遵守"一机一闸一漏保"的用电制度。

（4）配电未实行箱体化、无防雨措施、缺盖少帽、无漏电保护器。

（5）电工未持证上岗。

（6）在不安全的天气条件（6级以上大风、雷雨和雪天）下继续带电施工。

（7）用电设备在长期搁置以后未做检查的情况下重新投入使用。

5）机械伤害

（1）误触开关或违章开机。操作者操作时注意力不集中或思想过紧张而发生误操作或误动作或操作者业务技术素质低，操作不熟练，缺乏正规的专业培训以及监督检查不够。

（2）起重设备不符合安全规定，可能导致的砸、挤、绞、机械伤害、人身伤害。

（3）操作失误，疲劳驾驶，注意力不集中，酒后驾驶等。

（4）安全防护设施不健全，或形同虚设。

（5）机械未定期进行保养，长期搁置后未做检查便重新投入使用。

（6）场地狭窄、布局不合理，夜间施工照明不足。

6）其他伤害

（1）作业人员的安全帽、安全带、安全绳存在缺陷、破损、断裂、失去防护功能。

（2）应急救援措施、设备不到位，员工缺少应急救援知识，盲目救援。

（3）在不安全的天气条件（6级以上大风、雷雨）下继续施工。

8.3.2 事故应急措施

1）高空坠落事故应急措施

（1）迅速使伤员脱离危险地方，移至安全地带。

（2）保持呼吸道通畅，若发现窒息者，应及时解除其呼吸道梗塞和呼吸机能障碍，应立即解开伤员衣领，消除伤员口鼻、咽、喉部的异物、血块、分泌物、呕吐物等。

（3）有效止血，包扎伤口。

（4）视伤情采取报警或简单处理后去医院检查。

（5）伤员有骨折、关节伤、肢体挤压伤、大块软组织伤要进行简易固定。

（6）若伤员有断肢情况发生，应尽量用干布包裹，转送医院。

（7）记录伤情，现场救护人员应边抢救边记录伤员的受伤部位、受伤程度等第一手资料。

（8）立即拨打120电话向当地急救中心取得联系（医院在附近的直接送往医院），电话中应详细说明事故地点、受伤程度、联系电话，并派人到路口接应。

（9）目部接到报告后，应立即在第一时间赶赴现场，了解和掌握事故情况，开展抢救和维护现场秩序，保护事故现场。

2）物体打击事故应急措施

物体打击事故发生后，事故发现第一人应立即大声呼救，报告工班长或现场管理人员。

（1）应急救援领导小组

物体打击应急救援领导小组接到事故报告并确认物体打击事故发生以后，应做到以下几点：

①以最快的速度赶到事故现场。

②组织应急处理保卫小组、医疗小组和应急处理突击队进行施救。

③立即向项目领导、业主（建设单位）安质环保部、监理工程师报告。

④立即向当地医疗卫生部门（或120）打电话报告。

⑤严格保护事故现场。

（2）医疗救护

①把人员撤离到安全地带。

②初步检查伤病员，进行现场急救和监护，采取有效止血、防止休克、包扎伤口、预防感染、止痛等措施。

③呼叫救护车，现场继续施救，坚持到救护人员或其他施救人员到达现场接替为止。

（3）善后处理

当事人被送入医院接受抢救以后，总指挥即刻指令善后处理人员迅速到达事故现场进行善后处理。

①做好与当事人家属地接洽善后处理工作。

②按职能归口做好与当地有关部门的沟通、汇报工作。

3）触电事故应急救援措施

①现场人员要迅速拉闸断电，尽可能地立即切断总电源（关闭电路），亦可用现场的干燥木棒或绳子等非导电体使触电人员脱离带电体。

②将伤员立即脱离危险地方，组织人员进行抢救。

③若发现触电者呼吸或呼吸心跳均停止，则将伤员仰卧在平地上或平板上立即进行人员呼吸或同时进行体外心脏按压。

④立即拨打120电话向当地急救中心取得联系（医院在附近的直接送往医院），应详细说明事故地点、受伤程度、联系电话，并派人到路口接应。

⑤通知有关现场负责人。

⑥维护现场秩序，严密保护事故现场。

4）起重伤害应急救援措施

（1）立即停止作业，向现场值班领导报告，检查人员受伤情况。

（2）受伤人员休克或昏迷时，应立即进行人工呼吸和胸外按压。

（3）出现骨折时，尽量让人员保持固定姿势，头部铺垫衣服，使其保持舒适姿势，等待专业人员救护。

（4）伤口止血。用消毒纱布盖住伤口，然后进行包扎。若包扎后仍有较多渗血，可再加绷带止血。

5）火灾事故应急救援措施

（1）扑救初起火灾要分析确定起火物品的性质（可燃气体/液体/固体/电器/金属）→分析是否有发生爆炸的危险→确定灭火办法和器具（需要时报警）→灭火扑救和疏散救援→守护邻近建筑→设法隔离火情→无法控制时配合专业消防部门进行扑救。

（2）要及早发现被困人员，用喊、听、看、摸等方法寻找被困人员。在喊话之后，要仔细听哪里有回答声、呼救声或喘息声。在有浓烟的房间里，要蹲在地上仔细察看。救人时，要针对具体情况区别对待。对于神志不清或迷失方向的人，可引导他们撤离险境；对于不能行走的人要护送他们出火场。需要穿过火区时，应先将被救人员的头部包好。如烟气很大，应背着伤员匍匐着前进，并设法稳住被困者的情绪。

（3）在人员比较集中的地方发生火灾时，首先要设法稳住大家的情绪，防止因惊慌失措而引起的混乱。同时，疏通火场四面所有的通道，进行紧急疏散，避免发生挤踩事故。与此同时，也要抓紧时间疏散物资。

（4）疏散物资时，应先疏散贵重物资，后疏散一般的物资；先疏散有爆炸危险的物资，后疏散其他物资；先疏散处在火势下风方向的物资，后疏散处于侧风或上风方向的物资。

6）机械伤害应急救援措施

（1）由相关在场人员迅速切断机械电源。必要时拆卸机器，移出受伤肢体；将人员救出后，立即检查可能的伤害部位，如伤员发生休克，应先处理休克，遇呼吸、心跳停止者，应立即进行人工呼吸，胸外心脏按压。

（2）遇出血者，应迅速包扎压迫止血，使病员保持在头低脚高的卧位，并注意保暖。

（3）遇骨折者，以固定骨折处上下关节为原则。可就地取材，利用木板、竹片等，在无材料的情况下，上肢可固定在身侧，下肢与健侧下肢缚在一起。如有切断伤害，应寻找切断的部分，将其妥善保留。根据病情轻重，及时送医院治疗，转送途中应尽量减少颠簸，同时密切注意伤害者的呼吸、脉搏、血压及创口等情况。

总之，在急救中心医生到来之前，应尽最大努力，进行自救，以使伤害程度降低到最低点。在急救医生到来后，应将伤员受伤原因和已经采取的救护措施详细告诉医生。

7）高温中暑应急处置措施

中暑常发生在高温和高湿环境中，对高温、高湿环境的适应能力不足是致病的主要原因。在气温大于32℃、湿度大于60%的环境中，由于长时间工作或强体力劳动，又无充分防暑降温措施时，极易发生中暑。为了避免中暑，在高温天气施工，要采取高温季节施工措施，提高对先兆中暑的认识，一旦施工人员出现头昏、头痛、口渴、出汗、全身疲乏、心慌等症状，应立即脱离中暑环境，及时采取纳凉措施。对中暑病人的处置措施如下：

（1）立即将病人移到通风、阴凉、干燥的地方。

（2）使病人仰卧，解开衣领，脱去或松开外套。若衣服被汗水湿透，应更换干衣服，同时开电扇或开空调（应避免直接吹风），以尽快散热。

（3）意识清醒的病人或经过降温清醒的病人可饮服绿豆汤、淡盐水，或服用人丹、十滴水和藿香正气水（胶囊）等解暑。

（4）用湿毛巾冷敷头部、腋下以及腹股沟等处，有条件的话用温水擦拭全身，同时进行皮肤、肌肉按摩，加速血液循环，促进散热。

（5）一旦出现高烧、昏迷抽搐等症状，应让病人侧卧，头向后仰，保持呼吸道通畅，同时立即拨打120电话，求助医务人员给予紧急救治。

8.4 周边救援机构（略）

8.5 应急物资准备

昌江制梁场应急救援资源见表8-2。

应 急 资 源 清 单　　　　　　　　表8-2

序号	名　　称	规格/单位	数　量	备　注
1	灭火器	MF	6	
2	急救药箱	个	3	
3	担架	副	3	
4	木方、钢管	—	—	临时支护
5	装载机	ZL50/辆	1	
6	挖掘机	CAT330B/辆	1	
7	自卸汽车	福田/辆	2	
8	汽车起重机	25t/辆	1	
9	指挥车	辆	2	
10	测温仪	个	2	
11	口罩	个	500	
12	消毒液	kg	50	
13	消毒喷雾器	个	1	
14	对讲机	部	3	

9 计算书及相关施工图纸

9.1 设备负载验算（见二维码）

9.2 运梁通道承载力验算（见二维码）

9.3 架桥机设计图及结构验算书（见二维码）

9.4 制梁场平面布置图（见二维码）

9.5 运梁通道平面图（见二维码）

公路小箱梁预制
专项施工方案标准范本

（以京藏高速公路石嘴山至中宁改扩建工程段为例）

目 录
CONTENTS

1 工程概况 247
2 编制依据 252
3 施工计划 255
4 施工工艺技术 257
5 施工保证措施 268
6 施工管理及作业人员配备和分工 270
7 验收要求 273
8 应急处置措施 277
9 计算书及相关图纸 281

1 工程概况

京藏高速公路石嘴山至中宁改扩建工程段 JZ10 合同段路线整体呈南北走向，起点位于贺兰县新华村四十里店南枢纽互通，连接既有京藏公路，桩号为 K1160+600。经桂文村后跨唐徕渠、向东南经光明村跨 G109 线，后经张亮村跨第四排水沟和张原公路。本合同段终点位于贺兰县习岗镇张原公路东侧，终点桩号 K1167+500，路线长 6.9km。

项目所在贺兰县降水少，年均降水量约 15766 万 m^3，形成地表径流量为零。但地表水比较丰富，由南向北穿过县境的唐徕渠、汉延渠、惠农渠、第二农场渠和西干渠五大干渠，全长 112.3km，年入境总水量 13.7 亿 m^3，年灌溉引水量 5.6 亿 m^3，灌溉贺兰县几十万亩农田。

1.1 工程概况和特点

该合同段全线 6.9km，共有预制箱梁 210 片，其中 30m 箱梁 70 片，25m 箱梁 140 片，箱梁断面构造如图 1-1 所示。第 JZ10 合同段所有预制箱梁均采用整体式液压行走模板进行预制。梁场功能区划分：制梁区、存梁区、运梁区、生产保障区（库房等）。梁场根据实际生产需求共设置 3 排、每排 4 个，共计 12 个制梁台座，确保能够如期完成制梁任务。

箱梁特点：作为装配式结构，易实现机械化、工厂化施工。因仅设端横隔梁，桥下视觉简洁，加之梁高较矮，在梁高受限、景观要求较高之处，具有一定的优势。结构适应变宽能力强，应用领域广。采用宽梁设计，在相同跨径结构中，具有一定的经济优势。结构暴露面少，负弯矩束锚头位于箱内，结构耐久性好。主梁刚度较大，在车辆荷载作用下主梁变形小、行车较舒适。施工稳定性好，易于维护。

箱梁预制场建设施工危险源辨识及风险评价见表 1-1。

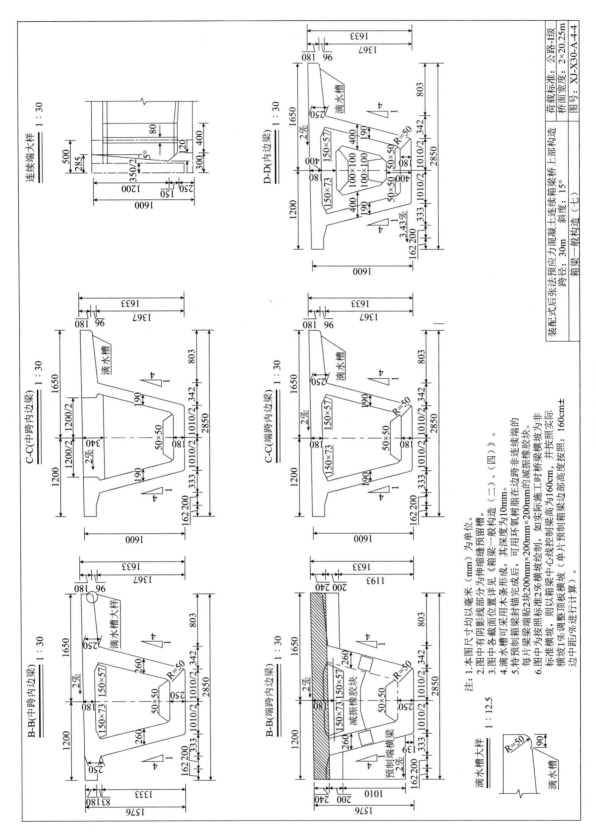

图 1-1 箱梁一般构造图

1 工程概况

箱梁预制场建设施工危险源辨识及风险评价一览表　　表1-1

序号	活动内容	危害因素	潜在事故类型	直接判断	L	E	C	D	危害级别	现行法律法规	控制方法
1	施工准备	未对作业人员进行进场安全教育和风险告知	物体打击、起重伤害、机械伤害、高处坠落、触电等	是	0.5	6	15	45	三	《安全生产法》《环境保护法》《公路工程施工安全技术规范》（JTG F90—2015）、《建筑施工安全检查标准》JGJ 59—2011）《建筑施工高处作业安全技术规范》（JGJ 80—2016）	（1）参照有关法律法规及规范要求制定专项施工方案。（2）按照相关规范及方案要求落实现场安全技术措施。（3）严格落实项目部安全管理规章制度。（4）遵照操作规程规范作业，实施安全文明绿色施工。（5）进场作业人员应经培训教育及安全技术交底，考核合格后方能上岗作业
2		未编制安全专项施工方案或存在缺陷		是	0.5	6	15	45	二		
3		未对作业人员进行安全技术交底或交底不充分		是	0.5	6	40	120	二		
4		作业人员未进行体检或带病作业		是	1	6	15	90	二		
5		作业人员未正确使用安全防护用品		是	1	6	15	90	二		
6		特种作业人员未持证上岗或证件过期		是	0.5	6	15	45	二		
7		机械设备选型不合理，材料存在缺陷		是	1	6	7	42	二		
8		道路现场场所警戒、封闭不到位		是	1	6	7	42	二		
9		气象跟踪不及时，恶劣天气施工		是	1	6	7	42	二		
10	钢筋施工	钢筋加工机械安装不牢固或固定不牢	机械伤害		1	6	7	42	二		
11		钢筋切断机刀片有破损	机械伤害		1	6	7	42	二		
12		钢筋切断机剪切直径超过规定	机械伤害		1	6	7	42	二		
13		钢筋弯曲作业时半径内有旁人站立或经过	物体打击		1	6	7	42	二		
14		钢筋材料或成品堆放不规范	物体打击		1	6	7	42	二		
15		钢筋材料或成品装卸违章作业	物体打击		1	6	7	42	二		
16		多人合运钢筋时动作不一致	物体打击		1	6	7	42	二		
17		钢筋运输超载	车辆伤害		1	6	7	42	二		
18		运输车辆司机违规驾驶	车辆伤害		1	6	7	42	二		
19		运输过程中未对钢筋进行临时固定	物体打击	是	1	6	7	42	二		

续上表

序号	活动内容	危害因素	潜在事故类型	危险、危害因素评价 直接判断	D=LEC L	E	C	D	危害级别	现行法律法规	控制方法
20	模板施工	使用后的木模板未拔出铁钉	其他	是	10	3	1	30	二	《安全生产法》《环境保护法》《公路工程施工安全技术规范》（JTG F90—2015）、《建筑施工安全检查标准》JGJ 59—2011》《建筑施工高处作业安全技术规范》JGJ 80—2016）	（1）参照有关法律法规及规范要求制定专项施工方案。（2）按照相关规范及方案要求落实现场安全技术措施。（3）严格落实项目部安全管理规章制度。（4）遵照操作规程规范作业，实施安全文明绿色施工。（5）进场作业人员应经培训教育及安全技术交底，考核合格后方能上岗作业
21		混凝土强度未达到2.5MPa进行模板拆除	坍塌	是	1	3	15	45	二		
22		模板支撑加固不到位	坍塌	是	1	6	7	42	二		
23		模板拆除后随意堆放，堆放不稳	坍塌	是	1	6	7	42	二		
24		模板安装拆除未设置警戒区域	物体打击	是	1	3	7	21	二		
25	混凝土施工	混凝土振捣检修或作业停止，未切断电源	触电	是	1	3	15	45	二		
26		洒水养护时，未避开配电箱和周围电气设备	触电	是	3	3	7	63	二		
27		混凝土浇筑时未派专人指挥搅拌运输车倒车	机械伤害	是	1	6	7	42	二		
28		浇筑混凝土时临边未防护或防护不到位	高处坠落	是	1	3	15	45	二		
29		搅拌运输车制动系统故障或失灵；司机违规驾驶	车辆伤害	是	1	6	7	42	二		

1.2 施工平面布置

施工平面布置如图 1-2 所示。

图 1-2　施工平面布置鸟瞰图

梁场的功能分区如下所述。

（1）保障区

实现梁场各种材料、物资、电力、水、蒸汽等的保障和供给功能。保障区主要由砂石料场、钢筋存放加工区、工程试验室、变电所、混凝土拌和站、锅炉房、仓库、水站等组成。

（2）制梁区

制梁区主要内实现预应力混凝土梁的预制和张拉等功能。制梁区主要包含钢筋绑扎台座、制梁台座、门式起重机轨道基础等土建结构物。

（3）存梁区

存梁区主要实现预应力混凝土梁的养生、压浆、封锚、存储、检测等功能，存梁区一般由存梁台位、静载试验台座、横移滑道等组成。

（4）提梁区（装车区）

在提梁区（装车区）主要实现预应力混凝土梁装车功能，提梁用门式起重机与制梁区共用。

（5）生活办公区

主要实现为场区工作人员提供生活、办公场所功能。生活办公区宜具有自己独立的水电保障体系。

（6）存梁台位数量确定

梁区尺寸为88m×24m。存梁台座共分三排，按照相邻两片梁板间距3m计算，每排可存梁8片，根据规范要求存梁两层，共可存梁144片。

1.3 施工要求

1.3.1 工期目标

项目建设总工期控制在批准的建设工期内，在政策允许、环境条件顺利的情况下，争取提前完成建设任务。

1.3.2 质量目标

质量总目标：竣工验收工程质量等级为合格。

1.3.3 安全目标

预防一般性事故，杜绝重特大安全生产事故，杜绝人身重伤死亡事故。

1.3.4 环水保目标

保护环境，坚持可持续发展的环保方针，严格落实环评批复的各项要求，确保国土资源的合理利用，减少工程实施过程中的环境污染，确保不发生环境投诉事件。

2 编制依据

2.1 法律依据

2.1.1 法律法规

（1）《中华人民共和国安全生产法》；

（2）《中华人民共和国消防法》；

（3）《中华人民共和国建筑法》；

（4）《中华人民共和国特种设备安全法》；

（5）《中华人民共和国突发事件应对法》；

（6）《中华人民共和国职业病防治法》；

（7）《建设工程安全生产管理条例》（国务院令第393号）；

（8）《特种设备安全监察条例》（国务院令第373号）；

（9）《生产事故应急条例》（国务院令第708号）；

（10）《建设工程质量管理条例》（国务院令第279号）；

（11）《生产安全事故报告和调查处理条例》（国务院令第493号）；

（12）《生产经营单位安全培训规定》（安全监督管理总局令第3号）；

（13）《特种作业人员安全技术培训考核管理规定》（安全监督管理总局令第30号）；

（14）《安全生产培训管理办法》（安全监督管理总局令第44号）；

（15）《安全生产事故隐患排查治理暂定规定》（安全监督管理总局令第16号）；

（16）《安全生产事故应急预案管理办法》（安全监督管理总局令第88号）；

（17）《安全生产事故信息报告和处置办法》（安全监督管理总局令第21号）；

（18）《建设工程消防监督管理规定》（公安部令第106号）；

（19）《建设项目安全设施"三同时"监督管理办法》（安全监督管理总局令第36号）；

（20）《工贸企业有限空间作业安全管理与监督暂行规定》（安全监督管理总局令第59号）；

（21）《建筑起重机械安全监督管理规定》（建设部令第166号）；

（22）《建筑施工企业主要负责人、项目负责人和专职安全生产管理人员安全生产管理

2 编制依据

规定》(住房和城乡建设部令第 17 号);

(23)《建筑施工特种作业人员管理规定》(建质〔2008〕5 号);

(24)《危险性较大的分部分项工程安全管理规定》(住房和城乡建设部令第 37 号);

(25)《住房城乡建设部办公厅关于实施危险性较大的分部分项工程安全管理规定有关问题的通知》(建办质〔2018〕31 号);

(26)《危险性较大的分部分项工程专项施工方案编制指南》(建办质〔2021〕48 号)。

2.1.2 设计标准、规范

(1)《工程结构通用规范》(GB 55001—2021);

(2)《工程结构可靠性设计统一标准》(GB 50153—2008)

(3)《建筑结构可靠性设计统一标准》(GB 50068—2018);

(4)《建筑结构荷载规范》(GB 50009—2012);

(5)《钢结构通用规范》(GB 55006—2021);

(6)《钢结构设计标准》(GB 50017—2017);

(7)《公路工程技术标准》(JTG B01—2014);

(8)《公路桥梁设计通用规范》(JTG D60—2015);

(9)《城市桥梁设计规范》(CJJ 11—2011)。

2.1.3 施工及验收标准、规范

(1)《建设工程项目管理规范》(GB/T 50326—2017);

(2)《工程测量标准》(GB 50026—2020);

(3)《工程测量通用规范》(GB 55018—2021);

(4)《公路工程技术标准》(JTG B01—2014);

(5)《建筑与桥梁结构监测技术规范》(GB 50982—2014);

(6)《钢结构工程施工规范》(GB 50755—2012);

(7)《钢结构焊接规范》(GB 50661—2011);

(8)《钢结构工程施工质量验收标准》(GB 50205—2020);

(9)《公路桥梁施工技术规范》(JTG/T 3650—2020);

(10)《城市桥梁工程施工与质量验收规范》(CJJ 2—2008);

(11)《公路工程质量检验评定标准 第一册 土建工程》(JTG F80/1—2017)。

2.1.4 施工安全规范

(1)《施工企业安全生产管理规范》(GB 50656—2011);

(2)《建筑施工安全检查标准》(JGJ 59—2011);

（3）《市政工程施工安全检查标准》（CJJ/T 275—2018）；
（4）《公路工程施工安全技术规范》（JTG F90—2015）；
（5）《建设工程施工现场供用电安全规范》（GB 50194—2014）；
（6）《建筑施工高处作业安全技术规范》（JGJ 80—2016）；
（7）《建筑机械使用安全技术规程》（JGJ 33—2012）；
（8）《建筑施工起重吊装工程安全技术规范》（JGJ 276—2012）；
（9）《起重机械安全规程 第1部分：总则》（GB/T 6067.1—2010）。

2.2 项目文件

（1）《京藏高速公路石嘴山至中宁段改扩建工程第JZ10标段施工图设计》。
（2）《京藏高速公路石嘴山至中宁段改扩建工程施工投标文件》。

2.3 施工组织设计

经审批的《京藏高速公路石嘴山至中宁段改扩建工程第JZ10标段施工组织设计》。

3 施工计划

3.1 施工计划

根据我合同段的总工期计划，预制箱梁的总体施工时间为 2017 年 3 月 15 日—7 月 30 日，见表 3-1。

施工计划表　　　　　　　　　　　　　表 3-1

类　型	月　份				
	3 月	4 月	5 月	6 月	7 月
30m 预制箱梁	━━━━━━━━━━━━━━				
25m 预制箱梁			━━━━━━━━━━━━━━		

30m 预制箱梁的施工工期计划为 2017 年 3 月 20 日—5 月 20 日，共两个月，目前已施工 18 片，剩余 52 片未施工，每天需要完成 0.9 片。

25m 预制箱梁施工工期计划为 2017 年 5 月 1 日—7 月 30 日，共 3 个月，每天需要完成 2.4 片。

3.2 材料与设备计划等

基础施工主要材料为钢管、H 型钢、钢板、钢筋及混凝土等。

材料由物资部门按照公司规定招投标进行购买，材料进场应注意按程序进行检验，合格后，分次将材料送至施工现场，根据不同的要求进行堆码、保护、标识。钢材注意防潮避免生锈。

所有材料均需提前 15～30 天上报进场计划，留够加工和运输时间，确保现场不等料不积料，合理周密安排工序计划。

3.3 劳动力计划

3.3.1 施工现场人员配置

施工总技术负责人 1 人；现场安全环保员 1 人；现场试验负责人 1 人；现场质量检测

员 1 人；现场技术员 1 人；施工人员 80 人。

3.3.2 劳动力计划

根据预制箱梁的施工工期计划，项目部计划投入劳动力见表 3-2。

劳动力计划（单位：人） 表 3-2

序号	工 种	月 份				
		3月	4月	5月	6月	7月
1	钢筋工	40	40	40	40	40
2	混凝土工	20	20	20	20	20
3	电工	1	1	1	1	1
4	张拉工	10	10	10	10	10
5	技术员	4	4	4	4	4
6	专职安全员	2	2	2	2	2
7	特种作业人员	3	3	3	3	3
	合计	80	80	80	80	80

3.4 机械设备投入计划

机械设备投入计划见表 3-3。

机械设备配置表 表 3-3

序号	机 械 名 称	完好率	单位	数量	备 注
1	门式起重机	完好	台	10	4 台 5t，2 台 50t，2 台 60t，2 台 10t
2	高频振捣器	完好	台	70	
3	插入式振捣器	完好	台	4	
4	装载机	完好	台	4	
5	混凝土拌和楼	完好	座	2	
6	洒水车	完好	辆	1	
7	混凝土搅拌运输车	完好	辆	3	
8	数控钢筋弯箍机	完好	台	2	
9	钢筋弯曲机	完好	台	2	
10	钢筋切断机	完好	台	5	
11	电焊机	完好	台	8	

4 施工工艺技术

4.1 技术参数

箱梁预制主要包括模板安装、钢筋加工及绑扎成型、混凝土浇筑及养生、预应力钢束张拉，转移箱梁至存梁区，压浆封锚。

为保证箱梁质量及施工进度，钢模在模板厂集中制作完成后运至现场，依次按照底模、侧模、内模及端模的顺序进行试拼及安装。

箱梁钢筋在加工区集中调直、焊接、弯制成型，然后运至钢筋绑扎区，分别在箱梁底板、腹板钢筋胎架及顶板钢筋胎架上绑扎。利用门式起重机配专用吊架将箱梁底板、腹板及顶板钢筋依次整体吊放至侧模已安装好的制梁台座上，中间穿插吊装内模。继续绑扎剩余底板、腹板与顶板之间的连接钢筋，最后安装端模。预力管道采用金属波纹管，其安装穿插在钢筋绑扎过程中。

预制场混凝土浇筑采用运输车运至现场通过工作龙门架配合漏斗将混凝土倒入内模。箱梁混凝土浇筑完成后，及时进行养护。

待强度达到设计强度的 90% 且混凝土龄期不小于 7d 后，张拉预应力钢束，然后利用大门式起重机转运和运至存采区压浆后，继续养护。

4.2 工艺流程

整体式液压行走模板箱梁施工工艺流程如图 4-1 所示。

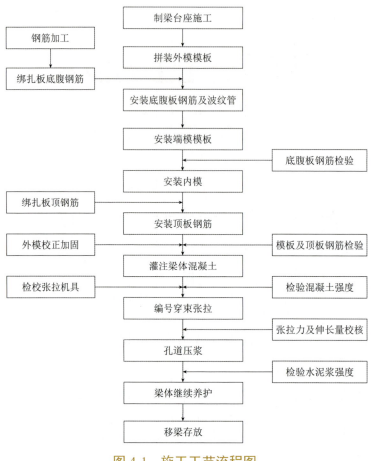

图 4-1 施工工艺流程图

4.3 施工方法及操作要求

4.3.1 模板加工

（1）模板采用整体式液压行走模板，由专业厂家加工。根据项目的工期计划，30m 预制箱梁拟加工中梁 3 套、边梁 1 套，25m 预制箱梁拟加工中梁 3 套、边梁 2 套，可满足进度计划要求。

（2）为确保梁体长度符合设计，连续端和非连续端采用活动块件替换，合理使用模板。模板加工好后应进行试拼，并对块件进行编号，以方便就位。

（3）钢模板内、外模采用 6mm 厚钢板，内模合理分块，以方便拆模和递出；外模采用整体式液压行走模板，免拼装，后续安装、拆卸方便，不需要吊装模板，施工安全、效率高。

（4）模板拼装时，侧模与底模接触面使用止浆条粘贴，确保不漏浆。

（5）箱梁模板采用移动式液压箱梁模板，外模通过行走装置到制梁台座，吊装完底板钢筋后安装定型内模钢模板，再进行顶板钢筋吊装后绑扎连接。外模和内模使用前均要进行打磨并涂刷脱模剂。

（6）液压模板优点：模板整体性好，一次拼装到位，就不需要再次调整，每次只需要稍微调整，模板支模及拆模速度快，提高模板及台座周转效率，减少制梁台座的设置数量，减少制梁区临时用地及临建费用。液压模板不用门式起重机拆装，减少在拆装过程中的模板变形、损坏，提高模板使用寿命。同时提高门式起重机的使用效率。

模板内部如图4-2所示，模板外部如图4-3所示。

图4-2 模板内部

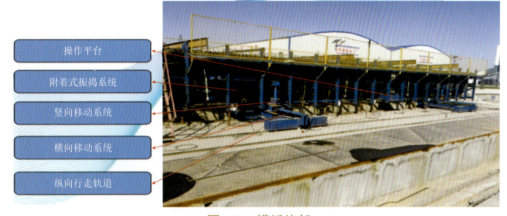

图4-3 模板外部

4.3.2 钢材加工与安装

1）钢筋存放

钢筋的存放严格执行《宁夏高速公路施工标准化管理指南之工地标准化建设指南》要求，设置钢筋半成品存放区，钢筋堆放于基座上，离地20cm，场地上设置推拉移动棚，确保钢筋不受雨淋，如图4-4所示。

图4-4 钢筋存放

2）钢筋绑扎

（1）绑扎钢筋前认真阅读图纸，制定合理加工安装方案。

（2）钢筋强度Φ20以上的钢筋采用套筒连接，钢筋接头不设置在梁跨的最大应力处，其他部位钢筋接头相互错开，无论在任何情况下，同截面内接头数量不能超过该截面钢筋总面积的50%。

（3）钢筋保护层厚度的保证措施：项目部要求在箱梁腹板处采用直径6cm的圆形垫块，腹板底部及顶板使用3cm、4cm的梅花形垫块。

（4）预埋钢筋与板梁钢筋之间采用点焊连接，预埋件位置要准确。预制梁时注意预埋梁板间的搭接钢筋、护栏钢筋、伸缩缝钢筋在梁上的预埋位置。

（5）为保证钢筋间距准确，以及工人操作方便，项目部要求钢筋绑扎均在绑扎台架上完成。绑扎钢筋前对钢筋台架进行验收，必须按照设计图纸加工绑扎台架（图4-5）。底腹板钢筋绑扎主管工程师进行验收，验收项目主要包括钢筋数量、间距、绑点、波纹管坐标、锚下加强筋。顶板钢筋也在台架上进行绑扎，绑扎完成后由主管工程师进行验收，其主要验收项目包括钢筋数量、间距、负弯矩波纹管坐标、负弯矩锚下钢筋、齿块钢筋、外露筋线形等。项目部自检合格后上报监理工程师，经监理工程师检查合格后方可使用。

 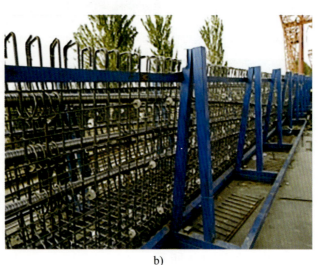

a)　　　　　　　　　　　　　b)

图4-5　绑扎台架

4.3.3 预留孔道

预应力筋预留孔道的尺寸与位置严格按设计坐标及定位钢筋焊接固定，孔道平顺，端部的预埋钢板须垂直预留孔中心。管道采用定位钢筋固定安装，使其能牢固地固定在模板内的设计位置，并在混凝土浇筑期间不产生位移。固定各种成孔管道用的定位钢筋的间距为100cm，在曲线段按25cm间距布置。

波纹管接头处的连接管采用大一个直径级别的同类管道，其长度为被连接管道内径的5～7倍，如图4-6所示。连接时不使接头处产生角度变化及在混凝土浇筑期间发生管道的转动或位移，并缠裹紧密防止水泥浆的渗入。为防止波纹管漏浆造成穿束困难采取先穿钢绞线或在每个波纹管内放壁厚1cm、外径小于波纹管径5mm的硬质塑料管，当混凝土浇筑完后立即抽拔塑料管。

图4-6 波纹管控制措施

4.3.4 锚具安装和端模安装

预制梁钢筋底腹板骨验收合格后移至制梁台座上，安装端头模板，安装端头模板时同时安装锚垫板，锚垫板用螺钉固定到端头模板上，并在锚垫板的注浆孔用泡沫胶填满，锚垫板安装应与波纹管轴心垂直。

4.3.5 箱梁混凝土浇筑

箱梁混凝土由拌和站集中拌和，混凝土运输车运料，利用门式起重机配合浇筑。在浇筑前，对支架、模板、钢筋和预埋件进行检查，并做好记录。

1）预应力混凝土浇筑施工准备

混凝土浇筑检查预留孔道位置的准确，端模板与侧模和底模是否紧密贴合，并与孔道轴线垂直。孔道管固定处应注明坐标位置，锚垫板还应编号，以便钢绞线布置时对号入座。同时梁内预埋件位置应准确，特别是锚垫板应与端头模板紧密贴合，不得平移或转动。压浆孔应做防漏浆措施，并安装出气孔，检查是否漏浆。最后要检查预应力孔道的数量、固定间距、各接头是否密封，检查预应力管道是否顺直。

2）预应力混凝土浇筑顺序

混凝土浇筑应按一定的厚度、顺序和方向分层浇筑，应在下层混凝土初凝前完成上层浇筑。上下层同时浇筑时，上层与下层前后浇筑距离应保持1.5m以上。在倾斜面上浇筑混凝土时,应从低处开始逐层扩展升高,保持水平分层。浇筑的具体顺序要求为:底板和腹板一起浇筑,最后顶板,从梁的一端到另一端,分层浇筑混凝土。

3)预应力混凝土浇筑

(1)浇筑混凝土时,应保持预应力管道、锚垫板位置稳固。

(2)混凝土浇筑过程中应连续,不得间断。

(3)箱梁混凝土振捣采用插入式振捣棒进行振捣,以插入式振捣为主附着式振动为辅(图4-7)。

(4)分层浇筑时应插入下层混凝土5~10cm,每一处振动完毕后,应边振动边徐徐提出振捣棒。振捣过程中严禁振捣棒插碰模板、波纹管及锚垫板。

(5)混凝土的浇筑应连续进行,浇筑过程中,应设专人检查支架、模板、钢筋、预埋件等稳固情况,当发现有松动、变形、移位时,应及时处理。

(6)混凝土浇筑过程中,应按规范要求留取7d及28d强度的同条件养护试件,以便施工控制。

(7)箱梁端部锚固区,为了保证混凝土密实,宜使用外部振捣器加强振捣,集料尺寸不要超过两根钢筋或预埋件间净距的一半。

图4-8所示为箱梁收面,图4-9所示为可拼装式操作平台。

图4-7 附着振动

图4-8 箱梁收面

a)   b)

图4-9 可拼装式操作平台

4.3.6 模板拆除

按规范要求,当混凝土抗压强度达到 2.5MPa 时,非承重侧模板方可拆模。拆模时,先拆芯模,后拆外模,人工操作,门式起重机配合。拆除过程中须注意保护成品,严禁乱撬乱砸。

拆模时先松掉各种连接螺栓和扣件,撤除支撑结构,采用绳索或小型手拉葫芦套在螺栓孔内轻拉模板,小撬棍辅助撬动,反向设防溜绳,防止摔坏模板。严禁使用大锤锤击或沿梁体表面撬动模板,防止损坏模板和破坏混凝土表面结构。内模拆除时注意通风和内模倾覆。

4.3.7 养生

使用自动喷淋系统进行混凝土养生,确保混凝土表面湿润,同时将梁体全部用土工布进行覆盖,保证留住水分。梁养生时要在同条件、同温度下放置抽查混凝土试件,与梁同条件养生,以后可作为预应力张拉的依据。自动喷淋系统,通过计算机应用程序自动设定的时间及周期对梁体进行 24h 自动喷淋,并自动记录总养生时间,减少人为因素影响,节约人力物力。

自动喷淋系统,由远程工业操作软件,光纤、信号转换器、现场处理器及继电器,分布在每个台座的电磁阀,控制电缆以及供水管网和喷淋管道构成。远程软件对现场所有养生区域电磁阀进行集中控制。通过软件对现场台座的位置和编号一目了然,复选框轻松勾选任一个或多个台座编号,该台座自动进入养生状态,进入顺序开闭养生队列,所勾选台座的管道电磁阀依次按照设定喷淋时间及间隔时间进行喷淋,即在每个设定的区域,每个喷淋时段只有一个台座启动喷淋,这样既保证喷淋水压又能实现良好的喷淋效果,如图 4-10 所示。

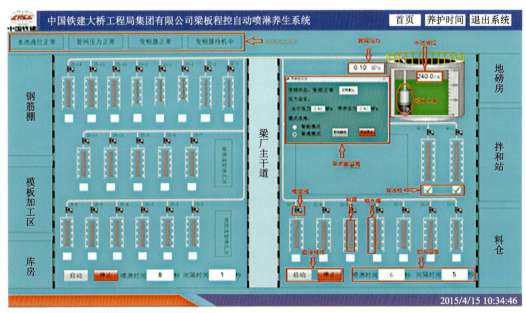

图 4-10 自动喷淋养生系统

为了更加安全便捷，软件对水池水位、水泵启停均实现了集中控制，采用变频恒压供水技术，节电节能，并解决了管网缺水保护，水池水位控制等问题，直接节约大量人工。系统可本地操作，也可远程操作，喷淋管网布设合理，喷出水雾均匀，实现喷淋全湿润、全方位、全天候。自动喷淋系统如图 4-11 所示。

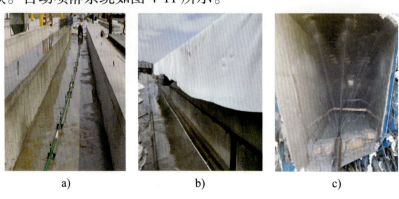

图 4-11　自动喷淋系统

4.3.8　冬季养生

当冬季温度低于 5℃，施工现场停止施工。

4.3.9　预应力钢筋张拉

梁体混凝土达到设计强度的 90% 以上，并且龄期≥7d，方可进行预应力张拉施工。

（1）钢绞线下料

经检验合格后的钢绞线方能下料使用，钢绞线设置专用的下料场地，场地上禁止有黏土，钢绞线盘应设置固定钢筋箍架。下料长度按照设计图弯道曲线要素计算确定，并考虑锚夹具、千斤顶及预留工作长度。预应力钢绞线采用钢筋切断机或砂轮切割机截断，不得使用电弧或气割，钢绞线切割时，先将钢绞线拉到需要的长度，切口两端 50mm 处用钢丝绑扎，以免切割后钢绞线松散，然后用砂轮切割机切断。

（2）钢绞线的穿入

采用自动穿束机穿钢绞线。下好的料做好端面编号，避免搬运和穿束时出错。

（3）张拉施工

采用智能张拉设备（1 机 4 顶）张拉箱梁，如图 4-12 所示。张拉前检查随梁试块强度达到设计值的 90% 以上，龄期满足 7d，调整钢绞线工作长度、安装锚具、夹片、限位板、钢套、千斤顶、工具锚、夹片，在千斤顶安装位移测量仪并归零、放置防护板。

在笔记本电脑上提取构件桩号及编号，确定是否与现场张拉箱梁一致；分清中板、边板钢绞线数量及梁长、型号；确定张拉应力、伸长量；开始张拉。

张拉分 3 个阶段，每个阶段计算机都能根据千斤顶上位移测量计记录液压缸的伸出量，当达到目标应力时自动停止张拉进行持荷。第一阶段施加 10% 张拉应力，第二阶段施加

20%张拉应力，第三阶段施加100%张拉应力，持荷300s。

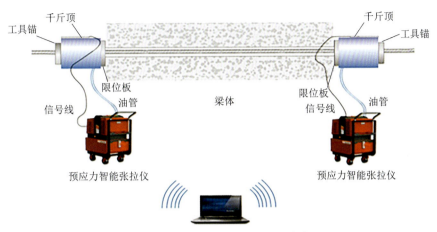

图 4-12 预应力智能张拉系统

持荷载完毕后卸荷，当张拉应力恢复至初始状态时，卸荷完毕，开始回缸，拆工具夹片、卸千斤顶，导出张拉数据，检查伸长量是否超出规定值的6%。

（4）孔道压浆、封锚

为了提高混凝土孔道压浆的密实性，压浆采用真空压降泵进行真空压浆，压浆必须饱满。水泥浆的拌和应首先将水加入拌和机内，再放入水泥，经充分拌和后，再加入减水剂，拌和时间不少于2min。水泥浆的配合比通过试验来确定，水泥浆水灰比、泌水率、稠度均要符合规范要求。压浆时每个班组取3组，试件标准养护28d，作为水泥浆质量评定的依据。

孔道压浆控制在张拉后48h内完成。先将真空泵放置在梁的另一端，真空泵内注满水，关闭另一端压浆阀门，开启真空泵抽真空，压力达到-0.09～-0.06MPa时开始压浆，当水泥浆从透明的真空管出来时（图4-13），关闭并清洗真空泵，关闭阀门，打开三通另一阀门放浆，当浓浆出来时关闭阀门。然后进行第二次压浆至0.5～0.7MPa，并持压3～5min。打开压浆泵卸压阀门，关闭压浆管前端阀门，卸掉压浆管持续3～5min。最后卸掉压浆阀门，用水泥团将压浆孔堵严密。清洗真空泵透明管，进行下孔压浆。到达一定强度后可对梁端进行封端。

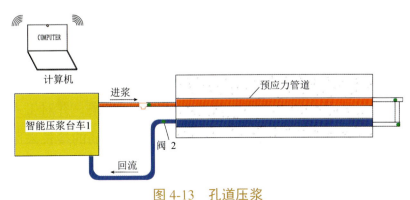

图 4-13 孔道压浆

4.3.10 移梁、堆放

由于梁体较重,后期采用双层存梁高度达到 5m,支护难度较大。为防止在存梁过程中发生倾覆及不稳定因素,箱梁存放时仔细确定、熟悉存梁位置,对所存放的台座进行认真检查整修,排查危险台座,确保存梁台座平整。

(1)单层存梁

首先,检查确定门式起重机性能全部良好的工作状态后,开始进行移梁;其次,待梁体平稳落梁后,在梁体两端采用加工的圆杂木杆进行支撑。并且经常检查支撑杆是否松动,使杂木杆始终处于受力状态,防止发生梁体意外倾覆。

(2)双层存梁

在单层梁存放完毕后,再进行双层存梁(图 4-14)。在双层存梁前,将60cm×20cm×20cm方木在梁端每侧并排摆放 3 根;然后进行存梁就位,当梁体就位后,采用方木在箱梁两端进行支撑。

图 4-14 双层存梁

(3)梁体对拉

在箱梁存放时采用将每片梁在隔板处,用钢筋将梁体连接。对拉采用 4 根ϕ25mm 圆钢对拉。将两片梁体对拉在一起,两片梁中间采用枕木间隔,将两片梁对拉为一整体,来提高存放梁体的稳定性。

4.4 检查要求

(1)预制箱梁分项工程在施工之前应编制详细的施工方案,并对工人进行技术交底。

(2)钢筋的施工严格按照设计图纸及桥梁施工规范,主筋的接长采用套丝连接,并且所有连接方法均应符合《钢筋焊接及验收规程》(JGJ 18—2012)的规定。

(3)预制箱梁的模板均采用厂制整体式液压行走模板。

(4)同一片箱梁混凝土应尽量采用同一厂家、同一型号、同一批号的水泥;砂石料也采用同一产地、相同级配的原材料,保证混凝土的颜色一致。

(5)混凝土的施工应严格按照施工方案进行,混凝土的搅拌、运输、浇筑及振捣均应符合设计规范要求。以确保混凝土的施工质量。

(6)混凝土浇筑完毕后,加强养护,模板拆除后,洒水养生要求及时到位,保证养护期间混凝土表面的湿润。

5 施工保证措施

贯彻《中华人民共和国安全生产法》《建筑工程安全生产管理条例》及"安全第一，预防为主"的方针和"安全为了生产，生产必须安全""管生产经营必须管安全"的原则，建立安全管理机构，健全安全管理体系，强化安全意识，制定安全措施，实施目标管理，全面实现安全目标。减少一般事故，遏制较大事故，坚决杜绝重特大事故。进一步推进安全生产规章制度和标准化建设，完善和严格落实安全责任体系，完善应急管理机制，认真开展安全风险评估，加大宣传教育培训力度，扎实开展安全生产隐患治理。形成各部门齐抓共管的工作机制，争取实现全年公路工程平安建设无事故。

5.1 组织保障措施

建立以项目经理、项目书记、总工程师、各科室负责人组成的安全领导小组，领导和组织实施本项目安全管理，确保实现安全目标。安保部和各安全专检小组、安全监督小组在项目经理部安全领导小组领导下，具体实施各项安全管理工作，以专检和监督方式为主，实行"安全生产一票否决权"。各作业队的安全管理小组是各工班安全管理实施机构，组织作业队安全自检小组和班组安全员，实施施工过程安全管理和监督。安全管理组织机构见图 5-1。

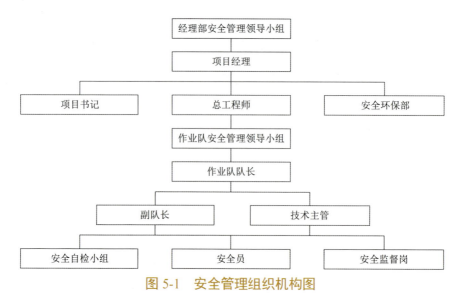

图 5-1 安全管理组织机构图

5.2 技术保证措施

（1）作业中严格执行施工方案和技术交底，分工明确，听从指挥，协调配合。

（2）严禁赤脚、穿拖鞋、穿硬底鞋作业。严禁在酒后作业。正确使用安全防护用品，着装灵便，穿防滑鞋。作业时精力集中，团结合作，互相呼应，统一指挥。

（3）班组接受任务后，必须组织全体人员认真领会专项施工组织设计和技术措施交底，研讨设方法，明确分工，由一名技术好、有经验的人员负责搭设技术指导和监护。

（4）作业场地夜间施工时，作业场所必须有足够的照明。

（5）模板外侧必须挂防护网，搭设专用上下行走楼梯，铺好行走板，钉防滑条，不得直接攀爬模板。

（6）千斤顶不允许在超过规定负荷和行程的情况下使用。

（7）千斤顶在使用时必须保证活塞外露部分的清洁，如果沾上灰尘杂物，应及时用油擦洗干净。使用完毕后，各液压缸应回程到底，保持进出口的清净，加覆盖保护，妥善保管。

（8）张拉过程中千斤顶后方严禁有人站立、穿行，不得堆放重要物品。

（9）张拉工地应设置必要的安全标志提醒注意。

（10）应配置对讲机，保证两端张拉操作人员的通信联系。

（11）张拉人员、压浆人员必须使用必要的劳保用具。

（12）张拉后的预应力管道压浆前严禁碰击、踩踢，压浆时也要避开预应力筋端部，以防预应力筋突然断裂伤人。

（13）在千斤顶后端设置防护挡板，防止断丝或夹片弹出，影响人身及行车安全。

5.3 监测监控措施

安质环保部负责对各项安全措施落实情况进行检查，施工时专职安全员专项负责各道工序的安全检查工作。每天对施工现场安全检查发现的问题提出具体整改要求，限期进行整改并进行复查。

每月开展安全大检查，对当月的安全质量问题进行集中梳理，并制定出整改计划及整改措施。

6 施工管理及作业人员配备和分工

6.1 施工管理人员

为了贯彻执行安全生产方针,在开工前建立以岗位责任制为中心的安全生产责任制,责任明确到人,奖罚分明。

(1)项目经理:作为安全生产的第一责任人,对整个施工过程的安全负主要责任。

(2)分管生产的项目负责人:对施工安全负直接领导责任,具体组织实施各项安全制度和安全措施。

(3)项目总工程师:负责组织安全技术措施的编制和审核,安全技术的交底和安全技术教育。

(4)项目专职安全工程师:负责协调和处理安全事宜。

(5)项目作业队:对本作业区内安全生产负责,对本作业区内施工过程的安全负主要责任。

(6)项目安全管理部门:负责组织安全操作规程细则、制度的编制和审核,安全技术交底、制定切实可行的安全技术措施,组织施工人员学习并落实。

(7)项目施工管理人员:对分管施工范围的施工安全负责,认真落实安全操作规程、细则、制度、措施。

6.2 专职安全人员

按工程总价每 5000 万元配备一名专职安全生产管理人员的规定,本项目共配备 7 名专职安全生产管理人员。其职责如下:

(1)参与制定施工现场安全生产管理计划。

(2)参与建立安全生产责任制度。

(3)参与制定施工现场安全事故应急救援预案。

(4)参与开工前安全条件检查。

(5)参与施工机械、临时用电、消防设施等的安全检查。

(6)负责防护用品和劳保用品的符合性审查。

（7）负责作业人员的安全教育培训和特种作业人员资格审查。

（8）参与编制危险性较大的分部、分项工程专项施工方案。

（9）参与施工安全技术交底。

（10）负责施工作业安全及消防安全的检查和危险源的识别，对违章作业和安全隐患进行处置。

（11）参与施工现场环境监督管理。

（12）参与组织安全事故应急救援演练，参与组织安全事故救援。

（13）参与安全事故的调查、分析。

（14）负责安全生产的记录、安全资料的编制。

（15）负责汇总、整理、移交安全资料。

6.3 特种作业人员

（1）特种作业人员必持证上岗，严禁无证操作。

（2）特种作业人员应熟知本岗位及工种的安全技术操作规程，严格按照相关规程进行操作。

（3）特种作业人员作业前须对设备及周围环境进行检查，清除周围影响安全作业的物品，严禁设备没有停稳进行检查、修理、焊接、加油、清扫等违章行为。焊工作业（含明火作业）时必须对周围的设备、设施、物品进行安全保护或隔离，严格遵守厂内用电、动火审批。

（4）特种作业人员必须正确使用个人防护用品用具，严禁使用有缺陷的防护用品用具。

（5）安装、检修、维修等作业时必须严格遵守安全作业技术规程，作业结束后必须清理现场残留物，关闭电源，防止遗留事故隐患。

（6）特种作业人员在操作期间，发觉视力障碍、反应迟缓、体力不支、血压上升、身体不适等有危及安全作业的情况时，应立即停止作业，任何人不得强行命令或指挥其进行作业。

（7）特种作业人员在工具缺陷、作业环境不良的生产作业环境，且无可靠防护用品和无可靠防范措施情况下，有权拒绝作业。

（8）各班组应加强规范化管理，对特种作业人员生产作业过程中出现的违章行为，及时进行纠正和教育。

（9）安全管理人员、安全员有权对违章从事特种作业的行为进行制止和处理。

6.4 其他作业人员

（1）进入现场人员要戴好安全帽、扣好帽带，并正确使用个人劳保用品。

（2）2m 以上的高空、悬空作业要有安全措施。

（3）高空作业要防止坠落和砸伤。

（4）电动机械设备要有可靠安全接地和防护装置。

（5）非本工种人员严禁使用机电设备。

（6）非操作人员严禁进入吊装区域，吊装机械必须完好，吊臂垂直下方不准站人。

（7）遵守现场消防、保卫制度。

 7 验 收 要 求

7.1 验收标准

7.1.1 模板验收

（1）钢模板在加工制作时，模板的全长和跨度应考虑箱梁反拱度的影响及预留压缩量。附着式振捣器的支座应交错布置，安设牢固，并应使振动力先传向模板的骨架，再由骨架传向面板。

（2）模板安装时，其位置应准确，各部位的连接应牢固可靠，接缝应严密且不漏浆。模板安装的允许偏差应满足表 7-1 要求。

箱梁钢模板安装允许偏差　　　　表 7-1

项　　目		允 许 偏 差
模板全长（mm）		±10
模板高度（mm）		±5
模板宽度（mm）	顶板	±10
	底模板	+10，0
板面平整度（mm/m）		2
垂直度（mm/m）		3
中心线与设计位置偏差（mm）	顶板	10
	底模板	2
	腹板	10
横隔板中心位置偏差（mm）		5
顶板内外边缘与设计位置偏差（mm）		+10，−5
断面尺寸（mm）	顶板	+5，0
	底模板	
	腹板	
横隔板厚度（mm）		+10，−5
端模预应力支撑垫板中心偏位（mm）		3

（3）模板的拆除期限应符合规范外，对外侧模和端模，尚应满足箱梁混凝土的表层温度与环境温度之不大于 15℃ 的要求。当气温急剧变化时，不宜进行拆模作业。

7.1.2 钢筋绑扎及预应力孔道预留验收

钢筋保护层垫块采用专用混凝土垫块，并按梅花形布置。

后张法预应力孔道采用波纹管成孔，波纹管布置时，其纵横向曲线参数必须满足设计要求。波纹管接头处采用大一号的波纹管进行旋接，接头内口旋接时须先将毛口打磨平滑，以确保穿束顺畅。波纹管接头外口须用胶带包裹好，以防止漏浆。波纹管埋设时，须注意张拉端处位置的准确，并要求与锚垫板喇叭管管道自然顺接，接口处牢固、不漏浆。波纹管预埋时，使用"井"字形定位钢筋固定，预应力波纹管的坐标严格按照图纸设计要求执行，精准施工。钢筋安装实测项目见表 7-2。

钢筋安装的实测项目　　　　　表 7-2

项次	检查项目			规定值或允许偏差	检验方法和频率
1	钢筋骨架的全长（mm）	两排以上排距		±5	尺量；每构件检查 2 个断面
		同排	梁、板、拱肋	±10	
			基础、锚钉、墩台、柱	±20	
		灌注桩		±20	
2	箍筋、横向水平筋、螺旋筋间距（mm）			0，-20	尺量；每构件检查 5~10 个间距
3	钢筋骨架尺寸（mm）	长		±10	尺量；按骨架总数的 30% 检查
		宽、高或直径		±5	
4	弯起钢筋位置（mm）			±20	尺量；按骨架总数的 30% 检查
5	保护层厚度（mm）	柱、梁、拱肋		±5	尺量；每构件沿模板周边检查 8 处
		基础、锚碇、墩台		±10	
		空心板		±3	

7.2 验收程序及人员

7.2.1 验收程序

（1）项目部根据工程特点制定验收工作内容，明确需进行验收的重要部位、内容和要点。

（2）项目部根据所确定的项目内容逐项进行自检自评。自检自评合格后向监理单位提出验收申请。

（3）监理单位收到验收申请后，应对验收项目进行预审，预审符合要求的，总监理工程师组织各方成立验收组进行专题验收。

（4）验收组按照所确定的验收项目内容逐项进行验收，并形成书面验收结论。

（5）项目部需按照验收组意见进行整改。未进行验收或验收未通过的，不得进行相应重要部位和环节的施工。

7.2.2 验收人员

（1）施工单位

总承包单位和分包单位技术负责人或授权委派的专业技术负责人、项目负责人、项目技术负责人、专项施工方案编制人员、项目专职安全生产管理人员及相关人员。

（2）监理单位

监理单位项目总监理工程师及专业监理工程师。

（3）其他单位

有关勘察、设计和监测单位项目技术负责人。

7.3 验收内容

不同类型和层次的安全检查监督应有其各自的内容和重点，安全检查验收内容见表 7-3，质量检查验收内容见表 7-4。

安全检查验收内容 表 7-3

序号	检查项目	检查验收内容	验收结论
1	施工方案	方案编制、审批情况	
		施工交底、监督检查情况	
2	施工机具	是否有日常巡检及维修保养记录	
		电线、配电箱及控制箱是否符合安全用电规范	
		传动部位是否有保护罩	
3	安全用电	电工是否持证上岗	
		配电箱、开关箱及用电设备是否设置接地保护	
		电线是否存在老化破皮、私拉乱扯现象	
		是否按照方案进行开挖作业	
		基坑内作业是否满足相关安全技术规范要求	
		是否按要求进行基坑监测	
4	吊装作业	起重机司机、信号工持证上岗	
		钢丝绳磨损、断丝、变形、锈蚀程度是否达到报废标准	
		地基承载力符合要求	
		吊点是否焊接饱满	
		吊物是否存在安全隐患	
		周围环境状况是否符合安全要求	

续上表

序号	检查项目	检查验收内容	验收结论
5	高空作业	检查安全绳的牢固程度、不准使用不合格的安全绳	
		操作平台是否安全牢固	
		禁止同时使用吊篮吊运人员和材料	
6	消防	灭火器、消防桶等器材是否缺失、状态正常	
		氧气瓶与乙炔瓶安全距离是否满足要求	
		动火、动焊周围是否存放易燃、可燃材料	
7	其他	有无人员溺水救生措施	
		现场警示标志是否齐全	
		临边防护搭设是否符合要求	

质量检查验收内容　　　　表 7-4

序号	验收项目	具体内容	检查验收内容	验收结论
1	材料质量	钢筋	原材料经检验性能和质量符合设计及规范要求	
		混凝土	原材料经检验性能和质量符合设计及规范要求	
		钢绞线	钢绞线经检验性能和质量符合设计及规范要求	
		预埋件	预埋件尺寸及厚度是否符合方案要求	
2	施工质量	模板	模板安装接缝平顺、严密、无错台	
			模板长、宽、高尺寸符合设计图纸及施工规范要求	
			对拉螺杆齐全、紧拉，支撑稳固	
		钢筋	加工、安装偏差满足设计及规范要求	
			钢筋接头设置、接头外观质量及力学性能满足规范要求	
		混凝土	浇筑混凝土时，预应力管道、锚垫板位置稳固	
			混凝土开始浇筑后，浇筑过程中连续不间断	
			采用插入式振捣棒进行振捣，振捣密实	
			混凝土养护及时，养护方法符合规范要求	
			现浇混凝土结构的外观质量、尺寸偏差符合设计及规范要求	
		预应力筋张拉	穿孔前用高压风枪清除管道内水分及杂物	
			张拉机具由专业人员校验	
3		压浆	压浆前对管道进行清理	

8 应急处置措施

8.1 应急处置领导小组组成与职责、应急救援小组组成与职责

8.1.1 应急处置领导小组组成与职责

1）应急处置领导小组组成

应急处置领导小组组成如图 8-1 所示。

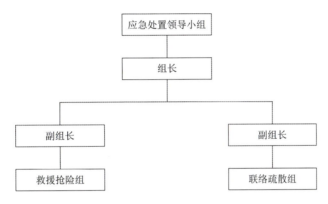

图 8-1 应急处置领导小组组成

2）应急处置领导小组职责

（1）经理是项目指挥部应急抢救工作的最高负责人。各班组建立应急抢救领导小组和应急抢险队伍，明确职责。

（2）应急事件发生时，在事故现场职务最高的人负责组织和指挥应急抢救工作。

（3）卫生人员负责救治伤员和救治联系等医务工作。

（4）公安保卫人员负责维护秩序，配合做好伤员救治和联系工作。

（5）其他人员执行组长分配的任务。

8.1.2 应急救援小组组成与职责

1）应急救援小组组成

（1）应急救援组由安全部部长及有关人员组成。负责人是安全部部长，负责查明危险源，提出应急和补救措施及劳力的调配。

（2）后勤保障组由物资设备部、财务室等有关人员组成。负责人是物资设备部部长，担负应急车辆、资金的调配以及伤员生活必需品和救援、器材、物资的供应任务。

（3）治安保卫组由综合办公室及其保安人员组成。负责人是综合办公室，担负现场治安，交通指挥，设立警戒，指导人员疏散。

（4）技术分析组由工程部部长及有关人员组成。负责人是工程部部长，负责收集有关设计、施工方案、作业指导书，工程日志和班前安全讲话等相关材料，对有关设备、设施、器具、等进行技术分析、检测和试验，提报事故报告。

（5）善后处理组由项目书记及有关人员组成。

2）应急救援小组职责

（1）事故（事件）报告：制梁场发生重大事故时，现场带班应及时向经理汇报，经理及时将险情信息向上级报告。现场调度必须立即到达现场，立即查清以下两个问题后向应急领导小组成员传递明确的信息：有无人员受伤；是否影响既有线行车安全或现场设备的正常运作。

（2）当发生人员伤亡的情况时，安全总监必须立即将情况上报上级有关部门。

（3）报警、接车：报警员负责拨打120救护电话，报告事故地点、伤员人数、伤势情况，同时必须告知工程附近醒目标志建筑，尽可能告知详细地点，以利医疗救护队迅速判断方位。

接车员迅速到路口接车，清除道路上的各种障碍物，引领救护车从具备驶入条件的道路迅速到达事故现场。

（4）自救：现场所有施工人员、机械必须立即撤离至安全地带，在救护车未到来之前，经理部医务工作人员对受伤的人员进行力所能及的处理后，组织人员送往医院或送上救护车。

（5）联络：由制梁场队长总负责联络工作，项目部领导和相关职能部门领导接到险情报告后，应立即赶赴现场，组织、指挥、协调抢险工作。

（6）抢险：险情发生后，组长和组员立即赶赴现场，技术主管通过询问现场施工班长和察看现场后，根据预先编制的应急预案结合现场实际果断采取抢险防护措施；组长按照预定的方案迅速组织抢险队员组织抢险，要求合理组织工序衔接和平行交叉作业、分配劳动力，并负责协调各工序、工种之间工作顺序、进度；抢险队员负责按照确定的分工，就近取用储存在附近的机具实施抢险。

在抢救过程中，制梁场安全人员必须提高警惕、严密防护、确保安全。

（7）现场保护：现场应急过程中，经理负责尽可能保护好现场，以满足事后对事故调查的需要。

（8）验收：若影响安全正常施工的，待设备管理单位现场确定可以施工后，方可开始施工。

（9）事故善后处理：出现事故后，梁场领导应及时召开事故分析会，本着"四不放过"的原则，认真查找原因并对责任者进行处罚教育，使其他员工接受教训，杜绝类似事件的发生。及时清理事故造成的财产损失和人员伤亡情况，有保险的及时联系保险单位进行理赔，安抚伤亡职工及其家属，将事故影响减小到最低程度，并迅速恢复生产。

8.1.3 救援医院信息（略）

8.2 重大危险源清单及应急措施

8.2.1 高处坠落

高处坠落可能造成的伤害有颅脑损伤、骨折等。当发生物体打击事件及有人高处坠落摔伤时，应注意保护摔伤及骨折部位，避免因不正确的抬运使骨折错位，造成二次伤害；及时向工地负责人报告，拨打120急救电话或送医院救治，送医院途中不要乱转伤者的头部，应该将伤者的头部略抬高一些，防止呕吐物吸入肺内。

8.2.2 触电事故

本项目执行三级配电三级保护，各种机械设备必须做到"一机一闸一箱一漏"做好用电防护。严禁乱拉、乱搭电线及各种照明灯具，带电作业的机械设备专人负责，经常检查施工用电设施，及时处理事故隐患。

（1）有人触电时，抢救者首先要立即断开近处电源（拉闸、拔插头），如触电距离开关太远，用电工绝缘钳或干燥木柄铁锹、斧子等切断电线断开电源，或用绝缘物如木棍等不导电材料拉开触电者或挑开电线，使之脱离电源，切忌直接用手、金属材料或潮湿物件直接去拉电线和触电人，以防止被救的触电人再次触电。

（2）触电人脱离电源后，如触电人神志清醒，但有些心慌、四肢麻木、全身无力；或者触电人在触电过程中曾一度昏迷，但已清醒过来，应使触电人安静休息，不要走动，严密观察，必要时送医院诊治。

（3）触电人已失去知觉，但心脏还在跳动，还有呼吸，应使触电人在空气清新的地方舒适，安静地平躺，解开妨碍呼吸的衣扣、腰带，若天气寒冷要注意保持体温，并迅速请医生（或拨打120电话）到现场诊治。

（4）如果触电人已失去知觉，呼吸停止，但心脏还在跳动，要尽快使触电人仰面平躺进行人工呼吸。

（5）如果触电人呼吸和心脏跳动完全停止，应立即进行人工呼吸和心脏外按压急救。

8.2.3 机械伤害事故

各种机械设备必须按规定配置齐全有效的各种安全保护装置，按要求办理验收证（必要时办理准用证）。

（1）发生断手（足）、断指（趾）的严重情况时，现场要对伤者的伤口包扎止血、止痛处理，并进行半握拳状的功能固定。将断手（足）、断指（趾）用消毒和清洁的敷料包好，切忌将断指（趾）浸入酒精等消毒液中，以防细胞变质。然后将包好的断手（足）、断指（趾）放在无泄漏的塑料袋内，扎紧袋口，在袋周围放些冰块，速随伤者送医院抢救。

（2）发生撕裂伤时，必须及时对伤者进行抢救，采取止痛及其他对症措施；用生理盐水冲洗有伤部位后用消毒大纱布块、消毒棉花紧紧包扎，压迫止血；同时拨打120急救电话或送医院进行治疗。

8.2.4 中毒应急措施

（1）作业场所

根据作业场所大小和自然通风条件，设置足够的抽风、送风装置，排除毒气，供给作业人员新鲜空气，淡化作业场所有毒气体的浓度。每天都要及时对作业场进行毒气测定，浓度超标时，应暂时停止作业、作业人员离开。

（2）食堂、宿舍

食堂、宿舍应经常检查，搞好自然通风，加强巡逻，出现中毒现状，迅速组织拖救。

8.3 应急物资准备

应准备的应急救援物资见表8-1。

应急救援物资表　　　　表8-1

序号	材料、设备名称	单 位	数 量	备 注
1	灭火器	个	10	
2	应急灯	个	2	
3	燃油发电机	台	2	燃油充足
4	急救药包	个	3	
5	担架	副	2	
6	挖掘机	台	1	斗容量 $1m^3$
7	装载机	台	1	
8	汽车起重机	辆	1	25t
9	对讲机	个	12	

9 计算书及相关图纸

9.1 箱梁构造图（见二维码）

中国铁建大桥工程局集团有限公司

公路小箱梁架设
专项施工方案标准范本

(以京藏高速公路石嘴山至中宁改扩建工程段为例)

中国铁建大桥工程局集团有限公司

目 录
CONTENTS

1 工程概况 285
2 编制依据 288
3 施工计划 291
4 施工工艺技术 294
5 施工保证措施 308
6 施工管理及作业人员配备和分工 318
7 验收要求 323
8 应急处置措施 329
9 计算书及相关图纸 334

1 工程概况

1.1 工程概况和特点

京藏高速公路石嘴山至中宁改扩建工程段第 JZ10 标段路线整体呈南北走向，起点位于贺兰县新华村四十里店南枢纽互通，连接既有京藏公路，桩号为K1160+600。经常信乡桂文村后、跨唐徕渠，向东南经光明村跨 G109 线，后经张亮村跨第四排水沟和张原公路。

贺兰县地势趋向的基本特点为西南高东北低，自西南向东北呈扭曲面倾斜，整个地域主要由西部山地和东部平原组成。西部贺兰山海拔在 1400m 以上，其最高峰海拔 3566m；贺兰山东麓海拔 1122~1400m，为山前洪积倾斜增原；东部处于银川盆地的黄河近代冲积平原，海拔 1102~1122m，贺兰山地和银川盆地直接过渡，形成鲜明的对比。贺兰县地处内陆，远离海洋，属大陆性气候，按中国气候分区指标划分，属中温带干旱气候区。由于经常受到来自西伯利亚冷空气的侵入，以及贺兰山地形条件的影响，四季气温变化大，冬春季常因冷空气的入侵而带来大风和强烈降温，形成干冷漫长的严冬；夏秋季受到东南季风暖温空气的影响，雨水较多。根据贺兰县的气候特点，这里习惯将 3—5 月划为春季，6—8 月划分夏季，9—11 月划分秋季，12 月至次年 2 月划为冬季。

本工程采用的完全开放式交通分流，在互通立交改扩建期间，在保证主线畅通的情况下，利用原有匝道、临时便道进行交通转换，并逐步过渡到新建匝道，需要进行二次交通导改。交通组织难度大，施工工期影响因素较多。

该标段全线长 6.9km。共有预制箱梁 210 片，其中 30m 箱梁 70 片，40m 箱梁 140 片。梁板单片质量见表 1-1。

单片梁板质量　　　　　　　　　　　　　　　表 1-1

梁 型	位 置	方量（m³）	质量（t）
30m 箱梁	中跨中梁	34.11	83.596
	中跨边梁	36.5515	89.580
	边跨中梁	35.245	86.378
	边跨边梁	37.498	91.900

续上表

梁　型	位　置	方量（m³）	质量（t）
40m 箱梁	中跨中梁	50.52	123.814
	中跨边梁	54.65	133.936
	边跨中梁	52.61	128.936
	边跨边梁	54.83	134.377

注：按照批复文件混凝土密度为 2.4508t/m³。

1.2 施工要求

1.2.1 工期要求

项目建设总工期控制在批准的建设工期内，在政策允许、环境条件顺利的情况下，争取提前完成建设任务。计划 2017 年 4 月 1 日首架，2018 年 5 月 31 日完成全部梁板架设。

1.2.2 质量目标要求

质量总目标：竣工验收工程质量等级为合格。

1.2.3 安全目标要求

预防一般性事故，杜绝重特大安全生产事故，杜绝人身重伤、死亡事故。

1.2.4 环水保目标要求

保护环境，坚持可持续发展的环保方针，严格落实环评批复的各项要求，确保国土资源的合理利用，减少工程实施过程中的环境污染，确保不发生环境投诉事件。

1.2.5 风险等级

预制箱梁安装施工过程中存在的风险因素见表 1-2。

风险因素　　　　　　　　　　　　　　　　　表 1-2

作业单元	典型风险事件	风险事件等级	风险点风险等级
梁板运输及架设	物体打击	Ⅲ	Ⅲ
	机械伤害	Ⅲ	
	触电	Ⅳ	
	车辆伤害	Ⅳ	
	起重伤害	Ⅲ	
	高处坠落	Ⅲ	
	坍塌	Ⅲ	
	其他伤害（扎脚、跌伤、扭伤、碰伤等）	Ⅳ	

经综合评测，预制箱梁安装施工作业风险等级为III级。

1.2.6 参建各方责任主体单位

各参建单位名称见表1-3。

参 建 单 位　　　　　　　　　　表1-3

建设单位	宁夏公路建设管理局
监理单位	山东东泰监理咨询有限公司
设计单位	中交公路规划设计院有限公司
施工单位	中国铁建大桥工程局集团有限公司

2 编制依据

2.1 法律依据

2.1.1 法律法规

(1)《中华人民共和国安全生产法》;

(2)《中华人民共和国消防法》;

(3)《中华人民共和国建筑法》;

(4)《中华人民共和国特种设备安全法》;

(5)《中华人民共和国突发事件应对法》;

(6)《中华人民共和国职业病防治法》;

(7)《建设工程安全生产管理条例》(国务院令第393号);

(8)《特种设备安全监察条例》(国务院令第373号);

(9)《生产事故应急条例》(国务院令第708号);

(10)《建设工程质量管理条例》(国务院令第279号);

(11)《生产安全事故报告和调查处理条例》(国务院令第493号);

(12)《生产经营单位安全培训规定》(安全监督管理总局令第3号);

(13)《特种作业人员安全技术培训考核管理规定》(安全监督管理总局令第30号);

(14)《安全生产培训管理办法》(安全监督管理总局令第44号);

(15)《安全生产事故隐患排查治理暂定规定》(安全监督管理总局令第16号);

(16)《安全生产事故应急预案管理办法》(安全监督管理总局令第88号);

(17)《安全生产事故信息报告和处置办法》(安全监督管理总局令第21号);

(18)《建设工程消防监督管理规定》(公安部令第106号);

(19)《建设项目安全设施"三同时"监督管理办法》(安全监督管理总局令第36号);

(20)《工贸企业有限空间作业安全管理与监督暂行规定》(安全监督管理总局令第59号);

(21)《建筑起重机械安全监督管理规定》(建设部令第166号);

(22)《建筑施工企业主要负责人、项目负责人和专职安全生产管理人员安全生产管理规定》（住房和城乡建设部令第 17 号）；

（23）《建筑施工特种作业人员管理规定》（建质〔2008〕5 号）；

（24）《危险性较大的分部分项工程安全管理规定》（住房和城乡建设部令第 37 号）；

（25）《住房城乡建设部办公厅关于实施危险性较大的分部分项工程安全管理规定有关问题的通知》（建办质〔2018〕31 号）；

（26）《危险性较大的分部分项工程专项施工方案编制指南》（建办质〔2021〕48 号）。

2.1.2 设计标准与规范

（1）《工程结构通用规范》（GB 55001—2021）；

（2）《工程结构可靠性设计统一标准》（GB 50153—2008）；

（3）《建筑结构可靠性设计统一标准》（GB 50068—2018）；

（4）《建筑结构荷载规范》（GB 50009—2012）；

（5）《钢结构通用规范》（GB 55006—2021）；

（6）《钢结构设计标准》（GB 50017—2017）；

（7）《公路工程技术标准》（JTG B01—2014）；

（8）《公路桥涵设计通用规范》（JTG D60—2015）；

（9）《城市桥梁设计规范》（CJJ 11—2011）。

2.1.3 施工、验收标准与规范

（1）《建设工程项目管理规范》（GB/T 50326—2017）；

（2）《工程测量标准》（GB 50026—2020）；

（3）《工程测量通用规范》（GB 55018—2021）；

（4）《公路工程技术标准》（JTG B01—2014）；

（5）《建筑与桥梁结构监测技术规范》（GB 50982—2014）；

（6）《钢结构工程施工规范》（GB 50755—2012）；

（7）《钢结构焊接规范》（GB 50661—2011）；

（8）《钢结构工程施工质量验收标准》（GB 50205—2020）；

（9）《公路桥涵施工技术规范》（JTG/T 3650—2020）；

（10）《城市桥梁工程施工与质量验收规范》（CJJ 2—2008）；

（11）《公路工程质量检验评定标准 第一册 土建工程》（JTG F80/1—2017）。

2.1.4 施工安全规范

（1）《施工企业安全生产管理规范》（GB 50656—2011）；

（2）《建筑施工安全检查标准》（JGJ 59—2011）；

（3）《市政工程施工安全检查标准》（CJJ/T 275—2018）；

（4）《公路工程施工安全技术规范》（JTG F90—2015）；

（5）《建设工程施工现场供用电安全规范》（GB 50194—2014）；

（6）《建筑施工高处作业安全技术规范》（JGJ 80—2016）；

（7）《建筑机械使用安全技术规程》（JGJ 33—2012）；

（8）《建筑施工起重吊装工程安全技术规范》（JGJ 276—2012）；

（9）《起重机械安全规程　第1部分：总则》（GB/T 6067.1—2010）。

2.2 项目文件

（1）《京藏高速公路石嘴山至中宁段改扩建工程第JZ10标段施工图设计》。

（2）《京藏高速公路石嘴山至中宁段改扩建工程施工投标文件》。

2.3 施工组织设计

经审批的《京藏高速公路石嘴山至中宁段改扩建工程第JZ10标段施工组织设计》。

3 施工计划

3.1 施工进度计划

预制梁场计划开工日期 2016 年 8 月 1 日，竣工日期 2018 年 7 月 31 日。

梁场根据桥梁下部结构的施工进度，梁场地理位置、制梁能力以及自身的施工能力、经验，并结合运架设备到场时间等重要因素，合理安排工期。正式架梁时间为 2017 年 4 月 1 日。架桥机于 2017 年 3 月 1 日进场进行组装，组装时间为 2017 年 3 月 1 日—2017 年 3 月 20 日、检验时间为 2017 年 3 月 21 日—2017 年 3 月 24 日，试吊时间为 2017 年 3 月 25 日—2017 年 3 月 31 日工作，见表 3-1。

前期准备进度计划（2017 年 3 月） 表 3-1

工序	日 期							
	1 日	5 日	10 日	15 日	20 日	25 日	30 日	31 日
组装	━━━━━━━━━━━━━━━━━━━							
检验					━━━━			
试吊						━━━━━━		

计划于 2017 年 4 月 1 日第一片梁开始架设，最后一片梁于 2018 年 5 月 31 号架设完成。

3.2 材料计划

材料由物资部门按照规定招投标进行购买，材料进场应注意按程序进行检验，合格后，分次将材料送至施工现场，根据不同的要求进行堆码、保护、标识。钢材注意防潮避免生锈。

所有材料均需提前 15~30d 上报进场计划，留够加工和运输时间，确保施工现场不等料、不积料，合理周密安排工序计划。

3.3 劳动力计划

3.3.1 施工现场人员配置

施工总技术负责人：1人；

现场安全环保员：1人；

现场试验负责人：1人；

现场质量检测员：1人；

现场技术员：1人；

施工人员：14人。

3.3.2 劳动力计划

根据预制箱梁的施工工期计划，项目部计划投入的人员及机具见表3-2。

人员、机具配置表　　　　表3-2

序号	工 作 内 容	主要机具及用品	配 置 人 员
1	安装前支横移轨道、装前支腿	起重机、手锤、撬杠、梅花扳手、活口扳手、套筒扳手、钢丝绳	技工8人
2	安装中托横移轨道、中托轮、后托轮	起重机、手锤、撬杠、梅花扳手、活口扳手、套筒扳手、钢丝绳	技工8人
3	组装主梁，安装主梁、上横梁、后支腿	起重机、手锤、撬杠、梅花扳手、活口扳手、套筒扳手、钢丝绳	技工8人
4	调整安装前支腿	起重机、手锤、撬杠、梅花扳手、活口扳手、套筒扳手、钢丝绳	技工8人
5	组装提升小车、将提升小车安装到主梁上	起重机、手锤、撬杠、梅花扳手、活口扳手、套筒扳手、钢丝绳	技工6人
6	安装电线路	电工工具	电工2人 技工2人
7	安装吊具	白棕绳、活动扳手	技工4人

3.4 机械设备投入计划

机械设备配置见表3-3。

机械设备配置表　　　　表3-3

序号	设 备 名 称	规 格 型 号	单位	数量	备 注
1	运梁车	TLC180C2	辆	2	
2	架桥机	WJQ40/180	台	1	

续上表

序号	设备名称	规格型号	单位	数量	备注
3	千斤顶	YDC4000型	台	4	
4	电动油泵	ZB4-500	台	2	
5	汽车起重机	100t	台	2	
6	ZX7-500B电焊机	ZX7-500B	台	2	

4 施工工艺技术

4.1 技术参数

架桥机的所用材料、规格、支撑形式等技术参数，起重吊装及安装、拆卸设备设施的名称、型号、出厂时间、性能、自重等，被吊物数量、额定起重量、起升高度、组件的吊点、体积、结构形式、重心、通透率、风载荷系数、尺寸、就位位置等性能参数，各项技术指标均可满足本项目架梁需求。架桥机主要技术参数见表 4-1。

架桥机主要技术参数表　　　　表 4-1

序号	参数名称		单位	技术参数
1	额定起重量		kg	180000
2	架设梁板跨度		m	20/30/40
3	架梁最小曲线半径		m	1500
4	架梁最大纵坡		‰	20
5	纵移过孔速度		m/min	0～3
6	架桥机工作级别		—	A3
7	机构工作级别		—	M4
8	起重小车	重载起升速度	m/min	0.1～0.5
		空载起升速度		0.1～1.0
		纵移速度		0.1～6.0
9	架桥机自重		t	113.8
10	最大外形尺寸（长×宽×高）		m×m×m	66×18×13.5
11	整机功率		kW	165
12	工作电源		—	380V/50Hz
13	理论架设一孔梁平均用时		h	2～3

4.1.1 架桥机架梁

本桥架设顺序为：纵桥向由 0 号台往 N 号台方向架设，横桥向由路线设计前进方向由左往右将每孔小箱梁按顺序编号为1～6，架梁顺序为：3→4→2→5→1→6。当架完一孔梁后，采用焊接或支撑的方式使整孔梁连接成整体，然后再进行下一孔梁的架设。

4.1.2 运（喂）梁

利用运梁车将待安装的箱梁由预制场运送到架桥机后部主梁内，运梁车距架桥机后支腿50cm时，运梁车停止前进。吊梁天车运行到梁吊点处停车。安装梁吊具与前吊具连接牢固。解除梁前端支撑，前吊梁天车起梁前端，同时开动前吊梁天车，运梁车和吊梁天车同时以3m/min的速度前进。当运梁车运行到前运梁平车净距30cm时，停止前进并设止轮器以防滑行。后吊梁天车运行到梁尾端吊点处，安装梁吊具并与后桥式起重机吊具连接牢固，然后解除梁后端支撑，后吊梁天车吊起梁后端，此时吊梁天车将梁吊起，喂梁工作完成，运梁车退出。箱梁运输加固方法如图4-1所示。

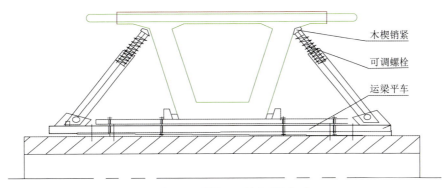

图4-1 箱梁运输加固方法

4.1.3 喂梁及捆梁

（1）梁片进入架桥机前，应先检查架桥机上有无影响梁片通行的障碍物，并标记梁片停车位置，安放止轮器。

（2）当架桥机已带梁工作时，严禁梁片进入架桥机。

（3）梁片在预定位置停车后，将前后两个吊点同时挂好吊杆和底梁，检查无误后，启动卷扬机组，至吊架底梁受力。

（4）安装边梁。

喂梁→前、后天车起吊梁，将边梁纵向运行到前跨位→整机携梁横移至安装的次边梁上（垫放临时枕木，把边梁放在次边梁上）→架桥机横移至吊边梁落梁位置（调整好前、中、后支腿，各轮子用三角木楔楔紧，用多道钢丝绳或手拉葫芦将单侧主梁桁架与已架设完成的次边梁捆绑牢固）→横移吊装天车至边梁位置下落就位→完成边梁就位安装。

（5）安装中梁。

喂梁→前、后天车起吊梁→前、后天车将箱梁纵向运行到预定位置→落下梁并脱开→完成中梁的就位安装。

4.1.4 吊梁、落梁及横梁就位

（1）在任何一次吊梁作业前，均需试吊一次，即捆好梁后，应先将卷扬机组作制动试验 2～3 次，然后将梁吊起少许，检查钢绳有无跳槽、吊架插销有无窜动等情况，确认可靠后方可正式作业。

（2）吊梁卷扬机组应动作一致，受力均匀，严防出现梁体剧烈摆动等现象。梁片在起吊、走行和下落时，应尽量保持水平。走梁时要防止电缆崩断、电缆滑车卡死等故障，影响走梁的障碍物必须清除干净。

（3）梁片必须对中走行，即走行时梁片处于两座导梁中央，严禁偏位走行。机上横移只能在梁片处于起吊位置和到位位置时进行。

（4）梁片宜在低位走行，并设专人在桥墩台监视梁体及大车运行情况，防止大车脱轨。尤其是梁片即将到位时，监视人员、指挥人员及操作司机要特别谨慎，密切合作，严防梁片撞出前端连接系。

（5）梁片走行及空车走行时，应设专人监视电缆展放情况，发现电缆滑车卡住时，要立即停车排除故障。

（6）落梁时两吊点的卷扬机应动作一致，牵引力均衡。落梁至距横移设备 40～50mm 时调整梁片纵向位置，确认位置无误后继续落梁。箱梁就位控制如图 4-2 所示。

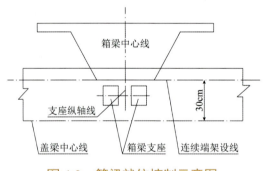

图 4-2　箱梁就位控制示意图

（7）梁片在横移设备上就位后，两端应加双向斜撑，并用木楔打紧，解脱两吊架后，方可横移。横移时，应力求梁片两端均匀同步，并安排专人在走板下喂梁及滚架。

（8）待梁片一端安放就位后，用相同办法使梁片另一端就位。在各梁片就位后未焊接前，应在梁片两端用斜撑或隔板下设垫木的办法，防止梁片倾覆。

（9）架梁前要首先划出盖梁上中心线和支座十字线。

①横向：梁体中心线与支座中心线要重合。

②纵向：严格控制跨与跨之间的间距，（特别是有伸缩缝处）以盖梁上中心线参照。

4 施工工艺技术

4.1.5 箱梁安装顺序

单幅对称架设,先架中梁,再架边梁,最后架次边梁。每一跨架设完后,架桥机过孔检查合格后再进行下一跨的架设。

4.1.6 第一跨梁的架设

(1)架桥机架设第一跨梁时,中支腿支撑在桥台上,中支腿横移方梁下的基础必须压实,以防止架桥机在架梁过程中出现下沉,造成事故;前支腿纵移前,应调整好支腿高度,使前支腿能够顺利就位;检查运梁平车轨道中心线和架桥机主梁中心线,保证两条中心线重合;架桥机在纵移前,全部检查一遍,做到万无一失。

(2)第一跨梁的架设,架桥机刚开始使用时,不应追求架梁速度,宁慢勿快,安全第一。

4.1.7 最后一跨梁的架设

最后一跨桥,对面是连续刚构箱梁,架桥机前支腿必须在连续刚构箱梁上运行,所以高度必须降低,本架桥机配备有前支腿专门在桥台上使用的连接架,架设最后一跨时,可把前支腿框架整体拆下,把连接架与行走箱连接,再把连接架和前支腿托梁连接起来。

4.1.8 上坡桥的架设

架桥机架设上坡桥时,架桥机拼好后,根据桥梁坡度调整前支腿和中支腿的高度。架桥机纵移前,降低架桥机中支腿的高度,升高后托梁支撑管的高度,使架桥机主梁坡度<2%,并在架桥机前部挂卷扬机,以防止架桥机在走行过程中下滑。架桥机跨孔走到一半时,顶起支腿,把后托梁支撑管放低,再次调整主梁坡度<1%;等架桥机导梁走行到位时,再把前支腿走到盖梁上;前支腿到位后,根据前支腿高度,调整中支腿高度;调平架桥机后,再把架桥机走行到位,然后架梁。

4.1.9 箱梁就位的平面控制和高程控制

(1)架梁前进行桥墩复测。放样支座垫石中心线、临时支座中心线、螺栓孔中心线及梁端线。以支座中心线为准,梁端线校核。

(2)高程控制对垫石高程进行水准复测,确认无误后在垫石内外侧的墩顶部设置高程点,并用红油漆做出醒目的标识。架梁前布置临时支座,使临时支座顶面高程与梁底的设计高程一致,使得架梁工作落梁即到位。

4.2 工艺流程

总体施工工艺流程如图4-3所示。

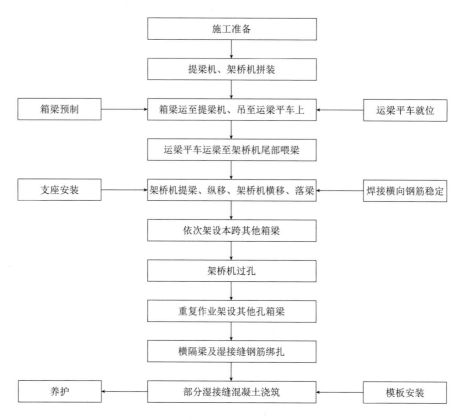

图 4-3 小箱梁架设施工工艺流程图

4.3 施工方法及操作要求

1）架桥机特点及性能

在已完成的桥台台背顶面上拼装架桥机。本合同段箱梁安装采用 WJQ40/180 型架桥机，该架桥机拼装便携，操作方便，自重轻，起重量大，架梁速度快，运行平稳，适用于各种跨度桥梁架设，安全可靠。其主体结构由主梁、上横梁、前框架、天桥、支撑横移轮组及轨道系统、拖轮机构、前液压顶升机构、后驱动装置、电气结构等组成。

2）架桥机的拼装

（1）架桥机拼装在桥后路基上进行，拼装前先铺设架桥机运行轨道。轨道均采用 P43 钢轨铺设，架桥机运行轨道轨间距为 4.5m；在路基施工中严格按照道路标准施工，采用大型压路机使道床密实，经整修使轨道方向、水平均达到标准后才能走行架桥机。拼装场地需 40m 长，路基压实度 93% 压实度以上。

（2）组装前、后平车，搭设组拼前后主梁用临时枕木垛。前、后平车的前、中、后支腿顶三点高差不能超过 2cm，以防架桥机挠度过大而影响架设。

（3）以前平车为基点，前后对称在枕木垛上拼装主梁，主梁采用"A"字形衍架双梁结构，分节拼装，节段间采用销轴销接组合。

（4）拼装顺序：测量定位→平衡对称拼装两侧主梁→安装前后纵梁联系框架→安装前、中、后支腿→安装中后定高支腿→起吊平车→边梁挂架→电控系统→液压系统、操作平台→接通电源→初步运行检查调试。安装主梁时，两侧主梁临时支撑不少于三处。

（5）检查各部尺寸，调整主梁平顺度。

3）架梁机试吊

架梁机组装后，进行一次全面检查：

（1）检查各连接部位是否连接牢固；

（2）检查液压系统各部位有否漏油现象；

（3）检查电器接线是否正确；

（4）检查各机械及结构部分是否有卡滞现象；

（5）检查各转动部位的润滑情况；

（6）检查油箱内油是否满足规定要求，并试运行液压系统；

（7）检查主机空载行走与制动；

（8）检查架桥机电控系统是否正常；

（9）检查天桥起吊、纵向移动及制动是否正常；

（10）检查前（后和中）支腿、前（后和中）顶高等升降是否正常。

在做完上述检查及调整，确认正常后做以下试运行。

将两起吊小车后退至后支腿附件，收起前支腿，测量主梁悬臂端挠度是否满足要求；如果满足要求，将前支腿就位，调整各结构至正常，可以做吊重试验，吊重必须在规定范围内；也可用一片梁做吊重，允许起吊小车以吊重状态反复行走2～3次。

完成上述试验后，检查各机械、机构、液压及电器部分有否异常。检查荷载时前、后、中支点做大工作反力，是否符合要求。

设备组装并通过验收后，准备架梁前，需完成待架桥跨桥墩的质量验收、待架箱梁质量验收工作。

4.3.1 箱梁装车

（1）梁场喂梁到位后，门式起重机走行到提梁位置。吊杆对位，吊杆插入吊孔内，安装垫块、吊杆螺母。吊杆端部螺纹应超出螺母端头4～5个螺距长度。箱内螺母拧紧后，各吊孔垫板必须与箱梁顶板密贴。

（2）在指挥人员的指挥下，门式起重机提升箱梁，在提升过程中，操作人员必须听从指挥，指挥人员、操作人员要随时观察提升状态，始终保持箱梁水平状态。

（3）门式起重机在存梁台位上吊起箱梁，当箱梁离开存梁台位约100mm时，静停

5min，检查起吊装置是否位于负载垂直面上，并检查起吊机构、制动装置、钢丝绳、吊具、索具有无异异常。检查合格后，起吊桥梁至规定高度。箱梁起吊过程中，禁止人员从梁下行走或穿越。

（4）门式起重机将箱梁提升至装车位置，吊起箱梁后，横移至运梁车正上方，装梁前应调整好运梁车支撑架左右高度，使运梁车同一端支撑架处于水平状态。

（5）在装梁过程中，应调整运梁车支承架上四个支承座，使均匀受力防止箱梁受扭。梁体装载到运梁车上之后，箱梁重心线应与运梁车中心线重合，允许偏差±20mm。梁体在装运过程中支点应位于同一平面，同一端支点相对高差不得超过2mm。梁体运输时运输支点距离梁端应小于等于3m。

（6）存放在路基的预制梁采用2台200t汽车起重机吊装箱梁至运梁车。

4.3.2 箱梁运输

（1）运梁车操作司机按照运梁车指挥指令，将运梁车停放至被提起箱梁底下。要求运梁车停放的位置使运梁车前后支点到箱梁两端的距离相同。

（2）门式起重机指挥员指令操作司机主钩同时降落，以箱梁底部高出运梁车前后支承点约50mm位置为宜。

（3）门式起重机操作司机同时移动门式起重机，使箱梁的中心与运梁车的中心重叠，误差不超过20mm。

（4）运梁车指挥员在箱梁前端、门式起重机指挥员在箱梁后端进行箱梁位置调整。运梁车前支点到箱梁前端的距离为550mm左右；后支点至箱梁后端距离为560mm左右。

（5）箱梁位置调整完毕后，门式起重机司机将主钩同时降落，到完全卸载钢丝绳处于松弛状态为止。

（6）运梁车驮运箱梁从制梁场运至待架桥头并和架桥机对位。运梁车运梁过程中，车速控制在≤5km/h；运梁车指挥在运梁车前方，排除路面上的障碍物并为运梁车操作司机导航，向运梁车操作司机发布操作指令。运梁车监护司机在运梁车尾端，向运梁车指挥提供运梁车行驶以及运转信息，如发现异常情况，立即按急停开关，并向运梁车指挥员汇报。

运输过程注意事项如下所述。

（1）运梁车行走前重点检查制动装置、操作面板、轮胎压力、驱动轮等重要部位是否处于完好状态。并清除运行界限内障碍物。

（2）运梁车载箱梁起步应缓慢平稳，严禁突然加速或紧急制动。在运行过程中派专人加强巡视，观察路面变化情况、箱梁平衡状态、轮胎受力状况及减振液压缸工作状态等，遇有桥面高差过大或桥缝错台严重时，应进行垫实处理。

（3）运梁车载梁行驶至架桥机后端50m处，运梁车行驶速度不得大于10km/h。

（4）运梁车应由专人操作，并配备指挥、辅助人员，禁止无关人员进入操作室。工作时，必须集中精力。

（5）在运梁过程中，运梁车前面应由专人引导，运梁车两边应有专人严密监视运梁车运行情况，发现有变化，应立即采取措施，保证运梁车安全。严禁紧急制动，当运行中各仪表显示超过正常值时，应停车检查，并采取相应的措施。

（6）运梁车通过已架箱梁或现浇梁时，运梁车的轮组应保持在警戒线以内运行。

（7）当发现不正常噪声时，应及时停车检查。运梁车不得超载、带病运行。

4.3.3 架梁施工

在已施工完成的桥台台背路基上进行架桥机拼装，拼装完成后的架桥机前移至第一跨，架桥机就位，架桥机中支腿支立在前一墩位盖梁上，后支腿和横移轨道支立在架好的梁面上（或桥台后路基上），0号桥台和1号墩盖梁上铺设架桥机横移轨道，架桥机在此轨道上就位，准备架梁。路基施工未完成的情况下，在台背后用素土填筑至距离台背顶部50cm处，压实度达90%以上，再填筑50cm水泥土至台顶，碾压密实，该场地不小于30m×70m，场地内纵坡不大于3‰，横坡不大于1‰。该场地与便道相连，便于架桥机拼装、运梁车掉头、喂梁，架设箱梁先架设中梁，最后架设边梁。

架桥机架梁步骤如下所述。

（1）运输台车把预制梁运送到架桥机尾部，1号天车提升箱梁前端10cm，然后脱离拖车，如图4-4所示。

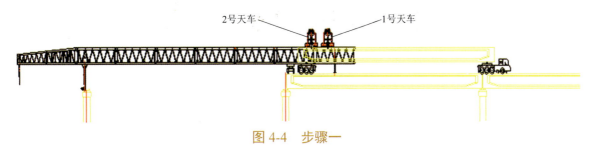

图4-4 步骤一

（2）运输牵引车配合1号天车共同纵移，行至梁后端至2号天车位时，2号天车将箱梁后端吊起，如图4-5所示。

图4-5 步骤二

（3）两台天车起吊纵向前移，到位后同时下落箱梁离盖梁10cm，横移将梁架设就位，如图 4-6 所示。

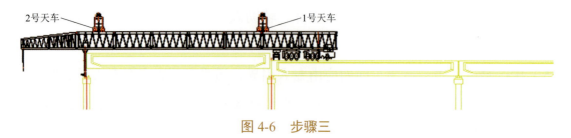

图 4-6 步骤三

架桥机架梁断面如图 4-7 所示。

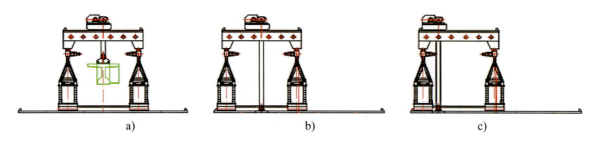

图 4-7 架桥机架梁断面

架桥机架设梁板时，为满足架桥机在桥面及墩台上的站位，各支腿下都设置横移梁，通过横移梁将架桥机支腿反力传递到桥面或墩台上，架桥机站位如图 4-8 所示。

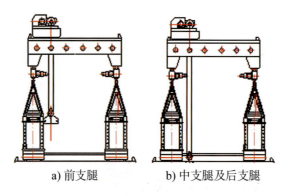

图 4-8 架桥机站位

4.3.4 架桥机过孔步骤

（1）拼装完毕后检查各旋转机构转向是否正确；将主梁调节至水平状态，将运梁车托运待架预制梁至桥机尾部，做好过孔准备。步骤一如图 4-9 所示。

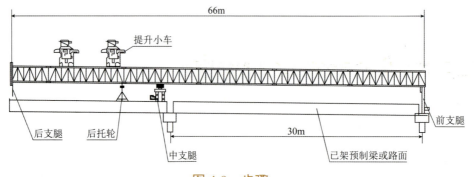

图 4-9 步骤一

（2）启动前后液压系统，千斤顶均匀顶起主梁至适当位置，在前后伸缩筒内穿入承重销轴；用前提升小车吊起中支腿和中支横移轨道前进40m，到达前桥台适当位置，将中支横移轨道调平垫实。步骤二如图4-10所示。

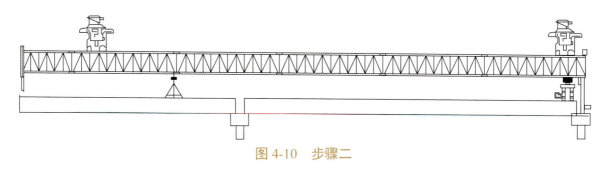

图4-10　步骤二

（3）启动前后液压系统，拉出前后伸缩筒内承重销轴；靠千斤顶均匀收起前后支腿，使主梁落在后托架和中支腿的反托轮上；前后提升小车都移动至主梁前端。步骤三如图4-11所示。

图4-11　步骤三

（4）启动中支腿反托轮箱减速机，使架桥机前进15m；待架桥机启动后将前后提升小车同步向后移动15m。步骤四如图4-12所示。

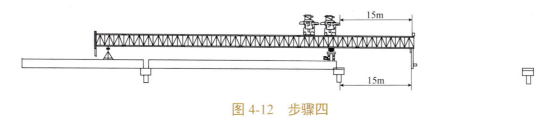

图4-12　步骤四

（5）启动后支腿液压系统，将后支腿顶立在桥面；收起后托架，靠后托架吊挂轮沿主梁下弦外侧将托架向前移动20m；将后托架放下垫平并穿入承重销轴，启动后支腿液压系统，将后支腿收缩脱离桥面；将前、后提升小车继续向后同步移动20m。步骤五如图4-13所示。

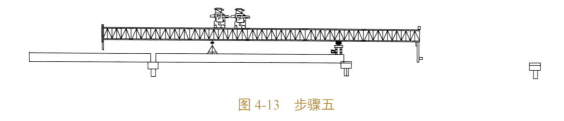

图4-13　步骤五

（6）启动中支腿反托轮箱减速机，使桥机前进15m；待桥机启动后将前后提升小车同步向后移动15m。步骤六如图4-14所示。

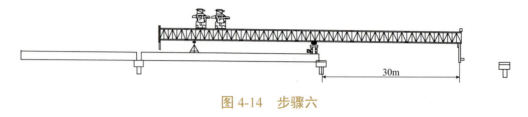

图4-14　步骤六

（7）前后提升小车继续同步向后移动至主梁；将主梁调节至水平状态；将运梁车托运待架预制梁至桥机尾部，后提升小车吊具与预制梁连接牢固，收紧钢丝绳。步骤七如图4-15所示。

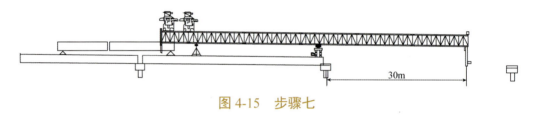

图4-15　步骤七

（8）启动中支腿反托轮箱减速机，使架桥机继续前进10m至前桥台适当位置；垫平前支横移轨道并保证与中支横移轨道平行；调节前支腿高度并穿入承重销轴，使前支腿满足架梁状态；收起后支腿和后托架脱离桥面；空载横移架桥机，准备架梁。步骤八如图4-16所示。

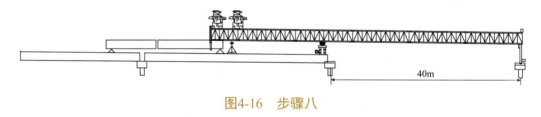

图4-16　步骤八

4.3.5　相关测量

1）设备位置测量

运梁车驮梁位置放样，架桥机前、中、后支腿的设计位置放样。

2）箱梁就位的纵横向控制和高程控制

（1）架梁前进行桥墩复测：放样支座垫石中心线、螺栓孔中心线、桥面中心线及梁端线，对预留螺栓孔偏离设计位置的要进行凿除处理，确保支座螺栓的顺利就位。以支座中心线为准，梁端线校核。

（2）高程控制对垫石高程进行水准复测，确认无误在垫石内外侧的墩顶部设置高程点，并用红油漆作明确标识。架梁前布置千斤顶，使千斤顶液压缸活塞伸出的顶面高程与梁底的设计高程一致，使得架梁工作落梁，即梁到位。

4.3.6 落梁及支座安装

1）支座安装

支座在出场时已装配好，且用上下支座板连接螺栓预压 50kN 压力，上支座板与梁底预埋钢板之间不得留有空隙，现场检查上下支座板无移动时不容许拆解。根据现在支座常用安装方式，支座先在提梁台座挂装到箱梁底部，运架到位后，安装预埋锚栓。在临时支撑的支撑下灌浆回填。

支座运输和安装过程不得碰撞，不得松动连接螺栓，安装前要按规定详细检查支座质量，无质量问题后可以安装，挂装后的支座与梁底无间隙，螺栓紧固，支座中心线与梁底支座板中心对正，偏差符合规定要求。

2）梁前检查

落梁前再次校核支座十字线，锚栓孔位置、孔径、深度，清除锚栓孔内的积水及杂物。校对盖梁挡块上是否有橡胶缓冲块。

3）安装临时支撑

落梁前，按设计位置在桥墩上放置临时支撑，作为箱梁的临时支点，临时支撑按架梁方向，后并联前串联放置。临时支撑安置前后、左右必须要对称（图 4-17），以便确保测力准确。

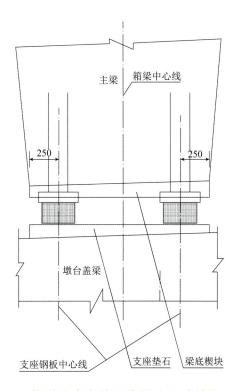

图 4-17 临时支座安装示意图（尺寸单位：mm）

临时支撑要提前调整好高程，高程严格按施工图和架梁核定参数、梁高等综合计算值和验标对支点高差要求等进行控制，确保落梁后受力和梁面高程符合验标要求。

4）落梁

启动前后起重小车液压卷扬机以 0.5m/min 的速度平稳运行，并按以下三个步骤完成落梁。

（1）距支座垫石顶面 500mm 时，液压卷扬机制动，安装支座下底板套筒和锚固螺栓，然后启动卷扬机徐徐落梁；

（2）距墩台支承垫石顶面 200mm 左右时，采用线锤对中引导、监视并检查支座中心的位移量；

（3）距墩台支承垫石上水泥砂浆面 50mm 左右时，液压卷扬机制动，利用架梁机起重小车纵、横移装置微量调整箱梁位置，预留出桥梁伸缩缝，箱梁精确对位，然后启动液压卷扬机，落梁到临时支撑上。

5）调整临时支撑

箱梁落在临时支点的临时支撑上，前后起重小车的钢丝绳完全卸载，但不拆除起重小车的吊梁装置。

观察临时支撑的压力表读数，当压力表读数稳定后，拆除起重小车的吊梁装置。并记录每台千斤顶的读数，计算出 4 个临时支撑的平均读数。按照每个临时支撑支点反力数值与 4 个支点反力的平均值相差不超过±5%来调整临时支撑。支承垫石顶面与支座底面间隙应控制在 20～30mm。

架梁加固方式：架梁完成后，及时连接横隔板钢筋，保证梁板稳固。首片梁架设完成后，用方木在两侧设置临时支撑。

4.4 检查要求

架设前，按事先制定的安装方案施工，并建立统一的指挥系统。门式起重机应符合国家关于特种设备的安全规定，并进行严格管理。在实际作业中，要严格执行下列规定。

（1）吊装前，应检查安全技术措施及安全防护设施等准备工作是否齐备，检查机具设备、构件长度及吊点位置等是否符合设计要求，严禁盲目施工。同时应将梁预制梁上的杂物清理干净，以防在吊运过程中杂物下落伤人。

（2）旧钢丝绳在使用前，应检查其破损程度，每一节内折断的钢丝不得超过 5%。新购置的钢丝绳，使用前也要进行认真细致的检查。

（3）正式架设前，应先进行试吊。按设计吊重分阶段进行观测，确定无误后，方可进行正式吊装作业。施工时，施工队主要领导及专（兼）职安全员应在现场亲自指挥和监督施工。

（4）遇有大风（6级及以上）及雷雨等恶劣天气时，应停止作业。严禁其他施工人员在吊装作业时从事其他工程作业。

（5）安装的预制梁板必须平起稳落，就位准确，与临时支座密贴。

（6）应在钢丝绳与预制梁板接触的拐角处设衬垫。起吊时，离开作业面 0.1m 后暂停起吊，经检查确认安全可靠后方可继续起吊。

（7）起吊过程中，严禁指挥人员或其他相关人员自预制梁下通过。

（8）在施工作业现场，盖梁的上下应有专人负责指挥工作，信号统一，以一方为主，一方为辅，上下配合要默契有序，指挥人员禁止站在正在起吊的预制梁上指挥。

（9）机械操作人员要精力集中，避免疲劳作业。

（10）施工作业人员应避免长时间处于高度紧张状态，定期并检查、保养、维修吊装设备。

（11）安全专人负责门式起重机轨道混凝土基础的保养工作，破损段要及时加固。

5 施工保证措施

贯彻《中华人民共和国安全生产法》《建筑工程安全生产管理条例》及"安全第一,预防为主"的方针和"安全为了生产,生产必须安全""管生产经营必须管安全"的原则,建立安全管理机构,健全安全管理体系,强化安全意识,订立安全措施,实施目标管理,全面实现安全目标。减少一般事故,遏制较大事故,坚决杜绝重特大事故。进一步推进安全生产规章制度和标准化建设,完善和严格落实安全责任体系,完善应急管理,认真开展安全风险评估,加大宣传教育培训力度,扎实开展安全生产隐患治理。形成各部门齐抓共管的工作机制,争取实现全年公路工程平安建设无事故。

安全生产目标:安全生产零伤亡,创建平安工地,杜绝安全特别重大、重大、一般事故,保证零伤害、零事故、零损失。

5.1 组织保障措施

建立以项目经理、项目书记、总工程师、各科室负责人组成的安全领导小组,领导和组织实施本项目安全管理,确保实现安全目标。安保部和各安全专检小组、安全监督小组在项目经理部安全领导小组领导下,具体实施各项安全管理工作,以专检和监督方式为主,实行"安全生产一票否决权"。各作业队的安全管理小组是各工班安全管理实施机构,组织作业队安全自检小组和班组安全员,实施施工过程安全管理和监督。安全管理机构如图5-1所示。

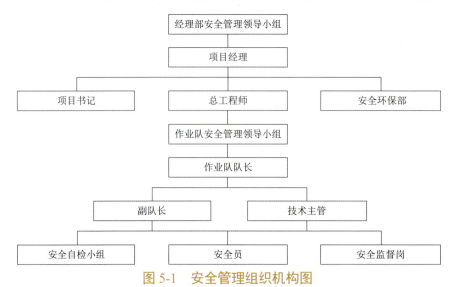

图 5-1 安全管理组织机构图

5.2 技术保证措施

1）建立健全各项安全管理制度

根据工程特点，制定具有针对性的各项安全管理制度。主要内容包括：安全生产责任制、安全生产奖惩办法、安全生产教育培训制度、安全生产检查制度、安全技术措施交底制度、安全生产资金保障制度、生产安全事故报告处理制度、消防安全责任制度、文明施工管理制度、特种作业人员管理制度、临时用电管理制度、安全防护设施及用品验收、使用管理制度、各工种及机具安全操作规程、生产安全应急预案等。

2）安全生产教育与培训

开工前，对所有施工人员进行岗前安全教育。对从事起重、高空作业、焊接、运梁车驾驶、架桥机操作等特殊工种的人员，经过专业培训，获得操作资质证书后，方准上岗。

3）开工前的安全检查

主要检查内容包括：施工机械设备是否配齐安全防护装置、安全防护设施是否符合要求、施工人员是否经过安全教育和培训、施工安全责任制是否建立、施工中潜在事故和紧急情况是否有应急预案等。

4）定期安全生产检查

每月组织安全生产大检查，积极配合上级进行的专项检查；施工班组每日进行自检、互检、交接班检查。

5）经常性的安全检查

安质环保部或安全员日常巡回安全检查。检查重点：易燃品管理、施工用电、机械设备、高空作业、设备结构和安全防护装置等。

6）专业性的安全检查

针对施工现场的重大危险源。对施工现场的特种作业安全、现场的施工技术安全，以及设备的使用、运转、维修进行检查。

7）箱梁运输安全技术措施

（1）箱梁装运前，首先要认真测量检查运梁线路的宽度和净空是否满足运架设备的运输需要，提前联系相关单位和部门，彻底清除影响运、架安全的所有走行限界内的障碍物。

（2）确认运梁车所通过的线路和结构允许承受运梁车的荷载。

（3）操作人员必须熟悉运梁车的结构及各项技术参数。开始作业前，要做好各项检查工作。如：发动机、液压系统专项检查；轮胎气压、信号仪表检查等。各项检查通过后方可作业。

（4）在整个运梁过程中，操作人员应高度集中精力，密切注意运梁车及前方道路情况，发现异常，及早采取相应措施，非紧急情况，严禁高挡位急起、急停。

（5）暴雨及大风等恶劣气候条件下，不得进行运梁作业。桥面湿滑要采取相应防护措施，降低运梁速度。

8）箱梁架设安全技术措施

（1）检查各台车行走轮压，将架桥机前、后支腿就位支垫超平。

（2）检查各行程限位器动作有效可靠；检查整机行走及卷扬制动是否有效。

（3）在吊梁纵移时，禁止连续起、停动作；专人监护行程限位停车；禁止箱梁碰撞架桥机任何部位。

（4）监控系统对桥机整机运行状态及施工人员进行实时监控。

9）施工用电安全措施

（1）现场移动式电器设备必须使用橡皮绝缘电缆，横过通道必须穿管理地敷设。

（2）配电箱、开关箱使用标准电箱，电箱内开关电器必须完整无损，接线正确，电箱内设置漏电保护器，选用合理的额定漏电动作电流进行分级匹配。配电箱设总熔断器、分开关，动力和照明分别设置。金属外壳电箱作接地或接零保护，开关箱与用电设备实行"一机一闸"，有专人负责管理。

（3）所有电气设备按规定安装漏电保护装置，并有良好的接地保护措施。接地采用角钢、圆钢或钢管，接地电阻符合规定，分配电箱必须有接地。

（4）各种机电设备检修、维护时应断电、停运转；如要试运转，须有针对性保护措施。

（5）安装、维修或拆除临时用电工程，必须由电工完成，电工必须持证上岗，实行定期检查制度，并做好检查记录。

（6）严禁将电线拴在钢筋或其他导电金属物上，电线必须用绝缘子固定，配电导线必须保证与邻近线路或设施的安全间距。

10）高空作业的安全措施

（1）从事高空作业人员，定期进行身体检查，凡不适宜高空作业的人员，不得从事此项工作。作业人员拴安全带、戴安全帽、穿防滑鞋。

（2）高空作业人员应配给工具袋，小型工具及材料应放入袋内，较大的工具，拴好保险绳。工具不得随手乱放，防止堕落伤人，严禁从高空向下乱扔乱抛。

（3）双层作业或靠近交通要道施工时，设置必要的封闭隔离措施或设置防护人员及有关施工标志。

11）大型设备防倾覆安全管理措施

（1）必须严格按照大型设备的操作规程进行操作。

（2）加强作业人员岗前培训工作，增强作业人员的安全意识。

（3）加强大型设备施工作业方案的编制及实施，现场指派专业安全员严格执行各个岗位安全操作规程，执行项目部的各项规章制度。

（4）加强大型设备的检查维护，坚决杜绝设备带病作业。

（5）施工作业人员要做到"三清四无五不漏"：场地清、设备清、道路清；无明火、无油污、无杂草、无易燃物；不漏油、气、水、火、电，施工现场无事故隐患。

12）安全防范措施

（1）开工前安排有关人员参加施工安全培训，考试合格者按规定持证上岗，不合格者坚决不允许上岗。铺架方案决策前充分考虑各种因素的影响，留足安全系数等，按规定送相关单位审批。

（2）严肃施工纪律，严格按规范和方案施工。

（3）设备在使用中出现的问题，以及问题是如何解决的，均应如实纪录。严格交接班制度，做到无遗漏。

（4）操作人员必须熟悉运梁车的结构及各项技术参数。开始作业前，要做好各项检查工作，主要包括：道路清障；机电、液各专项检查；结构的连接、通信、信号的检查等。各项检查通过后方可作业。

（5）吊梁前，应仔细核对待架成品箱梁合格证，检查外观、梁长、编号等，核对无异后方可吊装。

（6）吊梁时各支点对位要准确，纵向偏差为±20mm，横向偏差为±10mm，如位置偏差超标，须重新对位。

（7）在运架设备旁储备应急物资、机械、人员，保证发生险情随时投入抢险。

13）防火安全措施

（1）建立项目部、作业队、班组三级防火责任制，明确各级防火职责。

（2）重点部位，如仓库，配置相应消防器材，一般部位如宿舍、食堂等处设常规消防器材。

（3）施工现场用电，严格执行有关规定，防止发生电器火灾。

（4）焊、割作业点与氧气瓶、乙炔气瓶等危险物品的距离不得少于10m，与易燃易爆物品的距离不得少于30m。

（5）加强对易燃、易爆及危险品的管理。工程大量使用柴油等易燃品，因此其采购、运输、储存及使用各环节均严格按照有关安全操作规程执行，储料现场配备充足的专用消防灭火器材。

14）治安、消防安全措施

（1）组织现场施工人员学习《治安管理条例》，并要求现场施工人员与管理人员一律佩戴胸章，挂牌上岗，自觉接受监督。

（2）加大宣传力度，为施工创造良好的舆论氛围。承诺"便民不扰民"，取得沿线单位和居民的理解和大力支持。

（3）设立固定安全、防火警示牌、宣传牌。配备必要的消防器械和物资。治安消防工作坚持"预防为主，以消为辅"的指导思想，加强施工现场贵重物资、重要器材和大型设备的管理，特别是对危险物资的管理，制定领、发放制度和看管制度。

（4）开展法制宣传和"四防"教育，项目队定期开展以防火、防盗、防爆为主的安全检查，堵塞漏洞，防患于未然。

5.3 监测监控措施

5.3.1 施工测量准备

（1）收集测量资料制定测量方案、选择检验仪器测具。

（2）对施工测量人员进行技术交底，明确测量技术要求和质量指标，并做技术交底记录。

（3）对架梁作业人员和技术人员进行测量操作培训，熟悉水准测量操作过程，熟悉钢板尺和钢卷尺测量注意事项。

（4）所有测量仪器、仪表和工具进行检定。

5.3.2 架梁测量内容

（1）墩顶中心线、里程、支座中心线、墩顶水准点和垫石高程复测。

（2）墩顶水准点、墩顶放样和垫石高程测量。

（3）箱梁出场检测。

（4）架梁测量。

5.3.3 测量过程、方法和使用器具

与架梁作业相关的放样工作采用水准仪和全站仪直接测设。测量前先必须计算出桥梁各部位需要放样的点位坐标，并要求两人以上进行复核。重要部位的放样资料计算结果，必须在放样之前先提交测量监理一份，得到复核结果后才能开始放样。

1）墩顶放样和垫石高程测量

墩顶水准控制点放样和垫石高程测量，采用高程传递法。

当桥墩施工完毕后，项目部测量队用水准高程传递法在墩顶放样水准控制点，依水准控制点用水准仪和钢板尺放样并测量垫石高程。

高程传递技术要求有以下两点：

（1）高程引至桥墩顶部后，进行闭合复测。

（2）测量器具需有检定合格证。

使用测量器具：水准仪、全站仪、钢带尺、铟瓦尺（必须经过合格检测机构的检定）。

垫石高程放样和测量，依据已经引到墩顶的水准控制点，采用水准仪和钢板尺正尺测量放样垫石高程。平面偏差和同一梁端两垫石顶面高差不能超过2mm，垫石顶面高程偏差控制在−5～0mm以内。

2）墩顶放样（墩台中心线、支座十字线、梁端线及锚栓孔位置）

利用监理工程师批准使用的导线点、水准点、用全站仪精确确定出桥墩的中心线位置、支座十字线、梁端线及锚栓孔位置，误差在2mm之内，并做油漆标记和打墨线。

水准控制点、高程放样和测量后要出放样单和测量成果，并取得测控中心和测量监理的复检和确认，墩顶移交时一同移交给架梁单位。

3）墩台移交时的复测

在线下单位和架梁单位移交时，架梁单位对预埋栓孔中心位置、孔径和深度用卷尺进行复核；对垫石面质量、墩顶水准点、桥中线、高程、墩台中心线、支座十字线、梁端线及锚栓孔位置的墨线和标记等进行检查，符合要求后才能架梁。否则对问题进行处理，对放样点线进行补做。

4）箱梁出场前的检测

合格的成品梁应有支座安装中心线、梁体中心线和箱梁出场技术证明；成品梁在移交前，工程部应对梁长、梁跨、梁高等要复测，对支座安装中心线、梁体中心线、桥牌等标识和梁体表面质量、螺孔位置进行检查。成品箱梁外形尺寸允许偏差见表5-1。

成品箱梁外形尺寸允许偏差表 表5-1

序号	项　目	允许偏差（mm）
1	箱梁全长	±20
2	箱梁跨度	±20
3	支座中心到梁端	±15
4	桥面宽度	±5
5	箱梁底宽	+10，0
6	梁高	+10，−5
7	支座板每块板边缘高差	1
8	支座螺栓中心位置偏差	2
9	两端支座中线间的横向距离	±5
10	支座中心线偏离设计位置	3

使用测量器具：50m钢卷尺、5m卷尺、直尺。

5）支座安装测量

支座安装必须符合相关技术规范的规定，支座安装前要复测支座的长宽高，并标识支座板中心线，检测支座板的平面度、四角高差及上下支座板有无扭转现象。安装过程及安装后均要测量支座中心安装偏差、支座板与梁底的间隙。

长宽高、四角高差和中心线用钢板尺测量；支座板平面度用水平尺和塞尺检测；上下支座板扭转角度以支座板面为基准用角尺进行检测。

支座安装后，要对支座安装的各项尺寸参照支座安装技术要求，用钢板尺进行测量；支座板和梁底埋板的间隙，用塞尺进行检查。

6）箱梁架设测量

箱梁架设测量包括架设过程和架设后的测量。测量内容主要包括：梁体中心和支座中心安装偏差、梁底和梁面高程、支承反力、梁缝间隙、相邻梁面高差等。

高度和距离测量，采用水准仪、卷尺、钢板尺和线坠等器具。

（1）箱梁架设测量相关规定

①墩台支座中心线、支承垫石高程必须符合设计要求。

②梁存放和运输支点位置必须符合设计要求。而且支点应位于同一平面上，箱梁同一端支点相对高差不得大于 2mm。架设时吊点位置必须符合设计要求。

③箱梁架设落梁应采用支点反力控制，支承垫石顶面与支座底面间隙压浆硬化前，每个支点反力与四个支点反力的平均值之差不得超过±5％。

④箱梁架设后的相邻梁跨梁端桥面之间、梁端桥面与相邻桥台顶面之间的相对高差不得大于 10mm。预制箱梁桥面高程不得高于设计高程，也不得低于设计高程 20mm。

⑤箱梁支承垫石顶面与支座底面间的压浆厚度不得小于 20mm，也不得大于 30mm。

⑥梁体架设后应梁体稳固，梁缝均匀，梁体无损伤。

（2）箱梁架设纵横中心安装偏差测量

①架梁对位调整过程中和架设后要用钢板尺和线坠对梁体中心线和支座中心线与墩顶线路中心和支承中线的偏差进行检测。确保箱梁架设后各项中心偏差符合验收标准要求。

②测量工器具：钢板尺、线锤。

③箱梁安装其他项目测量。

④梁缝、相邻梁面或梁面与盖梁顶面的相对高差、支座底面砂浆厚度等用钢板尺直接测量。

7）其他要求

（1）为保证测量工作的精度，应绘制放样简图，以便现场放样。

（2）所有测量仪器、仪表和工器具必须采用检定合格的测量器具。

（3）测量放样由工点技术人员负责，过程测量和最终测量由工点质检人员负责。

（4）对仪器及其他用具定时进行检验，以避免仪器误差造成的施工放样误差。

（5）测量人员必须严格按照测量规范要求进行测量作业。

（6）所有测量过程必须规范、实时、真实地进行记录、归档。

5.4 质量保证措施

5.4.1 质量保证体系

为保证架梁任务顺利实施和实现本工程质量目标，根据公司质量管理体系文件规定，结合以往从事类似工程的经验，从组织机构、思想教育、技术管理、施工管理以及规章制度五个方面建立符合本梁场项目的质量保证体系（图 5-2），确保梁场质量目标的实现。

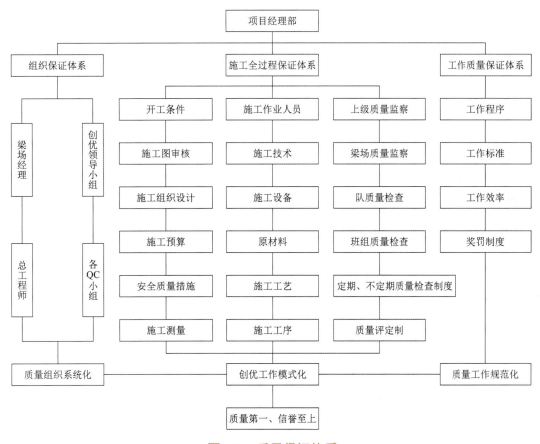

图 5-2　质量保证体系

5.4.2 质量管理制度

根据工程特点，制定具有针对性的各项质量管理制度，建立质量管理体系。质量管理体系包括：质量岗位责任制、质量经济岗位责任制、教育培训制度、质量检查制度、图纸审核制度、技术交底制度、测量复核制度、质量事故报告处理制度、质量检验制度、质量反馈制度等。

5.5 环境保护及水土保持措施

5.5.1 防治水污染的措施

(1) 对不符合尾气排放标准的机械设备,不能使用。

(2) 架梁施工过程中要避免废水和废物污染清洁水源,做好当地水系、植被的保护工作。

(3) 凡对环境有污染的废物,如生产垃圾、废弃材料等,弃在指定地点处理。

(4) 施工及生活废水的排放遵循"清污分流、雨污分流"原则。各种施工废油、废液集中储积,集中处理,严禁乱流、乱淌,防止污染水源、破坏环境。

5.5.2 防止空气污染措施

临时运输道路洒水湿润,减少扬尘,对机械设备保养到位。

5.5.3 防止噪声的措施

(1) 施工噪声主要包括施工现场、机械作业时产生的噪声,以及车辆运输时产生的噪声。为减少噪声影响,机械设备选型配套时优先考虑低噪声设备。

(2) 运梁台车在行驶过程中尽量避免鸣笛。

5.5.4 文明施工标准

(1) 项目部进行定期和不定期检查各部门和各施工队伍生活区和生产区的作业环境、作业过程,每月由经理组织评比并奖罚分明。

(2) 驻地及各项临时设施按照经批准的平面图布设,要因地制宜、布局合理、整齐有序、安全卫生,禁止擅自随意搭设。

(3) 各工点施工有计划有步骤地进行,做到有序展开,工完料尽。

5.6 职业健康保护措施

防治工作坚持"预防为主、防治结合"的方针。为劳动者创造符合国家职业卫生标准和卫生要求的工作环境和条件,并采取措施保障劳动者获得职业卫生保护。

5.7 疫情防控措施

(1) 宣传和普及传染病防控知识,提高广大施工人员的自我保护意识。

(2) 完善传染病报告制度,做到早发现、早报告、早隔离、早治疗。

(3) 建立快速反应和应急处理机制,及时采取措施,确保传染病不在建筑工地蔓延。

（4）加强环境卫生整治，动员全体施工人员集中整治环境卫生，消除发病诱因和隐患。对员工宿舍进行大扫除，及时清理脏乱差和卫生死角。

（5）每日进行施工人员身体病况排查，一旦发现发热等疑似症状的人员，立即送往医院诊治，及时对员工所在寝室所用物品进行彻底消毒，发现疫情立即向所在地区疫情防控指挥部报告。

（6）严格控制新入场人员，进行登记备案，并对外地进陕人员进行健康监测。发现可疑病例，及时送往定点医院，严禁在工地留宿。

6 施工管理及作业人员配备和分工

6.1 施工管理人员

为优化人员安排，提高人员组织配合能力。选取具丰富管理经验的管理人员，对施工现场进行全方位的管理和指导，同时，在施工前对施工工人进行施工技术交底，使施工人员熟悉施工方法。

1) 项目经理

经理是施工生产的管理负责人，主持施工生产，落实上级各类计划以及各项政策，保证各项任务的按时完成，负责工程质量、安全体系的管理和运行；进行工期责任的分解，组织制定工期计划。

2) 项目副经理

协助经理负责运、架梁施工，协调施工生产各类关系，协调调度、生产任务安排，负责质量管理的日常工作等。

3) 项目总工程师

梁场的技术负责人，负责审定施工方案，对工程质量和质量管理负全面技术责任；参与质量事故的调查、分析，审定事故处理方案，制定纠正和预防措施。

4) 项目施工员

(1) 复核设计文件、优化施工设计；

(2) 定制施工方案、工艺标准、进行技术交底；

(3) 制定季节性施工技术措施；

(4) 贯彻规范、强化现场技术管理；

(5) 制定专项施工技术措施、跟踪把关；

(6) 测量复核制。

5) 项目质量员

(1) 按设计文件和施工方案进行质量管理控制；

(2) 工序自检、监理工程师复验签证；

(3) 按标准进行施工控制；

(4) 贯彻验标、质量宣传教育；

（5）组织 QC（质量控制）活动；

（6）负责施工现场安全的指挥和调配，并对施工现场安全首要责任。

6）项目物资部

（1）按技术生产标准订货采购；

（2）厂家生产许可证、产品质量检测报告；

（3）地材料源、质量监控；

（4）成品、半成品质检入库、管理、发放；

（5）机械设备检测、调试、维修、管理。

7）项目计划部

（1）负责梁场工程合理单价定制；

（2）对班组进行定额和经济分析管理。

8）项目财务部

为梁场正常生产提供资金保证。

9）项目试验室

（1）原材取样复验、抽验；

（2）各项工程试验检测。

10）项目综合办公室

（1）组织员工培训；

（2）负责后勤工作。

6.2 专职安全人员

按工程总价每 5000 万元配备 1 名专职安全生产管理人员的规定，本项目共配备 7 名专职安全生产管理人员。

（1）学习掌握《民爆物品安全管理条例》和有关的民爆安全法令、法规，坚持"安全第一，预防为主"的方针，详细落实公司的各项安全生产规章制度。

（2）真贯彻执行公司《出入库管理制度》，并严格按照《出入库管理制度》执行出入库检查。

（3）参与民爆物品仓库的各项安全管理，对库区存在隐患的安全设备、操作过程和行为有权行使一票否决，参与制定纠正和预防措施。

（4）对进入库区的车辆运输手续，车辆安全状况、防护措施、驾驶及押运员证件、劳动保护用品穿戴、是否携带易燃物等进行详细检查和登记，严厉禁止不符合进入库区条件的人员及车辆进入库区,对于怀疑对象有权进行搜身,对不遵守库区规定者有权勒令其离开库区。

(5)贯彻安全保证体系中的各项安全技术措施,每月至少一次对库区灭火器、水泵、消防水池等设施进行定期检查和维护,并做出记录。

(6)控制安全动态,发现事故苗头并及时采取预防措施,组织展开安全专项活动。

(7)配合仓库主任做好对库区工作人员的安全教育、节假日的安全教育、安全学习工作,并记载在案,督促库区工作人员遵守岗位职责及操作规程,杜绝不安全因素发生。

(8)参与部门每月一次的定期安全检查,及时进行安全隐患整改,并将整改记录上报。

(9)监视、检查操作人员的遵章守纪。遏止违章作业,严格安全纪律。当安全与生产发作抵触时,有权叫停冒险作业。

(10)各种安全检查资料要分类存档备案,辅佐上级安全主管部门的安全检查,照实汇报库区安全情况。

(11)完成公司领导临时交办的工作。

6.3 特种作业人员(机长)

机长作为设备现场施工平安的第一责任人负责设备的安全运行管理,在做好设备的使用和日常维护保养工作的同时,还应履行以下责任。

(1)严格根据操作规程进行各项操作,严禁擅自违反、省略、更改操作程序,保证设备正常运行及现场人员的平安。

(2)保证机械设备整机及附属装置、随机工具的完好无缺。

(3)严格根据操作保养规定进行日常、定期平安检查,做好设备日常定期维护保养工作,及时消除生产平安事故隐患,并做好相关记录。

(4)努力钻研技术提升操作技能,达到五懂(懂构造、懂原理、懂性能、懂用途、懂用油常识)三会(会正确操作、会日常保养、会排除故障)。

(5)设备使用的燃油、润滑油和液压油应按生产厂家或公司的有关规定更换和加注,规定不明确的以设备管理部门解释为准,不同品种的油料不得掺、混使用。

(6)当机械运转中发现不正常情况时,必须停机检查,故障排除前方可继续作业。

(7)做到"四个明确",即:工作任务明确、施工方法明确、起吊物体的质量明确和平安考试前须知明确。

(8)操作要始终做到稳起、稳停、稳落。

(9)作业过程中,应集中精力正确操作、监控机械工况,不得疲劳操作,不得擅自离开工作岗位或将机械交给其他人操作。

（10）认真执行交接班记录，建立完整、准确的设备档案，及时填写设备运行记录。

机长必须严格遵守以上各种规定，严格按以上规定作业，否则，一旦发生事故将追究其责任。

6.4 其他作业人员

（1）施工作业人员进场前必须经过安全教育培训，考试合格后方可上岗作业。

（2）作业人员施工中应该执行掌握安全技术交底、施工方案、措施和安全规范要求。

（3）作业人员作业前应检查工具、设备、现场环境等是否存在不安全因素，是否正确穿戴个人防护用品。

（4）施工现场严禁拆改、移动安全防护设施、用电设备等。

（5）高处作业严禁向下抛掷任何物料、工具和施工垃圾等。

（6）作业中出现危险征兆时，作业人员应采取立即停止作业、撤离到安全区域，及时向施工负责人汇报。

1）起重机司机

（1）司机职责

司机作为设备的操作者，应认真按照安全操作规程进行操作，熟悉设备及起重工作的基本原理和要求，熟悉操作方法和使用说明书中的要求，熟悉指挥信号，安全意识强，责任心强；熟悉正常操作和紧急事件处理程序，熟悉设备的使用限制，并且非常熟练地掌握设备的使用和操作程序。

（2）具体要求

①司机必须听从指挥人员的指挥，当指挥信号不明时，司机应发出"重复"信号询问，明确指挥意图后，方可开车。

②必须熟练掌握标准规定的通用手势信号和有关的各种指挥信号，并与指挥人员密切配合。

③当指挥人员所发信号违反标准的规定时，司机有权拒绝执行。

④在开车前必须鸣铃警示，必要时在吊运中也要鸣铃，通知受负载威胁的地面人员撤离。

⑤在吊运过程中，司机对任何人发出的"紧急停上"信号都应服从。

2）起重机司机助手

（1）司机助手职责

起重机司机助手在协助司机做好设备操作的同时，认真学习设备安全操作规程，了解设备的使用和操作程序，协助司机观察工作范围内任何潜在的危险，防止事故的发生。

（2）具体要求

①做好箱梁架设时间记录，辅助机长做好各项记录填写。

②负责急停遥控器的操作。

③负责司机室内仪器、仪表、电源电压、警报和指示灯等的监控。

④负责设备运行、维护保养和修理记录等。

⑤负责司机室卫生。

⑥完成领导和机长交代的其他任务。

起重机司机及司机助手必须严格遵守以上各种规定，严格按以上规定作业，否则一旦发生事故将追究其责任。

3）指挥人员

（1）指挥人员职责

指挥人员是架桥机运行和架梁作业的大脑，指挥的得当和合理，是架梁工作安全高效运作的关键，因此，指挥人员应该具备很高的综合素质。

（2）具体要求

熟悉工作内容和作业流程；熟悉设备及起重工作的基本原理和要求；熟悉设备操作方法和操作程序；熟悉指挥信号，安全意识强，责任心强；熟悉正常操作和紧急事件处理程序，熟悉设备的使用限制；头脑清醒，思维清晰；经过培训考核，持证上岗。具体要求如下：

①指挥人员应根据标准信号要求，与司机进行联系。

②指挥人员发出的指挥信号必须清晰准确。

③指挥方向必须准确无误：顺架梁方向，前支腿为前、后支腿柱为后。

④箱梁降落前，指挥人员必须确认降落区域安全时，方可发出降落信号；在开始起吊箱梁时，应先用"微动"信号指挥。待箱梁离开支撑座100～200mm稳定后，再用正常速度指挥。必要时，在箱梁降落前，也应使用"微动"信号指挥。指挥必须严格遵守以上各种规定，严格按以上规定作业，否则一旦发生事故将追究其责任。

7 验收要求

7.1 验收标准

7.1.1 箱梁架设验收标准

（1）箱梁安装前在梁场进行强度检测，强度合格后方可运输安装。

（2）架梁前要具有墩台里程、支座中心线、支承垫石高程及预埋件等竣工资料。架梁前验收项目及允许偏差见表7-1。

架梁前验收项目及允许偏差　　　　　表7-1

序号	项目		允许偏差（mm）
1	支座下座板中心与墩台纵向错动量	墩台高度<30m	20
		墩台高度≥30m	15
2	支座下座板中心与墩台横向错动量	墩台高度<30m	15
		墩台高度≥30m	10
3	同端支座中心横向距离	偏差与桥梁设计中心对称时	+30，-10
		偏差与桥梁设计中心不对称时	+15，-10
4	混凝土简支梁	每片梁一端两支承垫石顶面高差	3
		每孔梁一端两支承垫石顶面高差	5
		无支座垫石顶面高差	5

（3）架桥机应经过检查、验收和试吊签证，所有运载工具、走行道路均必须经过重载试验，并有签证记录。

（4）所有吊具、扁担梁均要经过检查、重载试验。梁上吊孔，其尺寸、位置、预埋件、运输支点的位置等，均要满足设计要求。

（5）简支梁在装运过程中支点要位于同一平面，同一端支点相对高差不得超过2mm。

（6）梁存放和运输支点位置必须符合设计要求。而且支点应位于同一平面上，箱梁同一端支点相对高差不得大于2mm。设时吊点位置必须符合设计要求。

（7）箱梁架设后的相邻梁跨梁端桥面之间、梁端桥面与相邻桥台背墙顶面之间的相对高差不得大于 10mm。箱梁桥面高程不得高于设计高程，也不得低于设计高程 20mm。

（8）梁体架设后应梁体稳固，梁缝均匀，梁体无损伤。

7.1.2 支座安装验收标准

（1）支座进入工地后，项目部根据相关规范的有关规定，对支座的品种性能、结构形式、规格尺寸及涂装质量和组装质量进行检查，符合设计要求才能进行安装。

（2）支座安装前，检查桥梁跨距、支座位置及预留锚栓孔位置、尺寸和支座垫石顶面高程、平整度，并均应符合设计要求。支座安装前应组装好，并消除非弹性变形和空隙。

（3）梁架设完成后要保证每个支座反力与四个支座反力的平均值相差不得超过±5%。

（4）预留锚栓孔、支承垫石顶面与支座底面间隙要采用重力注浆填实。

（5）固定支座及活动支座安装位置必须符合设计要求。

（6）支座上下座板必须水平安装，固定支座上下座板应互相对正，活动支座上下座板横向应对正，纵向预留错动量应根据支座安装施工温度与设计安装温度之差和梁体混凝土未完成收缩、徐变量及弹性压缩量计算确定，并在各施工阶段进行调整，当体系转换全部完成时梁体支座中心应符合设计要求。

（7）支座与梁底及垫石之间必须密贴无空隙，垫层材料质量及强度要符合设计要求。支座配件必须齐全，水平各层部件间要密贴无空隙。

（8）支座锚栓埋置深度必须符合设计要求，支座锚栓固结要在支座及锚栓位置调整准确后进行施工。

（9）预留锚栓孔注浆材料和质量必须符合设计要求。

（10）支座安装允许偏差应符合表 7-2 的规定。

支座安装允许偏差　　　　　　表 7-2

序号	项　　目	允许偏差（mm）
1	支座中心线与墩台十字线的纵向错动量	≤20
2	支座中心线与墩台十字线的横向错动量	≤10
3	支座板四角高差	≤2
4	同一梁端两支座高差	≤1
5	上下座板中心十字线扭转	≤1
6	一孔箱梁四个支座中，一个支座不平整限值	3
7	固定支座上下座板及中线的纵、横错动量	3
8	活动支座中线的纵横错动量	3

7.2 验收程序

（1）项目部根据工程特点制定验收工作内容，明确需进行验收的重要部位、内容和要点。

（2）项目部根据所确定的项目内容逐项进行自检自评。自检自评合格后向监理单位提出验收申请。

（3）监理单位收到验收申请后，应对验收项目进行预审，预审符合要求的，总监理工程师组织各方成立验收组进行专题验收。

（4）验收组按照所确定的验收项目内容逐项进行验收，并形成书面验收结论。

（5）项目部需按照验收组意见进行整改。未进行验收或验收未通过的，不得进行相应重要部位和环节的施工。

7.3 验收内容

不同类型和层次的安全检查监督应有其各自的内容和重点，安全检查验收内容见表 7-3，质量检查验收内容见表 7-4，具体按监督检查计划执行，安全检查包括以下内容。

安全检查验收内容 表 7-3

危险点	安全风险源	预控措施
门式起重机	（1）钢丝绳状况是否良好； （2）吊件的质量状况是否良好； （3）制动系统是否正常； （4）报警、限位装置是否处于安全状态； （5）连接螺栓是否牢固、焊接强度是否满足要求； （6）是否有违章情况； （7）设备运行前中是否有专人检查、指挥	（1）加强设备的维护、保养，确保始终处于良好的工作状态； （2）提梁作业前，对指挥和操作人员进行安全教育，加强监督，加大隐患排查力度，杜绝违章； （3）加强对关键项点的预控，派安全员全程监控
架桥机	（1）连接螺栓是否紧固； （2）轨道是否平整、有挡板； （3）制动系统是否正常； （4）钢丝绳是否断丝、严重； （5）吊件是否有裂纹； （6）紧急停车装置是否有效； （7）防护设施是否配备、有效； （8）各项附属的安全装置和设施是否配备、有效	（1）每次作业前必须检查连接螺栓，防止松动； （2）轨道末端必须安装钢质挡块； （3）对制动系统、限位系统、吊具、索具、报警装置等安全保护装置派进行日常检查、维修、保养； （4）制定设备维修保养计划、维修人员，进行每天、每周、每月、每年的维护保养，按时填写运转日志，维修保养记录
运梁车	（1）防偏斜报警装置是否有效； （2）声光、影像警报器是否有效	派专人进行日常维护、保养，启动前认真检查，严禁带病作业

续上表

危险点		安全风险源	预控措施
作业准备		（1）是否编制作业方案； （2）编制是否合理，应当考虑气象条件、照明、路况等	（1）没有编制作业方案不准开工； （2）组织人员进行方案审查，确保方案考虑周全，能有效实施
作业人员		（1）是否进行架梁的技术和安全培训，并考核合格； （2）是否有违章现象； （3）劳保用品佩戴是否合理	（1）人员必须培训合格才能上岗； （2）严禁违章指挥和违章作业，安全员严格监督； （3）安全员对劳保用品使用情况进行督促、整改
操作人员		（1）是否进行过专业培训、并考核合格； （2）是否有违章现象； （3）劳动防护用品使用是否规范，合理	（1）特种作业人员持证上岗； （2）安全员对违章操作、劳动保护用品使用情况进行现场监督
辅助人员		（1）在各自岗位是否遵守现场安全管理规定； （2）是否合理配备劳保用品	安全员对辅助作业人员的操作和劳动防护使用情况进行监督
作业环境	气象	在大雨、雨雾、冰雪等恶劣气象条件下使用架桥机	（1）派专人负责收集气象信息； （2）风力超过5级不允许过孔，超过6级不允许架梁，超过11级需采取稳固措施
	夜间施工	夜间施工按照安全规定进行，在工作区域和通道处保证足够的照明	（1）架梁作业前安排好工作进度，尽量避免夜间施工； （2）不得已时，必须保证充足的照明
	路况	运梁车经过的道路是否符合要求	运梁作业前先对路况进行检查，注意路基的强度、坡度、半径
作业过程	架桥机驮运	（1）操作人员是否清楚作业步骤； （2）是否有专人对全过程进行监控； （3）架桥机放置在运梁车上是否锁定； （4）安装完毕后是否有人检查驮运状态的可靠性	（1）作业前进行安全技术交底，让各个岗位的操作人员了解其工作要点； （2）驮运过程的各个重点部位派专人监控，避免出现险情
	运梁车运梁	（1）装梁是否稳固； （2）运梁前检查路况； （3）偏斜报警器等安全装置是否有效； （4）是否有人监控运梁过程中运梁车状况和箱梁固定的可靠性	（1）启动前要检查固定的稳固性； （2）检查各个装置的性能确保良好后方可启动； （3）行走过程中要有专人监控梁体的稳固性、各个装置的性能、路况的变化
	喂梁作业	（1）运梁车前进的速度是否符合要求； （2）是否派人从各个角度监控运梁车喂梁的过程； （3）检查路面或已架箱梁顶面有无尖锐物，避免损伤运梁车轮胎； （4）前进方向上有无无关人员； （5）起重小车上是否有专人监控卷扬机制动系统稳定性、钢丝绳缠绕有序性、绳体完好性	（1）起重指挥和操作司机紧密配合，严格控制运梁车行进的速度； （2）喂梁前检查前方路面状况； （3）喂梁作业各个重要位置要有专人监控，及时处理发现的问题

续上表

危险点		安全风险源	预控措施
作业过程	架梁作业	（1）架梁前是否进行常维护保养工作； （2）吊钩与梁体连接是否可靠； （3）起落过程中是否有人查看卷扬机制动系统和钢丝绳缠绕有序性、绳体完好性； （4）是否有人监控梁体运行状态与架桥机的间隙，避免碰撞	（1）严格按照操作规程进行操作，控制好行进的速度、步骤； （2）大车小车上要有专人监控钢丝绳的缠绕和绳体的状态，发现问题及时汇报
	架桥机过孔	（1）液压缸抱箍是否拆除； （2）轨道布置调整是否对位准确； （3）主梁是否水平； （4）前后支腿高差大于50mm； （5）移位前前后桥式起重机是否位于架桥机尾部并制动锁定	过孔前严格进行过孔准备工作的检查，重点检查主梁的水平状态、桥式起重机的停放状态、轨道的布置状态是否符合要求，避免前进偏离设计路线、机体失稳的情况
	架桥机掉头	（1）操作人员是否清楚调头步骤； （2）前后桥式起重机是否移到架桥机端部； （3）支腿螺栓是否牢固，是否保持规定距离	（1）掉头作业人员要有专人指挥，各操作人员要熟知掉头程序并听从指挥； （2）支腿要经常检查，确保牢固； （3）支腿按设计位置停放
	架桥机维保	（1）架桥机停止后电源是否切断，操作室、电控柜是否锁定； （2）停放后吊钩是否升到最高位置； （3）风力达6级必须停止作业，达11级采取加固措施； （4）定期维护保养	（1）明确岗位职责，架桥机停机后必须仔细检查，确认各部位处置妥当后方可离开； （2）停机保养维护的计划和人员配备

质量检查验收内容　　表 7-4

项次	检查项目		规定值或允许偏差	检查方法	检查频率	权值
1	支座中心偏位	梁	5mm	尺量	每孔抽查4~6个支座	3
		板	10mm			
2	倾斜度		1.2%	吊锤线	每孔检查三片梁	2
3	梁板顶面纵向高程		+8mm，−5mm	水准仪	抽查每孔2片，每片3点	2
4	相邻梁板顶面高差		8mm	尺量	每相邻梁（板）	1

7.4 验收人员

（1）施工单位

施工单位技术负责人、项目负责人、项目技术负责人、专项施工方案编制人员、项目专职安全生产管理人员及相关人员。

（2）监理单位

监理单位项目总监理工程师及专业监理工程师。

（3）其他单位

有关勘察、设计和监测单位项目技术负责人。

8 应急处置措施

8.1 应急处置领导小组组成与职责、应急救援小组组成与职责

8.1.1 应急处置领导小组组成与职责

1）应急处置领导小组组成

应急处置领导小组组成如图8-1所示。

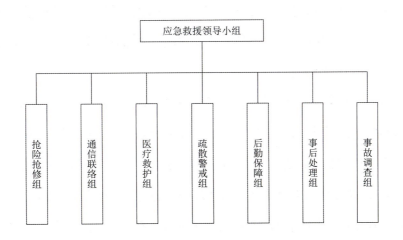

图8-1 应急处置领导小组组成

2）职责

（1）发生重大事故时，由应急处置领导小组发布和解除应急救援命令并做重大事项决策。

（2）对处理重大事故提供支持、协调，组织指挥救援分队实施救援行动。

（3）向地方政府部门报告情况。

（4）负责向上级部门汇报应急情况，向社会公众发布事故信息。

（5）负责公司应急救援预案的制定、修订和审批。

（6）组建应急救援专业队伍，指导应急预防的实施和演习。

（7）指导公司各部门应急的预案措施和应急救援的各项准备工作。

（8）向上级汇报事故情况，必要时向有关部门，单位发出救援请求。

（9）组织或协调事故调查总结应急救援工作经验教训。

8.1.2 应急救援小组组成与职责

1）应急救援小组组成

项目部成立应急救援小组，由项目经理任组长，项目书记、项目总工程师、项目安全总监任副组长，项目各职能部门负责人、电工、施工员、司机为组员，见表8-1。应急救援小组负责组织领导抢险，并组织抢险突击队参加相关知识、业务培训，小组办公室设在调度办公室。

应急救援小组组成　　　　　　　　　　表8-1

小 组 组 成	组 成 人 员
组长	项目经理
副组长	项目总工程师　项目书记　安全总监
抢险抢修组组员	项目工程部全体人员
通信联络组组员	项目物资部全体人员
医疗救护组组员	项目综合办公室成员

2）组建救护小分队

在发生事故时能在领导小组的指挥下迅速启动。救护小分队由梁场办公室负责组织管理，并配备一定药物及救护材料。事故发生时，救护小分队立即实施现场紧急救护，并与当地医院联系，就近送往诊治。

3）职责

（1）项目经理是项目指挥部应急抢救工作的最高负责人。各班组建立应急抢救领导小组和应急抢险队伍，明确职责。

（2）应急事件发生时，在事故现场职务最高的人负责组织和指挥应急抢救工作。

（3）卫生人员负责救治伤员和救治联系等医务工作。

（4）公安保卫人员负责维护秩序，配合做好伤员救治和联系工作。

（5）其他人员执行组长分配的任务。

应急预案流程如图8-2所示。

8 应急处置措施

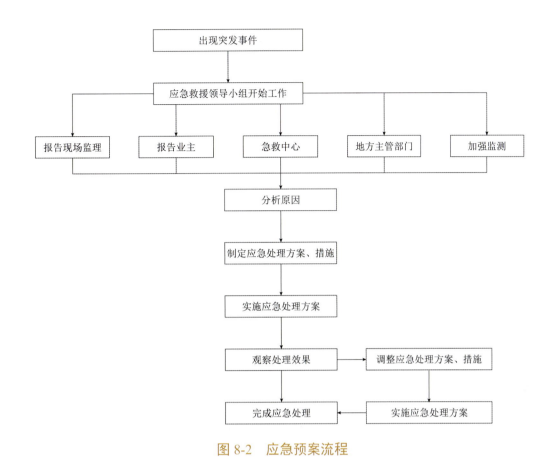

图 8-2 应急预案流程

8.2 应急事件(重大隐患和事故)及其应急措施

重大危险源清单及应急措施见表 8-2。

重大危险源清单及应急措施   表 8-2

序号	作业活动	重大危险源	可能导致的事故	应 对 措 施
1	施工作业	无安全技术措施施工方案	管理缺陷	高处坠物、物体打击、触电等	（1）施工前应编制完善的安全保证措施或技术方案； （2）施工中严格遵守安全规定，设有专职安全员进行管理
		设备设施未经验收	管理缺陷	起重伤害、机械伤害、倒塌等	（1）设备进场使用前对其技术性能、安全防护措施进行检查，尤其是特种设备，合格后方可使用； （2）使用过程中，经常检查设备状况，及时进行维护和保养，严禁带病工作
		未使用或不正确个人防护用品	违章指挥、违章作业	触电、高处坠落等	按劳动防护要求使用劳保用品
2	高处作业	25cm×25cm 以上洞口不按规定防护	防护缺陷	高处坠落	临边设施必须做好安全防护，设有警示标志

续上表

序号	作业活动	重大危险源	可能导致的事故	应对措施
2	高处作业	不按规定安装集料平台	违章作业	物体打击	（1）严禁在各楼层的沿口或无防护的临空面附近堆放材料，操作前必须先清理任何可能带来下坠的物品，严禁高空抛物；（2）操作人员应按规定系好安全带、戴好安全帽，严禁不戴安全帽、不穿劳保鞋进入施工场地
3	施工用电	未达到三级配电、两极保护	管理缺陷	触电	（1）所有临时用电必须由电工连接至作业面，其他人员禁止乱接电线；（2）机电设备操作人员应持证上岗，按规定使用防护用品；（3）电气设备必须做好日常维护保养工作，确保运行正常，各安全装置灵敏有效、安全可靠，并加强安全教育；（4）施工机械应设置防护装置及接地或接零保护；（5）每台机械须一机一闸，并设漏电保护开关
4	起重作业	无资质安装、拆除、维护	违章指挥	机械伤害	（1）现场起重设备的拆装必须要由具备资质的单位或人员时行，严禁私自拆装；（2）起重机械应由专门的管理人员进行维护
		不正确使用（选用）吊索具	违章作业	起重伤害	（1）要制定正确的起重方案，由具备相应岗位证书的人员操作，同时严格执行拟定的文案；（2）安全员加强安全监督

8.2.1 周边建构筑物、道路（略）
8.2.2 救援医院信息（略）

8.3 应急物资准备

应急救援物资详见表 8-3。

应急救援物资统计表 表 8-3

序号	名　　称	单　位	数　量	备　注
1	灭火器	个	2	
2	应急灯	个	1	

续上表

序号	名　称	单　位	数　量	备　注
3	燃油发电机	台	1	燃油充足
4	急救药包	个	2	
5	担架	副	1	
6	挖掘机	台	1	斗容量 $1m^3$
7	装载机	台	1	
8	对讲机	部	12	

9 计算书及相关图纸

9.1 WJQ40/180 型架桥机架设稳定性计算（见二维码）

中国铁建大桥工程局集团有限公司
CHINA RAILWAY CONSTRUCTION BRIDGE ENGINEERING BUREAU GROUP CO.,LTD.

盘扣式满堂支架现浇梁
专项施工方案标准范本

（以明珠湾大桥环市立交为例）

目 录
CONTENTS

1 工程概况 337

2 编制依据 348

3 施工计划 351

4 施工工艺技术 355

5 施工保证措施 387

6 施工管理及作业人员配备和分工 412

7 验收要求 415

8 应急处置措施 419

9 计算书及相关施工图纸 426

1 工程概况

1.1 工程概况和特点

环市大道立交包含主线和 A、B、C、D 四条匝道；在环市大道交叉点处，设置明珠湾大桥主线与环市大道东、西向往返的两对匝道，形式为部分互通式立交。A、B 匝道设在立交主要的转换方向。主线采用高架第三层的形式跨过交叉口。立交的两条左转匝道均下穿主线，在立交西南象限实现错层相交。主线设计速度为 60km/h，匝道为 40km/h（A、B、D 匝道）和 30km/h（C 匝道）。

现浇预应力混凝土连续梁共 5 联，采用支架现浇方法施工，桥跨分跨形式详见表 1-1。

环市立交现浇梁分跨汇总表　　　　　　　表 1-1

轴号	跨度组成	桥面宽度（m）	结构形式	备注
Z3~Z6	46m + 60m + 46m	18.6	预应力混凝土连续箱梁	主线桥
Z6~Z9	46m + 60m + 46m	18.6	预应力混凝土连续箱梁	主线桥
A1~A5	4×25m	10.534~27.279	预应力混凝土连续箱梁	匝道桥
B9~B12	3×25m	21.447~10.692	预应力混凝土连续箱梁	匝道桥
C3~C6	30m + 44m + 30m	10.5	预应力混凝土连续箱梁	匝道桥

总体施工顺序为 Z3~Z6 联现浇梁→Z6~Z9 联现浇梁→B9~B12 联现浇梁→A1~A5 联现浇梁→C3~C6 联现浇梁，均为整幅施工。其中支架高宽比最大为主线 1.05，匝道 0.85。

本工程范围内有地下管线，根据管线物探图显示为综合通信管线、电力管线和给水管线，地表存在既有道路。管线位置在硬质路面以下，不影响条形基础和支架搭设施工。

其中Z3～Z6联、B9～B12联、A1～A5联现浇梁处地表属村镇房屋拆迁后的原杂填土，支架地基设计承载力不小于150kPa。根据目前对环市起始段Z3～Z5处地基承载力进行检测结果大于150kPa，但地基为房屋拆迁后的原地基地面，软硬不均，地表有高低坡度，不能正常反应承载力情况，地基承载力不满足要求，需进行基础处理。Z6～Z9联现浇梁处地表为既有环市大道路面，地表平整且承载力满足要求。

1.2 施工平面及立面布置

本工程现浇预应力混凝土连续箱梁采用斜腹板箱梁形式，跨径组合分别有 4×25m（A1～A5）、3×25m（B9～B12）、30m+44m+30m（C3～C6）、46m+60m+46m（Z3～Z6，Z6～Z9），环市立交现浇梁平面布置如图1-1所示。

其中主线整幅桥宽18.6m，跨越A、C匝道及环市大道路口采用两联46m+60m+46m跨预应力箱梁，为1.8～3.4m变高度单箱三室截面。桥面横坡采用腹板高度调整形成，梁高横向不等，由中心向两侧降低。

匝道桥宽10.5m，现浇梁均采用等高度单箱双室截面。除一联（30m+44m+33m）采用1.8～2.2m变高度外，其余两联（3m×25.4m×25m）梁高均为1.8m。

箱梁悬臂长3.0m（18.6m桥宽）、2.0m（10.5m桥宽）。顶板厚度22cm，底板厚度为22～40cm。腹板采用斜腹板，腹板的厚度随着剪力的增大而从跨中向支点逐渐加大，箱梁边腹板厚度为45～60cm，中腹板厚度为45～60cm。在支点处设置端横隔，中墩墩顶横隔宽度为2.0m或2.5m，边墩墩顶横隔宽度为1.5m。

标准段桥宽组成情况如下。

主线：0.5m（桥梁护栏）+8.5m（车行道）+0.6m（桥梁护栏）+8.5m（车行道）+0.5m（桥梁护栏）=18.6m（六车道）。

A、B、C、D匝道：0.5m（桥梁护栏）+9.5m（车行道）+0.5m（桥梁护栏）=10.5m。标准的横断面布置如图1-2～图1-7所示。

1 工程概况

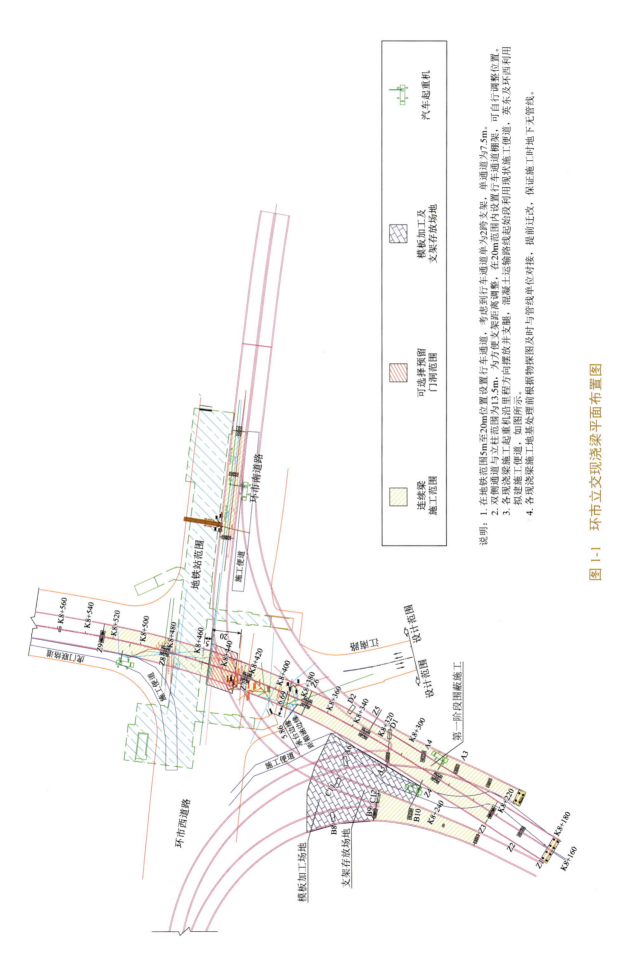

图 1-1 环市立交现浇梁平面布置图

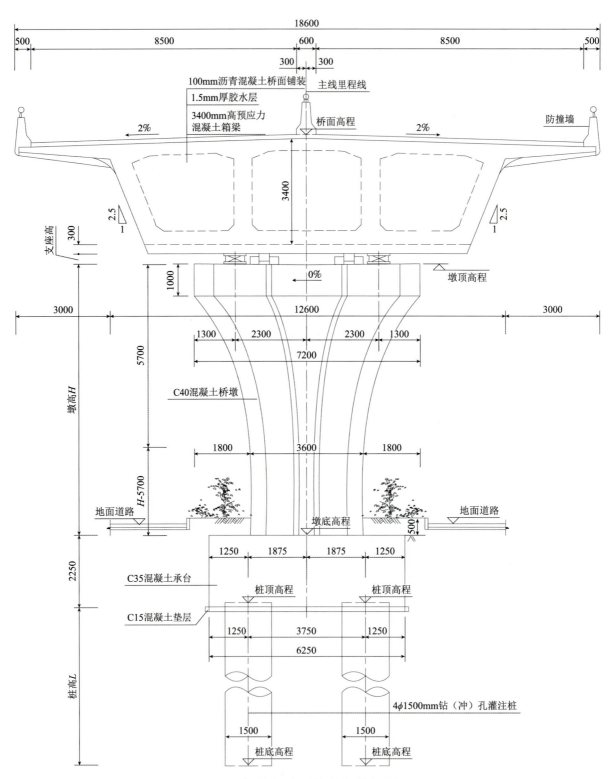

a) 现浇预应力混凝土箱梁桥墩处横断面图
(适用于主线Z4、Z5、Z7、Z8轴变高预应力连续梁标准断面)

图 1-2

1 工 程 概 况

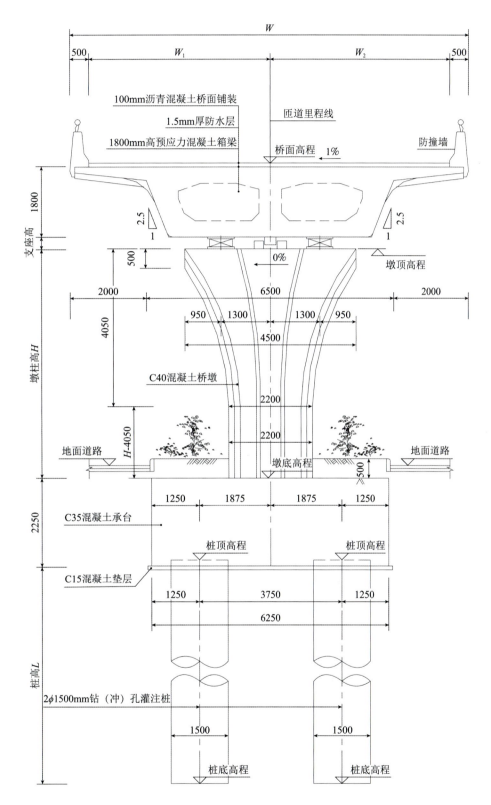

b）现浇预应力混凝土箱梁桥墩处横断面图
（适用于A1～A5、B9～B12轴）

图 1-2 环市立交现浇梁典型断面图（尺寸单位：mm）

W_1-左侧车行道宽；W_2-右侧车行道宽；W-桥宽

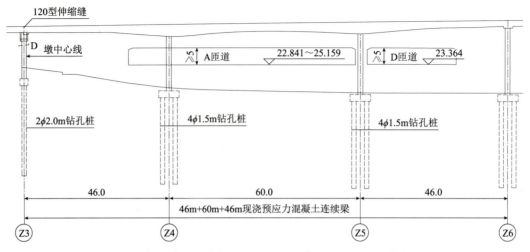

图 1-3　环市立交主线桥 Z3～Z6 立面布置图（尺寸单位：m）

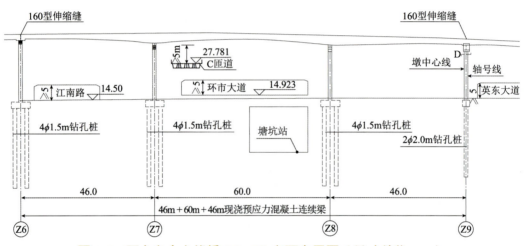

图 1-4　环市立交主线桥 Z6～Z9 立面布置图（尺寸单位：m）

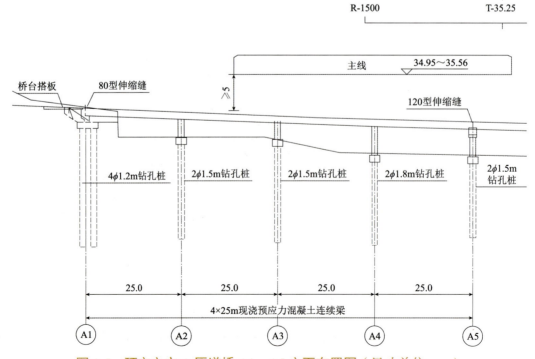

图 1-5　环市立交 A 匝道桥 A1～A5 立面布置图（尺寸单位：m）

1 工程概况

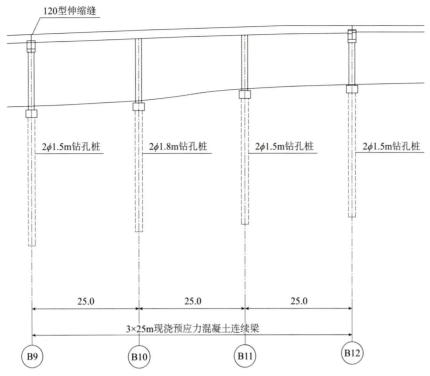

图 1-6　环市立交 B 匝道桥 B9～B12 立面布置图（尺寸单位：m）

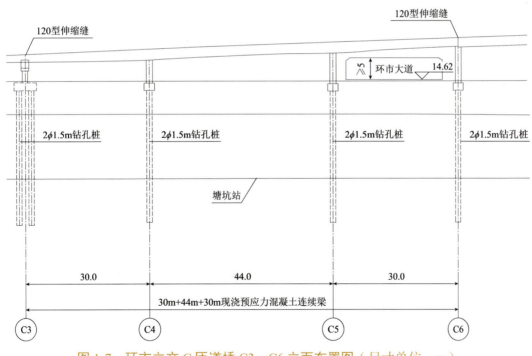

图 1-7　环市立交 C 匝道桥 C3～C6 立面布置图（尺寸单位：m）

1.3 施工要求

1.3.1 工期目标

本工程开工日期为 2020 年 12 月 10 日，即地基处理及支架搭设，计划完成日期为 2021 年 6 月 8 日，即完工拆除支架。

其中 Z3～Z6 现浇梁从 2020 年 12 月 10 日开始至 2021 年 4 月 7 日完成；Z6～Z9 现浇梁从 2020 年 12 月 10 日开始至 2021 年 4 月 2 日完成；A1～A5 现浇梁从 2021 年 1 月 1 日开始至 2021 年 6 月 8 日完成；B9～B12 现浇梁从 2021 年 1 月 1 日开始至 2021 年 4 月 7 日完成；C3～C6 现浇梁从 2021 年 1 月 1 日开始至 2021 年 4 月 7 日完成。

1.3.2 质量目标

（1）质量总目标：竣工验收工程质量等级为合格。

（2）施工阶段质量目标：创建省级示范项目及相应级别优质工程。

（3）分部、分项工程合格率 100%，满足设计施工规范要求单位工程得分不低于 90 分。

1.3.3 安全目标

预防一般性事故，杜绝人身重伤及死亡事故。

1.3.4 环水保目标

保护环境，坚持可持续发展的环保方针，严格落实环评批复的各项要求，确保国土资源的合理利用，减少工程实施过程中的环境污染，确保不发生环境投诉事件。

1.4 风险辨识与分级

风险辨识与分级见表 1-2。

风险辨识与分级表　　　　表 1-2

序号	危险因素	可能导致的事故	作业条件危险性评价				危险程度	风险等级	控制措施
			L	E	C	D			
1	支架搭设不规范	倒塌伤人	3	10	7	210	高度危险，要立即整改	4	严格方案设计制度
2	支架铺设有探头板	坠落	3	3	7	63	一般危险，需要注意	2	制定应急预案
3	支架固定不牢固	倒塌伤人	6	3	7	126	显著危险，需要整改	3	严格按规定搭设
4	支架没有搭设设计方案	倒塌	10	2	7	140	显著危险，需要整改	3	严格制定支架方案
5	支架搭设方案交底不细致	倒塌	6	3	7	126	显著危险，需要整改	3	严格执行技术交底制
6	支架搭设人员违章不系安全带	坠落	6	3	7	126	显著危险，需要整改	3	加强安全教育及检查
7	支架防护缺陷	坠落	10	2	7	140	显著危险，需要整改	3	严格检查控制
8	使用不合格的架杆或扣件	倒塌/坠落	10	1	7	70	显著危险，需要整改	3	严格材料进场检验制

续上表

序号	危险因素	可能导致的事故	作业条件危险性评价				危险程度	风险等级	控制措施
			L	E	C	D			
9	支架基础未平整夯实	倒塌	6	2	7	84	显著危险，需要整改	3	
10	支架基础无排水措施	倒塌	10	2	3	60	一般危险，需要注意	2	
11	支架未按规定架设扫地杆	倒塌	6	1	3	18	稍有危险，可以接受	1	
12	支架未设置防倒措施	倒塌	3	2	3	18	稍有危险，可以接受	1	
13	未按规定设置剪刀撑	倒塌	6	2	7	84	显著危险，需要整改	3	
14	剪刀撑搭设不符合设计要求	坍塌	3	2	3	18	稍有危险，可以接受	1	
15	立杆、大横杆、小横杆搭设不规范	倒塌	3	3	7	63	一般危险，需要注意	2	
16	操作面未满铺脚手板	坠落	10	6	7	420	极其危险，不能继续作业	5	制定应急预案
17	操作面未设置防护栏杆或挡脚板	坠落/物体打击	10	2	3	60	一般危险，需要注意	2	
18	支架荷载超过设计规定	坍塌	0.5	2	3	3	稍有危险，可以接受	1	
19	支架未设置上下通道	坠落	10	6	7	420	极其危险，不能继续作业	5	制定应急预案
20	上下通道设置不符合要求	坠落	1	1	3	3	稍有危险，可以接受	1	
21	操作平台设置不符合要求	坠落	3	2	3	18	稍有危险，可以接受	1	
22	不按规定拆除支架	倒塌/坠落	10	2	7	140	显著危险，需要整改	3	严格执行支架操作规定
23	拆除支架无人看管	坠落/物体打击	3	2	3	18	稍有危险，可以接受	1	
24	拆除支架未设警戒线	物体打击	1	2	3	6	稍有危险，可以接受	1	
25	操作人员无证上岗	坠落/物体打击	10	2	3	60	一般危险，需要注意	2	
26	操作人员精力不集中、疲劳作业	坠落/其他伤害	3	2	3	18	稍有危险，可以接受	1	
27	模板架设无设计方案	倒塌	3	2	7	42	一般危险，需要注意	2	
28	模板支撑架设不牢固	倒塌	6	3	15	270	高度危险，要立即整改	4	制定应急预案

续上表

序号	危险因素	可能导致的事故	作业条件危险性评价 L	E	C	D	危险程度	风险等级	控制措施
29	模板堆放过高	坍塌	10	2	7	140	显著危险，需要整改	3	严格按材料堆放规定执行
30	模板搬运不当	物体打击	1	1	3	3	稍有危险，可以接受	1	
31	高空架设模板作业防护缺陷	坠落/物体打击	3	2	7	42	一般危险，需要注意	2	
32	模板架设作业设施设备缺陷	物体打击	3	2	3	18	稍有危险，可以接受	1	
33	夜间模板架设作业照明不足	坠落/物体打击	10	6	3	180	高度危险，要立即整改	4	制定应急预案
34	模板加设作业料具使用不当	物体打击	1	1	3	3	稍有危险，可以接受	1	
35	模板拆除操作不当	其他伤害	1	2	3	6	稍有危险，可以接受	1	
36	模板、材料等混吊	物体打击	6	10	7	420	极其危险，不能继续作业	5	制定应急预案
37	作业人员未正确穿戴劳动防护用品	其他伤害	3	2	3	18	稍有危险，可以接受	1	
38	材料、模板摆放不当	其他伤害	1	1	3	3	稍有危险，可以接受	1	
39	木工作业区有人吸烟	火灾	3	3	10	90	显著危险，需要整改	3	设置消防设施
40	木工作业区未设置"禁止吸烟"及"禁止烟火"的标志	火灾	1	3	10	30	一般危险，需要注意	2	设置消防设施
41	场地机械平整地下管缆不明或未设保护措施	通信或电力中断事件	2	5	8	80	一般危险，需要注意	2	
42	地下管线调查不明，盲目施工	其他伤害	1	3	3	9	稍有危险，可以接受	1	
43	跨路施工架体被撞击	倒塌/坠落	1	10	15	150	显著危险，需要整改	3	严格执行交通疏解
44	交通事故	倒塌/坠落	1	10	15	150	显著危险，需要整改	3	严格执行交通疏解
45	高空坠物	物体打击	1	6	7	42	一般危险，需要注意	2	

1.5 气候特征和季节性天气

场区位于北回归线以南，属南亚热带季风海洋气候，全年降水丰沛，雨季明显，日照

1 工程概况

充足，夏季炎热，冬季一般较温暖。在季风环流控制下，冬半年（9月至翌年3月）受大陆冷高压影响，吹偏北风。

天气相对干燥，降水量少；夏半年（4—8月）受海洋性气流的影响，吹偏南风，天气炎热，降水量大。年平均气温21.9℃，极端最高气温38.7℃，极端最低气温0.0℃；年平均降水量1696.5mm，历年最大降水量2864.7mm，最大月平均降水量288.7mm，最大日降水量385mm，年平均风速1.9m/s，台风常给该区带来灾害。桥位处常水位水深一般1.8~20.0m，最大水深约24.7m（位于水道中心近南岸一侧，观测日期为2013年6月），勘察期水面高程为6.00m（观察日期为2015年2月3日）。

1.6 参建各方主体单位

参建各方主体单位见表1-3。

参建各方主体单位　　　　表1-3

监督单位	广州市南沙区建设工程质量安全监督站	建设单位	广州市南沙区建设中心
勘察单位	广州市市政工程设计研究总院有限公司； 中铁第四勘察设计院集团有限公司	设计单位	广州市市政工程设计研究总院有限公司； 中铁第四勘察设计院集团有限公司
总施工单位	中国铁建大桥工程局集团有限公司	施工单位（土建）	中国铁建大桥工程局集团有限公司
施工单位（设备安装）	中国铁建大桥工程局集团有限公司	监理单位	铁科院（北京）工程咨询有限公司； 广州市诚铁监理咨询有限公司
工程检测单位	广州建设工程质量安全检测中心有限公司； 广东省建设工程质量安全检测总站有限公司； 广州市市政工程试验检测有限公司	其他主要参建单位	广州南沙区珠江建设项目管理有限公司； 广东省建材产品质量检验中心

2 编制依据

2.1 法律依据

2.1.1 法律法规

（1）《中华人民共和国安全生产法》；

（2）《中华人民共和国消防法》；

（3）《中华人民共和国建筑法》；

（4）《中华人民共和国特种设备安全法》；

（5）《中华人民共和国突发事件应对法》；

（6）《中华人民共和国职业病防治法》；

（7）《建设工程安全生产管理条例》（国务院令第393号）；

（8）《特种设备安全监察条例》（国务院令第373号）；

（9）《生产事故应急条例》（国务院令第708号）；

（10）《建设工程质量管理条例》（国务院令第279号）；

（11）《生产安全事故报告和调查处理条例》（国务院令第493号）；

（12）《生产经营单位安全培训规定》（安全监督管理总局令第3号）；

（13）《特种作业人员安全技术培训考核管理规定》（安全监督管理总局令第30号）；

（14）《安全生产培训管理办法》（安全监督管理总局令第44号）；

（15）《安全生产事故隐患排查治理暂定规定》（安全监督管理总局令第16号）；

（16）《安全生产事故应急预案管理办法》（安全监督管理总局令第88号）；

（17）《安全生产事故信息报告和处置办法》（安全监督管理总局令第21号）；

（18）《建设工程消防监督管理规定》（公安部令第106号）；

（19）《建设项目安全设施"三同时"监督管理办法》（安全监督管理总局令第36号）；

（20）《工贸企业有限空间作业安全管理与监督暂行规定》（安全监督管理总局令第59号）；

（21）《建筑起重机械安全监督管理规定》（建设部令第166号）；

（22）《建筑施工企业主要负责人、项目负责人和专职安全生产管理人员安全生产管理

规定》(住房和城乡建设部令第 17 号);

(23)《建筑施工特种作业人员管理规定》(建质〔2008〕5 号);

(24)《建筑工程预防高处坠落事故若干规定》(建质〔2003〕82 号);

(25)《建筑工程预防坍塌事故若干规定》(建质〔2003〕82 号);

(26)《危险性较大的分部分项工程安全管理规定》(住房和城乡建设部令第 37 号);

(27)《住房城乡建设部办公厅关于实施危险性较大的分部分项工程安全管理规定有关问题的通知》(建办质〔2018〕31 号);

(28)《危险性较大的分部分项工程专项施工方案编制指南》(建办质〔2021〕48 号)。

2.1.2 设计标准与规范

(1)《工程结构通用规范》(GB 55001—2021);

(2)《工程结构可靠性设计统一标准》(GB 50153—2008);

(3)《建筑结构可靠性设计统一标准》(GB 50068—2018);

(4)《建筑结构荷载规范》(GB 50009—2012);

(5)《钢结构通用规范》(GB 55006—2021);

(6)《钢结构设计标准》(GB 50017—2017);

(7)《公路工程技术标准》(JTG B01—2014);

(8)《公路钢结构桥梁设计规范》(JTG D64—2015);

(9)《公路桥涵设计通用规范》(JTG D60—2015);

(10)《城市桥梁设计规范》(CJJ 11—2011);

(11)《公路桥涵地基与基础设计规范》(JTG 3363—2019)。

2.1.3 施工、验收标准与规范

(1)《建设工程项目管理规范》(GB/T 50326—2017);

(2)《工程测量标准》(GB 50026—2020);

(3)《工程测量通用规范》(GB 55018—2021);

(4)《公路工程技术标准》(JTG B01—2014);

(5)《建筑与桥梁结构监测技术规范》(GB 50982—2014);

(6)《履带起重机》(GB/T 14560—2016);

(7)《钢结构工程施工规范》(GB 50755—2012);

(8)《钢结构焊接规范》(GB 50661—2011);

(9)《钢结构工程施工质量验收标准》(GB 50205—2020);

(10)《公路桥涵施工技术规范》(JTG/T 3650—2020);

（11）《城市桥梁工程施工与质量验收规范》（CJJ 2—2008）；

（12）《公路工程质量检验评定标准 第一册 土建工程》（JTG F80/1—2017）；

（13）《钢管满堂支架预压技术规程》（JGJ/T 194—2009）；

（14）《预应力筋用锚具、夹具和连接器》（GB/T 14370—2015）；

（15）《预应力混凝土桥梁用塑料波纹管》（JT/T 529—2016）；

（16）《预应力混凝土用钢绞线》（GB/T 5224—2014）。

2.1.4 施工安全规范

（1）《施工企业安全生产管理规范》（GB 50656—2011）；

（2）《建筑施工安全检查标准》（JGJ 59—2011）；

（3）《市政工程施工安全检查标准》（CJJ/T 275—2018）；

（4）《公路工程施工安全技术规范》（JTG F90—2015）；

（5）《建设工程施工现场供用电安全规范》（GB 50194—2014）；

（6）《建筑施工高处作业安全技术规范》（JGJ 80—2016）；

（7）《高处作业吊篮标准》（GB 19155—2017）；

（8）《建筑机械使用安全技术规程》（JGJ 33—2012）；

（9）《建筑施工起重吊装工程安全技术规范》（JGJ 276—2012）；

（10）《起重机械安全规程》（GB/T 6067.1—2010）；

（11）《建筑施工承插型盘扣式钢管支架安全技术规程》（JGJ/T 231—2021）；

（12）《建筑施工模板安全技术规范》（JGJ 162—2008）。

2.2 项目文件

（1）《明珠湾大桥工程（不含先行段）设计施工总承包合同》编号：穗南基建合〔2018〕130号。

（2）《明珠湾大桥工程施工设计图第五册：线路交叉》（Q4—S0）。

2.3 施工组织设计

《明珠湾大桥工程（不含先行段）实施性总体施工组织设计》（2020年10月版）。

3 施工计划

3.1 施工进度计划

环市立交现浇梁工程施工计划于2020年12月10日开始,2021年6月8日结束,总工期181d,见表3-1。

南沙侧现浇梁施工计划表　　表3-1

序号	部位	工　序	开工日期（年-月-日）	完工日期（年-月-日）	调整时间（d）
1	Z3~Z6	地基处理	2020-12-10	2020-12-13	4
2		支架搭设、底模安装、分级预压	2020-12-14	2020-12-28	15
3		外侧模安装	2020-12-29	2021-01-03	6
4		底腹板钢筋、预应力管道安装	2021-01-04	2021-01-21	18
5		内侧模、顶模安装	2021-01-22	2021-01-27	6
6		第一次混凝土浇筑、养护、凿毛	2021-01-28	2021-01-30	3
7		顶板、翼缘板钢筋绑扎	2021-01-31	2021-02-14	15
8		第二次混凝土浇筑、养护	2021-02-15	2021-02-22	8
9		预应力施工	2021-02-23	2021-02-25	3
10		支架拆除	2021-02-26	2021-03-07	10
11	Z6~Z9	地基处理、道路棚架础浇筑	2020-12-10	2020-12-12	3
12		支架搭设、底模安装、分级预压	2020-12-29	2021-01-15	18
13		外侧模安装	2021-01-16	2021-01-22	7
14		底腹板钢筋、预应力管道安装	2021-01-22	2021-02-10	20
15		内侧模、顶模安装	2021-02-11	2021-02-16	6
16		第一次混凝土浇筑、养护、凿毛	2021-02-17	2021-02-19	3
17		顶板、翼缘板钢筋绑扎	2021-02-20	2021-03-07	16
18		第二次混凝土浇筑、养护	2021-03-08	2021-03-15	8
19		预应力施工	2021-03-16	2021-03-18	3
20		支架拆除	2021-03-19	2021-04-02	15

续上表

序号	部位	工　序	开工日期 （年-月-日）	完工日期 （年-月-日）	调整时间 （d）
21	A1～A5	地基处理	2021-01-01	2021-01-04	4
22		支架搭设、底模安装、分级预压	2021-03-08	2021-03-25	18
23		外侧模安装	2021-03-26	2021-04-01	7
24		底腹板钢筋、预应力管道安装	2021-04-02	2021-04-21	20
25		内侧模、顶模安装	2021-04-22	2021-04-27	6
26		第一次混凝土浇筑、养护、凿毛	2021-04-28	2021-04-30	3
27		顶板、翼缘板钢筋绑扎	2021-05-01	2021-05-16	16
28		第二次混凝土浇筑、养护	2021-05-17	2021-05-24	8
29		预应力施工	2021-05-25	2021-05-27	3
30		支架拆除	2021-05-28	2021-06-08	12
31	B9～B12	地基处理	2021-01-01	2021-01-04	4
32		支架搭设、底模安装、分级预压	2021-01-05	2021-01-22	18
33		外侧模安装	2021-01-23	2021-01-29	7
34		底腹板钢筋、预应力管道安装	2021-01-30	2021-02-18	20
35		内侧模、顶模安装	2021-02-19	2021-02-24	6
36		第一次混凝土浇筑、养护、凿毛	2021-02-25	2021-02-27	3
37		顶板、翼缘板钢筋绑扎	2021-02-28	2021-03-15	16
38		第二次混凝土浇筑、养护	2021-03-16	2021-03-23	8
39		预应力施工	2021-03-24	2021-03-26	3
40		支架拆除	2021-03-27	2021-04-07	12
41	C3～C6	地基处理	2021-01-01	2021-01-04	4
42		支架搭设、底模安装、分级预压	2021-01-05	2021-01-22	18
43		外侧模安装	2021-01-23	2021-01-29	7
44		底腹板钢筋、预应力管道安装	2021-01-30	2021-02-18	20
45		内侧模、顶模安装	2021-02-19	2021-02-24	6
46		第一次混凝土浇筑、养护、凿毛	2021-02-25	2021-02-27	3
47		顶板、翼缘板钢筋绑扎	2021-02-28	2021-03-15	16
48		第二次混凝土浇筑、养护	2021-03-16	2021-03-23	8
49		预应力施工	2021-03-24	2021-03-26	3
50		支架拆除	2021-03-27	2021-04-07	12

3.2 材料与设备计划

主要材料计划见表3-2。

主要周转材料计划表　　　　表 3-2

序号	材料名称	规格型号	单位	计划数量	备注
1	钢管立柱	φ630mm×10mm×4500mm	根	42	
2	钢管桩帽钢板	960mm×960mm×16mm	块	42	
3	加劲钢板	150mm×300mm×12mm	块	672	
4	加强钢板	200mm×300mm×12mm	块	168	
5	平连钢管	φ402mm×10mm×2370mm	根	70	
6	斜撑钢管	φ277mm×6mm×2865mm	根	35	
7	工字钢	I45b，每根20m	根	14	
8	加劲钢板	424mm×64mm×16mm	块	672	
9	贝雷片	321型	片	336	
10	门型卡钢板	376mm×315mm×16mm	个	672	
11	工字钢	I20a，每根20.6m	根	86	
12	防护钢板	厚10mm	m²	927	
13	无缝钢管	φ133mm×12mm×1250mm	根	304	
14	钢板	300mm×300mm×8mm	块	296	
15	缓冲橡胶圈	φ133mm钢管	个	195	
16	钢管	φ219mm×6mm×850mm	根	304	
17	密目式安全网		m²	880	

主要机械设备见表3-3。

主要机械配备计划表　　　　表 3-3

序号	机具设备名称	单位	数量	备注
1	全站仪	台	1	
2	钢筋切断机	台	2	
3	钢筋弯曲机	台	2	
4	平板车	台	2	
5	振捣棒	台	15	

续上表

序号	机具设备名称	单位	数量	备注
6	电焊机	台	10	
7	发电机（400kW）	台	2	备用
8	汽车泵	台	5	
9	千斤顶（500t）	台	6	
10	压浆泵	台	2	
11	汽车起重机	台	2	
12	模板	套	5	

3.3 劳动力配备计划

根据总体组织施工计划安排劳动力配置见表3-4。

劳动力配备计划表　　　　　　表3-4

序号	工种名称	人数	备注
1	副经理	1	
2	质检员	1	
3	技术员	3	
4	试验员	3	
5	测量员	4	
6	安全员	2	
7	平板车司机	2	
8	电工	2	
9	混凝土工	16	
10	模板工	20	
11	钢筋工	25	
12	预应力工	14	
13	焊工	5	
14	支架搭设工	20	
15	起重机司机	5	
16	其他操作工人	10	
合计		133	

4 施工工艺技术

4.1 技术参数

环市立交主线桥为46m+60m+46m现浇梁，从Z3~Z6号轴，Z6~Z9号轴共两联，A匝道桥4×25m现浇预梁A1~A5号轴一联，B匝道桥3×25m现浇梁B9~B12号轴一联现浇箱梁，C匝道桥30m+44m+30m现浇梁C3~C6号轴一联现浇箱梁，合计5联现浇梁。主线梁宽18.6m，匝道梁宽10.5m。

采用满堂支架一次落架的施工方法，为保证环市西路至环市南路现有车道行车通畅，在Z7~Z8号墩之间设钢立柱贝雷梁棚架，棚架距地面高度5.2m，棚架上方设盘扣式脚手架，限高架高度5m。

主线及匝道现浇梁混凝土浇筑分两次进行，第一次浇筑到腹板与翼缘板连接处往下10cm，第二次浇筑箱梁顶板及翼缘板。整体浇筑顺序为从小里程向大里程侧浇筑，分段分层布料，过程中加强混凝土振捣。

现场搭设现浇支架，支架安装完成后进行预压，支架预压采用混凝土预制压重块。预压合格后，根据预压取得参数调整底模，同时安装支座，然后安装侧模，绑扎底、腹板钢筋，安装预应力管道，安装腹板内模，浇筑第一次混凝土；第1次混凝土面凿毛清理，绑扎顶板钢筋，浇筑顶板混凝土，混凝土达到设计强度后进行预应力施工。

支架参数：立杆尺寸为ϕ60mm×3.2mm，材质为Q345A，横杆尺寸为ϕ48mm×2.5mm，套管尺寸为ϕ48mm×3.5mm，材质为Q235B，斜杆尺寸为ϕ48mm×2.5mm，材质为Q195，且全部经过热镀锌处理。

支架、模板总共投入5套（联/套），一套从Z3~Z6号墩往小里程施工，一套从Z6~Z9号墩往大里程施工，一套从A5~A1号墩往小里程施工，一套从B9~B12号墩往大里程施工，一套从C3~C6号墩往大里程施工。

现浇梁模板均采用木模。模板制作加工场地为Z4~Z5号墩、B8~B10号墩之间的空地上进行，场地采用C20混凝土硬化地面20cm。

预应力筋安装采用先穿法施工，纵向预应力为两端对称张拉，横向预应力为单侧张拉，孔道压浆均采用真空辅助压工艺。

现浇梁满堂支架标准断面图如图4-1~图4-3所示。

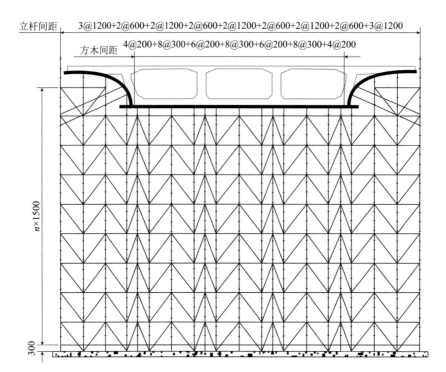

图 4-1 主线现浇梁满堂支架标准断面图（尺寸单位：mm）

n-支架层数，以下同

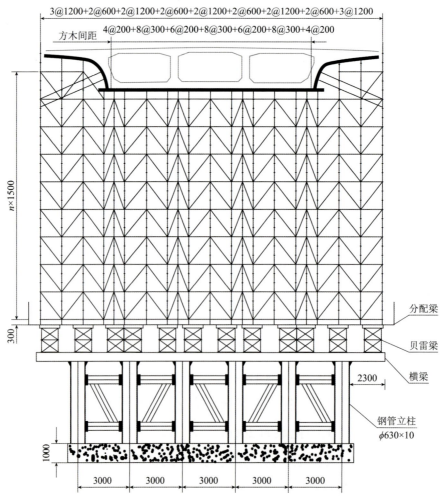

图 4-2 主线行车通道现浇梁满堂支架标准断面图（尺寸单位：mm）

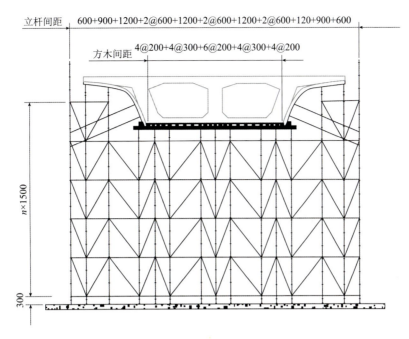

图 4-3 匝道现浇梁满堂支架标准断面图（尺寸单位：mm）

4.2 工艺流程

现浇箱梁施工工艺流程如图 4-4 所示。

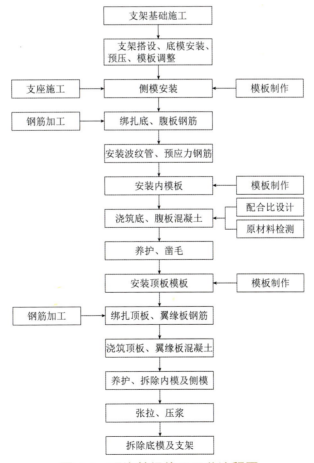

图 4-4 现浇箱梁施工工艺流程图

4.3 施工方法及操作要求

4.3.1 地基处理

支架地基设计承载力不小于 150kPa。根据目前对环市起始段 Z3-Z5 处地基承载力进行检测结果大于 150kPa，但地基为房屋拆迁后的原地基地面，软硬不均，不能正常反应承载力情况，地基承载力不满足要求，个别不满足区域进行碎石换填，换填范围为支架底部外边缘扩 50cm，换填深度 1.3m。地基承载力符合要求后，地面整平至要求的设计高程，浇筑 20cm 厚 C20 混凝土地面硬化，并在混凝土面周设置内空尺寸宽×深为 60cm×50cm 的砖砌临时排水沟，就近排入附近雨水管道，避免雨水浸泡，然后搭设脚手架。

其中 A1～A5、B9～B12 和 Z3～Z6 三联现浇梁支架底部存在较大纵坡，根据布置图采用台阶形式，每层台阶高差为 50cm，采用测量仪器进行高程控制，保持每层处于同一高度。每层台阶边界侧面采用宽度 30cm 的 C20 混凝土浇筑。

门洞条形基础采用 1m 厚 C30 混凝土，地基承载力不小于 150kPa。

4.3.2 支架总体布置方案

环市立交主线 Z3～Z6 号及 Z6～Z9 号为现浇箱梁，采用 46m＋60m＋46m 两联连续梁，共 304m；A 匝道 A1～A5 号为现浇箱梁，采用 4×25m 连续梁，共 100m；B 匝道 B9～B12 号为现浇箱梁，采用 3×25m 连续梁，共 75m；C 匝道 C3～C9 号为现浇箱梁，采用 30m＋44m＋30m 连续梁，共 104m。施工时间紧、工期短、现浇箱梁混凝土一次浇筑方量大、混凝土外观要求质量高、架体总体高度较高、对立杆稳定性及地基承载力要求较高。为保证经济、快捷、安全地完成本桥梁的现浇箱梁施工，采用承插型盘扣支架作为箱梁的支撑体系进行施工。环市大道立交连续梁盘扣架工程数量见表 4-1。

环市大道立交连续梁盘扣架工程数量表　　　　表 4-1

序号	联号	纵向面积（m²）	横向平均宽度（m）	脚手架体积（m³）
1	Z3～Z4	591.469	19.200	11356.205
2	Z4～Z5	1033.181	19.207	19843.791
3	Z5～Z6	820.106	19.215	15758.337
4	Z6～Z7	839.003	19.197	16106.341
5	Z7～Z8	972.725	19.223	18698.693
6	Z8～Z9	786.471	19.190	15092.378
		小计		96855.745

续上表

序号	联号	纵向面积（m²）	横向平均宽度（m）	脚手架体积（m³）
1	A1～A2	72.771692	11.3965	829.343
2	A2～A3	135.341124	12.3035	1665.170
3	A3～A4	164.75099	14.8555	2447.458
4	A4～A5	154.545942	21.581	3335.256
	小计			8277.227
1	B9～B10	309.185	21	6492.885
2	B10～B11	287.655	15.3	4401.122
3	B11～B12	255.376	14.6995	3753.900
	小计			14647.907
1	C3～C4	130.344	13.2	1720.541
2	C4～C5	249.103	13.2	3288.160
3	C5～C6	204.246	13.2	2696.047
	小计			7704.748
	合计			127485.627

支架总体布置情况如下：

（1）盘扣支架

Z3～Z9孔采用盘扣式满堂支架，按照主梁设计图采用底板变厚点为立杆纵向间距分界点（腹板高1.8～2.1m，腹板高2.1～3.4m），立杆间距腹板下1200mm/900mm×600mm、顶底板及翼缘1200mm/900mm×1200mm，顶托上搭设[10双拼槽钢作为横向分配梁，横向分配梁上搭设纵向方木100mm×100mm，间距为腹板下200mm，其余位置为300mm，盘扣架按照规范设置斜撑，底模采用厚度15mm竹胶模板。

A/B/C匝道现浇支架采用承插式盘扣支架，底模采用厚度δ=15mm竹胶模板，纵向分配梁采用方木100mm×100mm，底板、翼缘处方木间距为300mm，腹板处方木间距200mm，支点、横隔板、齿块处方木间距均为200mm，横向分配梁采用[10双拼槽钢。盘扣架布置间距为90cm/120cm×150cm（纵向×步距），底板处横向间距为120cm、翼缘板处横向间距为90cm/120cm，腹板处横向间距为60cm。按照规范要求设置纵横向和水平剪刀撑。

（2）钢管组合支架

Z7～Z8孔门洞立柱采用ϕ630mm×10mm，间距3000mm，立柱上横梁采用双拼工45b工字钢，横梁上采用321贝雷片作为承重梁，间距900mm+1000mm+900mm+1000mm+

450mm＋450mm＋900mm＋1125mm＋900mm＋450mm＋900mm＋1125mm＋900mm＋450mm＋900mm＋1125mm＋900mm＋450mm＋450mm＋1000mm＋900mm＋1000mm＋900mm，分配梁采用[10双拼槽钢，间距为900mm/1200mm，分配梁上布置盘扣式满堂支架，门洞高度5.2m；交通安全提示牌和施工安全标志牌按规范悬挂。两端各50m设导向水马和减速带，门洞支架前后设置2m长防撞墩。

（3）上下爬梯设置

现浇箱梁采用定制式钢结构装配式安全爬梯，上下爬梯设置7处，分别设置在中间墩位处。

4.3.3 安装要求

（1）应有材质检测证书，钢管应无裂纹、凹陷、锈蚀，型钢无变形。

（2）钢管立柱安装精度控制：垂直度不大于H/1000且不大于10mm，平面轴线偏差不大于50mm。

（3）型钢支点腹板位置需对称加设竖向加劲板。

（4）型钢接长须做等强连接。

（5）桩顶分配梁与柱顶钢板全截面接触贴脚焊，有空隙需要用薄钢板抄垫后再全接触贴脚焊。

4.3.4 贝雷梁安装

1）贝雷梁安装

桩顶分配梁安装后，用全站仪放样贝雷梁纵向和横向在其上位置并用铅笔做好标记。贝雷梁采用分组吊装，在场内组拼好后运输至吊装位，吊装后在柱顶分配梁上对接成一桥跨。先吊装箱梁中心位置贝雷梁组，待成一桥跨后再吊装旁边的贝雷梁组，同时安装两组间花窗及贝雷梁限位，直至全部贝雷梁吊装完成。采用321贝雷片，间距900mm＋1000mm＋900mm＋1000mm＋450mm＋450mm＋900mm＋1125mm＋900mm＋450mm＋900mm＋1125mm＋900mm＋450mm＋900mm＋1125mm＋900mm＋450mm＋450mm＋1000mm＋900mm＋1000mm＋900mm布置，作为承重梁。

根据贝雷梁跨度及横桥向布置，横桥向腹板3片贝雷片为一个吊装单元，单组贝雷梁采用起重机吊装。先将贝雷梁在地面上拼装分组连接好。用汽车起重机将已连接好的贝雷梁按照先中间后两边的顺序吊装到位。单排贝雷梁吊装时必须设置两个起吊点，并且等距离分布，保持吊装过程中贝雷梁平衡，以避免吊装过程中产生扭曲应力。

2）安装要求

（1）应有材质检测证书，贝雷片应无变形、锈蚀等。

（2）单组吊装时，对大跨度贝雷梁跨，除竖向及下弦杆平面内花窗按设计图纸上满，同时上弦杆平面内也加设部分临时花窗，以提高吊装稳定性。

（3）所选的贝雷梁销轴应为标准件，以防销轴过短不能插上限位或过长引起销轴横向约束过小。

（4）贝雷梁纵向及横向位置均应满足设计图纸要求，平面偏差不得大于20mm。

（5）单组贝雷梁吊装到位后，及时安装组组之间的花窗，并焊接柱顶分配梁上的限位。

4.3.5 贝雷梁顶分配梁安装

1）贝雷梁顶分配梁安装

分配梁采用25t汽车起重机吊装。单根分配梁重为0.4t。分配梁采用双拼[10槽钢，间距为90cm/120cm布置，分配梁上布置盘扣式满堂支架。

2）安装要求

（1）分配梁采用搭接时需将接头设置在贝雷梁弦杆位置，采用焊接时需等强连接。

（2）贝雷梁与横向分配梁采用U形螺栓连接需按设计图纸要求上满后，方可进行下一步吊装工作。

4.3.6 顶托及其上横向分配梁安装

1）顶托及其上横向分配梁安装

顶托上横向分配梁采用25t汽车起重机吊装。顶托上搭设双拼[10槽钢作为横向分配梁，横向分配梁上搭设纵向方木100mm×100mm，间距为腹板下200mm，其余位置为300mm。

2）安装要求

（1）顶托采用盘扣支架的顶托，插入分配梁内长度不小于150mm，丝杆外漏高度不大于350mm。

（2）分配梁采用搭接时需将接头设置在顶托位置，采用焊接时需等强连接。

4.3.7 盘扣支架安装

测量人员用全站仪放样出梁板在地基上的竖向投影线，并用白灰撒上标志线，现场技术员根据投影线定出排底的中心线，同样用白灰线做上标记。定位设置木跳板（下面砂浆找平）和底座，根据中心线向两侧对称布设盘扣支架。

（1）根据立杆及横杆的设计组合，从底部向顶部依次安装立杆、横杆。下部先全部装完一个作业面的底部立杆及部分横杆，再逐层往上安装，同时安装所有横杆。立杆和横杆安装完毕后，考虑支架的整体稳定性，按照4～6步设置一道水平剪刀撑，安装时自下而上进行顺接，竖向剪刀撑每道宽度不小于4跨且不应小于6.0m，斜杆与地面的倾角宜在45°～

60°之间。斜撑通过扣件与支架连接，安装时尽量布置在框架结点上，专人检查支架盘扣松紧情况；架体与主体结构拉结牢靠；安全网在剪刀撑等设置完毕后设置。纵坡较大位置根据高差设置台阶，利用立杆节点位差配合可调底座进行调整。

（2）支架组装时应控制水平框架的纵向直线度、直角度及水平度。

（3）支架拼装完毕后，应用全站仪检查横杆的水平度和立杆的垂直度。并在无荷载情况下逐个检查立杆底座有否松动或空浮情况，并及时旋紧可调座和薄钢板调整垫实。

（4）支撑架搭设完毕后，应对其平面位置，顶部高程，节点联系及纵横向稳定性进行全面检查，符合要求后，方可进行下一步施工。

（5）盘扣式支架钢管不得使用严重锈蚀、弯曲、压扁及有裂纹的钢管。

（6）支架顶部U形支托螺杆伸出钢管顶部不得大于30cm。螺杆外径与立杆钢管内径的间隙不得大于3mm，安装时应保证上下同心。

（7）支架搭设应与墩柱连接紧固，形成固结点。为保证不损伤墩柱表面，可用方木楔紧。

（8）顶托安装：为便于在支架上高空作业，安全省时，可在地面上大致调好顶托伸出量，再运至支架顶安装。根据梁底高程变化决定断面间距，设左、中、右三个控制点，精确调出顶托高程。然后用明显的标记标明顶托伸出量，以便校验。最后再用拉线内插方法，依次调出每个顶托的高程，顶托伸出量一般控制在30cm以内为宜。

（9）斜杆要与同层的立杆和横杆同步安装；并且每安装两层立杆，需挂设一层防坠平网。

4.3.8 支座施工

1）安装前准备

支座垫石混凝土强度等级为C50，支座垫石采用钢模，安装完成后需经测量组测量放样后方可进入下道工序，垫石顶面四角高差不大于2mm。

支座采用预埋套筒和锚固螺栓的连接方式，在墩台顶面支承垫石部位需预留锚栓孔，锚栓孔预留尺寸：直径大于套筒直径60～80mm，深度大于锚栓长度60～80mm，预留锚栓中心及对角线位置偏差不得超过10mm。

支座安装前，工地应检查支座连接状况是否正常，但不得任意松动上、下支座连接螺栓。凿毛支座就位部位的支承垫石表面，清除预留锚栓孔中的杂物后对孔壁进行凿毛，并用水将支承垫石表面浸湿。

2）支座安装

根据设计要求，分别吊装每个箱梁墩位支座。吊装时应采用吊带，避免支座上下板碰撞变形。

支座吊装时要确认支座型号和安装方向是否正确。

对准支座中心线与垫石中心线，用专用钢楔块楔入支座四角，找平支座底面调整到设计高程，环市立交现浇梁支座及垫石一览表见表4-2。

环市立交现浇梁支座及垫石一览表　　　　　表4-2

轴号	位置	支座型号	支座尺寸（mm）（纵×横×厚）	楔块底平面尺寸（cm）	垫石平面尺寸（cm）	梁底横坡	桥面纵坡	支座厚度（mm）	垫石中心高度（mm）	调平前高度（mm）
A1	左	GPZ（2009）4DX±150	540×540×140	64×64	74×74	−2.00%	−3.90%	140	167	160
A1	右	GPZ（2009）4SX±150	525×525×111	63×63	73×73	−2.00%	−3.90%	111	144	189
A2	左	GPZ（2009）5DX±150	605×605×145	71×71	81×81	−0.36%	−3.90%	145	160	155
A2	右	GPZ（2009）5SX±150	585×585×120	69×69	79×79	−0.36%	−3.90%	120	175	180
A3	左	GPZ（2009）6GD	660×660×133	76×76	86×86	2.08%	−3.89%	133	140	167
A3	右	GPZ（2009）6DX±150	660×660×160	76×76	86×86	2.08%	−3.89%	160	167	140
A4	左	GPZ（2009）8DX±150	770×770×180	87×87	97×97	4.51%	−2.89%	180	66	170
A4	右	GPZ（2009）8SX±150	740×740×154	84×84	94×94	4.51%	−2.89%	154	300	196
A5前	左	GPZ（2009）6DX±150	660×660×160	76×76	86×86	5.00%	−2.89%	160	126	140
A5前	右	GPZ（2009）6SX±150	640×640×133	74×74	84×84	5.00%	−2.89%	133	153	167

续上表

轴号	位置	支座型号	支座尺寸（mm）（纵×横×厚）	楔块底平面尺寸（cm）	垫石平面尺寸（cm）	梁底横坡	桥面纵坡	支座厚度（mm）	垫石中心高度（mm）	调平前高度（mm）
B9	后	GPZ（2009）4 SX ±150	525×525×111	63×63	73×73	-4.07%	3.84%	111	208	189
		GPZ（2009）4 DX ±150	540×540×140	64×64	74×74	-4.07%	3.84%	140	179	160
B10	左	GPZ（2009）6 SX ±150	640×640×133	74×74	84×84	-2.00%	2.75%	133	213	167
	右	GPZ（2009）6 DX ±150	660×660×160	76×76	86×86	-2.00%	2.75%	160	94	140
B11	左	GPZ（2009）5 DX ±150	605×605×145	71×71	81×81	-2.00%	1.50%	145	181	155
	右	GPZ（2009）5 GD	605×605×120	71×71	81×81	-2.00%	1.50%	120	154	180
B12	前	GPZ（2009）3 SX ±100	480×455×95	58×58	68×68	-2.00%	1.50%	95	238	205
		GPZ（2009）3 DX ±100	470×470×120	57×57	67×67	-2.00%	1.50%	120	161	180
C3	后	GPZ（2009）3 DX ±100	470×470×120	57×57	67×67	-2.00%	3.75%	120	225	180
		GPZ（2009）3 SX ±100	480×455×95	58×58	68×68	-2.00%	3.75%	95	198	205

续上表

轴号	位置	支座型号	支座尺寸（mm）（纵×横×厚）	楔块底平面尺寸（cm）	垫石平面尺寸（cm）	梁底横坡	桥面纵坡	支座厚度（mm）	垫石中心高度（mm）	调平前高度（mm）
C4	左	GPZ（2009）7 DX ±150	720×720×165	82×82	92×92	−2.00%	3.75%	165	161	135
C4	右	GPZ（2009）7 SX ±150	690×690×138	79×79	89×89	−2.00%	3.75%	138	136	162
C5	左	GPZ（2009）7 GD	720×720×138	82×82	92×92	−2.00%	3.75%	138	188	162
C5	右	GPZ（2009）7 DX ±150	720×720×165	82×82	92×92	−2.00%	3.75%	165	109	135
C6 前	左	GPZ（2009）3 DX ±100	470×470×120	57×57	67×67	−0.48%	3.75%	120	205	180
C6 前	右	GPZ（2009）3 SX ±100	480×455×95	58×58	68×68	−0.48%	3.75%	95	218	205
C6 后	左	GPZ（2009）4 DX ±150	540×540×140	64×64	74×74	−0.48%	3.75%	140	195	170
C6 后	右	GPZ（2009）4 SX ±150	525×525×111	63×63	73×73	−0.48%	3.75%	111	212	199
Z3 后	左	GPZ（2009）6 DX ±150	660×660×160	76×71	86×76	0.00%	1.30%	160	197	—
Z3 后	右	GPZ（2009）6 SX ±150	640×640×133	74×69	84×74	0.00%	1.30%	133	224	—
Z4	左	GPZ（2009）17.5 GD	1130×1130×199	123×118	133×123	0.00%	1.30%	199	151	—
Z4	右	GPZ（2009）17.5 DX ±200	1130×1130×235	123×118	133×123	0.00%	1.30%	235	115	—

续上表

轴号	位置	支座型号	支座尺寸（mm）（纵×横×厚）	楔块底平面尺寸（cm）	垫石平面尺寸（cm）	梁底横坡	桥面纵坡	支座厚度（mm）	垫石中心高度（mm）	调平前高度（mm）
Z5	左	GPZ（2009）17.5 DX±200	1130×1130×235	123×118	133×123	0.00%	1.30%	235	115	—
	右	GPZ（2009）17.5 SX±200	1090×1090×199	119×114	129×119	0.00%	1.30%	199	151	—
Z6	前 左	GPZ（2009）6 DX±150	660×660×160	76×71	86×76	0.00%	1.30%	160	197	—
	前 右	GPZ（2009）6 SX±150	640×640×133	74×69	84×74	0.00%	1.30%	133	224	—
	后 左	GPZ（2009）6 DX±150	660×660×160	76×71	86×76	0.00%	0.60%	160	193	—
	后 右	GPZ（2009）6 SX±150	660×660×150	76×71	86×76	0.00%	0.60%	150	203	—
Z7	左	GPZ（2009）17.5 GD	1130×1130×199	123×118	133×123	0.00%	−1.17%	199	151	—
	右	GPZ（2009）17.5 DX±200	1130×1130×235	123×118	133×123	0.00%	−1.17%	235	115	—
Z8	左	GPZ（2009）17.5 DX±200	1130×1130×235	123×118	133×123	0.00%	−2.92%	235	115	—
	右	GPZ（2009）17.5 SX±200	1090×1090×199	119×114	129×119	0.00%	−2.92%	199	151	—

续上表

轴号	位置	支座型号	支座尺寸（mm）（纵×横×厚）	楔块底平面尺寸（cm）	垫石平面尺寸（cm）	梁底横坡	桥面纵坡	支座厚度（mm）	垫石中心高度（mm）	调平前高度（mm）
Z9	左	GPZ（2009）6DX±150	660×660×160	76×71	86×76	0.00%	−2.92%	160	174	—
	右	GPZ（2009）6SX±150	640×640×133	74×69	84×74	0.00%	−2.92%	133	201	—

3）灌浆

在支座底面与支承垫石之间应留有20～30mm空隙，安装灌浆模板。采用重力灌浆方式，浇筑支座下部及锚栓孔内空隙，灌浆应从支座中心部位向四周注浆，直至从钢模与支座底板周边间隙观察到灌浆材料为止。

灌浆材料终凝后，拆除模板、四角钢楔块及吊装连接板，检查是否有漏浆处，必要时对漏浆处进行补浆，并用砂浆填堵钢楔块抽出后的空隙。安装梁底钢板，组装现浇梁梁体模板。待梁体混凝土浇筑后，及时拆除上、下连接钢板及连接螺栓，并安装支座围板。

4）支座安装质量验收标准

支座安装允许偏差见表4-3。

支座安装允许偏差　　　　表4-3

项　　目		规定值或允许偏差
支座中心与梁中线（mm）		2
支座顺桥向偏位（mm）		10
高程（mm）		符合设计规定；未规定时±5
支座四角高差（mm）	承载力≤5000kN	小于1
	承载力>5000kN	小于2

4.3.9 模板安装

箱梁模板采用侧模定型钢模板，底模、内模和端模采用竹胶板和方木组拼。

1）底模安装

首先利用全站仪在铺设的方木上沿桥梁纵向2m一组分别测放出箱梁外腹板边线及中心线，用墨斗弹出控制线；沿箱梁中心线向两侧铺设优质竹胶板作为箱梁底模。底模拼装要求平顺均匀，按箱梁中心线对称排列，余量留在两侧，并且全部底模的排列采用统一形式，做到标准统一。

竹胶板拼缝间粘贴双层泡沫胶带，防止浇筑混凝土时漏浆而影响箱梁外观质量；相邻竹胶板拼装好后，利用铁钉固定在下层方木上。

待竹胶板沿桥梁纵向拼装完 8～15m 的距离，使用全站仪每隔 2m 测放出一组边线及中心线控制点，使用白色油漆标明；再利用水准仪测量每个控制点的高程，若高差超过±5mm，便调节下层支架顶角螺栓，使之符合高程要求。

一联箱梁底板铺设完毕后，每隔 2m 重新测放边线及中心线控制点，使用墨斗弹出控制线，测量控制点高程，如高程仍有不合适，继续进行调整。

竹胶板安装完毕后，检查所有模板拼缝，如拼缝不严密使用玻璃胶进行粘补和填塞；检查竹胶板有无出现悬空现象，若局部竹胶板与下部方木出现悬空，调整支架顶角螺栓高度使其紧密接触，然后在竹胶板上部加密铁钉，使其与方木紧密连接。

2）支架预压

主要包括预压加载材料、荷载计算、预压施工方法、工艺及步骤，观测点布置、分级施加荷载和卸载、沉降测量观测、和支架预压应急措施等，施工考虑支架弹性变形，支架接头拼接间隙压缩等非弹性变形以及地基基础的不均匀沉降。

（1）预压加载材料

箱梁底板区域预压材料为混凝土预制压重块，单块尺寸为4m×1.5m×0.25m，质量为3.8t。

（2）预压荷载计算

预应力钢筋混凝土密度取 2.6t/m³。按设计要求，支架预压重量为总荷载的 1.2 倍。根据预压荷载分区分布图，分别按各段预压60%、100%、120%荷载压重重量分级预压。环市立交桥连续梁共5联，鉴于翼缘板荷载较小，且对于斜腹板，未上外侧模情况下，翼缘板预压荷载不易加载，翼缘板下侧有独立支架支撑。故本方案未单独考虑翼缘板荷载预压，预压重量由压载材料分摊至其他区域。

现浇梁预压荷载计算详见附件9.4，预压材料布置图详见附件9.5。

（3）沉降观测点布设

根据受力分析可知现浇梁支架在单跨支架跨中的弯矩及变形最大，每跨支架上布设25个，均布设在底板上，分布在支点处、支架跨中以及两侧 1/4 跨径处共 5 个断面上，每个断面5个点，观测点布置如图4-5～图4-8所示。

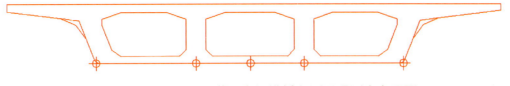

图 4-5　主线及 C 匝道现浇梁横桥向测量观测点布置图

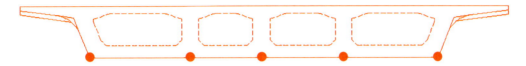

图 4-6　A、B 匝道现浇梁横桥向测量观测点布置图

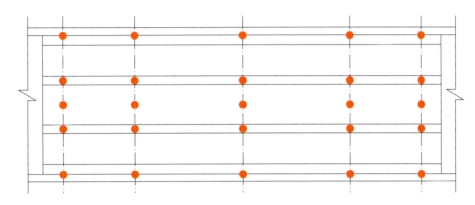

图 4-7　主线及 C 匝道现浇梁纵桥向测量观测点布置图

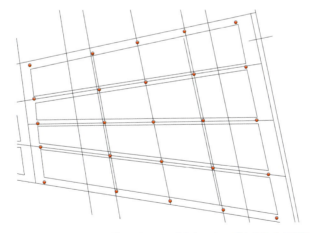

图 4-8　A、B 匝道现浇梁纵桥向测量观测点布置图

（4）预压施工方法、工艺步骤

①施工方法。

本方案采用混凝土预制压重块预压，单块混凝土块为 4m×1.5m×0.25m（长×宽×高），单块质量为 3.8t。

②施工工艺。

根据本工程的特点以及工期的要求，确保预压的可实施性和可操作性，选取混凝土预制压重块预压法进行施工，其施工工艺如图 4-9 所示。

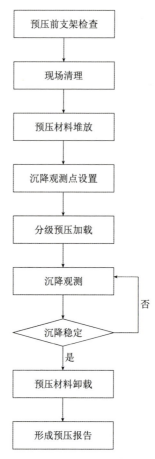

图 4-9 预压工艺流程图

（5）安全准备工作

①联合检查支架。

②在施工现场四周悬挂安全警示文字标牌，对预压范围进行围挡封闭，无关人员不得进入施工现场内。

（6）场地清理

①将预压底模上的杂物清扫干净、对于不能清理的构件使用软布包裹，在外面加上隔离垫层，如预压面有过多的突出锥点，可使用竹胶板隔离。

②模板拼接口有洞或者缝隙要使用事先准备的沙袋或软布塞严实。

（7）加载方法及沉降观测

加载方法及沉降测量如下所述。

①沉降测量目的：确定底模高程调整数值。

②沉降测量方法：线锤、水准仪、钢尺配合法。

③加载控制比例。

堆放混凝土板时均匀加载，即纵向从跨中向支点处进行对称布置，横向从箱梁中心线向两侧进行对称布置，加载比例为现浇箱梁重的 60%→100%→120%。

混凝土板采用起重机吊装,在每级加载完成后每间隔12h进行观测,当支架测点连续2次沉降差平均值均小于2mm时,方可继续加载,最后一次加载至120%后各监测点最初24h的沉降量平均值小于1mm,且各监测点最初72h沉降差不大于3mm时,可判定预压合格。

分级加载过程中同时观测底模和基础高程变化并记录。及时分析观测数据及异常情况,根据现场条件,确认最终沉降量标准。

④卸载测回弹值。

待加载完毕后,即可进行卸载,采用汽车起重机卸载。卸载分三次进行:

第一次卸载60%后,测各观测点高程;

第二次卸载100%后,测各观测点高程;

第三次待第二次卸载2h后,完全卸载,6h后测最终各观测点高程。

梁底模板高程控制方法及步骤:

a. 在加载前,测量布设的观测点的高程,作为初始值。

b. 分级加载,测量记录每次布设的观测点的高程,并与初始值$H_{初}$相减,得出每次沉降值。

c. 加载稳定24h后,测量布设观测点的高程$H_{载后}$,与初始值$H_{初}$相减,得出加载后最终沉降值$\Delta H_{沉}$(总沉降值)。

d. 分级卸载,并测量观测点的高程。

e. 完全卸载6h后,测量观测点的高程$H_{终}$,卸载后最终回弹值$\Delta H_{弹} = H_{载后} - H_{终}$。

f. 计算模板高程调整值$\Delta H_{初}$,即为加载后最终沉降值$\Delta H_{沉}$ + 施工时考虑的预拱值$\Delta H_{预拱}$(根据设计$\Delta H_{预拱}$可以不考虑)。

根据沉降观测记录,计算出支架弹性变形及非弹性变形值;总沉降量 = 满载稳定后最终读数$H_{载后}$ − 加载前的初始读数$H_{初}$,非弹性变形量 = 加载前的初始读数$H_{初}$ − 空载稳定后的终读数$H_{终}$,弹性变形量 = 总变形量 − 非弹性变形量。根据以上数据,调整箱梁底模高度,箱梁其他高程以箱梁底模高程为基准控制。

根据预压过程形成预压报告。

3)侧模安装

底模复核无误后,进行箱梁的侧模安装,侧模采用木模。

可将模板分块拼装成汽车起重机允许吊重内的较大跨段,利用汽车起重机将侧模分块吊装到底模平台上,在底模平台上用螺栓连接拼成整体,箱梁侧模利用支架顶部横向分配梁进行支撑,利用模板支撑架调节高程,侧模底部与箱梁底模竹胶板应密贴,接缝粘贴双面胶做防漏浆处理，侧模顶面与竹胶板顶面一致，无错台。

侧模支撑稳固后进行位置复核，复核无误后，将箱梁两侧的侧模进行对穿拉杆固定，并与底模竹胶板顶紧，但不得使底模变形或发生位移。

内侧模采用18mm竹胶板，内外肋均采用10cm×10cm方木，侧模支架顺桥向布置I14工字钢作为分配梁。纵横肋布置依照规范要求计算确定。圆弧段均采用定制圆弧模板或钢模板，接缝处理与底模一致。

4）箱梁内模安装

完成箱梁底板、腹板钢筋及预应力管道安装并经自检及监理工程师验收后方可安装箱梁内模。内模模板由侧板和顶板组成，均采用18mm竹胶板做面板，10cm×10cm木方做背方及分配梁，钢管支架做支撑。

首先，钢管支架通过钢筋马蹄凳支撑于箱梁底板混凝土上，顺桥向及高度方向间距均为90cm，横桥向不少于两根。横向水平钢管贯通于左右内模侧板之间，并采用紧固件与跨越的立柱每跨连接，用于支撑内模侧板。纵向水平杆亦采用紧固件与跨越的立柱每跨相连，以保持支架稳定。

然后安装面板，内模侧板左右对称同步安装，侧板横向背方间距60cm，纵向背方根据箱梁内空具体尺寸设置但间距不得大于90cm，利用支架横向水平钢管两端同时顶紧左右两侧纵向背方进行固定。倒角模板设置专门的斜向钢管进行固定。

顶板安装时，在支架顶托上先铺设纵向分配梁，再按60cm间距铺设横向分配梁，最后铺设18mm竹胶板。

内模安装时模板要支撑稳固，模板表面要清洁干净，接缝处用双面胶粘贴紧密，防止漏浆，内模安装位置及尺寸要准确。钢管支架端部采用可调托盘支撑，便于调整长高，方便拆模。内模模板安装完成经验收合格后进行箱梁顶板钢筋的安装。

腹板内模安装完成后，依照设计图纸安装腹板对拉杆，确保模板结构尺寸稳定。

需注意在每箱室1/4跨附近位置预留一个顶板进人孔，尺寸70cm×70cm，并纵向错开设置，内模支架如图4-10所示。

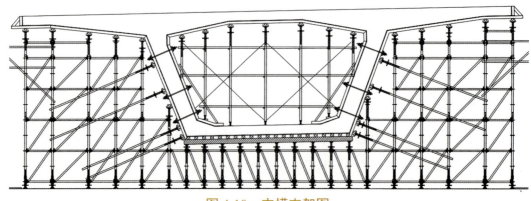

图4-10　内模支架图

5）箱梁端模安装

端模采用木模板，分四大块（底板一块，顶板一块、腹板四块），螺栓连接成整体，在端模上留（割）出内模、预应力筋锚孔孔位，端头模板座在底模上，夹在两侧模之间，与两侧模采用螺栓连接固定。在内模安装前先安装端模下面板和腹面板，在内模安装后安装端模上面板，端模安装要求位置准确并与侧模及底模连接牢固，连接处粘贴双面胶带再刷脱模剂防止漏浆。端模管道孔眼要位置正确，保持干净。端模安装应注意以下操作要点：

（1）安装前板面应平整光洁、无凹凸变形及残余粘浆，端模管道孔眼应清除干净。

（2）锚垫板安装固定后其圆孔中心应与端模预留孔同心；安装位置正确、牢固、螺杆数量齐全。

（3）将波纹管逐根插入端模孔内后，进行端模安装就位。应确保每根波纹管在端模的位置正确。端模组件之间错台不应超过2mm。

6）模板安装质量验收标准

模板安装允许偏差见表4-4。

模板安装允许偏差 表4-4

项　目		允许偏差（mm）	检验频率		检验方法
			范围	点数	
相邻两板表面高低差	木模板	2	每个构筑物或每个构件	4	用钢板尺和塞尺量
表面平整度	木模板	3		4	用2m直尺和塞尺量
模内尺寸	梁	+3，-6		3	用钢尺量，长、宽、高各1点
轴线偏位	梁	8		2	用全站仪测量，纵、横向各1点
支承面高程		+2，-5	每个支承面	1	用水准仪测量
预埋件	位置	5	每个预埋件	1	用钢尺量
	平面高差	2		1	用钢尺量
预留孔洞	预应力筋孔道位置（梁端）	5	每个预留孔洞	1	用钢尺量
	其他　位置	8		1	用钢尺量
	孔径	+10，0		1	
梁底模拱度		+5，-2	每根梁、每个构件、每个安装段	1	沿底模全长拉线，用钢尺量
对角线差	板	7		1	用钢尺量
侧向弯曲	梁	L/2000，且不大于10		3	沿侧模全长拉线，用钢尺量

注：L为梁体跨度。

4.3.10 钢筋施工

1）钢筋加工

钢筋加工场地内进行钢筋加工前，将钢筋表面油渍、漆皮、鳞锈等清除干净，并将弯折、弯曲的钢筋调直才允许使用。

钢筋下料班组进行下料前，对其做好技术交底，使钢筋接头位置符合图纸和规范要求；严禁下料后出现相邻钢筋接头在同一断面，底层骨架钢筋接头不得在跨中位置出现，顶板骨架钢筋接头不得在墩顶位置出现，钢筋接头不得出现在结构受力最大处；钢筋下料长度满足钢筋搭接要求，不得出现钢筋搭接长度不满足要求的情况；钢筋接头距离钢筋弯曲处的距离大于10倍的钢筋直径；接头处钢筋全部折向一端进行通心处理，使两连接钢筋处于同一直线上；严格按照图纸尺寸进行钢筋加工，钢筋加工允许偏差和验收标准见表4-5。

钢筋加工允许偏差和验收标准　　　　表4-5

序号	项目	允许偏差（mm）	检验方法
1	受力钢筋顺长度全长的净尺寸	±10	尺量
2	弯起钢筋的弯折位置	±20	
3	箍筋内净尺寸	±5	

2）钢筋安装

（1）按照设计图纸进行加工、焊接，配料时注意接头按要求错开。绑扎时按图纸的编号从下到上、从一头到另一头顺序绑扎，保证所有的钢筋规格、间距、数量、保护层等均满足规范要求。

（2）配置在同一连接区（35d且不小于50cm，d为钢筋直径）的钢筋接头不得超过总量的50%，接头位置与弯折处距离不得小于10d。

（3）进行翼板和顶板钢筋绑扎时，注意钢筋绑扎顺序、翼板顶板钢筋关系。由于两层钢筋同时绑扎，及时焊接架立钢筋，避免顶层钢筋安装过程出现下挠变形。

（4）注意预埋件钢筋的安装，安装前需进行测设放样，确保安装位置准确。

（5）钢筋安装时注意梁底排水孔、腹板通风孔等预留孔道的安装，需按设计位置安装准确。排水孔、通风孔需采用聚氯乙烯（PVC）管并用砂或其他材料临时填充，拆除模板时顺便捅开，清理干净。

（6）注意钢筋保护层厚度的控制，严格按设计及规范要求安装保护层垫块，钢筋安装及保护层允许偏差和检验方法见表4-6。

钢筋安装及保护层允许偏差和检验方法　　　　表 4-6

序号	项　目			允许偏差（mm）	检验方法
1	受力钢筋间距	两排以上排距		±5	尺量
		同排	梁板、拱肋	±10	
			基础、墩台、柱	±20	
2	箍筋、横向水平筋、螺旋筋间距			±10	
3	钢筋骨架尺寸	长		±10	
		宽、高或直径		±5	
4	弯起钢筋位置			±20	
5	钢筋保护层厚度			±5	

4.3.11 安装波纹管、钢绞线

1）波纹管安装

预应力采用配套塑料波纹管制孔。波纹管在竖向最高位置应设置排气孔，其中主线桥梁的纵向预应力过长，在中间处可加密设置排气孔。

（1）预应力锚头下的支承垫板埋时一定要与预埋的管道相垂直。波纹管直接套入与其直径相配套的支承垫板喇叭管内，波纹管端头不能越过喇叭管压浆孔的内孔，为防止渗浆，应将喇叭管内波纹管端口用棉纱塞实，胶带封固。

（2）波纹管的直径与钢绞线根数相配套，波纹管的埋置长度按设计要求下料。

（3）保证管道畅通的措施：

①钢筋绑扎和管道安装完成后，对管道进行二次全面检查，确保管道无破损。对检查中发现破损较大部位必须切除损坏段重新接好后安装。较小破损处，用胶带绑贴。

②钢筋绑扎和管道安装完成后，立即设置脚手板，不使检查人员和施工操作人员在钢筋和管道上踩踏，以防管道被碰坏和压扁及变形。

（4）为确保预应力质量，需注意以下要点：

①管道安装前检查管道质量及两端截面形状，遇到有可能漏浆部分应割除、整形和除去两端毛刺后使用。

②接管处及管道与喇叭管连接处，应用胶带或冷缩塑料密封。

③管道与喇叭口连接处管道应垂直于锚垫板。

④纵向预应力管道多数都有平弯和竖弯曲线，所以管道要定位准确牢固，接头处不得有毛刺、卷边、折角等现象，接口处要封严，不得漏浆。

⑤预应力管道固定网片为防止变形,定位钢筋应牢固地焊接在钢筋骨架上,防止浇筑混凝土时波纹管上浮、侧偏。钢筋安装完毕后,应对管道进行一次全面检查和调整。

2)钢绞线安装

(1)钢绞线采用$\phi^s15.2$高强度低松弛钢绞线,钢绞线下料前,确保钢绞线已经检验合格,并检查现场使用的钢绞线有无脱丝现象。

(2)钢绞线的下料长度由下式计算:

$$L = l + 2(l_1 + l_2 + l_3 + l_4 + l_5) \tag{4-1}$$

式中:L——钢绞线下料长度;

l——孔道净长;

l_1——工作锚长度;

l_2——千斤顶长度;

l_3——工具锚长度;

l_4——限位板厚度;

l_5——预留量,取 100mm。

(3)下料与编束:钢绞线的下料采用砂轮切割机切割。按设计尺寸下料后,编束后用 20 号铁丝绑扎,间距 1~1.5m。编束时应先将钢绞线用梳溜板理顺,并尽量使各根钢绞线松紧一致。编好束的钢绞线应编号挂牌存放、便于穿束时对号入座。

(4)钢绞线穿束采用先穿法。在钢筋安装完成后,将波纹管安放至钢筋骨架的定位钢筋内。根据钢绞线设计坐标在钢筋骨架上的放样进行管道定位,定位钢筋要稳固地焊接在骨架上。

(5)在预应力孔道定位时,管道接头部位采用套管连接,套管接缝采用胶带缠绕密封不漏浆。在管道接头两侧需加定位筋进行固定。

(6)钢绞线运到工地后,按计算长度和设计数量下料,砂轮切割机切割,严禁电焊、气割。锚固体系包括锚垫板、螺旋筋、波纹管。锚垫板安装于端模上,锚垫板、波纹管连接处安装螺旋筋。

(7)浇筑过程中,在箱梁两端采用卷扬机对钢绞线同步抽动,防止浇筑过程因接缝渗漏堵死钢绞线。

4.3.12 混凝土浇筑

(1)底板、腹板浇筑

考虑到箱梁横断面较大,且一联长度较长,为了保证箱梁浇筑时上层混凝土能在下层混凝土初凝前进行浇筑,以 10m 为一个浇筑单元依次向前由低向高处全断面浇筑推进。

环市立交现浇梁横断面浇筑总原则是"先下后上，先中间后两边，对称推进"。箱梁浇筑示意如图 4-11 所示，图中①②③为浇筑步次。

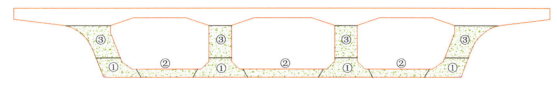

图 4-11　箱梁三步浇筑示意图

第一步：分两层完成梁端横梁约 60cm 厚浇筑后，从腹板上口布料，浇筑腹板下底板及下倒角浇至下倒角以上 10～15cm（腹板停止振捣）。

第二步：从箱室上口下料，浇筑箱室范围（除过下倒角范围）底板。

第三步：分 3 层依次浇筑剩余腹板及横梁位置混凝土，纵桥向浇筑顺序不变。

依次循环完成整联底板、腹板浇筑。

底板浇筑完成后及时进行收浆抹面作业，第一次抹面是注意根据边对底板进行平整，初凝前进行二次抹面消除泌水和干缩裂纹。

（2）顶板混凝土浇筑

浇筑顶板混凝土前，施工缝即腹板和顶板倒角处，在强度达到 2.5MPa 后即可按规范进行凿毛、清理工作，凿毛深度及密度符合要求，并剔除混凝土表面浮浆，露出新鲜粗骨料。同时必须把钢筋上的混凝土清理干净，最后用高压水冲洗干净，尤其要检查锚具后、波纹管下的松散混凝土是否已清理完毕。施工缝部位应保持湿润，但不得出现积水。

浇筑顶板混凝土时，由小里程向大里程斜向分段，两侧翼缘向箱梁中心同步浇筑。浇筑过程中严格控制高程，为达到表面混凝土平整和纵横坡的要求，采用水准仪每 2.5m 布置一组高程控制点，纵横拉线控制并以 3m 靠尺辅助找平。现场人员认真检查锚具位置及钢筋较多的位置是否振捣密实。

采用二次收浆工艺，用木抹子进行第一次收面、整平及高程控制，在混凝土初凝时进行第二次收面，消除泌水和干缩裂缝。横桥向进行拉毛以利于桥面铺装沥青混凝土，拉毛深度为 2～3mm。现场需准备好足够的彩条布，浇筑过程中遇雨天及时覆盖。

后续还有桥面混凝土调平层以及沥青路面铺装，混凝土层采用人工振捣与挂线收面方式进行施工，已单独编制报批桥面及附属施工方案。

（3）振捣

混凝土振捣采用插入式振捣棒，振捣过程中，振捣棒不得触碰波纹管、预埋件、钢筋，其移动间距不应超过振捣棒作用半径的 1.5 倍（30～40cm），并与模板内模至少保持 5cm

左右的距离，振捣时插入下层混凝土 5~10cm，每一处振完后应竖向缓慢提出振捣棒，然后再将振捣棒移至新的位置，不得将振捣棒放在混凝土内平拖，也不得用振捣棒赶料。不得欠振或漏振，每点的振捣时间以混凝土面不再下沉、无气泡、表面泛浆为准，一般振捣时间为 30s。振捣完毕后应仔细将混凝土暴露面压实抹平，并按要求设置桥面排水坡，抹面时严禁洒水。

端头干净密集部位采用 30 型振捣棒振捣。浇筑腹板第一层混凝土时，每个内箱应布置两台振捣棒对流入底板混凝土进行振捣，同时不得以振捣棒插入倒角内引料，避免腹板倒角部位出现空洞。箱内应准备好压浆板，避免翻浆影响浇筑。

当底板混凝土浇筑完成继续浇筑腹板混凝土时，振捣棒不宜插入太深，避免扰动底板混凝土造成腹板混凝土自底板翻入，如出现此类情况，应对腹板混凝土进行复振，同时现场应准备好压浆板防止翻浆过多。

在浇筑腹板混凝土时，派有经验人员在箱内用小锤敲击内模，检查其填充密实情况，对混凝土填充不密实的地方，随时采取措施，确保混凝土填充密实。对于锚垫板、支座、墩顶横梁等部位钢筋较为密集区域，为保证振捣质量应现场应配置 30mm 振捣棒及时补振，尤其是锚垫板及支座部位应反复加强振捣。

4.3.13 混凝土养护

混凝土接近初凝时（即根据混凝土表面不粘手、不粘土工布时为宜）桥面采用土工布覆盖保湿养护，设专人不间断洒水。养护时间不得少于 7d，夏季气温较高时宜适当延长，宜为 14d。养护用水采用自来水，循环用水应经过充分沉淀确保无杂质污染混凝土面。现浇梁箱内的混凝土通过人孔进入洒水养护。

4.3.14 现浇梁施工质量验收标准

现浇梁施工质量标准见表 4-7。

现浇梁施工质量标准　　　　　　　　　　　表 4-7

项　　目		规定值或允许偏差
混凝土强度（MPa）		在合格标准内
轴线偏位（mm）		10
梁（板）顶面高程		±10
断面尺寸（mm）	高度	+5，−10
	顶宽	±30
	箱梁底宽	±20
	顶、底、腹板或梁肋厚	+10，−0

续上表

项　　目	规定值或允许偏差
长度（mm）	+5，−10
横坡（%）	±0.15
平整度（mm/2m）	8

4.3.15 预应力施工

1）预应力施工的准备工作

（1）张拉设备准备

①本工程预应力预应力钢绞线采用抗拉强度标准值为$f_{pk}=1860$MPa、弹性模量$E_p=195$GPa，公称直径为15.2mm高强度低松弛钢绞线，标称截面积为139mm^2，其技术条件应符合国家标准《预应力混凝土用钢绞线》（GB/T 5224—2014）的规定。控制张拉应力σ_{con}见表4-8。

控制张拉应力表　　表4-8

序号	部　位	抗拉强度标准值f_{pk}（MPa）	控制张拉应力σ_{con}（MPa）
1	Z3~Z6号墩	1860	$0.75f_{pk}=1395$
2	Z6~Z9号墩	1860	$0.75f_{pk}=1395$
3	A1~A5号墩	1860	$0.72f_{pk}=1339$
4	B9~B12号墩	1860	$0.72f_{pk}=1339$
5	C3~C6号墩	1860	$0.75f_{pk}=1395$

根据上表，单束钢绞线最大控制张拉力为$F=19\times139\times1395=3684.2$kN，选用500t千斤顶。

②张拉所用的千斤顶、压力表、油泵等设备进行配套检验，并提供回归方程。千斤顶使用前必须经过校正，校正有效期为6个月且不超过200次张拉作业。

③压力表精度不低于1.0级，表面最大读数为张拉力的1.5~2.0倍，压力表发生故障后必须重新校正。

④千斤顶、压力表、油泵配套校正使用，并按相应的管理制度进行使用、维护与保养，并由试验室建立台账。

⑤张拉使用的千斤顶和压力表、油泵应配套校验以确定张拉力与压力表读取之间的关系曲线，每个阶段所需要的张拉力和压力表读数，应校验出来，以便操作人员掌握。

⑥所有锚具张拉机具由专业生产厂家提供并报监理同意。

（2）张拉技术及现场准备

①选配的人员，必须进行岗前培训、定岗、并进行考核。对锚具、夹具及预应力筋进行严格的抽检。张拉设备及仪表应有标准计量单位的标定测试签证。有关张拉的各种工作曲线和工作用表必须齐全。检查安全设施是否到位。

②张拉前施工现场准备工作：混凝土浇筑完成待混凝土初凝后，采用空压机或高压清水清孔；检查是否有串孔现象，并用风管吹净孔道内杂物。拆除端模后，清除锚下垫板、喇叭口内、压浆孔中的混凝土杂质。检查锚下混凝土是否浇筑密实，否则应采用高标号的环氧树脂砂浆进行补强。装上工作锚具及经硬度测试合格的夹片，装上千斤顶。检查千斤顶与压力表是否配套，复核试验室提供的张拉数据是否正确。

③拆除支座连接螺栓，清理锚垫板，安装工作锚

a. 张拉之前，支座连接螺栓需全部松开，保证张拉时支座自由滑动。

b. 清理锚垫板锚圈口表面杂物；掏出压浆孔堵塞物，锚垫板内多余波纹管取出，疏通压浆孔；安装工作锚、工作夹片，打紧敲齐。

对预应力筋施加预应力前，应对构件进行检验，外观和尺寸应符合质量标准要求。张拉时，混凝土强度不应低于设计强度的95%、弹性模量90%以上，且须满足7d龄期的要求。

预应力筋张拉采用张拉力、伸长量双控，施工前，应根据钢束实测弹性模量对钢束设计伸长量进行修正，修正后的设计伸长量 = 设计伸长量 × $E_{p(设计)}/E_{p(实测)}$。钢束伸长量以达到控制张拉应力的10%开始计，实测的伸长量不应超过设计计算的±6%，否则应暂停张拉，待查明原因并采取措施予以调整后，方可继续张拉。张拉完成后严禁碰撞锚具和钢绞线。

2）张拉施工

当梁体混凝土强度达到设计值的95%及弹性模量达到设计值的90%，并满足7d龄期后方能进行张拉。

预应力筋张拉顺序和张拉控制应力应符合设计规定。施工时需要考虑孔道摩阻和锚圈预应力损失，损失系数根据试验确定。

预应力张拉必须由有经验的人员进行，并有施工技术人员在场值班。同时每次张拉都坚持现场填写原始张拉记录，并请监理工程师当场旁站，以确保张拉的质量。

（1）张拉顺序

预应力筋张拉控制应力及张拉顺序应符合设计要求。对现浇预应力混凝土箱梁和其横梁预应力张拉顺序：首先张拉端横梁和中横梁上层（第一排）预应力筋至张拉控制力，然

后进行管道压浆，再张拉箱梁纵向预应力筋并作管道压浆，最后张拉横梁剩余预应力筋。

每束预应力筋张拉程序为：0→初始应力→持荷 2min→量测伸长量S_1→$1.0\sigma_{con}$→持荷 2min→锚固→量测伸长量S_2→回油→量测伸长量S_3。其中（S_2、S_1）为施工设计图中给出的伸长量；另外查看S_3和S_2的差值，检查是否出现滑丝；再检查钢绞线尾端标记是否仍为一个平面，如平面出现的变化，表明有个别钢绞线出现了滑丝现象，无论产生整体滑丝或是个别钢绞线滑丝，都应查明原因并采取措施及时处理。

为了充分地发挥预应力的作用，必须严格按照设计图纸中关于预应力张拉的施工要求来进行。

实测伸长值与计算伸长值的差值不应超过 6%。初应力以下伸长值以二级张拉伸长值进行推算。

液压缸回油，量测工作锚夹片外露量，并仔细检查有无断、滑丝。每片梁断丝及滑丝数量不应超过预应力总丝数的 0.5%，并不应位于梁体的同一侧，且一束内断丝不应超过一丝。

张拉完成后，应在锚圈口处的钢绞线上做记号，以观察是否滑丝。经24h复查合格后，应用机械切割钢绞线头，切断处距锚具外不宜小于 3cm。

（2）张拉注意事项

操作千斤顶和测量伸长值的人员，应站在千斤顶侧面操作，严格遵守操作规程。油泵开动过程中，不得擅自离开岗位。如需离开，必须把油阀门全部松开或切断电路。

张拉时应认真做到孔道、锚环、千斤顶三对中，以便张拉工作顺利进行，并不致增加孔道摩擦损失。

工具锚夹片，应注意保持清洁和良好的润滑状态。新的工具锚夹片第一次使用前，应在夹片背面涂上润滑剂。润滑剂可采用石墨、二硫化钼、石蜡或专用退锚灵等。

3）压浆及封锚施工

箱梁纵向预应力管道采用塑料波纹管，管道灌浆方式采用真空辅助压浆，必须保证灌浆饱满密实。

（1）压浆施工

①准备工作。

为防止在张拉完成后发生滑丝现象及长期放置产生预应力筋腐蚀，在一批预应力筋张拉完毕后，立即进行孔道压浆，在 48h 内完成。

②压浆的技术要求。

压浆采用 M50 微膨胀水泥浆。技术标准满足《公路桥涵施工技术规范》(JTG/T 3650—

2020)要求,压浆浆液性能指标见表4-9。

压浆浆液性能指标　　　　　　　　　　　表4-9

项　目		性　能　指　标
水胶比		0.26～0.28
凝结时间（h）	初凝	≥5
	终凝	≤24
流动度（25℃）（s）	初始流动度	10～17
	30min 流动度	10～20
	60min 流动度	10～25
泌水率（%）	24h 自由泌水率	0
	3h 钢丝间泌水率	0
压力泌水率（%）	0.22MPa（孔道垂直高度≤1.8m）	≤2.0
	0.36MPa（孔道垂直高度>1.8m）	
自由膨胀率（%）	3h	0～2
	24h	0～3
充盈度		合格
抗压强度（MPa）	3d	≥20
	7d	≥40
	28d	≥50
抗折强度（MPa）	3d	≥5
	7d	≥6
	28d	≥10

③压浆工艺要求。

压浆顺序：先压下孔道，后压上孔道。

压浆由一端压入，真空压浆时另一端用真空吸浆机排出孔道内空气，使浆体密实。

压浆过程应连续进行不得有间断。如遇机械事故不能迅速恢复则应安装水管冲掉已灌水泥浆，并将孔道疏通，待重新压浆。

压浆时的浆体温度应在5～30℃之间，压浆时及压浆后3d内，梁体及环境温度不低于5℃，否则应采取保温措施，以满足要求。在环境温度高于35℃时，应选择温度较低的时间（如夜间）压浆。

④真空压浆工艺。

具体施工工艺为：先将密封罩与锚垫板上的安装孔对正（排气口朝正上方），拧紧螺母，注意检查橡胶密封圈是否破损、断裂。随后将灌浆阀、排气阀全部关闭，抽真空阀打开，启动真空阀抽真空，当真空压力表达到$-0.06\sim-0.08$MPa时，停泵约1min时间，如果压力表读数不变表示孔道达到且能维持真空。再将搅拌均匀后的水泥浆，送入储浆罐，再由储浆罐引到灌浆泵，在灌浆泵高压橡胶管出口打出浆体，直到出来的浆体与灌浆泵的浆体浓度一样时关掉灌浆泵，然后将高压橡胶管接到孔道压浆管，绑扎牢固；关闭灌浆阀，启动真空泵，当真空值达到并维持在$-0.06\sim-0.08$MPa时，打开灌浆阀，启动灌浆泵，开始灌浆，灌浆过程中，真空泵应保持连续工作。待真空端的透明胶管有浆体经过时，关闭真空机前端的真空阀，关闭真空机，水泥浆会自动从"止回排气阀"中顺畅流出，且稠度与灌入的浆体相同时，关闭抽真空端的阀门。灌浆泵继续工作，压力达到0.6MPa左右，持压3min，完成排气泌水，使管道内浆体密实饱满，完成灌浆，关闭灌浆泵及灌浆阀门。每根波纹管灌浆时除灌浆泵压力控制外，其实际灌浆量应不小于理论灌浆量。压浆完毕后填写施工纪录，并留取3组水泥浆试件。

压浆注意事项：管道压浆时一定要注意相邻管道是否窜浆，每次压浆后用通孔器对相邻管道进行孔道检查，如有窜浆及时采用高压水冲洗干净。压浆时要密切注意压浆泵压力表，如出现异常要及时停止压浆，以防压浆管爆裂伤人。当气温高于35℃时，压浆宜在夜间进行。孔道压浆时，工人应戴防护眼镜，以免水泥浆喷伤眼睛。

（2）封锚

压浆完毕适时进行封锚工作。封锚混凝土干硬性补偿收缩混凝土，表面颜色应与主梁混凝土一致，本工程箱梁封锚混凝土按与结构同等强度进行配制，强度等级为C50。

孔道压浆后应立即将梁端水泥浆冲洗干净，同时清除支承垫板、锚具及端面混凝土的污垢，并将端面混凝土凿毛，以备浇筑封端混凝土。

（3）人孔封闭

张拉压浆完成后，对现浇梁人孔位置拼装木模板、绑扎钢筋，浇筑与梁体同等标号混凝土进行封闭。

4.3.16 拆除模板、支架

1）内模及外侧模的拆除

（1）在梁体养护的同时，试压试块，侧模保证其表面及棱角不受损伤就可以拆模，底模在强度达到100%时可拆除。

（2）在张拉前应拆除端模，松开内模，松开箱梁侧模。

（3）拆模时注意箱梁混凝土与环境的温差，表面与环境、箱内箱外温差不得大于15℃，否则，不得拆模。气温急剧变化时，不得拆模。

（4）内模中间只能松动，严禁强行撬动拆除。

（5）内模和端模拆除操作要点：

①为了保证箱梁质量，防止箱梁开裂，当梁体混凝土强度及弹性模量达到设计值的70%时方可松开内模并拆除端模。

②内模拆除时先拆除内模顶部，再拆除内模侧板，最后拆除内模底板。

③拆除时应动作轻柔，避免破坏混凝土表面。

④内模拆除时，作业人员处于封闭环境中，湿度大温度高，应在梁的一端安大容量的鼓风机向箱孔内送风，改善工人作业环境。

⑤端模可用汽车起重机千斤顶配合拆除。严禁重击或硬撬模板，避免造成模板局部变形或损坏混凝土棱角。

（6）侧模拆除操作要点。

①拆模时混凝土芯部与表层、箱内与箱外、表层温度与环境温度之差均不大于15℃，并注意保证构件棱角完整。气温急剧变化时不宜进行拆模作业。

②侧模拆除应拆除侧模与底模的所有连接件。

③侧模拆除通过降低侧模支撑部位的支架使侧模脱离梁体。

④侧模应运到指定的地点集中堆放，模板吊运时严禁模板与模板、模板与混凝土梁及其他物体碰撞，防止倾倒变形。

⑤模板拆下后，应及时清除模板表面和接缝处的残余灰浆并均匀涂刷隔离剂，与此同时还应清点和维修、保养、保管好模板零部件，如有缺损及时补齐，以备下次使用。并根据消耗情况酌情配备足够的储存量。

2）支架与底模拆除

（1）箱梁现浇支架拆除原则

①支架拆架前应对拟拆除的架体进行全面检查，并根据检查结果进行支架拆除。

②支架拆除施工应按照先拆除翼缘板支架、后拆除箱室支架的顺序进行。

③拆除箱室支架时应先拆除各跨跨中附近的支架，然后再由跨中向两边延伸，最后拆除墩台等支点处的支架，各跨支架均应对称拆除。

④预应力钢筋混凝土支架拆除时间应在预应力束张拉、压浆强度达到设计值100%后方可进行。

（2）箱梁现浇支架拆除施工

现浇支架拆除是支架安装的逆工序：通过调整翼缘板下顶托，从跨中向支点拆除侧模及其排架，同理拆除内模并运出箱室。待纵向预应力张拉后，同样通过调整底板下顶托，落架底板模板。然后再依次从上至下拆除支架其他结构。

总原则"先支后拆、后支先拆"。从上到下，避免上下垂直交叉作业。

①底模系统拆除。

箱梁支架顶托上安装底模板时，是按照先横向横梁，后纵向木方，铺设底模板顺序。拆除时，先松支架顶托，将纵向方木位置留出活动空档并抽出，之后拆除横梁、底模板和顶托。

②钢管桩支架拆除。

a. 贝雷梁顶横向分配梁拆除。

解除横向分配梁与贝雷梁间约束，分配梁一端用25t汽车起重机吊住，然后动作汽车起重机臂杆，逐渐抽出，待分配梁压在贝雷梁上长度1m左右，用10t手拉葫芦拴住分配梁另一端，起升汽车起重机臂杆，同时手拉葫芦松劲，待分配梁垂直时，再松开手拉葫芦，汽车起重机吊离分配梁。

b. 贝雷梁拆除。

将贝雷梁按2片一组重新分组，先解除组与组间花窗（保持组内花窗），再解除贝雷梁与柱顶分配梁间约束。用两台25t汽车起重机分两个吊点吊住贝雷梁，同时用10t手拉葫芦在至少两个柱顶分配梁位置拉住贝雷梁，同时动作汽车起重机臂杆和松劲手拉葫芦，逐渐外拉贝雷梁组，待贝雷梁出箱梁翼缘板位置后，松掉手拉葫芦，汽车起重机吊离贝雷梁。

在靠近汽车起重机一侧的横梁上安装2个10t手拉葫芦，将贝雷梁组横移拖拉到翼缘板底部，拖拽时须保持贝雷梁组两侧对称、匀速横移，然后再按翼缘板下贝雷梁拆除方法拆除。

c. 柱顶分配梁拆除。

解除柱顶分配梁与柱顶约束，用25t汽车起重机吊住分配梁一端，然后动作汽车起重机臂杆，逐渐抽出，待分配梁压在最外侧钢管柱顶1m左右，用10t手拉葫芦拴住分配梁另一端，起升汽车起重机臂杆，同时手拉葫芦松劲，待分配梁垂直时，再松开手拉葫芦，汽车起重机吊离分配梁。

d. 钢管柱的拆除。

首先拆除立柱组间连接系，用25t汽车起重机吊住钢管柱柱顶，解除钢管柱柱底约束，汽车起重机吊离钢管柱。

③盘扣支架拆除。

脚手架的拆除应从一端向另一端、自上而下逐层进行。同一层的构配件和加固件应按先上后下、先外后里的顺序进行。

其中斜杆要与同层的立杆和横杆同步拆除,严禁先行拆除斜杆;并且严禁先行拆除底部扫地杆与斜杆。

在拆除过程中,脚手架的自由悬臂高度不得超过两步,当必须超过两步时,应加临时拉结。拆下立杆、水平杆、斜拉杆等及其他配件应传送至地面,经验收分类堆存,最后打包待运。

4.4 检查要求

4.4.1 主要材料进场质量检查

对钢管支架、盘口支架各杆件及型钢尺寸、材质、合格证件等质量进行检查。

4.4.2 各工序进行检查

对钢管组合支架和盘扣支架各安装工序,如钢管支架搭设、贝雷梁安装、分配梁安装、支座安装、支架预压及模板安装、梁体施工、支撑体系拆除等各工序按上述方案正文各阶段施工要求进行对照检查。

5 施工保证措施

5.1 组织保障措施

为加强现场管理与协调指挥,保障现浇梁施工有序进行,成立以项目经理为组长,总工程师、副经理为副组长的环市立交桥现浇梁施工管理小组。组长负责处理全面施工工作,副组长具体负责工作的全面落实,各职能部门充分发挥管理职能,做好测量监控、技术保障、质量检测、安全环保、后勤服务等。小组下辖若干以专业施工班组为单位的作业层,共同确保施工的顺利进行。

为确保本工程的安全施工,实现安全目标,项目部成立安全生产工作领导小组,设立安全管理部及专职安全员,形成自上而下的安全管理机构,做到纵向到底、横向到边的安全管理体系。

5.1.1 项目部安全生产领导小组

为了确保现浇梁施工过程的安全,建立健全安全生产管理保障体系,制定完善的保证措施,领导挂帅,全员参加,使安全工作制度化、经常化,贯穿施工全过程。项目设立以项目经理、书记为组长的安全管理组织机构,总工程师、副经理、安全总监为副组长,下设安质环保部、工程部等部室、作业队、工班负责人为安全管理组织机构成员,负责组织本单位人员履行各自的职责,建立完善的安全管理组织机构是为了加强本项目安全生产顺利进行,防止和减少安全事故发生,经项目部研究决定安全生产管理组织机构人员组成及组织机构框架如图5-1所示。

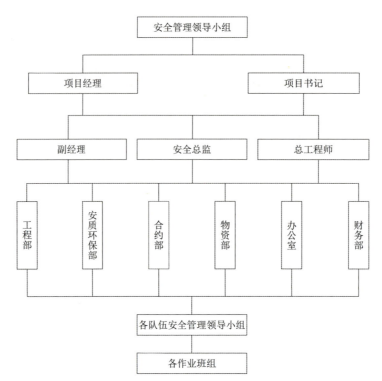

图 5-1 安全生产领导小组组织机构框架图

5.1.2 安全生产保证体系

为了加强安全生产工作的管理，保证安全组织机构的正常运转，促进项目安全管理工作规范有序地开展，确保工程项目安全管理目标的落实，结合本项目工程的特点，建立项目安全保证体系，从思想上、组织上、制度上、技术上、经济上进行全面管理。安全保证体系如图 5-2 所示。

5.1.3 安全生产领导小组职责

（1）贯彻执行党和国家安全生产的方针、政策，督促各部门、各分部严格执行国家、行业安全生产法律法规、标准规范、上级和集团公司有关文件和要求，积极组织开展各种形式的安全生产活动，提高全项目安全生产管理水平。

（2）研究制定并组织实施本项目安全生产各项管理制度和安全生产操作规程，推动落实项目各部门和各分部岗位安全生产责任，确保完成本项目安全生产责任目标。

（3）每月定期召开一次安全生产例会，总结本项目上个月安全生产情况，分析本项目当前的安全生产形势，提出下个月安全生产工作重点和要求。

（4）每月定期组织安全生产大检查和安全隐患排查，及时发现和消除存在的各种事故隐患，对存在严重问题的分部按规定进行处罚、通报及责任追究。

（5）按规定及时报告生产安全事故，积极组织事故救援，配合有关部门进行事故调查，按照"四不放过"的原则对事故原因进行分析，以事故为教训对所有参建人员进行警示教育，采取切实措施预防类似事故再次发生，对有关责任人和责任单位按规定进行处理。

5 施工保证措施

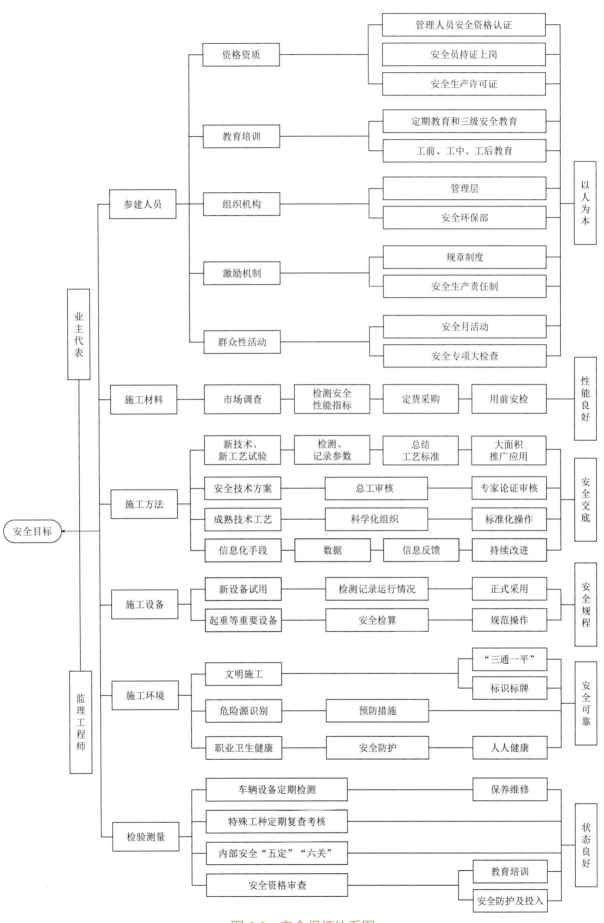

图 5-2 安全保证体系图

5.1.4 安全施工人员职责

1)项目经理安全职责

(1)建立健全并落实本项目全员安全生产责任制,加强安全生产标准化建设。

(2)组织制定并实施本项目安全生产规章制度和操作规程。

(3)确定符合条件的安全生产分管负责人或者安全总监、技术负责人。

(4)依法设置安全生产管理机构并配备安全生产管理人员,落实本单位技术管理机构的安全职能并配备安全技术人员。

(5)每季度至少召开一次安全生产专题会议,研究和审查有关安全生产的重大事项,协调本单位各相关机构安全生产工作事宜。

(6)每年度向职工代表大会、职工大会或者股东大会报告安全生产情况,接受工会、从业人员、股东对安全生产工作的监督。

(7)保证本单位安全生产投入的有效实施,依法履行建设项目安全设施与主体工程同时设计、同时施工、同时投入生产和使用的规定。

(8)组织建立并落实安全风险分级管控和隐患排查治理双重预防工作机制,负责管控重大风险,建立健全重大事故隐患排查、评估、报告、监控和治理制度。

(9)建立健全本项目重大危险源安全管理制度并督促落实。

(10)督促、检查本项目的安全生产工作,及时排查和消除生产安全事故隐患。每季度至少全面检查一次,属于高危生产经营部位的,每月至少全面检查一次。

(11)组织制定并实施本项目安全生产教育和培训计划。

(12)依法开展安全生产标准化建设、安全文化建设和班组安全建设工作。

(13)加强本项目动火作业、临时用电作业、受限空间(有限空间)作业、高空作业、盲板抽堵作业、吊装作业、动土作业、断路作业、设备检修等特殊作业管理。

(14)建立健全本项目安全生产责任制绩效考核制度。

(15)组织制定并实施本项目的生产安全事故应急救援预案,配备必要的应急救援装备和物资,按规定组织开展应急演练。

(16)建立、健全本项目的项目负责人现场带班制度,属于高危生产经营部位的,应当组织制定并实施24h应急值班制度。

(17)及时、如实报告生产安全事故,组织事故抢救。

(18)法律、法规、规章规定的其他安全生产职责。

2)项目书记安全职责

(1)坚持"党政同责、一岗双责、齐抓共管"的原则,与项目经理共同对项目部的安全生产负责，同为项目安全生产的第一责任人。

（2）贯彻执行国家安全生产方针、政策、法律法规和上级规章制度。

（3）参与安全教育、培训、检查、考核、评比等活动，参与项目安全生产会议，分析从业人员的思想动态，参与应急预案（现场处置方案）等安全防范措施的制定。

（4）组织实施上级党组织开展的各项安全竞赛活动，践行企业安全文化。

（5）组织落实营区安全管理的各项措施。

（6）牵头负责职业健康管理相关工作。

（7）参与组织应急处置、救援、善后，配合事故调查处理。

（8）法律、法规、规章规定的其他安全生产职责。

3）项目安全总监安全职责

（1）协助主要负责人履行安全生产管理职责，对安全生产工作负有组织实施、综合管理和日常监督的责任。

（2）协助主要负责人建立健全本项目全员安全生产责任制、安全生产规章制度和安全操作规程，并督促实施。

（3）主持日常安全管理工作，组织本项目安全生产管理机构和安全生产管理人员开展工作，监督指导本项目生产安全事故应急预案演练与修订工作。

（4）定期向安全生产领导小组和主要负责人报告工作，并提出须由安全生产领导小组研究、讨论和通过的安全工作议题。

（5）组织召开安全生产工作会议，及时总结和部署安全生产工作。定期预判、评估安全生产状况，研究解决安全生产问题。

（6）协助主要负责人组织开展安全生产宣传教育培训工作。

（7）协助主要负责人建立落实安全生产风险分级管控制度，并负责职责范围内的较大风险的管控工作。

（8）协助主要负责人组织制定生产安全事故隐患排查治理制度，每月至少全面检查一次安全生产工作，对查出的事故隐患及时督促整改。

（9）组织制定本项目外来施工作业安全管理制度，监督检查本项目对承包、承租单位安全生产资质、条件的审核工作，督促承包、承租单位履行安全生产职责。

（10）组织制定本单位动火作业、临时用电作业、受限空间（有限空间）作业、高空作业、盲板抽堵作业、吊装作业、动土作业、断路作业、设备检修等特殊作业管理制度，并监督落实。

（11）协助主要负责人建立健全本项目安全生产责任制绩效考核机制，考核与监督本单位各部门、各岗位履行安全生产责任制情况。

（12）发生生产安全事故，按规定时间和程序报告，组织事故救援和善后处置，配合有关部门开展事故调查处理，组织内部的事故调查处理。

（13）提名分支机构和工程项目派驻专职安全生产管理人员。

（14）对本项目人员职务晋升、表彰奖励候选人履行安全生产职责情况提出意见建议。对从业人员违反安全生产管理制度和安全操作规程的行为，经批评教育拒不整改的，提出处理意见并监督落实。

（15）法律、法规、规章以及本单位规定的其他安全生产职责。

4）项目总工程师安全职责

（1）对项目安全生产相关技术工作负分管领导责任，是项目安全技术保证的负责人。

（2）严格执行"先设计后施工，先变更后施工，按方案进行施工"的原则。

（3）组织编制施工组织设计和专项施工方案，并按规定组织评审、论证，组织进行安全技术交底，指导并监督执行，为项目安全生产工作提供技术支持。

（4）不断优化施工组织设计，保证施工组织设计中的安全技术措施切实可行，并监督实施。

（5）开展安全技术攻关活动，对新产品的设计、开发组织可行性分析和研究。采用"四新"技术时必须采取专门的安全教育和培训等措施，把好安全技术关。

（6）主持项目大型施工设施、装备和特殊安全防护设施的验收。

（7）参与辨识风险，组织风险评估，制定风险防范措施。

（8）参与项目安全生产检查，对存在的重大安全隐患制定整改方案。

（9）参与事故救援，配合事故调查处理，从技术层面分析事故原因，制定防范措施。

（10）法律、法规、规章规定的其他安全生产职责。

5）项目副经理安全职责

（1）协助项目经理做好项目施工过程中的安全管理工作，实施现场安全标准工地建设管理工作，是项目安全措施实施的负责人。

（2）落实分管范围内的安全生产工作。

（3）落实项目各项安全管理规章制度，组织实施施工组织设计和专项施工方案的安全技术措施。

（4）协助项目经理排查治理安全隐患。

（5）发生事故时，组织救援和保护现场工作，并按规定报告事故，按"四不放过"原则落实整改措施。

（6）法律、法规、规章规定的其他安全生产职责。

6）项目安质环保部长安全职责

（1）组织或者参与拟订本项目安全生产规章制度、操作规程并监督实施。

（2）参与本项目涉及安全生产的经营决策，提出改进安全生产管理的建议，督促本项目其他机构、人员履行安全生产职责。

（3）组织制定本项目安全生产管理年度工作计划和目标，并进行考核。

（4）组织或者参与本项目安全生产宣传教育和培训，如实记录安全生产教育和培训情况。

（5）监督本项目安全生产资金投入和技术措施的落实。

（6）组织开展危险源辨识和评估，督促落实本项目重大危险源的安全管理措施，监督劳动防护用品的采购、发放、使用和管理。

（7）检查本项目的安全生产状况，及时排查生产安全事故隐患，提出改进安全生产管理的建议。

（8）制止和纠正违章指挥、强令冒险作业、违反操作规程的行为。

（9）组织落实安全风险分级管控措施和隐患排查治理制度，督促落实安全生产整改措施。

（10）制定本项目外来施工作业安全管理制度，督促承包、承租单位履行安全生产职责，并对承包、承租单位及人员的相关资质进行审核、监管。

（11）对本项目动火作业、临时用电作业、受限空间（有限空间）作业、高空作业、盲板抽堵作业、吊装作业、动土作业、断路作业、设备检修等现场作业情况进行抽查监督。

（12）组织制定安全生产责任制绩效考核制度并监督实施。

（13）组织或者参与拟订本项目生产安全事故应急救援预案。

（14）组织或者参与本单位应急救援演练。

（15）参与工程施工方案和"四新"技术开发应用及有关安全技术措施的研究制定。

（16）负责安全标准化、信息化具体工作的落实。

（17）协助组织召开安全工作会议，对出现的安全生产问题进行追溯及分析，制定改进措施并组织实施。

（18）参与事故的调查、分析、处理，并负责上报安全事故月报。

（19）法律、法规、规章以及本单位规定的其他安全生产职责。

（20）法律、法规、规章规定的其他安全生产职责。

7）项目工程部长安全职责

（1）贯彻执行国家和上级的有关安全管理规定和安全技术规程。

（2）负责对工程的自身风险、作业风险进行识别，对项目风险进行评估。

（3）在编制施工组织设计、施工方案时，同时制定安全风险防控措施。

（4）负责编制落实危大工程专项施工方案、临时用电设计方案，负责组织安全技术交底。

（5）负责对超前地质预报、监控量测等数据进行分析、判别、处置、反馈等。

（6）参与安全隐患排查治理，对重大安全隐患从技术上分析原因，制定整改措施。

（7）负责项目应用"四新"技术的安全培训和安全技术交底。

（8）参与、配合安全事故调查。

（9）法律、法规、规章规定的其他安全生产职责。

8）项目财务部长安全职责

（1）落实安全技术措施和劳保用品所需的资金，做到安全生产措施费专款专用、依法合规。

（2）负责兑现安全生产奖惩。

（3）负责危险作业人员意外伤害险、安全生产责任险等投保工作。

（4）法律、法规、规章规定的其他安全生产职责。

9）项目物资设备部长安全职责

（1）负责所有施工机械设备的安全管理，定期进行检修、维保。

（2）负责所有机械设备的安全技术资料档案管理。

（3）制定专业安全技术培训计划，组织安全操作技术、操作交底。

（4）负责特种设备作业人员的管理，杜绝无证上岗。

（5）参与专项施工方案的制定和会审，配置满足方案需要的机械设备。

（6）负责安全器材，劳保用品的采购、使用管理。

（7）负责物资材料、构配件及工器具进场验收、标识，按安全标准堆码、储存。

（8）负责危爆物品安全管理。

（9）法律、法规、规章规定的其他安全生产职责。

10）项目合约部长安全职责

（1）编制和下达生产计划时，应列入安全生产指标和措施要求。

（2）负责分包商的资信、能力、业绩和管理人员、特种作业人员证件的审核，并对进场人员进行履约检查。

（3）负责施工合同和安全协议的签订。

（4）负责分包商上场人员的动态统计和实名制管理工作。

（5）负责安全措施费的验工计价工作。

（6）法律、法规、规章规定的其他安全生产职责。

11）项目综合办公室主任安全职责

（1）负责安全文件的收发工作。

（2）组织购置、发放防暑降温物品，配置保暖、防寒设施。

（3）负责食堂管理，保证职工饮食安全。

（4）负责项目部生活区、办公区和乘用车辆安全管理。

（5）组织职业健康体检工作，并建立员工职业健康档案。

（6）积极参加职工安全生产教育和法制宣传教育，负责对项目安全生产情况进行宣传报道。

（7）法律、法规、规章规定的其他安全生产职责。

12）项目施工队长安全职责

（1）贯彻执行项目部安全生产管理制度，督促作业人员落实安全生产岗位职责。

（2）合理安排各工班工作，确保均衡、有序、安全生产。

（3）积极参加对班组工前安全活动的考核评比。

（4）配合项目部加强安全协管员的日常管理。

（5）积极调配资源，妥善处置隐患。

（6）及时、如实上报险情、事故。

13）项目班组长安全职责

（1）贯彻企业和本单位对安全生产的规定和要求，全面负责本班组（施工区域）的安全生产。

（2）发现危及人身安全的状况，立即组织人员撤离并报告。

（3）对作业中发生的险情、突发事件及时报告，组织事故初期应急处置并采取措施保护现场。

（4）每天召开班前会，开展班前安全教育，告知班组作业区域的主要安全生产风险点、防范措施和事故应急措施，做好技术交底。

（5）加强班组安全培训，督促班组人员熟知工作岗位存在的危险因素、防范措施及事故应急措施。

（6）严格执行本单位安全风险分级管控和隐患排查治理各项工作制度，组织开展班前、班中、班后安全检查或交接班检查,对班组作业区域进行安全风险隐患排查,落实安全防范措施,并做好相关记录。

(7)督促班组人员严格遵守本单位的安全生产规章制度和岗位安全操作规程,正确佩戴和使用劳动防护用品。

(8)法律、法规、规章以及本单位规定的其他安全生产职责。

14)作业人员安全职责

(1)作业人员自觉遵守施工现场安全生产管理制度和劳动纪律。服从工班的安全生产管理,不服从管理的,所有人员有权停止本人工作,由此所造成的损失,由本人承担。因不服从管理导致生产事故的,由个人承其担相应责任。

(2)作业人员本人为安全生产责任人,全面负责自身的安全生产工作,认真贯彻落实和学习项目部安全生产规章制度。

(3)上班必须正确佩戴和使用安全防护用品,做好"两穿一戴",即穿项目部发的工作服(反光衣)、穿工鞋、戴安全帽,安全帽必须将下颚帽带扣好。工装穿着必须得体,整洁,不准打赤膊、穿拖鞋,不准披衣、敞怀、挽裤腿。

(4)上班时间不准无故外出,禁止脱岗、串岗、打盹、睡觉、闲谈、玩手机、看书报等。禁止酒后上岗作业,做到饮酒不上岗,上岗不饮酒。

(5)外出或探亲必须执行请销假制度并做好记录,外出或探亲期间必须保证个人人身安全,要遵守交通规则,不得乘坐黑车,不得住黑店,不得食用路边摊食品,不得饮酒误事,电话开机,保持通信畅通。

(6)参加集体活动(如洗海澡、爬山、旅游、宴请等等)时,要遵守安全规定,不得进行力所不及的活动(如不会游泳的下水游泳,未经训练攀岩、滑雪、过量饮酒等等),不得单独行动,发现险情及时呼救。

(7)非专业人员,禁止触动电器设备的开关、仪表、仪器与各种闸阀,未经许可,禁止调整任何技术参数等。

(8)不准携带违禁物品、危险品、易燃物或其他与生产无关的物品进入生产或工作场所。

(9)认真学习项目部下发的安全相关文件,牢记安全生产制度,遵守安全操作规程,杜绝"三违"(即违章指挥、违章作业、违反劳动纪律)现象,做到"四不伤害"和禁止进入非本人作业区域。

(10)配合并支持安全检查,落实隐患整改措施,及时向工班长和上级领导反映本工种及相关工种存在的安全隐患和安全信息,提供事故的真实情况。

（11）有权拒绝违章指挥和强令冒险作业，如高空作业脚手架搭设无安全防护网、脚手板没有满铺、脚手板没有绑扎牢固、无爬梯或爬梯一步到顶、脚手架已经被项目部列为不合格且要求立即整改的、立体交叉作业互相有安全干扰的。发现直接危及人身安全的紧急情况时，必须停止作业或者在采取可能的应急措施后撤离作业场所。

（12）必须接受岗前安全教育，积极参加工前教育、工中检查、工后讲评的"三工"活动，有权拒绝施工工班未进行安全培训教育和安全技术交底而从事高危作业，如高空脚手架搭设、起重吊装作业等，建立个人安全教育培训档案。

（13）积极参加安全学习及安全培训，掌握本职工作所需的安全生产知识，提高安全生产技能，从事特种作业的必须经培训取得相应资格证书。

（14）项目及劳务队伍聘用的人员，必须接受岗前体检，发现男性年龄大于60周岁，女性年龄大于50周岁，身患心脑血管病等疾病、职业禁忌和职业病的，不得上岗作业。聘用人员必须接受岗中体检和离岗体检。

（15）发生生产安全事故后，事故现场有关人员应当立即报告本单位负责人。发现事故隐患或者其他不安全因素，应当立即向现场安全管理人员或者本单位负责人报告。

（16）熟悉本岗位的安全生产风险和应急处置措施，发现直接危及人身安全的紧急情况时，有权停止作业或者在采取可能的应急措施后，撤离作业现场。

（17）熟练掌握应急逃生知识，提高互救自救能力。

（18）法律、法规、规章以及本项目规定的其他安全生产职责。

5.2 技术措施

5.2.1 安全保证措施

1）安全管理措施

认真履行施工合同，按设计标准和规范要求施工，及时规范施工中的安全隐患，彻底消除因施工质量不良给施工安全留下的隐患。施工严格按施工方案组织施工，按作业程序、标准进行作业，对既有设备，要注意保证其完好，未经维修单位同意不得随意改动，保证既有设备正常使用。要加强施工现场的管理，按规定堆放施工器材和用料。

坚持组织施工人员每日班前安全交底，班中安全员例行检查，安全风险较大部位施工时全程旁站监督。每次施工前要坚持向班组进行面对面的技术交底和准备工作检查。检查内容包括：劳力、机械、工具、通信器材以及施工防护人员。

2）施工安全保证措施

（1）一般安全措施

①提高所有施工人员的安全意识，加强安全教育，使每个施工者熟悉各项安全规定和

作业规程。使职工牢固树立"安全第一、预防为主"的思想，顺利完成施工生产任务。

②实施中强化四项管理，即强化特殊工种管理，持证上岗；强化临时用电管理，规范配电箱的制作与使用，强制推行漏电保护器的安装与使用；强化施工安全防护用品的管理与使用，对使用的特殊防护用品（如安全帽、安全带、安全网、绝缘鞋等）实行四统一管理，即统一标准，统一计划，统一采购，统一发放；强化施工机械设备的管理，做到机械设备状态完好，不带病运转，制定详细的操作规程，禁止违章操作。

③加强特种作业人员的安全技术培训工作，减少盲目事故。对于电工、焊接工、起重工、架子工、场内驾驶员等特种作业人员预先培训，合格并持有国家安全生产监督管理局统一印制的"特种作业操作证"者方可上岗作业。

④危险地区悬挂"危险"或者"禁止通行"或者"严禁烟火"等标志，夜间设红灯示警。如遇雷雨、大风或其他情况威胁到施工人员的安全时，施工负责人可决定暂停施工。

（2）支架施工安全措施

①支架搭设和拆除必须由经过培训的专业支架工担任，持证上岗，非特种作业人员不得从事搭设操作。

②支架工进入施工现场必须戴好安全帽、系好安全带，每个架上作业人员要配备防滑手套、防滑鞋和工具钩或袋，作业工具要挂在安全钩上或放入袋内。

③作业人员必须严格执行安全技术交底和上岗前的工作安排的规定。

④支架搭设时，严禁在安全禁区内穿行和进行交叉作业，在支架使用期间需设置安全通道，进行交叉作业时，必须搭设安全防护网。

⑤严禁作业人员在支架上奔跑、退行、嬉闹和坐在杆件上，避免发生碰撞、闪失、脱手、滑跌、落物等安全隐患，严禁酒后上岗。

⑥支架必须随施工进度搭设，未搭设完的材料，操作人员在离开作业岗位时，不得留有待固定的杆件，确保支架的稳定性，不得将支架作为卸料平台，严禁在支架上堆放物料。

⑦严格按照施工方案及相应的安全技术规范、标准施工，施工时要控制好立杆的垂直度、水平杆的水平度，并确保节点、卸载点位置符合要求。

⑧遇到大雨、雾或6级以上大风时，禁止搭设支架，雨停后，需将支架清理干净，方可上架施工。

⑨支架施工过程中出现事故隐患时，必须立即停止施工，将作业人员撤离，并采取措施排除隐患，直到安全得到保证后方可恢复施工。

（3）交通导行安全措施

①施工采用全封闭围蔽施工，将工地与路人、车辆隔离，保证路人、车辆及施工安全。

②所有施工区旁的绕行道路，应满足车行宽度、高度要求，有明显的导向指示标志，并设有警示灯、夜间主动发光警示标志，施工区围蔽靠车行道一侧，以 1m 左右的间隔安装防撞立柱。

③利用深夜时间进行大型机械的进退场等作业，尽量减少对交通的干扰。

④施工时积极与当地各级行政及交警部门合作，配合交警部门，组织力量及时引导、疏解交通，合理布置临时交通，保证所需交通标志、标线及时安装到位、投入使用，并设专人负责检查、维护交通设施，及时维修、更换、补充各种设施和标志，交通安全管理。在施工总平面布置和交通组织示意图规定位置与本工程各通道入口处设置标志牌，指示人行及车辆通行。

⑤完成一段施工，马上清理一段路面，及时完善交通设施，尽快撤出施工现场。

⑥配合交通安全的宣传，安排交通疏导人员协助交警部门，维持交通秩序，把施工期间的交通堵塞尽快疏解。

⑦设多名专职维持交通人员，在施工期间 24h 值班，配合交警工作，指挥附近车辆和行人通行，保证主干道交通顺畅。

⑧施工材料及机械停放一律在施工范围内，不准占用行车通道，机械材料进场尽量选择行车较少的时段，避免造成交通阻塞。

⑨积极与当地交通管理部门取得联系，及时发布交通公告。

⑩经常认真检查交通设施的好坏，对损坏的设施要及时修复，以保证行车安全。

⑪施工侧路灯停用时，在围蔽顶端每 6m 设置照明工具，监控设备按需调整至道路对侧。

（4）高空作业安全措施

①施工中注重防高空坠落、防触电、防车辆伤害、防机械伤害、防物体打击、防坍塌。

②高空施工作业人员必须按规定系安全带、戴安全帽，以保证安全。

③六级及以上大风天气，禁止安拆模板等高空作业。

④一般情况下禁止人员悬空作业。模板安拆必须悬空作业时，人员必须系好安全带，高处作业点的下方必须设安全网。安全带、安全网质量由专人检查使用。

⑤所有在高处工作的起重工、电焊工、墩台作业人员等均符合高处作业人员的健康规定。工作前严禁饮酒，并有充分的睡眠。严禁患有间发性癫痫病、高血压、心脏病及恶性贫血者登高作业。

⑥严禁上下层交叉作业。当吊装、模板安拆、气焊作业等高空坠物危险性较大作业时，应准备对下层施工人员进行清理，避免可能的坠物打击或烫伤。

⑦作业人员使用工具，应随手装入工具袋中。上下传递料具时，禁止抛掷，大型工具

应放在稳妥的地方，所用材料要堆放平稳，防止掉落伤人。作业人员上下通行经由人行爬梯，不得攀登模板、绳索上下。

⑧高处夜间作业，作业的区域内必须有足够的照明和夜间施工安全措施，且夜间施工照明应有定向灯罩，防止强光射入居民家中，造成光污染，产生投诉。高处作业有架空电线路时，必须保持规定的安全距离。当保持安全距离有困难时，应采取安全防护措施，以工地负责人和安检人员认定可行后，方可作业。

（5）施工机械安全保证措施

①所有施工设备和机具使用时，均必须由专职人员负责进行检查，以及必要的试验和维修保养，确保设备状况良好。

②大型机械的保险、限位装置防护指示器等必须齐全可靠，各类安全（包括制动）装置的防护罩等要完好。

③驾驶、指挥人员必须持证上岗，必须按规程要求进行操作，驾驶员做好例保和记录。

④机械与输电线路（垂直、水平方向）按规定保持距离。

⑤作业时，机械停放稳固，臂杆幅度指示器灵敏可靠。电缆线绝缘良好，不得有接头，不得乱拖乱拉。各类机械配挂技术性能牌和上岗操作人员名单牌。必须严格定期保养制度，做好操作前、操作中和操作后设备的清洁润滑、紧固、调整和防腐工作。

⑥严禁机械设备超负荷使用、带病运转和在作业运转中进行维修。

（6）吊装安全保证措施

①吊装作业时，人员必须分工明确，坚守岗位。由于墩身较高，作业时两侧通视条件差，吊装过程必须确保指令畅通和指令的唯一性。

②严格落实"十不吊"和安全操作规程。

③吊装作业所使用的钢丝绳不得低于6倍安全系数，绑扎用钢丝绳不得低于10倍安全系数，使用过程经常检查更换，确保吊装安全。吊装时应设置护角避免钢丝绳被切割。

④模板吊装必须有专用吊装孔和吊耳，使用专用卡环。钢筋吊装应使用吊带绑扎牢固，并确保吊装平衡。

⑤吊装时严禁人员在吊臂和重物下方逗留和作业，严禁人员随重物或吊装机械升降。必须使用起重机升降时，应使用吊篮并做好安全防护措施。

⑥翻模施工时底节模板拆除和向上翻升应使用倒链配合施工，吊装稳定后方可解除手拉葫芦。

（7）施工用电安全保证措施

①现场所有用电设备的安装、保管和维修由专人负责，非专职电工值班人员，不得操

作电器设备。在检修、搬迁电器设备时（包括电缆），切断电源，并悬挂"有人作业，不准送电"的警示牌。

②现场施工用电电线要布置合理，上下走行采用电瓷胡固定，必要时增设保护管。

③严格按有关用电与防火安全的规定安装线路及设备，用电设备都要安装地线，不合格的电气器材严禁使用。

④照明电线绝缘良好，导线不得随地拖拉或绑在脚手架上。照明灯具的金属外壳必须接零。室外照明灯具距离地面不低于3m，室内距地面不低于2.4m。使用BD型标准电箱，电箱内开关电器必须完整无损，接线正确，电箱内设置漏电保护器，选用合理的额定漏电动作电流进行分级匹配。配电箱设总熔断丝、分开关，动力和照明分别设置。金属外壳电箱作接地或接零保护。开关箱与用电设备实行"一机一闸保险"。同一移动开关箱严禁有380V和220V两种电压等级。

⑤施工用机械设备及时保养，发电机等分别设置临时工作间，消灭机械设备事故、火灾事故的发生。

（8）预应力施工安全措施

①预应力张拉悬空作业时，应搭设张拉设备和操作人员作业的脚手架或操作平台，平台设置防护挡板。雨天张拉时，应搭设防雨棚。

②混凝土应达到规定的强度和弹性模量值后，方可施加预应力。

③预应力筋、锚具、夹具和连接器应具有可靠的锚固性能、足够的承载能力，需敲击才能松开的夹具，必须保证不影响预应力筋的锚固、不危及操作人员的安全。

④张拉区应设明显的警示标志，严禁非操作人员进入。

⑤张拉区两端必须设置防护挡板，且应高出最上一组张拉钢筋0.5m，挡板应宽出张拉端两侧各不小于1m。

⑥张拉人员必须在张拉端侧面作业。张拉时，千斤顶后面严禁站人，不得踩踏高压油管。油泵工作时，严禁操作人员离岗。

⑦张拉千斤顶张拉吨位不得小于设计张拉力的1.2倍。

⑧施加预应力时，预应力筋、锚具和千斤顶应位于同一轴线上。

⑨预应力张拉控制应力和张拉程序应符合设计要求。预应力张拉控制应力均不得超过设计规定的最大张拉控制应力。

⑩张拉过程中发现油泵、千斤顶、锚夹具等有异常时，应立即停止作业，并查明原因进行检修，需要时在复工前应对油泵和千斤顶重新标定。张拉后，严禁撞击锚具、钢束。注浆时应调整好安全阀；关闭阀门时，作业人员应站在侧面，并应穿防护服、戴护目镜。

预应力施工应前及过程中应进行安全检查，并认真填写检查记录表。对检查中发现的不符合规定的情况签发安全检查整改通知单，限期整改，并跟踪验证。

（9）支架预压安全措施

加载程序、方法及重量，严格执行方案中的相关要求，预压范围按划定的范围进行，严防过载、偏载。

预压施工时，现浇支架范围内进行封闭，竖立、张贴相关安全警示标牌，安排专人值守，支架底部严禁站人，严禁非施工人员进入现场。

预压施工时，吊装作业要有专人指挥，信号明确。吊装时要轻放，防止产生过大的冲击力。

在预压重量超过60%时，项目部组织检查支架各主要受力点，发现异常时，应立即通知停止加载，撤除作业人员，查明并分析原因。

预压荷载到位以后，要派专人24h跟班巡视，严禁一切人员进入预压施工作业区域活动。

卸载过程中，要统一指挥，分级、对称卸载，严禁往下乱丢乱扔。

预压完成后，调整底模高程并对破损模板进行更换，然后安装侧模系统，进入下一步工序。

（10）支架模板拆除安全措施要求

①模板拆除应经过施工负责人的同意后方准进行，并严格按照"拆模作业"的规定执行。

②高处、复杂结构模板的拆除，应派专人指挥和制定相应的安全技术措施，并在地面划定作业范围区设置警戒线，非作业人员严禁进入该区域。

③工作前应事先检查所使用的工具是否牢固可靠，扳手等工具必须用绳链系挂在身上，工作时，思想要集中，防止钉子扎脚或从高空坠落造成人员伤害。

④遇到六级以上大风时应暂停高处作业，在风雨过后，应先清理施工现场，待工作处不打滑时，再进行作业。

⑤拆除模板一般采用长撬杆，严禁操作人员站在正在拆除的模板上。

⑥已经拆除的模板、拉杆、支撑应及时运走或妥善堆放，严防操作人员扶空、踏空而坠落。

⑦在混凝土梁体、平板上预留洞孔处的模板拆除后，应随即在梁洞上用木板将洞口盖严，并设围栏防护。

⑧拆模未完，暂时停止时，应将已活动的模板、拉杆、支撑等固定好，防止突然掉落，倒塌伤人。

⑨拆除大型模板时，严禁用机械强拉硬拽。

⑩拆除模板时，应按顺序分段进行，严禁猛撬硬砸或大面积撬落和拉倒，模板拆除后，不得留有松动悬挂的模板；放落在地上的模板支撑、支柱、拉杆等对象应及时运到指定的地点按要求堆放，保证文明施工。

⑪禁止强拉硬拽，拆除后支架及模板分类码放。

（11）防护棚架对交通影响安全保障措施

安全交通设计分警示标志标牌（施工告示标志、限速限高标志、禁止超车标志、分流导向标志）、车辆交通防撞、防护棚及整体夜间反光标志等。

①施工告示标志：在距桥位1km和300m处设置施工告示标志，告知驾驶员前方道路状态处于施工状态。

②限高标志：施工时提前在距离施工位置50m处安装限高杆，并设置限速和限高标志，限速20km、限高5.0m。

③禁止超车标志：在距离施工桥位800m、500m处放置禁止超车标志。

④限速标志：在车辆进入施工桥位1km处开始放置逐步限速标志，让车辆逐步降低车速。

⑤分流导向标志：该标志根据具体的左、右车道临时封闭情况进行设置。

⑥夜间交通警示：在两端的限高限速杠的位置边上均安装夜间爆闪灯，提醒交通车辆限速、限高；限高限速杠和防护棚的基础、立柱均贴上反光纸，达到夜间反光效果，在道路上安放指引反光路锥以引导车辆交通安全。

⑦施工期间，施工地段两端各设一人指挥引导车辆通行，在设置各种标志和措施后，指定专人对施工路段1km内所设行车警示标牌进行定时巡视，发现遗失和损坏时及时进行处理或更换，确保道路交通安全。

5.2.2 质量技术保证措施

1）支架预压质量保证措施

预压施工前，项目部组织相关部门、人员对现浇支架进行全面、细致的检查，验收合格并经签认后方可进行预压施工。预压施工前，项目部要对预压施工作业相关人员进行专项安全技术交底，组织人力、机械、预压材料，做到统一指挥，协调施工，防止出现蛮干、乱干现象。测量点的标记必须牢固不滑移。加载程序、方法及重量，严格执行方案中的相关要求。

2）钢筋施工质量保证技术措施

钢筋采购必须要有出厂质量保证书，没有出厂质量保证书的钢筋，不能采购，对使用的钢筋，要严格规定取样试验合格后方可使用。

焊接接头和机械连接接头都要经过试验合格后，才允许正式批量加工，在一批接头中，进行随机抽样检查，并以此作为加强对焊接作业质量的监督考核。

钢筋配料前应经技术人员确认大样精度，方可加工，加工成型的钢筋，应按图纸编号顺序挂牌，堆放整齐，钢筋的堆放场地要采取防污措施。专人负责钢筋垫块的制作，要确保规格准确，数量充足，并达到足够的设计强度，垫块的安放要疏密均匀，起到可靠的保护作用，采购的垫块应具有相应强度试验资料。

钢筋、模板安装完毕，经监理工程师验收合格后，方可浇筑混凝土，在混凝土浇筑过程中，必须安排技术员检查，以便处理在施工过程中发生的钢筋及预埋件位移等问题。

3）模板施工质量保证技术措施

模板要经过结构设计，保证有足够的稳定性和刚度，并要装拆方便；加工钢模板时要严格按技术规范施工，实行三级验收程序。

钢模板统一调配，安装时要涂脱模剂，模板缝隙要严密填塞，并注意控制高差、平整度、轴线位置、尺寸、垂直度等技术要求，流水作业，逐一检查，防止漏浆、错装等错误。

4）混凝土施工质量保证技术措施

根据混凝土的强度要求准确计算出混凝土的配合比，申报监理工程师审批，监理工程师同意后方可使用，使用过程中，要严格按照配合比执行。

派专人（试验人员）到搅拌站监督检查配合比执行情况以及原材料、坍落度、试件取样、称量衡器检查校准及拌和时间是否与要求相符。

混凝土运抵现场后，必须经过坍落度试验，符合要求后才能浇筑，若坍落度损失过小，试验人员可根据实际情况征得监理工程师的同意后适量加入同配比水泥浆。

浇筑混凝土，全部模板和钢筋要清洗干净，不得有杂物，模板若有缝隙应嵌填密实，并经监理工程师检查批准后方可开始浇筑，混凝土的浇筑方法，必须经监理工程师的批准。

混凝土浇筑施工时，要严格控制分层厚度，分层厚度控制在30cm，同时要严格控制混凝土自由下落高度，最高不能超过2m，超过2m必须使用串筒，以免混凝土产生离析。

混凝土浇筑作业应连续进行，如因故发生中断，其中断时间应小于前次混凝土的初凝时间或能重塑时间，超过中断时间，应采取相应措施处理，并立即向监理工程师汇报。

混凝土振捣时，振捣器快插慢拔，振捣点均匀，以免发生漏振现象。

施工缝的处理，应按规定或监理工程师的要求进行，在旧混凝土表面浇筑新混凝土前，必须将其表面凿毛清洗干净，用水湿润但不得有积水。

混凝土终凝后要采取适当措施养护，并在浇筑部位注明养护起止日期，以免养护时间不足。

5）预应力张拉施工质量控制措施

（1）预应力筋张拉应在梁体混凝土强度达到设计规定值的95%及弹性模量达到设计规定值的90%后，且龄期达到7d以上时进行张拉。

（2）千斤顶和压力表配套校验、使用，用于测力的千斤顶其精度不低于1.0级。

（3）用于预应力张拉的设备，应经监理工程师同意的校准设备检验校准后，方可用于箱梁张拉工作。

（4）张拉预应力束应严格按照规范的要求进行，两端用二台千斤顶同步进行，采取张拉力和伸长量双控，预应力材料的断丝、滑丝数量不得超过限制数。

（5）预应力束张拉时做好张拉记录，填写张拉报告，报送监理工程师。

（6）按设计要求进行初张拉、终张拉的预应力束张拉。

（7）定期进行孔道摩阻测试，张拉油表每周校验一次，千斤顶每月校验一次。张拉时必须有专职检查人员跟踪记录，如实记录预应力筋的滑、断丝现象。

6）真空压浆的质量控制措施

（1）预应力钢绞线张拉完毕，孔道应尽早压浆，且应在48h内完成，其技术标准满足《公路桥涵施工技术规范》（JTG/T 3650—2020）的要求。

（2）压浆前管道真空度稳定在-0.08～-0.06MPa之间。当压浆管口流出的浆体浓度与压浆泵中的浓度一致时，闭浆。

（3）水泥浆用水泥强度等级不低于42.5级低碱硅酸盐水泥或低碱普通硅酸盐水泥。

5.2.3 文明施工保证措施

认真贯彻执行业主施工现场文明施工的要求以及地方政府有关文明施工的各项要求，不断提高文明施工水平，推行现代管理方法，科学组织施工，使文明施工规范化、标准化、制度化。做好现场文明施工的各项管理工作。

积极开展文明施工窗口达标活动，对所有施工人员进行文明施工教育，建立健全文明施工岗位责任制，签订文明施工责任书，把文明施工责任落到实处，提高全体施工人员文明施工自觉性，增强文明施工意识，树立企业文明施工形象。

在工程施工中对施工现场各生产要素所处状态不断地进行整理、整顿、清扫、清洁，并按照文明施工标准检查、评比与考核，坚持PDCA循环[Plan（计划）、Do（执行）、Check（检查）、Act（处理）]，不断提高施工现场管理水平。

按照施工组织设计的平面布置要求，认真搞好生产及生活场地的规划，做到布局合理，井然有序，符合消防、环保和卫生等要求。各项福利设施、活动场所设施齐全并有专人管理，为参建职工提供良好的娱乐和休息环境。

施工现场及时完成"三通一平"并设置工点标牌，标明工程概况、施工负责人、技术负责人等。现场施工材料、机具设备堆放整齐、标识清楚，施工便道、管路、电力线、通讯线等各种管、线、路布置整齐美观，做到施工场地平整、排水畅通。

施工现场的设备、场地勤加打扫，保持施工现场环境卫生、干净整齐、无垃圾、无污物并使设备运转正常。施工现场的临时用电和排水设施，规范安全可靠，施工现场设置醒目的安全警示标志、安全标语，创造良好施工环境，建设安全、文明、标准工地。

施工和管理人员实行挂牌上岗制度，做到言行举止文明，严格按照有关规范和标准要求进行施工操作，严禁违反操作规程施工。

对施工便道经常洒水，防止尘土飞扬，并做好施工用水及废水的处理工作，确保工地生活设计清洁不受污染。

工程竣工后，认真清理施工现场，恢复周边地貌及植被，文明撤离。与当地政府和群众广泛开展共建活动，尊重当地沿线居民的风俗习惯，搞好路地团结，积极推进两个文明建设。

施工机动车辆始终处于良好状态，遵守地方政府和交警部门的管理规定，遵守《交通管理条例》的有关规定，自觉维护交通秩序，文明驾驶，礼让三先，保证运输畅通。

承担施工安全保卫工作及非夜间施工照明的责任和要求。按照国家、省、广州市建设主管部门和其他相关部门的有关要求和规定提供和维护夜间施工使用的照明、看护、围栏和安全保卫工作，并自费承担这些工作（如警卫）和提供相应设施（如护板、围栏、安全网、指示牌等）。满足安全保卫工作及非夜间施工照明的需要为施工现场提供一切方便。制定安全保卫制度，工程安全制度，工地出入管理制度，防火制度及周围环境保护规则。

5.2.4 环境保护措施

1）施工期水环境保护

为保护生态环境，避免水体受到污染，创造一个适宜的生活、劳动环境。

控制目标：确保工程影响范围内的场区内水渠水质不受到污染。具体措施如下：

（1）严格执行国家及地方政府颁布的有关环境保护，水土保持的法规、方针、政策和法令，生产、生活设施按环保要求进行布置随时准备接受监理工程师、业主的环保人员及政府有关环保机构工作人员的检查，认真按照监理工程师的指令办事。

（2）严禁向河道、水渠抛洒建筑垃圾。

（3）施工和生活中产生的污水集中处理，符合《污水综合排放标准》（DB 12/356—2018）环保标准后，才能排放。

（4）加强管理和监督工作，严禁使用有毒有害的混凝土添加剂，采用高效无毒的高分子或无机类添加剂。

2）施工期噪声防护

噪声防护控制目标：尽可能减少机械作业过程中产生的机械噪声。具体措施如下：

（1）施工期的噪声主要来自施工机械，如压风机、风镐、振捣棒等。尽量选用低噪声的施工机械和工艺，振动较大的固定机械设备应加装减振座，同时加强各类设备的维护和保养，保持其良好的工况，从根本上降低噪声源强度。

（2）强烈的施工噪声长期作用于人体，会诱发多种疾病，为保护施工人员的健康，对距高强噪声源较近的施工人员，除采取戴保护耳塞或头盔等劳保措施外，还适当缩短其劳动时间。

（3）施工人员休息场所尽量远离有噪声的地方。

5.2.5 季节性施工保证措施

1）雨期施工措施

（1）支架工程

①雨季施工，要有一定数量（雨布、塑料薄膜等）的遮雨材料，雨量过大应暂停室外施工。

②工作场地四周排水沟要及时疏通，并备好抽水机。雨期加强抽水，确保施工正常进行。工作场地、运输道路等应采取适当的防滑措施确保安全。

③在台风来临之前对脚手架加强安全检查，必要时要采取临时固定措施。

（2）钢筋工程

①现场钢筋堆放应垫高，以防钢筋泡水锈蚀。有条件的应将钢筋堆放在钢筋骨架上。

②雨后钢筋视情况进行防锈处理，不得把锈蚀的钢筋用于结构上。

③雨天时如必须进行钢筋焊接时，应搭设防雨棚后方能进行。

（3）模板工程

①雨天使用的木模板拆下后应放平，以免变形。钢模板拆下后及时清理，刷脱模剂，大雨过后应重新刷一遍。

②模板拼装后尽快浇筑混凝土，防止模板遇雨变形。若模板拼装后不能及时浇筑混凝土，又被大雨淋过，则浇筑混凝土前应重新检查，加固模板和支撑。

③大块模板落地后，地面应坚实，并支撑牢固。

（4）混凝土施工

①混凝土施工应尽量避免在雨天进行。大雨和暴雨天不得浇筑混凝土，新浇混凝土应

覆盖，以防雨水冲刷。

②雨天浇筑混凝土应减少坍落度，必要时可将混凝土强度等级提高半级或一级。

（5）安全防护

①做好安全防护，检查加固边坡，预防雨天塌方。

②检查供电网络，防漏电、触电。

③做好脚手架防滑、加固等措施。

2）夏季施工措施

（1）混凝土材料掺用外加剂，宜加入缓凝剂，减缓凝结速度，延缓水化热释放。

（2）因干缩出现模板裂缝，应及时填塞，浇筑前充分将模板淋湿。

（3）混凝土浇筑适当减小浇筑层厚度，从而减小内部温差，浇筑后立即用薄膜覆盖，不使水分外逸或用草袋覆盖，并设专人浇水养护。

（4）对大模板混凝土要求拆模后每天浇水三遍（早、中、晚），基本保持混凝土湿润。

（5）高温季节做好防暑降温工作，适当调整休息时间，避开高温施工。

（6）做好防台防汛工作，遇有六级以上台风，禁止高空作业。

5.3 监测监控措施

5.3.1 监测范围及组织机构

环市立交现浇梁 Z3~Z6、Z6~Z9、A1~A5、B9~B12 和 C6~C9 现浇梁施工。

本项目委托广东省地质建设工程勘察院监测机构对该工程高支模进行监测，根据本项目监测技术需求，考虑到人员变动及轮休等突发情况，拟投入该项目的管理及技术人员包括项目负责人 1 人，技术负责人 1 人，主要监测技术人员 8 人。管理及技术人员职责见表 5-1。

管理及技术人员职责表 表 5-1

序号	职　称	专业	在本项目担任的职责
1	工程师	测绘工程	项目负责人
2	高级工程师（教授级）、注册岩土工程师	岩土工程	技术负责人
3	高级工程师	测绘工程	主要监测技术人员
4	工程师	测绘工程	主要监测技术人员
5	高级工程师、注册测绘师	测量工程	主要监测技术人员
6	工程师	测绘工程	主要监测技术人员
7	工程师	测绘工程	主要监测技术人员
8	工程师	测绘工程	主要监测技术人员

续上表

序号	职　　称	专业	在本项目担任的职责
9	高级工程师	岩土工程	主要监测技术人员
10	工程师	岩土工程	主要监测技术人员

5.3.2 监测项目

根据高大模板工程在施工过程中存在的整体倾覆、局部塌陷的工程事故形式，结合本工程的实际情况，本工程监测内容为：

（1）支架预压：支架搭设完毕后必须按施工规范对支架进行预压，达到以下目的：

①验证支架系统支撑稳定，消除支架系统的非弹性变形。

②掌握现浇箱梁施工过程中以及施工完成后支架的挠度和刚度，为梁体浇筑预拱度的设置提供依据。

③预压前，对施工班组进行安全生产教育、制定安全隐患预防应急措施。

④支架基础预压前，应布置支架基础的沉降监测点；支架基础预压过程中，应对支架基础的沉降进行监测。在堆载试验开始前，每跨横向分别在支架底板横向约五等分设置观测点。纵向从端部起每1/6设置观测点。

（2）在环市立交匝道布设30个监测支撑水平位移、模板沉降监测点，15个立杆轴力监测点，15个地基稳定监测点，监测点布置情况见表5-2。

监测点布置情况表　　　　　　　　　　表5-2

名　　称	监测项目	数　量	编　号
环市立交主线	沉降监测	52	G2-*
	水平位移监测	52	
	立杆倾斜	52	
	立杆轴力	26	A2-*
	地基稳定	26	D2-*
环市立交匝道	沉降监测	30	G3-*
	水平位移监测	30	
	立杆倾斜	30	
	立杆轴力	15	A3-*
	地基稳定	15	D3-*

地基基础稳定监测点埋设方法：采用钻孔置入法埋设，首先用冲击钻在混凝土地面钻孔，然后打入ϕ16mm的螺纹钢筋，顶端打磨成半圆形作为立尺顶点，用水泥浆固封作为保

护墩，并在测点旁设醒目警示牌，以免被碰动或损坏。

5.3.3 监测周期频率

本项目采用自动化实时监测系统，在混凝土浇筑施工中的监测频率如下。

（1）预压前，对施工班组进行安全生产教育、制定安全隐患预防应急措施外，并采取下列安全措施

①堆载前对各观测点初始状态进行观测，采集基准数据。

②总体加载顺序：纵向加载，从跨中开始向支点处进行，对称布载。

③加载方法：检查底模及支架稳固情况，然后用人工对沙袋加沙堆码，堆码时注意不得覆盖观测点。

④加载完成后，连续观测 3 天，直到变形稳定，观测并记录各测点的最终高程。并符合下列规定时，即为预压合格。

a. 各监测点连续 24h 的沉降量平均值小于 3mm。

b. 各监测点连续 72h 的沉降量平均值小于 8mm。

（2）混凝土浇筑前，在临时支撑系统稳定时，采集初始值，初始值采集不少于 3 次。混凝土浇筑施工过程中，不大于 1min 采集一次数据。混凝土浇筑完毕，监测数据无异常变化时，不大于 1min 采集一次数据，至混凝土浇筑区域内的人员全部撤离，终止监测。暂定监测时长 2h。

当监测数据变化过大，超出报警值或数据持续增大，监测频率设为实时监测（每 5s 采集一次数据）至排除险情，确认临时支撑系统安全后，转为正常监测频率。

（3）本工程采用的监测仪器和采集单元属于计量仪器范畴，国家实行计量制造生产许可证制度，要求有国家技术质量监督局颁发的计量产品生产许可证。且所有监测仪器均具有将监测数据实时上传至《广州市高大模板实时监测管理平台》兼容功能。

5.3.4 监测控制指标

各监测项目控制标准的规范要求：

（1）支架水平位移和立杆内力的控制标准

根据《建筑施工临时支撑结构技术规范》（JGJ 300—2013），支架水平位移和立杆内力的控制标准见表 5-3。

控 制 标 准 表　　　　　表 5-3

监测指标	控 制 标 准	
	累计变化量	变化速率
水平位移量	$H/300$	近三次读数平均值的 1.5 倍
立杆内力	设计计算值	近三次读数平均值的 1.5 倍

注：H 为支撑结构的高度。

（2）模板沉降的控制标准

根据《建筑施工模板安全技术规范》(JGJ 162—2008)，混凝土浇筑阶段模板沉降的控制标准为：支架的压缩变形或弹性挠度，为相应的结构计算跨度的1/1000。

5.3.5 本项目各监测项目的控制值确定

根据本项目具体情况，结合相关规范及专项施工方案的要求，高支模监测变形允许值、预警值可参考表5-4（该值一般由设计单位提供）。

允许值和预警值　　　　　　　表5-4

序号	项　目	变形允许值	变形报警值	监　测　工　具
1	水平位移	12mm	10mm	位移传感器
2	沉降	10mm	8mm	位移传感器
3	轴力	15kN	10kN	轴压传感器
4	沉降监测	10mm	8mm	电子水准仪
5	倾斜	1°	0.8°	双轴倾角传感器

当监测项目超过其警戒值时，必须迅速停止浇筑，查明原因，一般应急措施：

（1）迅速停止浇筑，保证警戒值不再增大，迅速撤离人员；

（2）修改施工方案，进行加固。

6 施工管理及作业人员配备和分工

6.1 施工管理人员

为优化人员安排，提高人员组织配合能力。在项目里选取具有丰富管理经验的管理人员，对施工现场进行全方位的管理和指导。同时在施工前对施工工人进行施工技术交底，作到施工工人熟悉施工方法。施工组织管理机构如图 6-1 所示。

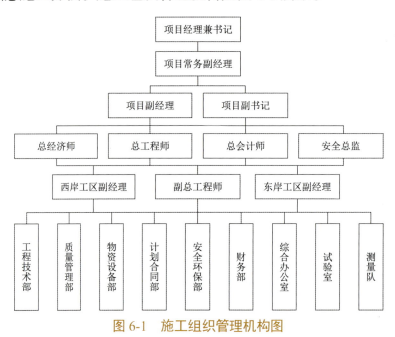

图 6-1 施工组织管理机构图

主要工程技术管理人员安排及职责见表 6-1。

主要工程管理人员安排及职责表　　　　表 6-1

序号	职　务	岗　位　职　责
1	项目经理	对项目安全生产管理总体负责
2	常务项目副经理	对项目施工生产总体负责
3	项目总工程师	负责总的技术指导
4	项目副经理	负责现场施工生产
5	安全总监	负责现场施工安全及环境监控
6	项目副总工程师	负责现场技术指导
7	测量工程师	负责测量放样工作

续上表

序号	职务	岗位职责
8	试验室主任	负责材料和有关检验检测工作
9	工程部长	负责技术交底，工程质量检查及监控
10	质量部长	负责方案编制，工程质量检查及监控
11	主管工程师	负责现场技术管理及资料收集

6.2 专职安全人员

6.2.1 专职安全生产管理人员职责

（1）组织或者参与拟订安全生产规章制度、操作规程和生产安全事故应急救援预案；

（2）组织或者参与安全生产教育和培训，如实记录安全生产教育和培训情况；

（3）督促落实重大危险源的安全管理措施；

（4）组织或者参与应急救援演练；

（5）检查安全生产状况，及时排查生产安全事故隐患，提出改进安全生产管理的建议；

（6）制止和纠正违章指挥、强令冒险作业、违反操作规程的行为；

（7）督促落实本单位安全生产整改措施。

6.2.2 专职安全生产管理人员配备

本工程设 4 名专职安全生产管理人员，具体名单略。

6.3 特种作业人员

本工程特种作业人员主要为电工、焊工、起重机司机、司索工等，特种作业人员具体名单略。

特种作业人员岗位职责如下所述：

（1）学习并熟悉本工种安全技术操作规程，遵守国家法律、法规和企业规章制度。

（2）积极参加本工种专业技能培训，提高自身操作技术水平，并严格持证上岗制度，严禁无证上岗。

（3）服从管理，自觉遵守现场安全纪律，接受安全教育和安全技术交底，提高安全作业意识。

（4）严格使用安全防护及劳动保护用品，增强自我保护能力。

（5）严格执行安全技术操作规程，不违章冒险作业，并有权拒绝违章的指令，做到"三不伤害"（即：不伤害自己，不伤害别人，不被别人伤害），确保作业安全。

（6）随时检查与本工种有关的机电设备、设施，消防设施及现场临边、洞口防护设施的完好与可靠性，发现隐患即做整改。

（7）发现重大安全隐患，要立即停止作业并向项目部有关人员报告，必要时有权越级上报。

6.4 其他作业人员

开工后，按照拟定的进度计划，陆续地组织施工人员进场，以满足施工的需要。拟投入本项工程的其他施工人员配备见表 6-2。

其他施工人员配备表　　　　表 6-2

序　号	工　　种	人　数	备　注
1	技术人员	3	
2	工长	2	
3	钢结构作业人员	20	
4	钢筋工	14	
5	混凝土工	12	
6	杂工	12	
合计		63	

7 验收要求

7.1 验收标准

（1）施工现场严格按照专项施工方案组织施工，不得擅自修改现场。

（2）严格按照《〈危险性较大的分部分项工程安全管理规定〉有关问题的通知》（建办质〔2018〕31号）和《危险性较大的分部分项工程安全管理规定》（住建部〔2018〕37号）相关要求组织危大工程验收。

（3）验收根据专项施工方案逐项进行，不得遗留。验收结果必须符合相关规范及规定要求，验收未通过的，不得进行相应重要部位和环节的施工。

（4）在检查验收中发现不安全因素，必须做到"三定"（定整改措施、定整改责任人、定整改期限）并由各级安全管理人员列出明细，逐个销号。

（5）相关验收标准、规范。

（6）详见第2.1章节编制依据。

现浇梁支架和模板施工满足表7-1的检查内容与要求。

现浇梁支架和模板支架施工验收检查　　　　表7-1

序号	检查项目	检查内容与要求
1	立杆垂直度	≤$L/500$ 且±50
		预埋件位置偏差小于10mm
2	竖向斜杆	最底层步距处设置情况
		最顶层步距处设置情况
		其他部位
3	可调托座	垂直度
		插入立杆深度≥150mm
4	可调底座	垂直度
		插入立杆深度≥150mm
5	立杆	梁底纵、横向间距（1500mm，1500mm）
		竖向接长位置

续上表

序号	检查项目	检查内容与要求
6	水平杆	纵、横向水平杆设置
		梁底纵、横向步距（1200mm，900mm，600mm）
7	剪刀撑	水平向
8	扫地杆设置	≤550mm
9	分配梁	分配梁制作与安装的焊接焊缝符合设计要求
10	木方及底模	木方及底模是否满足方案及规范要求
11	装配式笼梯	结构整体安全可靠
12	监测	监测点与方案一致
		现场具备监测条件

注：L 为梁体跨度。

7.2 验收程序及人员

1）验收程序

（1）项目部根据工程特点制定验收工作内容，明确需进行验收的重要部位、内容和要点。

（2）项目部根据所确定的项目内容逐项进行自检自评。自检自评合格后向监理单位提出验收申请。

（3）监理单位收到验收申请后，应对验收项目进行预审，预审符合要求的，总监理工程师组织各方成立验收组进行专题验收。

（4）验收组按照所确定的验收项目内容逐项进行验收，并形成书面验收结论。

（5）项目部需按照验收组意见进行整改。未进行验收或验收未通过的，不得进行相应重要部位和环节的施工。

2）验收人员

（1）施工单位

总承包单位和分包单位技术负责人或授权委派的专业技术负责人、项目负责人、项目技术负责人、专项施工方案编制人员、项目专职安全生产管理人员及相关人员。

（2）监理单位

监理单位项目总监理工程师及专业监理工程师。

（3）其他单位

有关勘察、设计和监测单位项目技术负责人。

7.3 验收内容

不同类型和层次的安全检查监督应有其各自的内容和重点,安全检查验收内容见表 7-2,支架施工检查验收内容见表 7-3,质量检查验收内容见表 7-4,具体按监督检查计划执行,安全检查包括以下内容:

(1)材料进场验收,详见前述。

(2)方案评审程序:项目自审、工程公司审查、集团公司审查、监理审查、专家评审、现场施工。

安全检查验收内容　　　　　　　　　　　　　　表 7-2

序号	检查项目	检查验收内容	验收结论
1	施工方案	(1)方案编制、审批情况; (2)施工交底、监督检查情况	
2	施工机具	(1)是否有日常巡检及维修保养记录; (2)电线、配电箱及控制箱是否符合安全用电规范; (3)传动部位是否有保护罩	
3	安全用电	(1)电工是否持证上岗; (2)配电箱、开关箱及用电设备是否设置接地保护; (3)电线是否存在老化破皮、私拉乱扯现象	
4	吊装作业	(1)起重机司机、信号工持证上岗; (2)钢丝绳磨损、断丝、变形、锈蚀程度是否达到报废标准; (3)地基承载力符合要求; (4)吊点是否焊接饱满; (5)吊物是否存在安全隐患; (6)周围环境状况是否符合安全要求	
5	高空作业	(1)作业前检查安全绳的牢固程度、不准使用不合格的安全绳; (2)操作平台安全牢固; (3)禁止同时使用吊篮吊运人员和材料	
6	消防	(1)灭火器、消防桶等器材是否缺失、状态正常; (2)氧气瓶与乙炔瓶安全距离是否满足要求; (3)动火、动焊周围是否存放易燃、可燃材料	
7	其他	(1)有无人员溺水救生措施; (2)现场警示标志是否齐全; (3)临边防护搭设是否符合要求	

支架施工检查验收内容　　　　　　　　　　　　表 7-3

序号	检查项目	检查验收内容	验收结论
1	架体基础	(1)支架基础平整,场地压实硬化; (2)支架底部按要求设置垫板、底座、扫地杆; (3)基础四周设置排水沟,保证排水通畅	
2	立杆垂直度	(1)$\leqslant L/500$ 且 ± 50; (2)预埋件位置偏差小于 10mm	

续上表

序号	检查项目	检查验收内容	验收结论
3	竖向斜杆	（1）最底层步距设置情况； （2）最顶层步距设置情况； （3）其他部位	
4	可调托座	（1）垂直度； （2）插入立杆深度≥150mm	
5	可调底座	（1）垂直度； （2）插入立杆深度≥150mm	
6	立杆	（1）梁底纵、横向间距（1500mm，1500mm）； （2）竖向接长位置	
7	水平杆	（1）梁底纵、横向间距（1500mm，1500mm）； （2）纵、横向水平杆设置	
8	剪刀撑	水平向	
9	扫地杆设置	≤550mm	
10	分配梁	分配梁制作与安装的焊接焊缝复核设计要求	
11	木方与底模	木方与底模是否满足方案及规范要求	
12	装配式梯笼	结构整体安全可靠	
13	监测	（1）监测点与方案一致； （2）现场具备监测条件	

注：L为梁体跨度。

质量检查验收内容　　　　　　　　　　　　　　　　　　　　　表 7-4

序号	验收项目	具体内容	检 查 要 求	验收结论
1	材料质量	钢筋	原材料经检验性能和质量符合设计及规范要求	
		混凝土	原材料经检验性能和质量符合设计及规范要求	
		型钢	各部位型钢尺寸及型号是否符合方案要求	
		钢板	钢板尺寸及厚度是否符合方案要求	
2	施工质量	钢筋	加工、安装偏差满足设计及规范要求 钢筋接头设置、接头外观质量及力学性能满足规范要求	
		混凝土	混凝土的强度、试件取样和留置满足规范要求 混凝土养护及时，养护方法符合规范要求 现浇混凝土结构的外观质量、尺寸偏差符合设计及规范要求	
		钢支撑	所用材料是否符合设计要求 是否按照设计要求高程安装，并固定牢固 数量是否满足方案要求	

8 应急处置措施

本着"安全第一、预防为主、综合治理"的方针,为确保工程在施工过程中,对各种突发事件的发生在事前能够切实起到防范预防作用,将风险降到最低,损失降到最小。在突发事件发生后能够快速及时做出应急反应,以最快的速度和最有效的措施处理各种事故和采取救援措施。特制定本预案。

根据现浇梁施工安全防范重点及疫情防控要求,应急预案主要有以下方面:

预防疫情及疫情处理的应急预案、预防结构及机械设备垮塌事故的应急预案、预防高处坠落事故的应急预案、预防起重伤害及机械伤害事故的应急预案、预防触电伤害事故的应急预案等。

8.1 应急组织及职责

本工程成立以项目经理、书记为组长,项目总工程师、安全总监、副经理为副组长,各部门负责人为组员的施工事故应急领导小组,下设应急处理技术组,应急处理物资设备组,应急联络组,应急抢险救援组,应急医疗救护组和善后工作组等 6 个应急处理小组,应急组织机构如图 8-1 所示。

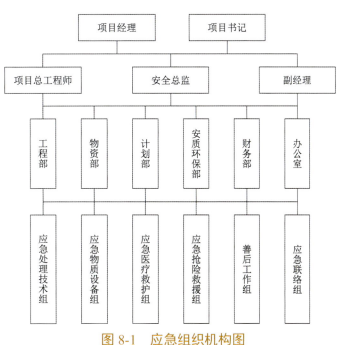

图 8-1 应急组织机构图

1）组长职责

（1）分析紧急状态确定相应报警级别，根据相关危险类型、潜在后果、现有资源控制紧急情况的行动类型；

（2）指挥、协调应急反应行动；

（3）与项目部外应急反应人员、部门、组织和机构进行联络；

（4）直接监察应急操作人员行动；

（5）最大限度地保证现场人员和外援人员及相关人员的安全；

（6）协调后勤方面以支援应急反应组织；

（7）应急反应组织的启动；

（8）应急评估、确定升高或降低应急警报级别；

（9）通报外部机构，决定请求外部援助。

2）副组长职责

负责对事故现场的控制，协调应急队员的救援工作，评估事故（事件）可能发展的方向，确定其可能的发展过程；识别危险物质及存在的潜在危险并对事故现场进行分析，执行有效的应急操作，保证应急行动队员的人身安全，并负责事故后的现场清除工作；安排寻找受伤者及安排非重要人员撤离到集中地带；负责在发生紧急情况时与新闻媒体的联系工作，接受他们的采访，必要时召开新闻发布会，并与安全人员和法律人员及其他事故应急者保持联系；保持与总指挥的联络。

3）各应急小组职责

（1）应急处理技术组

担负重大生产安全事故发生后的监测工作，提出抢险抢修及避免事故扩大的临时应急方案和措施；指导抢险抢修组实施应急方案和措施；修补实施中的应急方案和措施存在的缺陷；绘制事故现场平面图，标明重点部位，向外部救援机构提供准确的抢险救援信息资料；对事故现场实施围护后拍照、摄像、取证。

（2）应急物资设备组

负责应急物资采购保管，发生重大生产安全事故发生后，担负抢险救援物资设备的供应工作。保障系统内各组人员必需的防护、救护用品供给，提供合格的抢险抢修或救援的物资及设备。

（3）应急抢险救援组

采取紧急措施，尽一切可能抢救伤员及被困人员，防止事故进一步扩大，寻找受害者并转移至安全地带，在事故有可能扩大进行抢险抢修或救援时，高度注意避免意外伤害。

抢险救援结束后,向应急指挥组长报告并对结果进行复查和评估。

(4)应急联络组

负责接受事故报警信息,确保与最高管理者和外部联系畅通、内外信息反馈迅速,保持通信设施和设备处于良好状态;负责应急过程的记录与整理及对外联络。

(5)医疗救护组

对抢救出的伤员,在外部救援机构未到达前,对受害者进行必要的抢救(如人工呼吸、包扎止血、防止受伤部位受污染等);使重度受害者优先得到外部救援机构的救护;协助外部救援机构转送受害者至医疗机构,并指定人员护理受害者。

(6)善后工作组

负责交通车辆的调配,紧急救援物资的运送,及抢险救援人员和受伤人员生活物资的供给。

8.2 应急事件及应急措施

8.2.1 伤员现场急救措施

(1)项目部接到报告后,立即组织救助队进行救助工作,并组织医务人员赶赴现场随时听候调遣,尽可能将损失降到最低程度。挖掘被掩埋伤员及时脱离危险区。

(2)清除伤员口鼻内泥块、凝血块、呕吐物等,将昏迷伤员舌头拉出,以防窒息。进行简易包扎、止血或简易骨折固定。对呼吸、心跳停止的伤员予以心脏复苏。组织人员尽快解除重物压迫,减少伤员挤压综合征的发生,并将其转移至安全地方。

(3)尽快与120急救中心取得联系,详细说明事故地点、事故情况,并派人到路口接应。若有骨折时应及时用夹板等简易固定后立即送往医院。

8.2.2 高处作业发生高处坠落的应急措施

重点做好施工现场的"外防护、内封闭"各项防护设施的设置,加强"四口""五临边"的防护。

高处坠落可能造成的伤害:颅脑损、骨折等。当发生物体打击事件和有人高处坠落摔伤时,应注意保护摔伤及骨折部位避免因不正确的抬运使骨折错位造成二次伤害,并及时向工地负责人报告,拨打"120"急救电话或送医院救治,送医院途中不要乱转病人的头部,应该将病人的头部略抬高一些,昏迷病人防止呕吐物吸入肺内。

8.2.3 检修电器、使用电动机械、工具等发生的触电事故应急措施

本项目执行三级配电三级保护,各种机械设备必须做到"一机、一闸、一箱、一漏"做好用电防护。严禁乱拉乱搭电线及各种照明灯具,带电作业的机械设备实行专人负责制,

经常检查施工用电设施，及时处理事故隐患。

（1）发生触电事故后，现场人员立即帮助触电者脱离电源，对触电者立刻进行抢救，或者立即送往医院救护。

（2）高压触电脱离方法：触电者触及高压带电设备，救护人员应迅速切断使触电者带电的开关、刀闸或其他断路设备，或用该电压等级的绝缘工具等方法，将触电者与带电设备脱离。触电者未脱离带电设备前，现场救护人员不得直接用手触及带电者。救护人员在抢救过程中注意保持自身与周围带电部分必要的安全距离，保证自己免受电击。

（3）低压触电脱离方法：低压设备触电，救护人员应立即切断电源如拉开关、刀闸、拔除插头等方法，或用绝缘工具、干燥的木棒、木板、绝缘绳子等绝缘材料解脱触电者。可用绝缘手套或将手用干燥衣服等包起绝缘后解脱触电者，救护人员也可站在绝缘垫或木板上，绝缘自己进行救护。

（4）当伤员脱离电源后，应立即检查伤员全身情况，特别是呼吸和心跳，发现呼吸、心跳停止时，应立即就地抢救。

（5）轻症：即神志清醒，呼吸心跳均自主者，伤员就地平卧，严密观察，暂时不要站立或走动，防止继发休克或心衰。

（6）呼吸停止，心搏存在者，就地平卧解松衣扣，通畅气道，立即口对口人工呼吸，有条件的可气管插管，加压氧气人工呼吸。

（7）心搏停止，呼吸存在者，应立即作胸外心脏按压。

（8）呼吸心跳均停止者，则应在人工呼吸的同时施行胸外心脏按压，以建立呼吸和循环，恢复全身器官的氧供应。

（9）现场抢救最好能两人分别施行口对口人工呼吸及胸外心脏按压，以 1∶5 的比例进行，即人工呼吸 1 次，心脏按压 5 次。如现场抢救仅有 1 人，用 15∶2 的比例进行胸外心脏按压和人工呼吸，即先作胸外心脏按压 15 次，再口对口人工呼吸 2 次，如此交替进行，抢救一定要坚持到底。

（10）处理电击伤时，应注意有无其他损伤。如触电后弹离电源或自高空跌下，常并发颅脑外伤、血气胸、内脏破裂、四肢和骨盆骨折等；如有外伤、灼伤均需同时处理。

（11）现场抢救中，不要随意移动伤员，若确需移动时，抢救中断时间不应超过 30s；移动伤员或将其送医院，除应使伤员平躺在担架上并在背部垫以平硬阔木板外，应继续抢救，心跳呼吸停止者要继续人工呼吸和胸外心脏按压，在医院医务人员未接替前救治不能中止。

8.2.4 机械伤害事故的应急措施

各种机械设备必须按规定配置齐全有效的各种安全保护装置，按要求办理验收证（必

要时办理准用证）

（1）事故发生后，应第一时间切断动力电源，同时操作者开展力所能及的事故自救。

（2）第一到达现场的负责人应承担指挥责任或立即向值班领导或相关部门汇报，使救援的人力、物力等资源在第一时间配送到事故现场。

（3）同时项目部应配足有效的消防灭火器材，以防机电事故诱发火灾。

（4）根据伤情对伤员抢救，处理的原则是先重后轻、先急后缓，先近后远。

（5）对呼吸困难、窒息和心跳停止的伤病员，从速置头于后仰位，托起下颚，使呼吸道畅通，同时施行人工呼吸、胸外心脏按压等复苏操作，原地呼救。

（6）对伤情稳定，估计转运途中不会加重伤情的伤病员，迅速组织人力，利用各种交通工具分别转运到附近的医疗单位急救。

（7）发生断手（足）、断指（趾）的严重情况时，现场要对伤口包扎止血、止痛、进行半握拳状的功能固定。将断手（足）、断指（趾）用消毒和清洁的敷料包好，切忌将断指（趾）浸入酒精等消毒液中，以防细胞变质。然后将包好的断手（足）、断指（趾）放在无泄漏的塑料袋内，扎紧袋口，在袋周围放些冰块，速随伤者送医院抢救。

（8）发生撕裂伤时，必须及时对伤者进行抢救，采取止痛及其他对症措施。用生理盐水冲洗有伤部位后用消毒大纱布块、消毒棉花紧紧包扎，压迫止血。同时拨打120急救电话或者送医院进行治疗。

8.2.5 支架坍塌事故的应急措施

坍塌事故往往伤害人员多，后果严重，多为重大或特大人身伤亡事故，发生坍塌事故后，应立即报告应急指挥中心。

支架坍塌事故的应急措施

防止支架坍塌事故的主要方法是支架搭拆必须按审核、审批的单项施工方案进行，并加强日常检查维护，重点检查架体各种支撑及结构连接的受力情况。

险情发生后，事故现场第一目击者迅速向应急指挥中心发出求救信号。求救的方式可以采用呼喊、口信、通信工具等一切可能的方式。应急指挥中心接到险情信息后，立即作出下述应急反应：对内组织抢险队，立即进行现场抢救工作。

（1）警戒隔离：抢险队员在事故现场周围用警戒桩、警戒线带等物资在现场设置警戒隔离区，非抢险队员不得进入警戒区内，以防止发生连锁事故，为更好地进行抢险救援工作创造条件。

（2）人员疏散：抢险队员将事故现场被困人员，及时组织转移到安全地带，并将现场非抢险队人员转移出事故现场。

（3）人员抢救：抢险队员将受伤人员从事故现场解救出来，并进行现场急救处理。

（4）控制险情：抢险队员使用预备的应急物资，对有进一步倾斜、倒塌发展趋势的脚手架进行加固，以最大限度减少人员和财产损失。

（5）设置向导：在事故现场入口及进入现场的主要通道边安排引导人员，以引导救险车辆、人员、物资等迅速准确地进入事故现场。

（6）记录：事故发生后，由安质环保部有关人员对事故的发生、发展以及抢险救护等过程情况进行记录，为事后的调查、分析提供资料。

8.2.6 防汛的应急措施

在汛期及季节性气候来临之前，做好防汛工作，防止险情扩大，使灾害损失减少到最低限度。具体措施为：

（1）现场人员发现隐患情况时立即上报项目部指挥小组。

（2）组织人员及时疏通下水道管线。

（3）及时对施工现场脚手架、模板等进行检查和检修。

（4）及时对施工用电、各部位配电箱、现场高空照明灯及架空线路进行检查、加固及抢修。

（5）如有紧急情况发生，立即拨打"120"急救电话或拨打"110""119"救助，详细说明事故地点、严重程度，并派人到路口迎接。

8.2.7 重大交通事故应急措施

应急指挥中心在接到突发重特大交通事故报案后，应向项目部主要领导、主管领导汇报，主管领导为应急总指挥，及时启动应急预案，进行现场救援。

应急反应小组，对突发性交通事故、自然灾害态势分工实施处理。急救伤者，保护现场，通知属地公安交警部门或相近医疗机构、保险公司，对现场进行勘查取证，记录准确无误，并对事故的发生展开调查，对负有责任的单位、责任人按照法律、企业规定以书面材料报公司相关会议或进行处理。

8.2.8 恶劣天气条件下应急措施

（1）应急小组保持24h与业主、设计、监理等相关单位通信联络。

（2）配备业务能力强、监测经验丰富、综合素质高的技术人员担任项目负责人。

（3）配备雨衣、雨鞋、以及其他防雨、防风工具，确保恶劣气候条件下各类监测仪器设备能够正常观测。

（4）配备铁锹、木桩、帐篷、车辆、夜间照明、通信设备等并确保均能正常使用。

（5）配备足够的夜间照明设备，保证昼夜连续观测。

（6）所有监测设备定期进行检查，保证设备完好。

（7）遇灾害性天气，所有监测人员常驻施工现场，增加监测频次，增加监测人员，日夜巡视，对异常段进行实时，不间断跟踪监测。

（8）尽可能采用直观、可靠的监测方法和手段，确保恶劣气候条件下仍能够及时、快速地监测支架体系的变化情况。

（9）建立快速反应机制，监测成果立即上报，并配合相关部门和工程技术人员共同作出分析和预测。

（10）恶劣天气过后应对所有监测点进行一次全面的监测，并对监测结果做出分析。

8.3 救援医院信息（略）

8.4 应急物资准备

应急物资准备见表8-1。

应急物资清单表　　　　　　　表8-1

序号	名称	规格	单位	数量	备注
1	编织袋		个	100	根据施工进度可增加配备
2	潜水泵		台	5	开关箱/水袋配备齐全
3	手电筒		个	10	根据施工进度可增加配备
4	雨衣		件	50	
5	水鞋		双	50	
6	防汛车辆		辆	2	经理部人员接送车辆，出现险情时专用
7	灭火器	干粉	个	若干	按工地防火规定配备，出现险情全部投入
8	对讲机		部	4	用于平时的工程测量，应急时优先投入
9	急救床		个	1	临时急救躺卧
10	担架		副	2	
11	急救药箱		个	2	
12	沙袋		条	100	施工现场
13	汽车起重机	25t	台	1	现浇梁施工时
14	安全绳	10mm	m	200	

9 计算书及相关施工图纸

9.1 现浇梁支架设计施工图（见二维码）

9.2 现浇梁支架计算书（见二维码）

9.3 现浇梁施工区域平面布置图（见二维码）

9.4 现浇梁支架预压荷载计算（见二维码）

9.5 现浇梁支架预压布置图（见二维码）

9.6 环市立交环市大道交通疏解专项方案（见二维码）

9.7 现浇梁侧模板图（见二维码）

中国铁建大桥工程局集团有限公司
CHINA RAILWAY CONSTRUCTION BRIDGE ENGINEERING BUREAU GROUP CO.,LTD.

梁柱式支架现浇梁
专项施工方案标准范本

（以昌景黄铁路为例）

目 录
CONTENTS

1 工程概况 431
2 编制依据 442
3 施工计划 445
4 施工工艺技术 448
5 施工保证措施 478
6 施工管理及作业人员配备和分工 502
7 验收要求 511
8 应急处置措施 513
9 计算书及相关图纸 517

1 工程概况

1.1 工程概况

新建南昌经景德镇至黄山铁路站前工程 CJHZQJX-3 标段一分部,线路位于景德镇市昌江区、上饶市鄱阳县境内,起讫里程为 DK164+565.08～DK189+061.38,正线全长 24.496km。

主要工程数量:路基 12 段,总长 6.376km。正线双线桥梁共 13 座,18.125km(其中特大桥 17.241km/8 座、大桥 0.591km/2 座、中桥 0.294km/3 座);涵洞 10 座,总长 232.28 横延米。车站 1 座(预留凰岗站)。悬臂浇筑连续梁 4 联,刚构拱 2 联,道岔支架现浇连续梁 1 联;系杆拱 1 个。铺设无砟道床 49.025km。

1.1.1 工程基本情况

洋墩洲昌江特大桥部分主梁采用预应力混凝土简支箱梁结构,计算跨度为 23.5m(图 1-1),支座中心线至梁端 0.55m,梁全长 24.6m,主梁中心梁高 3.02m(不含结构坡)。

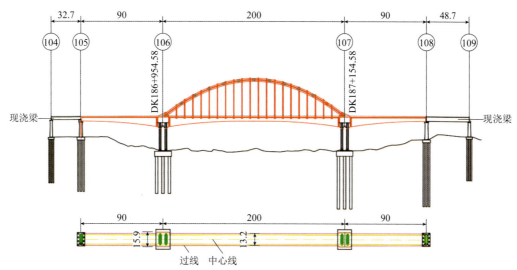

图 1-1　洋墩洲昌江特大桥立面图(尺寸单位:m)

桥面宽度:防护墙内侧净宽 9.0m,桥面板宽 12.6m。

1.1.2 地形地貌情况

本段施工区间位于古县渡镇张家岭村和马埠村之间的昌江中,地形地貌复杂,江面广阔,常有船只航行。江中水位不稳定,近五年最高水位+23.4m 左右,最低水位+11.5m 左右。

1.1.3 工程地质情况

本桥址区上覆土层主要为：第四系人工填土层（Q_4^{ml}）素填土；第四系全新统冲洪积层（Q_4^{al+pl}）粉质黏土、含砾粉质黏土、粉土、粉砂、细砂及细圆砾土；第四系坡残积层（Q^{el+dl}）粉质黏土。

下伏基岩主要为白垩系下统石溪组（$K_1 s$）泥质砂岩、砂砾岩；三叠系上统安源组（$T_3 a$）砂砾岩、泥质砂岩、砂砾岩、砂质泥岩夹炭质页岩、泥质砂岩及灰质砾岩；二叠系下统茅口组（$P_1 m$）砂砾岩、灰岩、碎裂岩；石炭系中统黄龙组（$C_2 h$）白云质灰岩；元古界牛屋组（$P_t bn$）板岩、砂岩。

不良地质和特殊地质有：桥址区三叠系上统安源组（$T_3 a$）泥质砂岩、灰质砾岩、二叠系下统茅口组（$P_1 m$）灰岩、碎裂岩常见溶穴、溶隙、溶槽、溶洞等。岩溶沿断裂带、褶皱等构造线及其伴生构造裂隙发育，局部地段沿可溶岩层面发育。

1.1.4 水文地质情况

桥址区地下水类型主要为第四系孔隙潜水、孔隙承压水、基岩裂隙水。地下稳定水位高程为 9.40～27.85m，地下水位埋深一般 0～10.50m，随季节变化，变幅为 1～3m，易受人类工、农业活动污染。

经取水样及土样化验分析：本桥的地下水、地表水对混凝土结构侵蚀性见表 1-1。

地下水对混凝土结构侵蚀性 表 1-1

类别	里程范围	侵蚀性
地表水	DK183+402.60～DK183+930	具酸性侵蚀，化学环境作用等级为 H1
	DK183+930～DK185+000	不具侵蚀性
	DK185+000～DK185+950	具酸性侵蚀，化学环境作用等级为 H1
	DK185+950～DK187+250	不具侵蚀性
	DK187+250～DK188+780	具酸性侵蚀，化学环境作用等级为 H1
	DK188+780～DK189+370	不具侵蚀性
	DK189+370～DK189+710	具酸性侵蚀，化学环境作用等级为 H1
	DK189+710～DK189+975	具酸性侵蚀及二氧化碳侵蚀，化学环境作用等级为 H1
	DK189+975～DK190+080	不具侵蚀性
	DK190+080～DK190+700	具氯盐侵蚀性，氯盐环境作用等级 L1

续上表

类别	里程范围	侵蚀性
地表水	DK190+700~DK190+975	不具侵蚀性
	DK190+975~DK192+400	具酸性侵蚀及二氧化碳侵蚀，化学环境作用等级为H1
	DK192+400~DK192+556	具酸性侵蚀，化学环境作用等级为H1

昌江每年4月至8月份为丰水期，9月至次年的4月为枯水期，按照工期计划，古县渡水文站2015年至2019年统计见表1-2。

历年逐月最高水位表（单位：m） 表1-2

年份	月份											
	1	2	3	4	5	6	7	8	9	10	11	12
2015	13.11	13.35	14.89	15.02	15.68	18.52	17.81	14.98	13.94	13.95	14.94	14.78
2016	14.45	14.42	14.27	16.2	17.75	18.27	20.43	17.84	14.04	13.57	13.71	13.56
2017	13.47	13.16	14.24	15.21	14.61	16.29	19.1	15.94	14	14.69	13.56	13.38
2018	13.58	13.4	14.37	14.96	14.88	15.07	16.81	15.39	13.58	12.97	13.43	13.91
2019	14.25	14.72	15.58	14.83	15.46	17.43	19.41	16.4	13.43	12.68	12.47	12.64

1.1.5 气候特征和季节性天气

施工区间段地处我国东南部的赣东北地区，北纬28°10′~29°30′之间，属于亚热带季风湿润气候区，境内光照充足，雨量充沛，温和湿润，四季分明。冬期多偏北风，夏季多偏南风。年降雨量1600~1800mm，4月至7月多雨。本段灾害性气候有暴雨、冰雹、雷暴等。

1.1.6 交通运输条件

利用沿线乡村道路，同时沿主线根据实际情况修建施工便道。为了减少占用既有耕地，施工便道主要利用红线范围以内路基外已征地区域。施工便道中需考虑既有水渠的畅通问题，拟对既有过水断面较大的河流采用架设便桥、过水断面较小的水渠采用便道下埋设涵管的方式过渡。

1.1.7 施工用水条件

项目部沿线地表水、地下水较丰富，工程施工用水可就近解决。临时供水的水源有地面水源和地下水源两种，地面水源有河水、渠水等，地下水源有浅井、管井。对跨越河、湖泊、溪流的桥梁工程，主要采取岸边式取水、河中取水方式。对工点分散、用水量不太大且使用地面水源有困难的情况，原则上采取地下水源中的浅井供水方式。

1.1.8 施工用电条件

项目部沿线地方资源丰富，高压电源线分布广，施工用电采用分段架设贯通线路的集中供电方案，分别在不同的段落内就近从地方 10kV 线路上采用"T"接方式供电。通过电力架设与自发电经济比选，确定全线架设贯通电力线。低压电力线设置在线路施工变道对侧，电线架空高度不低于 4m，低压线横跨便道可采用电缆地埋、架空两种方式，要求线路顺直。变压器四周设置围护。

1.1.9 主要工程量

项目主要工程量见表 1-3。

工 程 数 量 表　　　　　　　　　表 1-3

部　位	部　位	材料及规格	单位	单联数量
24m 梁（高）	混凝土	梁体 C50	m³	246.5
	1860MPa 钢绞线	8-7ϕ5	t	2.242
		9-7ϕ5	t	2.534
	普通钢筋	HRB300	t	1.45
		HRB400	t	44.406
	预埋钢件	Q235	t	0.354
	镀锌波纹管	ϕ80mm	m	483.382
	锚具	M15-8	套	10
		M15-8p	套	10
		M15-9	套	10
		M15-9p	套	10
	球型支座	4500-GD	套	1
		4500-HX	套	1
		4500-ZX	套	1
		4500-DX	套	1

1.2 施工平面及立面布置

24m 双线简支箱梁现浇支架平面及立面如图 1-2 和图 1-3 所示。

1 工程概况

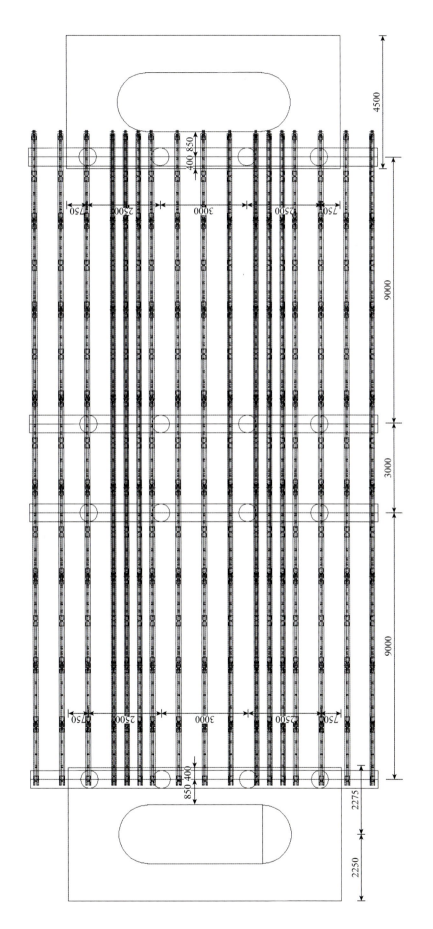

图 1-2　24m 双线简支箱梁现浇支架平面图（尺寸单位：mm）

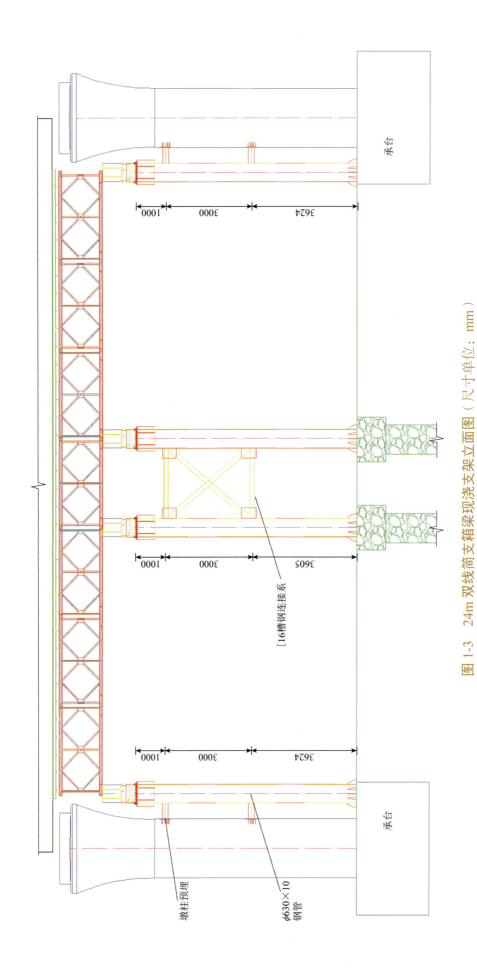

图 1-3 24m 双线简支箱梁现浇支架立面图（尺寸单位：mm）

1.3 施工要求

1.3.1 质量目标

工程实体质量满足国家有关标准、规范、规定及设计文件要求，其施工过程或实体工程满足如下要求。

（1）各检验批、分项、分部工程质量检验合格率达到 100%，单位工程一次检验合格率 100%。

（2）实车最高检测速度实现设计速度 110%，开通速度达到设计速度目标值。

（3）在合理使用和正常维护条件下，路基、桥梁、隧道等工程结构的施工质量，满足设计使用寿命期内正常运营要求。

（4）杜绝工程质量等级事故。

1.3.2 安全目标

建立健全科学、完善、有效的安全生产监督管理体系；杜绝亡人事故；杜绝设备安全事故；遏制险性事件；及时消除事故隐患；落实安全包保责任；严防安全生产失信被惩戒。

1.3.3 环保水保目标

环水保措施落实率 100%，工程建设生态恢复率 100%，污染物排放达标率 100%，严格控制建设期间的环境污染。

1.3.4 工期目标

洋墩洲昌江特大桥计划开工日期为 2021 年 9 月 6 日，计划完工时间为 2022 年 12 月 2 日，总工期 452 天。

1.4 风险辨识与分级

1.4.1 风险辨识

本工程易产生的事故类型有：高处坠落、物体打击、起重伤害、触电伤害、机械伤害、溺水伤害、火灾伤害、坍塌、中暑、爆炸、中毒窒息。

（1）支架模板吊装施工中由于施工人员未系安全带、安全带佩戴不规范、现浇梁临边防护不规范、吊装人员跟随支架一同吊装等导致的高处坠落伤害。

（2）现浇支架临时支撑钢结构安装过程中材料、小型工具和机具掉落引起的物体打击、起重伤害等安全风险。

（3）由于桥面吊机、汽车起重机、履带式起重机或塔式起重机等起重设备，以及相配套使用的钢丝绳、卸扣等工具发生故障或者破损、断裂，引起的机械伤害、起重伤害、物体打击、高处坠落、坍塌等安全风险。

（4）由于现浇支架因搭设的梯道、操作平台或者安装操作平台的设施使用不当，造成高处坠落等安全风险。

（5）施工过程中临时用电不规范、用电设备或线路破损，导致的触电风险。

（6）焊接或者切割过程中，发生灼烫、爆炸等安全风险。

（7）由于结构设计不达标、施工质量不合格、施工操作不当等因素，造成的结构物坍塌安全风险。

（8）由于靠近江边施工、运输过程，人员及安全防护不到位，导致人员落水，出现淹溺安全风险。

（9）夏季高温作业产生灼烫、中暑等安全风险。

（10）施工用电不规范、焊接或切割导致的现场火灾等安全风险。

（11）运输船舶操作不当与既有结构进行碰撞导致的坍塌、倾覆事故。

（12）高空施工中遭遇雷暴导致的触电伤亡事故。

（13）两台塔式起重机的相互碰撞导致的伤亡，以及塔式起重机与周围建筑物的碰撞导致的伤亡。

（14）内箱焊接导致有毒有害气息无法排出造成人员中毒窒息。

1.4.2 危险源的分级

依据人员伤亡等级划分风险等级判定表，评估结果见表1-4。

洋墩洲昌江特大桥施工风险辨识与风险描述　　　　表1-4

序号	事故风险种类	发生概率等级	风　险　等　级	诱发因素及影响范围
1	高处坠落	罕见的 级别：4级	严重的 级别：III级	在施工过程中多处存在高处作业，现场高处作业在没有采取围蔽、护栏、系安全带等措施时，作业风险比较高，极易发生高处坠落事故。高处坠落人员通常有多个系统或多个器官的损伤，严重者当场死亡
2	物体打击	偶尔的 级别：3级	严重的 级别：III级	物体打击是指物体在重力或其他外力的作用下产生运动，打击人体造成人身伤害事故，本工程涉及的物体打击事故原因有：①立体交叉作业高处落物；②操作平台未设置挡脚板；③作业人员工具未装入工具包内；④违章作业物体打击事故在施工中较为普遍，占的比例较大，属多发性事故。物体打击事故发生的范围比较广泛，极易造成人员死亡的严重后果

续上表

序号	事故风险种类	发生概率等级	风险等级	诱发因素及影响范围
3	起重伤害	可能的 级别：2级	严重的 级别：Ⅱ级	起重作业是指在吊运工具、桥面吊机吊梁等生产过程中，采用相应的机械设备和设施来完成结构吊装和设施安装，其作业属于危险性作业，作业环境复杂，技术难度大。起重机械在施工过程中，因检查维修不到位、操作不当（违章违纪蛮干，不良操作习惯、操作失误）、指挥信号不明确、安全意识差和在不良工作环境（高粉尘、高温、高湿、低温、高噪声、大风天、照明不良、疲劳作业等）下，易发生重物坠落，起重机失稳倾覆、挤压、高处跌落、触电等起重设备伤害事故
4	触电伤害	罕见 级别：4级	需要考虑的 级别：Ⅳ级	在施工过程中，可能发生触电事故主要体现在机械设备漏电、雨天后配电箱内进水导致漏电、电气设备接线不正确，安全检查不到位等因素导致触电事故的发生
5	机械伤害	罕见 级别：4级	需要考虑的 级别：Ⅳ级	在施工过程中，因检查维修不到位、操作不当（违章违纪蛮干，不良操作习惯、操作失误）、指挥信号不明确、安全意识差和在不良工作环境（高粉尘、高温、高湿、低温、高噪声、大风天、照明不良、疲劳作业等）下，易发生碰撞、物体打击、触电、挤压、倾覆、意外启动、停机等，造成机械伤害事故
6	淹溺	罕见 级别：4级	需要考虑的 级别：Ⅳ级	在施工过程中，靠近长江航道，或者钢箱梁运输过程中，人工人员在河道洗澡或不慎落水溺水
7	倾覆	罕见 级别：4级	非常严重的 级别：Ⅲ级	发生倾覆事故的设备有桥面吊机、履带式起重机、汽车起重机等，事故原因具体有：①设备采用软地基或不满足设计要求；②设备超载；③恶劣天气。事故发生时，可能会造成施工人员的生命、财产损失，并可能造成施工周围建筑（构筑物）的损毁，给施工项目造成巨大的经济损失，社会影响很大，危害程度很大
8	火灾伤害	偶尔的 级别：3级	需要考虑的 级别：Ⅲ级	主要风险表现为现场用电不规范，私拉乱接电线，氧气、乙炔使用过程中，引发火灾事故，导致施工现场电力设备设施和其他设施损坏和人员伤亡

续上表

序号	事故风险种类	发生概率等级	风险等级	诱发因素及影响范围
9	容器爆炸	罕见 级别：4级	严重的 级别：III级	主要风险表现为施工过程中氧气、乙炔引发火灾爆炸事故。事故影响范围涉及施工现场及周边公共区域
10	坍塌	罕见 级别：4级	非常严重的 级别：III级	在施工过程中，支架搭设不规范，质量不合格，顶推操作不当造成个别支架超负荷受载，违规拆除部分连接件，出现支架坍塌事故，极易造成群体性伤亡事件。事故发生后会造成人员伤亡或机械设备损坏。且范围大，易造成群体伤害。影响范围涉及顶推支架区域、已安装钢梁区域及其下方
11	中暑伤害	偶尔的 级别：3级	可忽略的 级别：IV级	高温作业、夏天露天作业环境中发生的中暑一般具有热射病症状特点，由于高温环境中从事体力劳动的时间较长，身体产热过多，而散热不足，导致体温急剧升高。发病早期有大量冷汗，继而无汗、呼吸浅快、脉搏细速、躁动不安、神志模糊、血压下降，逐渐向昏迷伴四肢抽搐发展；严重者可产生脑水肿、肺水肿、心力衰竭等。在室内通风差和室外设备的安装和维修、露天施工等高温场发生的高温中暑，尤其是从事高处作业的人员中暑，会产生高处坠落等二次伤害的危险。影响范围涉及夏季施工露天作业点
12	窒息中毒	偶尔的 级别：3级	可忽略的 级别：IV级	钢箱梁内腔焊接时通风不畅，造成中毒窒息伤害

1.4.3 风险辨识管理

LECD法是一种评价具有潜在危险性环境中作业时的危险性半定量评价方法。它是用与系统风险率有关的3种因素指标值之积来评价系统人员伤亡风险大小，这3种因素是发生事故的可能性大小L，人体暴露在这种危险环境中的频繁程度E，一旦发生事故会造成的损失后果C。

取得这3种因素的科学准确的数据是相当烦琐的过程，为了简化评价过程，采取半定量计值法，给3种因素的不同等级分别确定不同的分值，再以3个分值的乘积D来评价危险性的大小；即$D = LEC$。D值越大，说明该系统危险性大，需要增加安全措施，或改变发生事故的可能性，或减少人体暴露于危险环境中的频繁程度，或减轻事故损失，直至调整到允许范围内。

1.5 参建各方责任主体单位

建设单位：九景衢铁路江西有限责任公司。

设计单位：中国铁路设计集团有限公司。

监理单位：武汉桥梁建筑工程监理有限公司。

施工单位：中国铁建大桥工程局集团有限公司。

2 编制依据

2.1 法律依据

2.1.1 法律法规

（1）《中华人民共和国安全生产法》；

（2）《中华人民共和国消防法》；

（3）《中华人民共和国建筑法》；

（4）《中华人民共和国特种设备安全法》；

（5）《中华人民共和国突发事件应对法》；

（6）《中华人民共和国职业病防治法》；

（7）《建设工程安全生产管理条例》（国务院令第393号）；

（8）《特种设备安全监察条例》（国务院令第373号）；

（9）《生产事故应急条例》（国务院令第708号）；

（10）《建设工程质量管理条例》（国务院令第279号）；

（11）《生产安全事故报告和调查处理条例》（国务院令第493号）；

（12）《生产经营单位安全培训规定》（安全监督管理总局令第3号）；

（13）《特种作业人员安全技术培训考核管理规定》（安全监督管理总局令第30号）；

（14）《安全生产培训管理办法》（安全监督管理总局令第44号）；

（15）《安全生产事故隐患排查治理暂定规定》（安全监督管理总局令第16号）；

（16）《安全生产事故应急预案管理办法》（安全监督管理总局令第88号）；

（17）《安全生产事故信息报告和处置办法》（安全监督管理总局令第21号）；

（18）《建设工程消防监督管理规定》（公安部令第106号）；

（19）《建设项目安全设施"三同时"监督管理办法》（安全监督管理总局令第36号）；

（20）《工贸企业有限空间作业安全管理与监督暂行规定》（安全监督管理总局令第59号）；

（21）《建筑起重机械安全监督管理规定》（建设部令第166号）；

（22）《建筑施工企业主要负责人、项目负责人和专职安全生产管理人员安全生产管理

2 编制依据

规定》(住房和城乡建设部令第 17 号);

(23)《建筑施工特种作业人员管理规定》(建质〔2008〕5 号);

(24)《建筑工程预防高处坠落事故若干规定》(建质〔2003〕82 号);

(25)《建筑工程预防坍塌事故若干规定》(建质〔2003〕82 号);

(26)《危险性较大的分部分项工程安全管理规定》(住房和城乡建设部令第 37 号);

(27)《住房城乡建设部办公厅关于实施危险性较大的分部分项工程安全管理规定有关问题的通知》(建办质〔2018〕31 号);

(28)《危险性较大的分部分项工程专项施工方案编制指南》(建办质〔2021〕48 号)。

2.1.2 设计标准、规范

(1)《工程结构通用规范》(GB 55001—2021);

(2)《工程结构可靠性设计统一标准》(GB 50153—2008);

(3)《建筑结构可靠性设计统一标准》(GB 50068—2018);

(4)《建筑结构荷载规范》(GB 50009—2012);

(5)《钢结构通用规范》(GB 55006—2021);

(6)《钢结构设计标准》(GB 50017—2017);

(7)《铁路混凝土结构耐久性设计规范》(TB 10005—2010);

(8)《铁路桥涵地基和基础设计规范》(GB/T 10093—2017)。

2.1.3 施工及验收标准、规范

(1)《建设工程项目管理规范》(GB/T 50326—2017);

(2)《工程测量标准》(GB 50026—2020);

(3)《工程测量通用规范》(GB 55018—2021);

(4)《钢结构工程施工规范》(GB 50755—2012);

(5)《钢结构焊接规范》(GB 50661—2011);

(6)《钢结构工程施工质量验收标准》(GB 50205—2020);

(7)《钢管满堂支架预压技术规程》(JGJ/T 194—2009);

(8)《预应力筋用锚具、夹具和连接器》(GB/T 14370—2015);

(9)《预应力混凝土桥梁用塑料波纹管》(JT/T 529—2016);

(10)《预应力混凝土用钢绞线》(GB/T 5224—2014);

(11)《高速铁路桥涵工程施工质量验收标准》(TB 10752—2018);

(12)《高速铁路桥涵工程施工技术规程》(Q/CR 9603—2015);

(13)《铁路混凝土工程施工质量验收标准》(TB 10424—2018);

（14）《铁路混凝土工程施工技术规程》（Q/CR 9207—2017）；

（15）《铁路混凝土梁支架法现浇施工技术规程》（TB 10110—2011）；

（16）《建筑地基处理技术规范》（JGJ 79—2012）。

2.1.4 施工安全规范

（1）《施工企业安全生产管理规范》（GB 50656—2011）；

（2）《建筑施工安全检查标准》（JGJ 59—2011）；

（3）《铁路桥涵工程施工安全技术规程》（TB 10303—2020）；

（4）《铁路工程基本作业施工安全技术规程》（TB 10301—2020）；

（5）《市政工程施工安全检查标准》（CJJ/T 275—2018）；

（6）《建设工程施工现场供用电安全规范》（GB 50194—2014）；

（7）《建筑施工高处作业安全技术规范》（JGJ 80—2016）；

（8）《高处作业吊篮》（GB/T 19155—2017）；

（9）《建筑机械使用安全技术规程》（JGJ 33—2012）；

（10）《建筑施工起重吊装工程安全技术规范》（JGJ 276—2012）；

（11）《起重机械安全规程 第1部分：总则》（GB/T 6067.1—2010）；

（12）《建筑施工模板安全技术规范》（JGJ 162—2008）。

2.2 项目文件

（1）施工合同（施工承包模式）。

（2）勘察文件。

（3）洋墩洲昌江特大桥施工图设计图纸：昌景黄施桥-133-I、叁桥通2322A-II-X。

（4）现状地形及影响范围管线探测或查询资料、相关设计文件、地质灾害危险性评价报告、安全风险评估报告、地下水控制专家评审报告、业主相关规定、管线图等。

2.3 施工组织设计

已批复的《洋墩洲昌江特大桥总体施工组织设计》。

3 施 工 计 划

3.1 施工进度计划

施工进度计划见表 3-1。

施 工 计 划 表　　　　　　表 3-1

序号	编号	施工项目	施工开始时间	施工结束时间	天数
1	24m 支架现浇简支梁	基础施工	2021年09月10日	2021年09月22日	12
2		支架搭设	2021年09月23日	2021年10月07日	15
3		底、侧模铺设	2021年10月08日	2021年10月12日	5
4		支架预压	2021年10月13日	2021年10月16日	4
5		底、腹板钢筋绑扎	2021年10月17日	2021年10月20日	4
6		内模拼装	2021年10月21日	2021年10月24日	4
7		顶板钢筋绑扎	2021年10月25日	2021年10月27日	3
8		预应力穿束	2021年10月28日	2021年11月29日	2
9		混凝土浇筑	2021年10月30日	2021年10月30日	1
10		预应力张拉	2021年10月31日	2021年11月14日	14
11		孔道压浆、封锚封端	2021年11月15日	2021年11月17日	2
12		模板支架拆除	2021年11月18日	2021年12月03日	15

3.2 材料与设备计划等

（1）混凝土梁体

混凝土强度等级为 C50，封锚混凝土采用强度等级为 C50 干硬性补偿收缩混凝土，防护墙、遮板及电缆槽竖墙混凝土强度等级为 C40。

（2）预应力体系

预应力钢束采用抗拉强度标准值为 1860MPa 的高强低松弛钢绞线，公称直径 15.2mm，管道形成采用成品镀锌金属波纹管，预应力钢绞线应成批检查和验收，每批钢丝由同一牌号、同一规格、同一生产工艺制造的钢绞线组成，每批质量不大于 60t。

（3）钢筋

梁体普通钢筋采用 HPB300 和 HRB400 钢筋，钢筋应按批进行检查和验收，每批由同一牌号、同一炉罐号、同一规格的钢筋组成。每批质量应不大于60t。质量超过60t的部分，每增加40t（或不足40t的余数）增加一个拉伸试验试样和一个弯曲试验试样。

（4）支架材料

钢材应成批验收，每批由同一牌号、同一炉号、同一质量等级、同一品种、同一尺寸、同一交货状态的钢材组成。每批质量应不大于60t。

3.3 劳动力计划（略）

3.4 机械设备投入计划

本现浇箱梁施工机械设备及测量仪器配置见表3-2。

主要机械设备及测量仪器配置计划表　　　　　表3-2

序号	名　称	型号规格	单位	数量	备　注
施工机械					
1	汽车起重机	25t	台	2	起重吊装
2	电焊机	34-BG65250	台	8	钢筋加工
3	装载机	ZL50	台	1	二次倒运
4	液压千斤顶	YCW500B型	套	6	预应力工程
5	智能张拉机		台	1	预应力工程
6	智能压浆机	YSH.3	套	1	预应力工程
7	慢速卷扬机	5t	套	1	预应力工程
8	运输板车		辆	6	二次倒运
9	发电机	600kW	台	1	备用电
10	挤压机		台	1	预应力工程
11	混凝土搅拌运输车	12m³	辆	6	混凝土工程
12	混凝土泵车	SCHWING42SX	辆	1	混凝土工程
13	插入式振捣棒	ZN30.50	个	6	混凝土工程
14	插入式振捣棒	ZN30.30	个	4	混凝土工程
15	钢筋切断机	GQ40	台	1	钢筋工程
16	钢筋弯曲机	GW40A	台	1	钢筋工程
17	钢筋调直机	GT4.14	台	1	钢筋工程
18	挖掘机	240	台	1	地基处理
19	冲击钻		台	5	基础钻孔

续上表

序号	机具或设备名称	型号规格	单位	数量	备注
测量仪器					
1	水准仪	DSZ.2	台	2	施工测量
2	电子水准仪	DINI3	台	1	沉降观测
3	全站仪	莱卡1201＋	台	1	施工测量

周转材料需求计划见表 3-3。

周转材料需求计划　　表 3-3

序号	材料	单位	数量
1	模板	m²	1000
2	警示灯	个	80
3	警示牌	个	80
4	平安护栏	m	1000
5	临时电缆配线	m	1000

劳动力组织表见表 3-4。

劳动力组织表　　表 3-4

序号	工种	人数	备注
1	电焊工	32	有操作证
2	架子工	40	
3	模板工	20	
4	混凝土工	16	
5	钢筋工	24	
6	预应力工	16	张拉、压浆
7	起重机司机	4	有操作证
8	塔式起重机司机	4	
9	混凝土搅拌运输车驾驶员	12	
10	地泵操作手	2	
11	防护员	4	
12	木工	8	
13	电工	2	有电工证
14	洒水车驾驶员	1	
	合计	185	

4 施工工艺技术

4.1 技术参数

截面采用单箱单室等高度简支箱梁,箱梁顶宽 12.6m,底宽 5.5m。顶板厚度除梁端处及支点处均为 0.27m;腹板厚度 0.45m、0.6m、0.87m、1.05m,按折线变化。底板厚度除梁端处及支点处均为 0.28m。

4.2 工艺流程

主要施工工艺流程如图 4-1 所示。

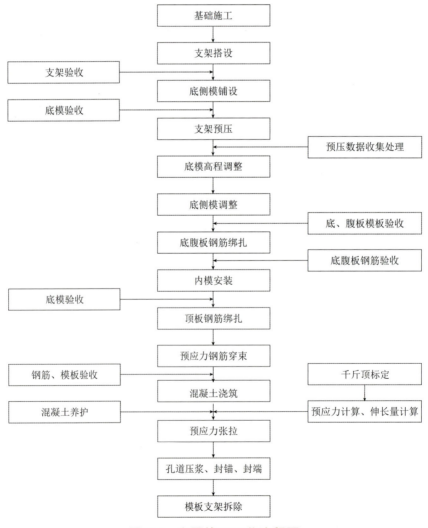

图 4-1 主要施工工艺流程图

4.3 施工方法及操作要求

4.3.1 施工准备

1）现场准备

（1）施工现场及周围环境情况调查。

（2）施工现场地下、地上障碍物调查与处理。

（3）施工现场平整与道路修筑。

（4）施工用水、用电接驳。

（5）排水系统的完善。

（6）现场材料堆场的安排与设置。

2）技术准备

（1）设计交底和图纸会审。

（2）制定相关施工现场管理的各项规章制度，按规定分层次进行各项施工技术、施工安全、工程质量、文明施工、现场管理等方面的书面交底工作，并做好书面记录。

（3）收集与本工程施工有关的技术标准、施工规范、操作规程等相关技术资料。

3）测量放线

（1）测量人员认真阅图，熟悉整个双线简支梁图纸，全面了解设计意图，根据现场总体布置、施工进度安排制定放线计划。

（2）根据现场布置，建立平面控制点和高程控制点。

4）仪器仪表标定

张拉千斤顶标定注意事项如下所述。

（1）张拉千斤顶应与张拉油泵、压力表等张拉设备配套标定，并且配套使用，严禁混用。

（2）压力表精度不得低于1.6级，标定张拉千斤顶试验机或测力计精度不应低于±2%。

（3）张拉千斤顶标定时，其活塞运动方向应与实际张拉工作方向一致。

（4）张拉千斤顶标定周期，可按照项目监理部要求，无特殊要求，千斤顶标定时间不可超过六个月，遇到以下情况，必须重新标定。

①张拉千斤顶发生故障进行拆检后。

②张拉千斤顶长期未用重新使用之前。

③换用未经过配套校验的压力表。

④压力表受到剧烈碰撞或者指针失灵。

⑤张拉施工时预应力钢绞线连续发生突然断裂。

4.3.2 支架施工

1）支架设计

现浇简支箱梁所处在洋墩洲昌江回填土上，支架采用钢管桩+贝雷梁落地支架，支架基础采用钻孔桩基础，钢管桩采用直径630mm、壁厚10mm钢管，砂箱调节梁底高程，砂箱顶布置双拼H700×300型钢作为横梁，横梁上设置贝雷梁，贝雷梁上面设置I16工字钢，外侧模采用定制钢模板。

2）基础施工

本联箱梁地质条件相对较差，地基承载能力低，地下水位高，地基处理难度较大，本跨支架基础均采用桩基础，钻孔桩采用C30混凝土，桩径1.0m，桩长入岩3m。条形基础采用C30混凝土，断面尺寸1.5m×1.0m（宽×高），按照每根钢管柱设计位置提前埋设20mm厚的钢板，钢板背面焊接8根ϕ25mm圆钢钢筋锚固，钢筋深入条形基础50cm，预埋钢板顶面与条形基础顶部高程齐平。条形基础下设桩基，每道条形基础下面设4根桩，桩间距3m，共8根桩；桩径1m，桩长25m。

桩基施工采用冲击钻进行施工，开钻之前技术人员应及时给工队技术交底，交底主要包括：桩径、设计孔深、吊筋长度、护筒高程、桩顶高程、桩底高程，以及钢筋笼的顶面高程、钢筋笼长度，直径等。钻机就位好以后，将钢丝绳检查一遍，将垂头十字中心与护桩中心对中，偏差满足规范要求（不大于5cm），则开始冲击。刚开始采用小冲程，慢速，做好造浆，以及护壁、准确冲击桩位工作。冲击深度至3～5m则可以提高钻头，加大冲程，且在冲击过程中是可调节泥浆的浓度，以保证冲击速度。钻进的同时要做好相关地质核查，一般通过编写钻孔记录来反映现场实际土层变化。

3）支架搭设

钢管桩采用汽车起重机进行吊装，安装砂筒，调整其顶面高程。贝雷梁采用长度为3m/片单元节进行拼装，贝雷梁采用花架连接。先将贝雷片在地面上按设计片数拼装，并分组连接好。在工字钢横梁上按设计间距，将各组贝雷架的位置用油漆标好，然后，用起重机将已连接好的贝雷架按先中间后两边的顺序吊装到位。

（1）钢管立柱安装

钢管立柱采用整根ϕ630mm×10mm螺旋钢管，采用起重机逐根吊装，人工辅助把钢管下部对正预埋钢板，立直后，采用水平尺测量两个方向的垂直度，如出现偏差应采取垫薄钢片等措施进行调整，把柱身调整垂直后，焊接到预埋件上。钢管立柱之间采用ϕ325mm×8mm钢管，通过10mm厚缀板连接。

靠近墩身处钢管立柱与墩身预埋钢板采用与钢管立柱相同的锚固方式，通过预埋钢板与墩身连接以达到加强钢管立柱稳定的目的。

（2）焊接中的质量控制

①根据焊接工艺规程复核焊丝和焊剂的规格是否正确，防止错用焊丝和焊剂而造成焊接质量事故。

②对焊接环境进行监督，当焊接环境不好（温度低于0℃、相对湿度大于90%）时应采取相应措施后进行焊接。

③预焊前先检验坡口尺寸，包括间隙、钝边、角度及错口等是否符合工艺要求。在埋弧自动内外焊接过程中选用的焊接电流、焊接电压、焊接速度等工艺参数是否正确。

④监督焊接人员在埋弧自动内外焊接时充分利用钢管管端引弧板长度，直缝钢管加强内外焊接时引弧板的使用效率，这有助于提高管端焊接质量。

⑤监督焊接人员在补焊时是否先将熔渣清理干净、是否已彻底处理接头，坡口处是否有油、铁锈、渣、水、漆等污物。

⑥钢管和底部预埋钢板采用加强劲板加强焊接。

（3）临时砂筒钢支座制作、安装

①制作：临时砂筒支座由下钢砂筒和上顶盖组成，下筒由$\phi630mm \times 10mm$钢管和20mm厚度底板焊接而成，两侧设直径5cm封端的淘砂洞，桶内填入经过筛分、洗净、晒干后的中细砂；上筒由$\phi530mm \times 10mm$钢管和20mm厚度底板焊接而成，钢桶内部加设加劲骨架，具体见图4-2。临时砂筒钢支座制作完成后需进行预压密实后预制现场安装。

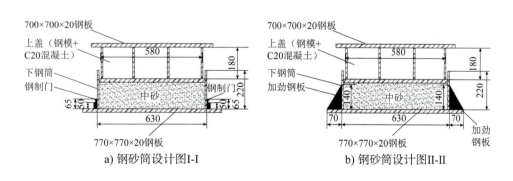

图4-2 砂筒钢支座设计图（尺寸单位：mm）

②安装：现场采用起重机吊装到柱顶中心并放置水平，并使砂箱中心与柱顶法兰中心重合，并安装螺栓固定，螺栓须采用双螺母。

（4）桩顶横梁制作、吊装

①制作：桩顶横梁采用双拼H700×300型钢并排焊接而成，型钢接长时接缝要落在钢

管柱顶面。型钢间上、下沿接缝纵向每 0.9m 焊接 0.1m 长焊缝，在钢横梁两端上下两个面，采用 4 块钢板满焊加强连接。

②吊装：钢横梁采用汽车起重机进行吊装，吊装过程中采用在钢梁两端系两根牵引绳，人工控制梁的水平转动方向。当梁体提升至立柱顶部的支座上方时，通过起重机和牵引绳控制梁体方向位置，使梁底部与立柱顶部对中后平稳下放，将梁底部钢管柱焊接牢固。分配梁焊接固定后，用[10槽钢将其端部与砂箱顶部焊接作为斜撑。

（5）贝雷梁安装

贝雷片进场前需提供该批次贝雷片合格证，然后逐片对其进行检查，对于扭曲变形严重的不予使用，插销连接不牢靠的需调整加固或更换，贝雷片严重锈蚀的不予使用，对个别节点存在开裂、脱落的不予使用。

安装前，依据设计尺寸在地面上将贝雷片拼装连接成整体贝雷梁，并使用连接花架按 2 片一组的方式进行横向连接，然后采用汽车起重机将已连接好的贝雷梁按照先中间后两边的顺序吊放到分配梁设计位置，并用 $\phi 16mm$ 圆钢 U 形卡环与横向分配梁连接。施工过程中应注意贝雷片连接销是否按要求连接牢固，对每一片组装好的贝雷梁应仔细进行检查，确保连接销与连接杆连接牢固。为确保贝雷梁位置的准确性，在分配梁上按设计间距，将各组贝雷架的位置用油漆标好。吊装作业必须有专人指挥，起吊和下落须平稳，避免对立柱等结构造成冲击，以确保安全，U 形卡环如图 4-3 所示。

图 4-3 U 形卡环

4）支架验收

（1）在支架搭设施工过程中，分部安排专人进行巡视检查指导，发现不符合施工方案和规范规程要求的，应及时纠正，确保施工安全和质量。

（2）临时支架搭设完成后，进行验收，并悬挂明显的状态标识牌；验收合格后方可转入下道工序应用。

（3）支架的验收执行以下三级验收：

①分部验收。

由分部安质环保部组织工程部、物资部、试验室、架子队，联合对支架进行验收，贝雷纵梁重点检查贝雷片连接销是否牢固。钢管柱重点检查焊接质量、以及各杆件之间的连接是否密贴、受力是否均匀等。经验收认定合格后报局项目部申请验收。

②项目部验收。

由局项目部组织工程部、安质环保部相关技术人员对分部验收报告进行复核检查、验收，经复核认定合格后，报监理站申请验收。

③监理站验收。

由监理站对局项目部验收报告审核验收。

（4）各类支架验收后应形成书面验收记录和验收结论；需要整改的，由分部组织整改，整改结束后由分部重新组织验收，并将整改结果以书面资料和图片形式向上一级主管部门反馈，形成闭环管理。

5）支架预压

支架预压的主要目的是为了验证支架局部及整体安全性；并确定支架的弹性变形和非弹性变形，作为箱梁底模的施工高程设置的重要依据，确保箱梁施工完成后的底、顶高程和线性符合设计要求。同时消除其非弹性变形，测定其弹性变形与荷载的关系，为梁体底模预留高度提供可靠数据，简支梁采用预制混凝土试块预压，预制混凝土试块采用机械吊装方式。

（1）预压材料

梁体预压材料采用预制混凝土试块进行预压，每个预制混凝土试块的尺寸为0.5m×0.5m×2.5m。预压的最大荷载为施工总荷载的1.1倍，钢筋混凝土重度为26kN/m^3，模板振捣和冲击荷载按4kN/m^{2}考虑，施工荷载按2kN/m^{2}考虑。

具体预压参数见表4-1。

现浇支架预压参数表　　表4-1

简支梁编号	梁长（m）	梁体混凝土数量（m^3）	钢模总质量（t）	施工活载（kN/m^2）	预压系数	预压总质量（t）	平均每米质量（t）
2	24.6	246.5	60	6	1.2	820	34

在预压前应计算出不同单位横断面上荷载分布情况，腹板处荷载比较集中，预制混凝土试块堆放时要按照单位横断面荷载分布情况进行堆放，以便能真正模拟混凝土荷载，达到预压的目的，预压板布置如图4-4所示。

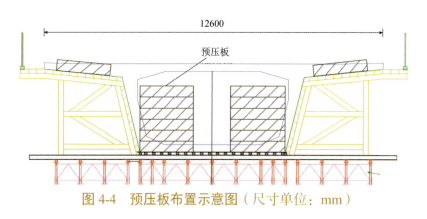

图 4-4　预压板布置示意图（尺寸单位：mm）

（2）加载、卸载

支架预压按照支架所承受的最大施工荷载的 60%、100%、110% 三级进行，预压荷载分布应与支架施工荷载分布基本一致，加载重量偏差应控制在同级荷载的 ±5% 以内。

加载过程中，应安排专人盯控，发生支架偏位、变形量超标等异常情况时应立即停止加载，查明原因并采取措施保证支架安全后方可继续进行。

支架预压加载和卸载应按照对称、分层、分级的原则进行，严禁集中加载和卸载。

（3）变形观测

变形观测的相关内容在 5.3 节"监控措施"中详细介绍。

6）支架预拱度计算与设置

支架预拱度计算见表 4-2。

支架预拱度计算　　　　　　　　　　　　　　表 4-2

序号	项　目	计算及取值	备　注
1	支架卸载后由上部构造自重及活载一半产生的竖向挠度	f_1	由设计院提供
2	支架在荷载作用下的弹性压缩	f_2	通过计算纵梁挠度立柱压缩值得出
3	支架在荷载作用下的非弹性压缩	f_3	主要据底模测量情况得出
4	支架基底在荷载作用下的非弹性沉陷	f_4	以桥位地质及地基受力情况计算
5	预拱度	$f = f_1 + f_2 + f_3 + f_4$	
6	预拱度值设置	$f_X = 4f \cdot X \cdot (L-X)/L_2$	按二次抛物线法分配

注：f_X 为距左支座 X 处支架的预拱度值；X 为距左支座的距离；L_2 为跨长。

7）上下通道及操作平台

梁体承重支架搭设完成后，进行施工上下通道搭设，通道位于线路右侧，施工通道采用笼梯，笼梯安装由生产厂家现场指导安装，确保安全可靠。梁体翼缘板外支架搭设时加宽 60cm，满铺脚手板，作为梁面侧施工操作平台，平台侧搭设 1.5m 高护栏，密目绿网进行围挡，通道布置如图 4-5 所示。

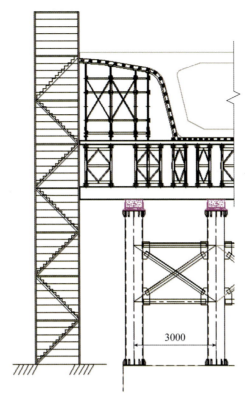

图 4-5　通道布置示意图（尺寸单位：mm）

4.3.3　支座施工

支架预压完成后，安装墩支座，支座采用 TJQZ 系列铁路桥梁球形钢支座。支座的型号、位置和预偏量均严格按照《铁路桥梁球型支座（TJQZ）安装图》（TJQZ-通桥 8361）要求进行。

1）施工准备

（1）检查支承垫石的高程及平整度，支承垫石的顶面高程偏差应在 0~10mm，且同一梁端两支承垫石高差不得大于 2mm。

（2）检查锚栓孔的位置和孔径、孔深是否符合设计要求，假如不符合应进行修整，必须保证支座能够准确安装。

（3）凿毛支座就位部位的支承垫石表面，清除预留锚栓孔中的杂物，安装灌浆用模板，并用水将支承垫石表面浸湿。

（4）测量放线：由分部测量员根据图纸在支承垫石上放出支座定位十字线，并且复核其准确无误。

（5）支座检查验收：重点检查支座型号、尺寸、平整度、预偏量是否符合设计要求。

2）吊装支座

（1）现场采用起重机起吊，确保支座安全吊入支承垫石。

（2）支座安装前，工地应检查支座连接状况是否正常，但不得任意松动上、下支座连接螺栓。

（3）支座就位前，把下座板固定螺栓套筒安装在下座板相应位置处。安装时支座下座板中心线对准垫石中心线，用专用钢楔块楔入支座四角，找平支座底面调整到设计高程，在支座底面与支承垫石之间应留有20~30mm空隙。仔细检查支座中心位置及高程后，用无收缩高强度灌注材料灌浆。

3）灌浆

（1）安装灌注用模板，灌注用模板采用预制钢模板，并在底面设置一层4mm厚橡胶防漏，通过膨胀螺栓固定在支承垫石顶面。灌浆模板布置图如图4-6所示。

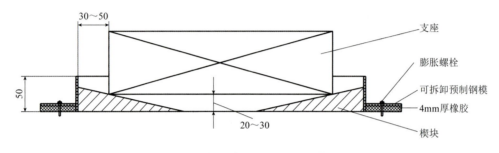

图4-6 灌浆模板布置图（尺寸单位：mm）

（2）本桥支座安装均采用重力灌浆法，灌浆前应估算浆体体积，备料充足。灌注实际体积数量不应与计算值产生过大误差，应防止中间缺浆。

（3）灌浆时应先灌注支座预留锚栓孔，当支座预留孔接近灌满时再从支座中心部位向四周注浆，并注意仔细观察钢模与支座底板周边间隙，到灌浆材料全部灌满为止。重力式灌浆如图4-7所示。

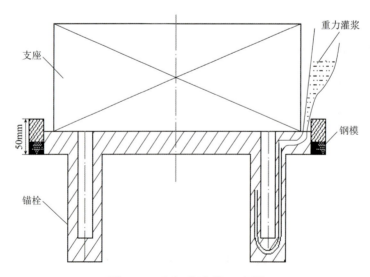

图4-7 重力式灌浆示意图

（4）灌浆材料达到20MPa后，拆除模板及四角钢楔块；检查是否有漏浆处，必要时对漏浆处进行补浆,并用砂浆填堵钢楔块抽出后的空隙;待灌筑梁体混凝土后,且在张拉预应力筋前,及时拆除各支座的上、下连接钢板及连接螺栓;安装支座围板。

支座安装允许偏差和检验方法应满足表 4-3 规定。

支座安装允许偏差和检验方法　　　　　表 4-3

序号	项目		允许偏差（mm）	检验方法
1	支座中心纵向位置偏差		20	测量
2	支座中心横向位置偏差		10	
3	下座板中心十字线偏移	下座板尺寸<2000mm	1	测量
		下座板尺寸≥2000mm	1‰边宽	
4	固定支座十字线中心与全桥贯通测量后墩台中心线纵向偏差		20	测量
5	固定支座上下座板中心线的纵横错动量		3	
6	活动支座中心线的纵向错动量（按设计气温定位后）		3	
7	支座底板四角相对高差		2	
8	活动支座的横向错动量		3	

4.3.4 模板施工

1）模板设计

（1）底模设计

底模采用 10mm 厚竹胶板,横向采用 I16 工字钢,纵向采用 10mm×10mm 方木按照支架布置形式布置。

（2）外侧模设计

外侧模采用工厂制作的钢模板,面板采用 6mm 厚钢板,肋板和框板采 10mm 厚钢板,背楞为 ⊏8 槽钢。模板采用拉杆加固,包括内外模之间对拉和双侧外模板的对拉。除翼缘板部分钢管架承受较小混凝土荷载外,其余仅承受模板自重及施工荷载。通过与木模板比较,钢模的面板和加劲背楞强度和刚度均较大。

（3）端模设计

采用 10mm 厚竹胶板,横肋为 10cm×10cm 方木,横肋间距 20cm,竖肋为 10cm×10cm 方木。利用外模支架和底模支架,搭设钢管脚手架进行加固。

（4）内模设计

内模设计内模面模采用 10mm 竹胶板,利用 10mm×10cm 方木作肋,模板肋顺桥向设置，纵向间距 30cm 设置。桥梁纵向用10cm×10cm方木作承重梁，安放在钢管支架顶托上，横向间距90cm 设置，肋与面模用铁钉连接，模板间缝隙用橡胶密封条填塞。

2）模板安装

模板安装前先检查模板是否平整、光洁、有无凹凸不平；检查吊装模型使用的吊具、穿销、钢丝绳是否安全、齐备；检查模型安装前所需的各类连接件、紧固件是否齐全。

模板材料进场后，计划部、工程部、安质环保部进行验收，检查模板是否平整、光洁、有无凹凸不平，尺寸、厚度偏差，均符合规范要求。模板拼装时稳固牢靠，接缝严密，不得漏浆，模板缝用双面胶塞缝，模板拉杆必须采用双螺母。

（1）底模安装

当支架搭设完成后即可安装底模。底模板高程值最后调整为"设计高程值＋设计预拱度值＋预压弹性变形量"。安装要求底模中线与设计中线重合。底模支座板位置处，必须保证平整度、横向尺寸和支座板相对高差符合规定要求。

（2）侧模安装

外侧模安装时，用顶托调整好侧模垂直度，并与端模连接好。侧模下缘与底模接缝密贴，避免漏浆。侧模安装完成后，检查整体模板的长、宽、高尺寸及平整度等。采用对拉螺杆对拉加固。

（3）内模安装

内模在梁上进行安装。内模安装成整体后，检查各部位尺寸，用双面胶粘贴各个接缝处以防止漏浆。

（4）端模安装

端模安装时要保证端模中线和底模中线重合以及保证梁体高度和设计垂直度。端模安装就位，固定完成后将波纹管逐根插入端模各自的孔内，钢筋安装完成后再次逐根检查是否处于设计位置和波纹管破损、砂眼等，用胶带包裹好。

（5）倒角模板施工

本连续梁底倒角尺寸为300mm×500mm，为确保连续梁底倒角混凝土振捣密实，结构尺寸满足验标要求，需对内模及底倒角进行特别加固。内模采用支架配合方木进行加固，内模板加固竖肋采用双拼ϕ48mm×3.5mm 钢管，横肋采用 100cm×100cm 方木，加固采用山形卡和ϕ16mm 圆钢拉杆，拉杆间距横向 1m、竖向 60cm。底倒角采用 10mm 厚竹胶板作为面板，内模倒角模板向内延伸不小于 20cm。面板背面设置两排 10cm×10cm 通长方木（间距 40cm）作为加劲肋，通长方木上加一道长 60cm、10cm×10cm 方木背肋（间距60cm）。用 2 根ϕ48mm×3.5mm 钢管搭配顶托将长 60cm 的方木顶紧，钢管另一端用卡扣与内模支架固定,以抵抗混凝土浇筑过程产生的侧压力和浮力。倒角模板间隔 1m 布设 10cm×10cm 的振捣窗,留作备用,倒角加固如图 4-8 所示。

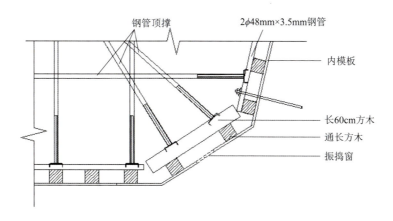

a) 倒角加固侧视图

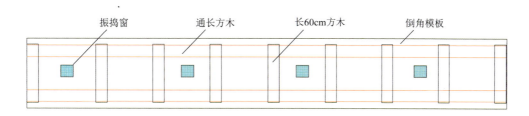

b) 倒角加固俯视图

图 4-8 倒角加固示意图

3)模板安装注意事项

(1)模板施工前首先熟悉施工图和模板配件加工图,核实工程结构或构件的各细部尺寸,复杂结构通过放大样,以便正确配置。

(2)按批准的加工图加工模板,经验收合格后方可使用。

(3)模板的接缝必须密合,如有缝隙采用腻子或玻璃胶堵塞严密,以防漏浆。

(4)模板涂好脱模剂。

模板安装允许偏差见表 4-4。

模板安装允许偏差　　　　表 4-4

序号	项目	允许偏差(mm)	检验方法
1	梁段长	±10	尺量
2	梁高	±10	
3	顶板厚	±10	尺量检查不少于 5 处
4	底板厚	±10	

续上表

序号	项目		允许偏差（mm）	检验方法
5	腹板厚		±10	尺量检查不少于5处
6	横隔板厚		±10	
7	腹板间距		±10	
8	腹板中心偏离设计位置		10	
9	梁体宽		+10	
10	模板表面平整度		3	1m靠尺测量不少于5处
11	模板接缝错台		2	尺量
12	孔道位置		5	尺量
13	梁段纵向旁弯		10	拉线测量不少于5处
14	梁段高度变化段位置		±10	—
15	底模拱度偏差		3	测量检查
16	底模同一端两角偏差		2	
17	桥面预留钢筋位置		10	尺量
18	支座板	四角高度差	1	水平尺靠量检查四角
		螺栓中心位置	2	尺量检查（包括对角线）
		平整度	2	尺量

4.3.5 钢筋制作安装

钢筋由项目经理部统一招标供应，进场时查验产品出厂合格证，每批次按规范要求和频率抽检其原材质量，检验合格后方可使用。

钢筋的半成品统一在钢筋加工厂集中加工，用平板车运到现场进行绑扎。应根据设计图纸绘制加工图进行技术交底，加工时同一类型的钢筋按先长后短的原则下料，钢筋用弯曲机加工后与技术交底核对。钢筋构件严格按交底规格尺寸下料，钢筋焊接质量符合规范要求。

现浇梁钢筋半成品运输至现场后采用汽车起重机吊装至梁模内，人工绑扎焊接。先绑扎底板腹板钢筋最后绑扎顶板钢筋。钢筋绑扎必须横平竖直，钢筋间距和顺直度必须满足规范要求，绑扎节点成梅花形间隔布置。为确保腹板、顶板、底板钢筋的位置准确，在施工过程中应采取增加架立钢筋数量或增设 W 形或矩形架立钢筋的措施。梁体钢筋最小净保护层厚度均为 35mm，且绑扎铁丝的尾端不得伸入保护层内。钢筋保护层垫块采用购买混凝土预制垫块，呈梅花形布置，垫块个数不少于 $4/m^2$ 个。

钢筋骨架内有防撞墙钢筋、伸缩缝预埋钢筋、接触网支柱基础预埋件、腹板通风孔预埋聚氯乙烯（PVC）管（直径 100mm）、顶板和底板泄水孔，支座预埋钢板等预埋件，需按设计布置和尺寸要求准确预埋，并采取有效的固定措施，防止在混凝土浇筑和振捣过程中发生位移。

避让原则：当普通钢筋与预应力锚具或波纹管有冲突时，钢筋做适当避让；当通风、泄水孔等非重要预埋件与预应力冲突时，应适当调整孔洞位置避让。

钢筋加工允许偏差和检验方法见表 4-5，钢筋安装及钢筋保护层厚度允许偏差和检验方法见表 4-6。

钢筋加工允许偏差和检验方法 表 4-5

序号	名　　称	允许偏差（mm）	检 查 方 法
1	受力钢筋全长	±10	尺量
2	弯起钢筋的弯折角度	20	
3	箍筋内净尺寸	±3	

钢筋安装及钢筋保护层厚度允许偏差和检验方法 表 4-6

序号	项　　目	允许偏差（mm）	检 查 方 法
1	受力钢筋排距	±5	尺量两端、中间各 1 处
2	同一排中受力钢筋间距	±10	
3	分布钢筋间距	±20	尺量连续 3 处
4	箍筋间距	±10	
5	弯起位置（加工偏差 20mm 包括在内）	30	尺量
6	钢筋保护层厚度 c，$c=35cm$	+10，0	尺量两端、中间各 2 处

无砟轨道预埋连接套预埋：为保证轨道板与梁体的可靠连接，在轨道板范围梁体顶面设置连接套筒，套筒长度 55mm，采用 45 优质钢加工而成，连接钢筋采用 $\phi16mm$，规格 HRB400 钢筋，梁体预埋 L 形钢筋应与梁体钢筋牢固连接。梁体预埋钢筋拧入套筒不小于 $1.5d$（24mm，d 为钢筋直径），不大于连接套筒的一半，连接套筒顶面应低于梁面 2mm，允许误差 $-1\sim+3mm$。连接套顶面应加高密度聚乙烯塑料防护套，防止杂物及混凝土进入，无砟轨道预埋连接件如图 4-9 所示。

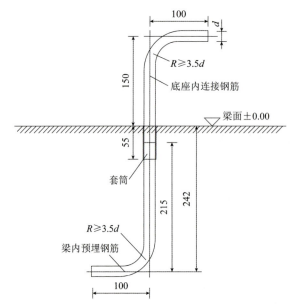

图 4-9 无砟轨道预埋连接件示意图（尺寸单位：mm）

4.3.6 综合接地

（1）本连续梁综合接地采用《铁路综合接地系统》[通号（2016）9301]（经规院 273 号文修改版）中的"无砟轨道连续 2 线接入"处的接地电阻不应大于 1Ω。

（2）接地钢筋均选用直径不小于 16mm 的梁体非预应力钢筋，并用红油漆标记，其中梁体顶板纵、横向接地钢筋均采用 ϕ16mm 的光圆钢筋。接地钢筋采用焊接的方式连接，焊接长度单面焊要求不小于 100mm，双面焊不小于 55mm，焊缝饱满、无焊渣。

（3）对于施工中外露的接地钢筋进行防腐处理，采用外裹混凝土的方式。施工时应对接地钢筋用红油漆作出标识，便于检查。

（4）所接地钢筋间的连接均应保证焊接质量，连接要求如图 4-10 所示。

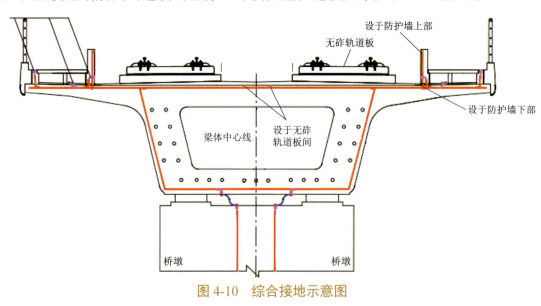

图 4-10 综合接地示意图

（5）焊接方法必须采用搭接焊或 L 形焊接，严禁采用点焊连接。

4.3.7 预应力管道及钢绞线加工及安装

本工程纵横向预应力钢束采用抗拉强度标准值为 1860MPa 的高强低松弛钢绞线，公称直径 15.24mm，其技术条件符合《预应力混凝土用钢绞线》(GB/T 5224—2014) 标准。波纹管采用成品镀锌金属波纹管。

锚具、喇叭口采用成套产品并符合《铁路工程预应力筋用夹片式锚具、夹具和连接器》(TB/T 3193—2016)，并采用相匹配的限位板、千斤顶等设备进行张拉。

（1）材料质量检验与存储：预应力筋由统一招标供应，进场时查验产品出厂合格证，每批次按规范要求和频率抽检其原材质量，检验合格后方可使用。钢绞线进场后应采取下垫上盖等措施存放，防止出现污染和锈蚀等现象。

（2）波纹管全部由专业生产厂家生产，运输至工地后集中安排在加工场进行加工，加工好后按设计编号分类挂牌堆放（按施工计划进场，避免长时间堆放）。梁体预应力施工前，汽车运至待施工梁旁，起重机吊至支架上，人工现场安装。

1）预应力管道安装与定位

波纹管与锚垫板的连接，用同种材料同种规格连接头连接，连接后用密封胶封口。波纹管与排气管的连接，在波纹管上热熔排气孔，然后用同一材料弧型排气接头连接，用密封胶缠绕密封。波纹管接长，采用大一个型号的波纹管作接头管，长度 30cm 左右。将两接长管管头切齐后，旋入接头管内，各旋入 10cm 左右，两个管头对旋紧密，用密封胶带缠绕包裹封好。

波纹管在布管前，按设计规定的管道坐标进行放样，即波纹管的纵向坐标、横向坐标及高度坐标（采用三维控制其坐标），并用定位网钢筋控制张拉管道的各点坐标，确保管道位置偏差不超过 4mm。定位基本间距不大于 50cm，平弯和竖弯段宜加密至 0.3m，与梁体主筋焊接牢。波纹管安装好后，随即进行全面检查有无损坏、孔眼，在损坏、孔眼处用密封胶带缠绕包扎封闭，避免漏浆。原则上所有电焊作业应在安装波纹管前完成，波纹管安装如必须进行电焊作业，必须采取保护隔离措施，防止波纹管被烧坏或击穿。在管内模和浇筑混凝土前需对波纹管做全面检查，如发现沙眼、孔洞、裂口等采用胶布包裹严密防止漏浆。

为保证压浆过程中，浆液可以顺利注满管道，对腹板束、顶板束在中支点附近管道中部设三通管，中跨底板钢束在跨中附近管道设三通管，边跨底板束在距离支座约 10cm 附近设三通管。钢束长每超过 60m 的按照 20m 左右增设一个三通管，以利于排气，保证压浆质量。

三通管排气孔塑料管伸出梁面不宜小于 50cm，排气孔加工细部如图 4-11 所示。

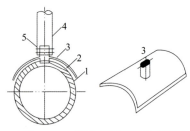

图 4-11 排气孔加工细部图

1-螺旋管；2-海绵垫；3-塑料弧形压板；4-塑料管；5-铁丝扎紧

2）钢绞线下料与安装

（1）预应力钢绞线的制作：预应力钢绞线下料长度应按照设计确定，并按照下式修正：

$$L = l + 2l_1 + nl_2 + 2l_3 \tag{4-1}$$

式中：L——钢绞线下料长度；

l——孔道有效长度；

l_1——工作锚具高度；

l_2——张拉千斤顶支承端面到槽型口外端面间的距离（包括工具锚高度）；

l_3——富余长度（按 100mm 计）；

n——单端张拉为 1，两端张拉为 2。

钢绞线下料场地长度应大于下料长度，按下料长度用钢尺量出，在两端划线标识好，每捆钢绞线在下料前，用专用架进行固定，避免下料过程中松散。人工将钢绞线头从中间拉出，与两端标识线对齐。应在拉直条件下切断，切断前在切口两端用铁线扎紧，采用砂轮机切割，严禁用电焊或乙炔切割，采用塑料胶带包裹端头。

（2）预应力筋穿束：将编束好的钢绞线束按编号对应孔位采用钢绞线穿束机或其他机械进行穿束，将钢绞线端头戴上子弹头形护帽，从孔道的一端快速地推送入孔道，必要时采用卷扬机牵引穿束，并配备特制牵头。穿束完毕后，把外露段张拉工作端采取胶带裹缠，防止污染，并把端口用布屑塞封防止混凝土浇筑时浆液流进。

（3）混凝土浇筑过程中防漏浆处理：混凝土浇筑过程中、浇筑后终凝前半个小时，采用卷扬机把钢绞线束来回拉动，确保能将不慎流入的水泥浆拉碎不堵管。

4.3.8 混凝土浇筑

1）基本方法

本工程简支梁采用 C50 高性能混凝土进行浇筑，由搅拌运输灌车运至现场泵送入模，插入式振捣器分层振捣密实，并采取保温保湿养护。

（1）混凝土浇筑顺序

梁体混凝土连续不间断浇筑，一次成型，采用斜向（30°～45°）分段（4m/段）、水平分层（30cm/层），从一端向另一端连续推移的方式进行。当混凝土浇筑至另一端 4~6m 时，则从另一端开始反向浇筑，然后合拢。竖直方向先底腹板结合部位，再腹板下部，然后底板，再浇筑腹板上部，最后浇筑顶板。

底板混凝土浇筑时，将混凝土从腹板放下，导振至底板，确保混凝土在下料过程中不离析和不污染箱梁内模系统，底板采用一次浇筑完成。腹板采用水平分层浇筑法，分层厚度 30cm 左右，先从边腹开始依次向前推进。顶板采用分区浇筑，在横向分两个区，从中线向两侧，从跨中向两端进行浇筑。

（2）混凝土浇筑前准备工作

①混凝土浇筑前做好模板、钢筋、预埋件及预留孔道位置检查记录，并将预应力孔道位置作为重点检查项目进行检查，混凝土浇筑需经质检工程师及监理工程师签字认可。

②在混凝土浇筑前将模板、钢筋上的杂物清理干净，阴雨天气或施工场地泥泞时，上模型作业人员将鞋子冲洗干净，防止泥土污染钢筋或混凝土。

③混凝土拌合物入模前实验员必须用专用试验设备测定混凝土的温度、含气量等工作性能，满足要求后方可浇筑。

④混凝土浇筑采用 5 台专用混凝土搅拌运输车运输混凝土、3 台混凝土输送泵输送混凝土；搅拌运输车罐体和泵车浇筑混凝土前必须清理干净，确保无积水。

⑤混凝土浇筑前必须保证现场运输道路畅通，无障碍物。

（3）混凝土运输

混凝土运输采用混凝土搅拌车运输，在装运混凝土前，认真检查运输设备内是否存留有积水，内壁黏附的混凝土是否清除干净。当搅拌运输车到达浇灌现场时，应高速旋转搅拌 20~30s 保证混凝土不产生离析后再将混凝土拌和物卸入混凝土料斗中。

（4）混凝土浇筑

①混凝土入模前，测定混凝土的温度、坍落度和含气量等工作性能，只有拌合物性能符合设计或配合比要求的混凝土方可入模浇筑。混凝土的入模温度宜控制在 5~30℃。

②混凝土的浇筑采用纵向分段、水平分层的方法浇筑。水平分层厚度不得大于 30cm，先后两层混凝土的间隔时间不得超过初凝时间。

③混凝土的浇筑采用连续浇筑一次成形，确保在最先混凝土初凝前全部浇筑完成。混凝土浇筑时，采用水平分层，纵向由中部向两侧对称分段浇筑。垂直方向可分三次浇筑完成：第一次可将底板及腹板下倒角部分浇筑完毕，第二次腹板部分浇筑完毕，第三次将顶板部分浇筑完毕。箱梁浇筑分层断面如图 4-12 所示。

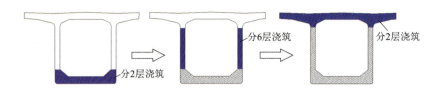

图 4-12　箱梁浇筑分层断面示意图

④浇筑时应防止混凝土离析，混凝土下落距离不超过 2m。并应保持预埋管道不发生挠曲和移位，禁止管道口直对腹板槽倾倒混凝土。

⑤在新浇筑混凝土过程或浇筑完成时，如混凝土表面泌水较多，须在不扰动已浇筑混凝土的条件下，采取措施将水排出，继续浇筑混凝土时，应查明原因，采取措施减少泌水。

⑥浇筑混凝土时应设专人检查支架、模板、钢筋和预埋件等的稳固情况，发现有变形、松动、移位时应及时处理。

（5）振捣

①混凝土的振捣用插入式振捣棒，振捣时间要适当掌握不要漏振也不要过振，振捣器移动间距不超过其作用半径的 1.5 倍，振捣棒不得撞击波纹管、各种预埋件，避免其跑位。梁腹混凝土振捣应用 $\phi 30mm$ 振捣棒，其他部位根据具体情况采用 $\phi 50mm$ 振捣棒，钢筋较密处也可以用小直径振捣棒振捣，小直径振捣棒功率低、作用半径小，注意适当延长振捣时间、加强振捣，振捣器在每一个位置中振捣延续时间一般掌握在混凝土不再下沉、无显著气泡上升、顶面平坦一致并开始浮现水泥浆为止，一般不宜超过 30s，避免过振；振捣器拔出时速度不可太快、用力不可太猛，以免留下孔迹和空洞。

②每上层混凝土振捣时，振捣器应深入下层已振捣的混凝土中 10～15cm，以加强上下层间的连接，振捣混凝土时要在棒头上做好振捣深度标记，严格控制好振捣深度，为避免振捣棒触及侧模板，振捣棒应与侧模保持 5～10cm 的距离。

③每层混凝土振实前，不得增添新混凝土，如发现表面有浮水，应立即设法排除，但不得使水泥浆流失。

④浇筑底板时，由于底板顶面不加模板，为保证浇筑腹板时底板不翻浆，可在底板浇筑完成后等待 30min，待底板混凝土稍微凝固后再浇筑腹板混凝土。

⑤振捣混凝土时派专人检查模板是否漏浆，支撑是否牢固，发现问题及时处理，并随时观察沉降量。

⑥浇筑混凝土过程中采用倒链拉动钢绞线，防止漏浆卡住钢绞线。

⑦混凝土应连续浇筑，中间间断时，不得超过规范规定。

⑧采用插入式高频振捣器振捣混凝土时，采用垂直点振方式振捣。若需变换振捣棒在混凝土拌和物中的水平位置，首先竖向缓慢将振捣棒拔出，然后再将振捣棒移至新的位置，

不得将振捣棒放在拌和物内平拖，也不得用插入式振捣棒平拖驱赶下料口处堆积的混凝土拌合物。

考虑连续梁桥面设计复杂，坡面多，预埋件多，平整度要求高，采用定点挂网格线法控制高程。

高程控制点采用ϕ20mm钢筋，沿桥面变坡点设置，共设9个，顺桥向间隔2m设置一个，高程控制钢筋不得悬空，必须支设立于底层钢筋上，其下对应有保护层混凝土垫块，确保在浇筑混凝土过程中架立筋不移动，使基准高程不发生变化，如有变动，必须及时复核控制高程；在浇筑混凝土过程中，严禁施工人员踩踏高程钢筋。

（6）收面、养护

在底板、顶板混凝土浇筑完毕后，均需安排专人进行表面抹面、收光处理，分三次进行。

第一次，安排在混凝土浇筑过程中，要将高处部分混凝土铲除，局部不平整处填平、振实。

第二次，收浆安排在混凝土浇筑完成后4~6h进行，由于泌水引起的混凝土收缩，用木抹子收光、抹平，特别注意顶板高程及边缘处混凝土线形检测。

第三次，收光安排在混凝土初凝后6h左右进行，用铁皮抹子仔细收光、抹压，消除表面气泡、抹纹，以防止混凝土表面收缩裂纹，并保证桥面板平整度。

混凝土成形后及时用透水土工布等覆盖并洒水养生，混凝土初凝后湿养时间不少于14d，在此时间内要保持混凝土面处于湿润状态。

（7）混凝土拆模

梁体混凝土设计强度的60％时可以拆除内模，外模在初张拉完成后进行拆除，底模需在全桥张拉压浆完成后再行拆除。

拆模时梁体混凝土芯部与表层、表层与环境温差不宜大于15℃，并保持梁体棱角完整，不得损伤混凝土，并减少模板破损。

2）特殊部位浇筑方法

全联在端支点、中支点处设置横隔板，横隔板设有孔洞，供检查人员通过。过人孔洞宽×高为1.0m×0.8m。

（1）梁体支座网片部位定点振捣

隔板处混凝土方量较大，管道、钢筋密集交叉，尤其是支座钢筋加密区易出现漏振情况，在支座上方钢筋间隙布设4根ϕ100mmPVC管作通道，管底部距离支座顶网片30cm左右，兼作下料和振捣使用。随着混凝土浇筑进行，不断地向上移动管道。振捣棒上面粘贴刻度条，控制插入深度，确保振捣棒达到振捣连接位置。

（2）内模板开窗

通过在内模板开窗观测腹板浇筑混凝土的振捣质量，当振捣质量不佳时内模板开窗可以兼作辅助振捣孔。

（3）横隔板下部及过人洞振捣

横隔板模板距离底模 1.5m 处，开设 4 个振捣孔，孔尺寸为30cm×40cm；过人孔底部倒角处，设置两排振捣孔，每排 3 个，孔尺寸为10cm×20cm。窗户采用开孔原模板结合背肋封闭。

3）降低大体积混凝土的水化热的具体措施

（1）降低混凝土的拌合物温度

混凝土各种原材料尽早贮备，水泥、粉煤灰提早入罐，砂、石保持湿润状态，使用温度较低的地下井水。降低材料的初始温度，可相应降低混凝土拌合物的温度。

（2）降低混凝土入模温度

①选择较适宜的气温浇筑大体积混凝土，尽量避开炎热天气浇筑混凝土，采取夜间施工。

②避开交通高峰期，保证道路畅通，缩短混凝土的运输时间。

③进行合理调度，保证供需平衡，缩短混凝土的浇筑及振捣时间。

（3）降低水泥水化热

选用水化热较低的优质水泥，掺加Ⅰ级粉煤灰和高效缓凝型泵送剂，选用级配较好、颗粒较大的粗骨料。降低单位用水量，减少水泥用量，达到降低水化热的目的。

（4）加强施工中的温度控制

①在混凝土浇筑之后，做好混凝土的保温保湿养护，缓缓降温，充分发挥混凝土徐变特性，减低温度应力，在混凝土裸露表面覆盖塑料薄膜，加盖土工布等。

②采取长时间的养护，适当延长拆模时间，延缓降温时间和速度，充分发挥混凝土"应力松弛效应"。

③采取二次振捣和二次抹面施工方法，加强早期养护，提高混凝土早期或相应龄期的抗拉强度和弹性模量。

（5）对大体积混凝土水化热的监测、预防和降温措施

对水化热的监测，要通过测温手段。测温时间，在混凝土浇筑后，第 1 天至第 10 天每 4h 测温一次，在第 11 天至 15 天每 8h 测温一次，第 16 天至 30 天每 12h 测温一次。

加强测温和温度监测与管理，实行信息化控制，随时控制混凝土的温度变化。根据内外温差情况及时调整养护措施，使混凝土的温度、梯度和湿度不至于变化过大，以有效控

制有害裂缝的出现。

当内部温度和外部温度之差大于25℃时，要加强混凝土表面的保温、保湿工作，增加覆盖层。

当内部温度和外部温度之差稳定小于25℃，可以逐步停止温度的监测，但必须继续对混凝土进行保温保湿养护工作。

（6）大体积混凝土施工现场温控监测点布置

监测点的布置范围以箱梁底板对称轴线的板条轴线为测试区，具体布置位置如图4-13所示。沿混凝土浇筑体厚度方向，应布置外表、底面和中心温度测点，测点布设间距不大于600mm。

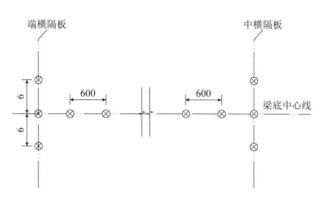

图4-13 箱梁混凝土温度监测点布置示意图（尺寸单位：mm）

4.3.9 预应力施工

1）预应力张拉设备

预应力施工采用ZB4-500油泵供油，用YCW400千斤顶进行纵向束张拉，用YDC240Q千斤顶进行横向张拉。张拉油表选用防振型，精度不低于1.0级，最小分度不大于0.5MPa，表盘直径不小于15cm，量程应在工作最大油压的1.25～2.0倍。

2）预应力张拉工艺

（1）管道摩阻、喇叭口摩阻试验

钢绞线张拉前，应对预应力孔道摩阻损失、喇叭口摩阻损失和锚口摩阻损失进行实测，经设计单位确认后，再对张拉控制应力进行调整，并报监理单位确认。

（2）钢绞线理论伸长量计算复核

根据钢绞线实测弹性模量、实测管道摩阻损失、喇叭口和锚口摩阻损失计算钢绞线理论伸长值，经设计单位确认后作为与预应力筋张拉实际伸长值对比的依据。

$$\Delta L = \Delta L_1 + \Delta L_2 \tag{4-2}$$

式中：ΔL_1——工作锚之间的钢绞线理论伸长量；

ΔL_2——工作锚至工具锚的钢绞线理论伸长量。

工作锚之间的钢绞线理论伸长量应分段计算后累加。

预应筋伸长值ΔL的计算按照以下公式(4-3)：

$$\Delta L = \frac{P_p \cdot L}{A_p \cdot E_p} \tag{4-3}$$

式中：ΔL——各分段预应力筋的理论伸长值（mm）；

P_p——各分段预应力筋的平均张拉力（N）；

L——预应力筋的分段长度（mm）；

A_p——预应力筋的截面面积（mm²）；

E_p——预应力筋的弹性模量（MPa）。

P_p的计算公式如下：

$$P_p = \frac{P_q}{kx + \mu\theta} \cdot [1 - e^{-(kx+\mu\theta)}] \tag{4-4}$$

式中：P_q——预应力筋张拉端的张拉力，将钢绞线分段计算后，为每分段的起点张拉力，即为前段的终点张拉力（N）；

θ——从张拉端至计算截面曲线孔道部分切线的夹角之和，分段后为每分段中每段曲线段的切线夹角（rad）；

x——从张拉端至计算截面的孔道长度，分段后为每个分段长度或为公式(4-3)中L值；

k——孔道每束局部偏差对摩擦的影响系数（1/m），管道内全长均应考虑该影响；

μ——预应力筋与孔道壁之间的摩擦系数，只在管道弯曲部分考虑该系数的影响。

$$P_z = P_q \cdot e^{-(kx+\mu\theta)} \tag{4-5}$$

式中：P_z——分段终点力（N）；

P_q——分段的起点力（N）。

总体计算步骤为：

第一步：各段的起终点力可以根据公式(4-5)从张拉端开始进行逐步的计算。

第二步：根据每一段起点力P_q代入公式(4-4)中求出每一段平均张拉力P_p。

第三步：根据P_p代入公式(4-3)计算出每一段的伸长值ΔL，相加后得出全长钢绞线伸长量。

（3）预应力设备校验

为保证张拉力的准确性，千斤顶在张拉作业前必须与油表配套校正，定期对千斤顶、油表、进行"油压值P及输出力F"的标定，确定张拉力与压力表之间的关系曲线。校正有效期为三个月且不超过300次张拉作业，拆修更换配件的张拉千斤顶必须重新校正。

（4）张拉流程

纵向预应力筋应两端同步且左右对称张拉，最大不平衡束不得超过1束。张拉顺序为先腹板、再顶板、后底板，从外向内左右对称进行。

张拉流程如下：

0→初应力（20%σ_{con}）→100%σ_{con}（持荷5min检查无滑丝现象，校核张拉控制应力）→主液压缸回油锚固→副液压缸供油卸千斤顶。

腹板索初张拉时混凝土强度和弹性模量应达到设计强度的60%后进行，张拉控制应力为850MPa。终张拉时混凝土强度等级和弹性模量达到设计值的100%后进行。初张拉时检查一组同条件养护混凝土试件强度，终张拉时须检查一组同条件养护混凝土试件强度和弹性模量。

进行预应力张拉摩擦阻力试验，准确测出预应力中摩擦阻力的损失值。预应力筋的实际伸长值与计算伸长值的差值不得大于±6%。

纵向预应力采用四台张拉千斤顶同时工作，当压力表读数达到初应力时，测量出各千斤顶活塞伸出长度与工具夹片外露量，然后四台千斤顶继续同步工作张拉到100%σ_{con}后，四台千斤顶同时持荷5min，测量出各千斤顶活塞伸出长度与工具夹片外露量并计算实际伸长量值，将该值与理论值进行比较，当伸长量出现异常的时候，停止张拉退锚后，更换新的钢绞线重新进行张拉，并查明原因。

①首先检查锚垫板孔与孔道轴线和千斤顶是否在同一直线上，若有偏差应加楔形垫圈校正。在张拉过程中，锚具位置不得偏离锚垫板止口范围，确保管道与锚具同心。张拉前先将工作锚、夹片上好，打齐，之后安装限位板，再将钢绞线从千斤顶中心穿过，千斤顶使用专门吊架提升。

②开动油泵，使液压缸活塞打出一定伸长量（约2cm）后停泵。安装工具锚及工具夹片，工具夹片外壁涂蜡，以利退锚。将钢绞线按顺序分别穿入工具锚的锚孔内，不得交错。人工推动千斤顶使千斤顶、限位板、工作锚连接在一起，并确保位置正确、同心不偏斜，之后将工具锚上的工具夹片用专用工具打齐、打紧。

③梁体两端同时张拉，千斤顶充油到达初始应力（0.2σ_{con}）时，测量千斤顶液压缸伸长值，作为测钢绞线伸长量的起点。

④在初始拉力的基础上，两端分别以5MPa为一级，对称张拉，在张拉过程中，两端随时保持联系，保持油压上升速度相等，同时达到控制张拉力，持荷5min。当确认张拉力

（以压力表为准）、伸长量符合要求且达到持荷时间后，千斤顶回油锚固。为了减少钢绞线回缩造成的预应力损失，要求采取一端先回锚，另一端补足吨位后再回油锚固。然后液压缸回油，退出工具锚，移至下一孔道。

（5）伸长量量测

预应力筋的伸长值应从张拉至初拉力时开始测量，预应力筋实际伸长值ΔL计算式为：

$$\Delta L = \Delta L_1 + \Delta L_2 + \Delta L_3 \tag{4-6}$$

式中：ΔL——为预应力筋的实际伸长量；

ΔL_1——初拉力至最大张拉力间千斤顶活塞实测伸长值；

ΔL_2——初拉力以下的推算值，可采用相邻级伸长值；

ΔL_3——两端工具锚夹片的实测回缩值。

预应力张拉采用双控，实测伸长量与计算值允许误差为±6%，如超出此范围后应停止张拉查明原因，及时处理。

预应力筋断丝和滑脱数量不超过预应力筋总数的 5‰，并不得位于结构同侧，且每束断丝不得超过一丝。

3）预应力管道真空压浆施工工艺

压浆前用砂轮锯切割端头多余的预应力筋，锚外预留长度不小于预应力筋的 1.5 倍直径，且不小于 30mm。然后用干硬砂浆进行工具锚封堵，保证压浆质量。

压浆工作在张拉完成 24h 内完成。预应力管道压浆采用真空辅助压浆工艺；压浆泵采用连续式。同一管道压浆连续进行，一次完成。管道出浆口装有三通管，确认出浆浓度与进浆浓度一致时，封闭保压。压浆前管道真空度稳定在 0.06~0.08MPa 之间；浆体注满管道后，在 0.5~0.6MPa 压力下持压 3min；压浆最大压力不超过 0.6MPa。

预应力管道真空压浆施工时，由具有此类工作经验的专业技术人员现场进行指导，并制定工艺细则据以实施。

（1）张拉施工完成后，用清水冲洗孔道，用高压风把孔道吹干。将孔道排气孔、泌水孔密封好，然后进行封锚。封锚采用保护罩封锚或无收缩水泥砂浆封锚。

（2）清理锚垫板上的灌浆孔，保证灌浆孔道畅通，确保浆体能顺利灌入。

（3）确定孔道的抽真空端及灌浆端。安装各引出管、球阀及接头，并检查其功能确保正常使用。

（4）启动电机使搅拌机运转，然后加水，再缓慢均匀地加入水泥，拌和时间不少于 1min；然后将调好的水泥浆放入压浆罐，压浆罐水泥浆进口处设 2.5mm×2.5mm 过滤网，以防杂物堵管。

(5)启动真空泵,使真空度达到0.06～0.08MPa,并保持稳定。

(6)启动灌浆泵,待输出的浆体浓度达到所要求的浓度时,将灌浆管接到灌浆端的引出管上,开始灌浆。压浆按先下后上的顺序,由低端向高端压送水泥浆。

(7)在灌浆过程中,真空泵保持连续工作。

(8)待浆体经过抽真空端的空气滤清器时,关闭空气滤清器前的阀门,稍后再打开排气阀。观察排气端的出浆情况,当水泥顺畅流出,且稠度与灌入的浆体相当时,关闭抽真空端的所有阀。

(9)灌浆继续工作,并且在0.5～0.6MPa的压力下持压3min。

(10)关闭灌浆泵及灌浆阀门,完成灌浆。将外接管路、附件进行拆卸,并清洗空气滤清器及阀。

(11)对当日完成灌浆后的设备必须进行清洗,防止水泥浆在设备内凝固。

4)封锚及封端

(1)端头凿毛

①为防止腐蚀锚具及外露钢绞线,待孔道压浆工作完毕并经检查合格后,及时进行梁体封锚。

②梁端锚穴处凿毛处理,要充分均匀,露出新鲜混凝土面。凿毛时混凝土强度:人工凿毛不小于2.5MPa,机械凿毛不小于10MPa。

③凿毛后锚穴需清理干净,封锚前用清水清洗润湿。

④绑扎封锚钢筋之前,先将锚垫板表面的粘浆和锚环上的封锚砂浆铲除干净,为加强后灌部分混凝土与梁体的连接。

(2)封锚钢筋的安装

①封锚钢筋按施工图加工绑扎,尺寸准确,以便放入锚穴中。

②放置钢筋网片时,为加强后灌注部分混凝土与梁端的连接,在锚垫板上安装4根一端带螺纹一端带弯钩的短钢筋,使之与封锚钢筋连为一体,放置钢筋网片,保护层不得小于35mm,并且把钢筋网片与锚垫板上安装短钢筋绑扎牢固。

(3)封端混凝土

封端模板尺寸加工准确,支立模板时安装牢靠,以防变形影响美观;端隔板的钢筋网焊接牢固,准确定位,浇筑混凝土振捣密实。封锚混凝土采用无收缩混凝土,抗压强度不应低于50MPa要求。先将锚垫板表面粘浆和锚环上的封锚砂浆铲除干净,安装封锚钢筋,横向预应力索张拉槽口处截断的钢筋搭接好,凿毛接触面混凝土后,捣固封锚混凝土。要求混凝土密实,无蜂窝麻面,与梁端面平齐,封端混凝土各处与梁体混凝土的错台不超过

2mm。

混凝土浇筑后加强养护,充分保持混凝土湿润,防止封端混凝土与梁体之间产生裂纹。养护结束后,采用聚氨酯防水涂料对接缝处进行防水处理。

4.3.10 模板及支架拆除施工方案

1)模板拆除的基本顺序

端模应安排在混凝土强度大于 2.5MPa 后拆除,内模板在梁体混凝土强度达到设计值 60%后进行,外模板在初张拉后进行拆除。底模板则必须根据纵向预应力张拉、压浆完成后才能落架拆除。盘扣支架落架采用 U 形托下面的可调螺母进行落架,拆除顺序应由上而下,先搭后拆、后搭先拆的原则,即先松顶托,使底梁板、翼缘板底模与梁体分离。因此,模板拆除的基本顺序为:拆端模→拆内模→初张拉→拆外模→终张拉、压浆完成→拆底模和支架。

2)模板拆除工艺

拆模时梁体混凝土表面温度与环境温度之差不得大于15℃,气温急剧变化时不脱模,脱模时不损坏混凝土表面及棱角。模板拆下后,应及时清除模板表面和接缝处的残余灰浆,整修后备用。

端模拆除采用小型机械配合人工拆除,内模拆除采用人工拆除支撑,拆除模板。侧模拆除先松掉锁紧侧模螺栓,然后调节支架顶托,使侧模脱离底模和梁体,人工配合起重机拆除,底模拆除应在梁体预应力张拉全部完成后,砂箱放砂,使底模缓慢下降。

3)支架拆除工艺

支架拆除从跨中向支点依次拆除,严格遵守拆除顺序,由上而下,一步一清,不准上下层同时作业。

贝雷片的拆除按以下步骤进行:

(1)拆除贝雷梁纵向端部与墩之间顶楔,解除贝雷梁与工字钢主横梁之间的 U 形箍筋。

(2)采用两台汽车起重机进行贝雷拆除,汽车起重机分别站位于要拆除的贝雷梁支架两侧(保证出现意外情况时不会对汽车起重机造成损坏),先将梁体翼板以下汽车起重机可以正常吊装位置的贝雷片进行吊拆,吊装时要先将靠近翼板外侧的一组贝雷梁用钢丝绳系好,然后将靠近翼板内侧的贝雷梁采用钢丝绳从泄水孔及通风孔的位置进行两个方向的临时保护措施进行加固(保证在每一大组贝雷梁解除刚性连接时不会出现侧倒),将贝雷梁用钢丝绳挂汽车起重机上,解除在泄水孔及通风孔的临时保护钢丝绳,汽车起重机起吊拆除,通风孔布置如图 4-14 所示。

贝雷支架采用导链拖拉出梁底,拖拉时首先横向分多次拖拉外移并拢,以增强稳定性防止倾覆。严禁采用起重机直接硬拖或斜吊出来,严禁起重机斜拉斜吊作业。拉点设于贝雷梁片的下端外侧脚,拉绳应跟主横梁水平线平行,防止拖拉过程中过震、过摆或过偏位。

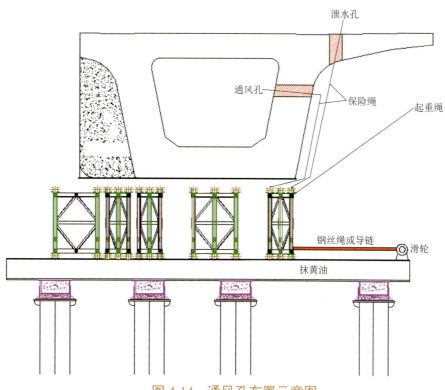

图 4-14 通风孔布置示意图

拖拉贝雷架、起吊作业设专人指挥;拆除贝雷架作业前要检查起重机、卷扬机等机械设备和钢丝绳的性能和安全性。钢丝绳在卷筒上至少要保留 3 圈,以保证安全。

拆卸后贝雷架需吊放至空旷、平整的场地,做好支垫,无花架连接的单片贝雷架需水平放置。防止倾倒伤人。

支架拆除完后应将分类堆放,堆放地点要平坦,下设支垫。对扣件、螺栓等零星小构件应清洗干净装箱、袋分类存放室内以备再用。

支架拆除中,贝雷梁水平拖拽前,在 H 型钢分配梁涂抹黄油,减小摩阻力。

4.3.11 梯笼安拆方案

1)梯笼安装

(1)安装底座

将底座按设计尺寸安放在基础上,并检测其安装尺寸及对角线是否合格,再用膨胀螺栓固定安装底座。

(2)安装底层平台

将梯笼的底层平台安装在基座上,用螺栓将底层平台固定在安装底座上。需要注意 4 个底座的全部螺栓都预先穿好后，调节好底层的水平后再锁紧全部的紧固螺栓。

（3）安装底立杆

将每组中的四条长的底立杆按照正确的孔位方向插入到平台的立管内，特别注意所有的底立杆及立杆带限位箍的一端必须朝上。预先穿好全部的紧固螺栓，再将每根立杆的垂直度调节好后进行螺栓紧固，安装时需保证立杆的垂直度在1%以内。

（4）安装第二层平台

将第二层平台从四根底立杆顶部套入，调节位置，预穿好全部的紧固螺栓，调整好二层平台的水平，将螺栓紧固。

（5）安装楼梯

将楼梯安装在上下平台之间，注意对好孔位，并用螺栓将楼梯与上下平台进行紧固。

（6）安装楼梯扶手

将楼梯扶手安装在楼梯的内侧，对好孔位，用螺栓紧固。

（7）安装安全防护网

将安全防护网安装在底层的后面和两个层面，用螺栓进行紧固。

（8）安装底层安全门

将安全门装在梯笼的入口侧并用螺栓进行紧固。

（9）往上加高安全梯笼并安装连墙件

依次按照第三步至第八步顺序，逐层安装往上加高安全梯笼至预设工作高度。从第二层开始，各个侧面都需安装安全防护网，并每隔3～6m需安装连墙件，连墙件采用尺寸∟60等边角钢或用槽钢代替，连墙件与支护桩、冠梁紧密连接，可采用后植螺栓或剔除混凝土后与钢筋焊接。

注意事项：

①高处作业人员应戴安全帽、系安全带、扎裹腿、穿软底防滑鞋。

②安全梯笼必须配合施工进度进行搭设，一次搭设高度不应超过相邻连墙件以上一层高度。

③每搭设一层，都需要校验安全整体架体的水平度和垂直度，对加高过程中的变形进行调整。扶手、安全网的安装应与梯笼的架体安装同步进行，每一层都要按顺序安装，禁止滞后安装。

④当梯笼高出相邻连墙件一层时，应采取确保梯笼稳定的临时拉结措施。

⑤第一次安装全过程均有25t汽车起重机配合，起重机的使用要符合吊装规范，确保汽车起重机的安全使用。

⑥梯笼顶部与冠梁连接处设置安全通道，通道宽度与梯笼楼梯宽度相同均为 900mm；通道底部采用 4 根 6m 长的 □10 槽钢，中间采用 □10 槽钢连接，间距不大于 500mm，上铺 4mm 厚的花纹钢板；通道两侧焊接防护栏杆，顶部做安全防护棚。

2）梯笼拆除

（1）拆除前准备工作

①前面检查梯笼各组件、连墙件之间的连接。

②清除架体上的杂物及作业面的障碍物。

③安全预案是否得当。

④拆除时应划分作业区，周围设绳绑围栏或竖立警戒标志，地面应设专人指挥，禁止非作业人员进入。

（2）拆除架体时注意符合事项

①拆除的高处作业人员应戴安全帽、系安全带、扎裹腿、穿软底防滑鞋。

②拆除作业应按照安装作业的逆顺序进行。

③拆除应自上而下逐层拆除、用起重机逐节吊除，严禁上下同时作业。

④连墙件必须随架体逐层拆除，严禁提前拆除。

⑤拆除的构件应用专业机械运送至地面、严禁高空抛物。

⑥拆除的构件应分类放置并及时整修与保养。

4.3.12 桥面附属施工内容

本桥施工时根据相关图纸设置预埋件或预留接口条件。上部结构预埋件有防护墙钢筋、电缆槽竖墙钢筋、综合接地、沉降观测设备、桥梁栏杆、声屏障、排水设施、轨道结构预埋件等。

4.4 检查要求

质量检查要符合以下标准或规定。

（1）《高速铁路桥涵工程施工质量验收标准》（TB 10752—2018）；

（2）《铁路混凝土工程施工质量验收标准》（TB 10424—2018）；

（3）《铁路混凝土梁支架法现浇施工技术规程》（TB 10110—2011）；

（4）《危险性较大的分部分项工程安全管理规定》（住建部〔2018〕37 号）；

（5）《危险性较大的分部分项工程安全管理规定》（建办质〔2019〕31 号）；

（6）《高速铁路桥涵工程施工技术规程》（Q/CR 9603—2015）。

5 施工保证措施

5.1 组织保障措施

5.1.1 安全组织机构及管理体系

根据分部人员组成及职能部门职责划分，为实现工程安全目标，建立以分部经理为组长、分部副经理和分部总工程师为副组长、专职安检工程师为主的安全领导小组。分部设安全监察工程师，项目队设专职安全检查员，班（组）设兼职安全员，做到分工明确、责任到人。安全组织机构及管理体系如图 5-1 所示。

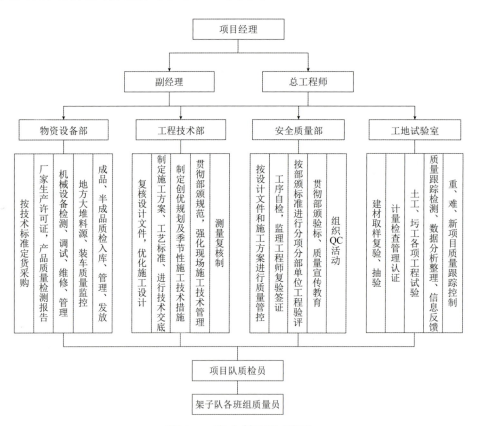

图 5-1 安全管理体系图

5.1.2 安全保证制度

1）安全生产责任制

项目部、分部必须坚持"管业务必须管安全，管生产经营必须管安全""管生产必须管安全，谁主管谁负责"的原则，逐级建立健全安全生产责任制。

2）安全教育培训

（1）项目部、分部应每年制定安全教育培训计划，对各级领导干部管理人员、从业人员组织安全教育培训，以提高全体员工安全生产意识，熟悉有关安全生产的法律法规、规章制度和操作规程，具备必要的安全生产知识，掌握本岗位的安全操作技能，了解事故应急处理措施，知悉自身在安全生产方面的权利和义务。

（2）项目从业人员教育培训覆盖率达到100%，未经安全生产教育和培训合格的人员，不得上岗作业。

（3）项目负责人和安全管理人员必须经安全生产监督管理部门考核合格取得资格证书后方可任职，并每年参加继续教育，掌握安全生产方面的新政策、新规定和新知识。

（4）新工人入场须进行三级安全教育，调换工种的人员以及采用新材料、新设备、新技术、新工艺的操作人员应重新进行安全教育培训，考核合格后方可上岗。

（5）特种作业人员，必须按照国家有关法律、法规的规定接受专门的安全培训，经考核合格，取得特种作业操作资格证书后，方可上岗作业。

3）特殊工种持证上岗作业

为规范本工程特种（设备）作业人员培训、考核管理工作，防止人员伤亡事故发生，促进安全生产，根据国家相关法律法规和中国国家铁路集团有限公司、建设单位的规定，制定制度如下：

从事电工作业、金属焊接、起重作业、登高架设、地下（水）作业、铺架作业等特殊工种作业人员，必须按照国家相关规定经过专门的安全培训，并取得特种作业操作资格证书后，方可上岗作业。

4）施工现场安全控制

（1）项目部应当按照住建部《建筑施工企业负责人及项目负责人施工现场带班暂行办法》（建质〔2011〕111号）要求，建立负责人施工现场带班制度，并严格考核；带班检查时，应认真做好检查记录，并分别在上级公司和工程项目中存档备查。

（2）工程开、复工前，项目部需对安全准备工作进行验收，验收合格方可开工，下发内部安全许可证。验收内容包括：危险源是否充分辨识、施工组织设计安全措施是否得当、施工设备是否符合技术和安全规定、安全防护设施是否符合要求、从业人员是否经过培训、安全生产责任制是否建立、是否对全体从业人员进行了安全技术交底等。

（3）大型机械设备、特种设备作业前，由项目总工程师组织相关部门人员组成检查组对现场特种设备进行检查验收，对操作人员资格、设备状况、周围环境等进行验收，满足作业安全要求，签署作业许可令。

（4）项目部、分部应结合施工现场情况，组织开展安全生产定期不定期检查、日常巡查、季节性检查及专项检查。定期检查的频率：项目部每月不少于 2 次，分部每月不少于 4 次，工程队每旬不少于 1 次，班组每周不少于 1 次。

（5）安全检查的主要内容有：安全保证体系及规章制度建立情况，从业人员的安全意识，特种作业人员持证上岗，安全警示标志设立，作业区域不安全因素和事故隐患，隐患平台录入情况及真实性等。

（6）对检查组、业主、监理等检查出的安全问题，项目部、分部需制定整改方案，落实整改责任人，按时完成整改并报送整改结果；对重大事故隐患的整改结果，检查组必要时派员到现场复查验证，回复不及时将予以经济处罚。

（7）项目部需建立内部安全检查制度和隐患排查治理制度，每月至少组织一次全线安全大检查，专职安全管理人员需定期或不定期进行安全不间断巡查，发现问题和隐患下发整改通知，提出整改要求及完成时间，并按期复查整改结果。

5.2 安全控制措施

5.2.1 支架搭设及拆除安全措施

支架的基础必须符合承载力和沉降要求。

支架所用材料和加工质量必须符合规定要求，不得使用不合格品。确保支架具有稳定的结构和足够的承载力。

用全站仪检查横杆的水平度和立杆的垂直度。支架斜撑杆应尽量与支架的节点相连，斜撑杆必须对称布置，且应分布均匀。斜撑杆对加强支架的整体刚度和承载能力的关系很大，应按规定要求设置，不得随意拆除。

（1）材料进场后，按验收标准要求进行检测，符合标准的材料可以使用，不符合标准的材料不允许使用。贝雷梁有脱焊、弯曲变形或锈蚀严重的不得使用。

（2）钢管柱安装的垂直偏差不得大于支墩高度的 1/500，且小于 5cm；焊缝应饱满，端部三角形加劲肋应分布均匀，焊接质量要符合设计要求。

（3）钢管柱与基础及钢管接头之间应该连接牢固，接头空隙应采用适当厚度钢板填塞紧密。剪刀支撑安装之前应采取临时稳固措施。

（4）支架必须经三级验收合格后方可投入使用。

（5）拆除支架必须在梁体预应力筋张拉全部完成之后进行。

（6）支架拆除时划出工作区标志，禁止行人进入。严格遵守拆除顺序，由上而下，后搭先拆，先搭后拆的原则。使用支架必须满足安全要求。应有专人负责搭拆支架安全和日常检查整修工作。

（7）拆除作业中有需要加固的部位，应先加固再拆除，防止架体倒塌。拆下的零部件、杆件，应按规格分批运到地面，严禁抛掷，并按规格、品种码放整齐。作业人员应相互呼应、动作协调、中间不换人，必须换人时应将拆除情况做详细交底，禁止单人进行拆除较重杆件等危险作业。

（8）钢管桩拆除注意事项：首先应解除钢管支墩间的横向连接及其与墩身之间的连接，然后分节松开法兰盘连接螺栓分节吊离钢管，再拆除钢管支墩纵向的剪刀撑、水平桁连接杆件。最后用起重机逐根吊装钢管支墩，遵循"解除一根，吊走一根"的原则。

5.2.2 支架预压施工安全措施

支架预压是检验支架是否满足混凝土施工的必要过程，也是整个施工过程中安全风险最大的环节。支架预压加载和卸载应按照对称、分层、分级的原则进行，严禁集中加载和卸载。

（1）预压过程中，应安排专人盯控，发生支架偏位、变形量超标等异常情况时应立即停止加载，查明原因并采取措施保证支架安全后方可继续进行。

（2）支架周围必须满铺木板，搭建好安全通道，并设置栏杆、挂好安全网。

（3）在加载预压块和卸载过程中，必须码放均衡、整齐、稳定。每一级加、卸载必须稳定一段时间，并对支架进行检查。如发现异常情况应，应立即联系现场技术人员并汇报处理。

（4）起吊作业必须由专人指挥且信号明确。

（5）大雨、大风天气停止堆载作业，已堆好的预压块必须覆盖，避免不必要的附加荷载。

（6）堆载作业时，特别是堆载完成阶段，作业半径20m范围内禁止任何人员长时间逗留，吊钩及支架下严禁人员停留，由专人把守。

（7）上下传递各种物品时利用绳索、吊篮进行，不得直接抛扔。

（8）吊装作业时严格按照吊装规范操作，不得违规施工。

（9）卸载时，预压块等物品不得随意乱扔。

5.2.3 钢筋、模板、混凝土施工安全措施

1）钢筋施工

（1）钢筋切断

①操作前必须检查切断机刀口，确定安装正确，刀片无裂纹，刀架螺栓紧固，防护罩牢靠，空运转正常后再进行操作。

②切断钢筋操作,手与刀口的距离不得小于 15cm。断料手握端小于 40cm 时,应用套管或夹具将钢筋短头压住或夹住,严禁用手直接送料。

③机械运转中严禁用手直接清除刀口附近的断头和杂物,在钢筋摆动范围内和刀口附近,非操作人员不得停留。

④作业时应摆直、紧握钢筋,应在活动切口向后退时送料入刀口,并在固定切刀一侧压住钢筋,严禁在切刀向前运动时送料,严禁两手同时在切刀两侧握住钢筋俯身送料。

⑤发现机械运转异常、刀片歪斜等,应立即停机检修。

⑥作业中严禁进行机械检修、加油、更换部件;维修或停机时,必须切断电源,锁好箱门。

(2)弯曲

①工作台和弯曲工作盘台应保持水平,操作前应检查芯轴、成形轴、挡铁轴、可变挡架有无裂纹或损坏,防护罩牢固可靠,经空运转确认正常后方可作业。

②操作时要熟悉倒顺开关控制工作盘旋转的方向,钢筋放置要和挡架、工作盘旋转方向相配合,不得放反。

③改变工作盘旋转方向时,必须在停机后进行,即从正转—停—反转。不得直接从正转—反转,或从反转—正转。

④弯曲钢筋时,严格依据使用说明书要求操作,严禁超过该机对钢筋直径、根数及机械转速的规定。

⑤严禁在弯曲钢筋的作业半径内以及机身不设固定销的一侧站人。

⑥作业中不得用手清除金属屑,清理工作必须在机械停稳后进行。

⑦检修、加油、更换部件或停机,必须切断电源,锁好箱门。

(3)钢筋绑扎

①在高处(2m 以上含 2m)绑扎钢筋时,不得站在钢筋骨架上或攀登骨架上下,必须搭设脚手架或操作平台和运输道路(俗称"马道")。脚手架应搭设牢固,作业面脚手板要满铺、绑牢,不得有探头板、非跳板,临边应搭设防护栏杆和支挂安全网。

②脚手架或操作平台上不得集中码放钢筋,应随使用随运送,不得将工具、箍筋或短钢筋随意放在脚手架上。

③严禁从高处向下方抛扔或从低处向高处投掷物料。

④绑扎钢筋的绑丝头,应弯回至骨架内侧,暂停绑扎时,应检查所绑扎的钢筋或骨架,确认连接牢固后方可离开现场。

⑤作业中出现不安全险情时,必须立即停止作业,撤离危险区域,报告领导解决,严

禁冒险作业。

2）模板施工

（1）作业前检查使用的工具是否存在隐患。如手柄有无松动、断裂等。

（2）高处作业时，材料必须码放平稳整齐。手用工具应放入工具袋内，不得乱扔乱放，扳手应用小绳系在身上。作业人员着装紧身利索、穿防滑鞋。

（3）施工所用爬梯不得缺档、不得垫高。爬梯上端绑牢、下端有防滑措施。严禁两名以上作业人员在同一梯上作业。

（4）安装、拆除大模板时必须设专人指挥，模板工与起重设备驾驶员应协调配合，做到稳起、稳落、稳就位。起重机大臂回转范围内严禁人员出入。

（5）安装、拆除模板作业时，必须设警戒区，严禁下方有人进入。模板作业人员必须站在平稳可靠的地方，保持自身平衡，不得猛推、猛撬，以防失稳坠落。

（6）拆模作业时，必须统一指挥，分工明确。应按照先支后拆、后支先拆的顺序，先拆非承重模板，后拆承重模板及支撑。对已经拆活动的模板，必须一次连续拆完，严禁留下安全隐患。

严禁使用大面积拉、推的方法拆模。拆模时，必须按专项技术交底要求先拆除卸荷装置。必须按规定程序拆除撑杆、模板和支架，严禁在模板下方用撬棍撞、撬模板。

（7）工人上下单线简支梁时必须走专用爬梯，严禁搭乘吊具、攀登脚手架、模板等上下。

（8）严禁使用吊装设备直接吊除没有松动的模板，吊装大模板时必须栓接牢固、吊点平衡。

3）混凝土施工

（1）混凝土浇筑应严格按照施工方案确定的浇筑顺序进行施工，不得随意浇筑。

（2）浇筑现场必须设专人指挥运输混凝土的车辆；指挥人员必须站在车辆的安全一侧。

（3）作业人员应站在作业平台上施工，不得在模板上行走、站立。

（4）夜间施工必须有照明设施，光线充足。

（5）振捣棒必须两人操作：一人振捣，一人操作电源。操作人员必须戴绝缘手套，穿绝缘鞋，防止触电。

（6）浇筑混凝土时，应设专人进行监测，发现模板、支架、支撑出现位移、变形和异常情况时，必须立即停止浇筑，施工人员撤离危险区域；排险必须在施工现场负责人的指挥下进行；排险结束，确认安全后，方可恢复施工。

（7）浇筑混凝土使用插入式振捣器时，应随时注意防止与模板、预埋钢筋碰撞所引起的松动、变形和变形处的位移。

（8）泵送混凝土浇筑时，输送管道头应紧固可靠，不漏浆，安全阀完好，管道支架要牢固，检修时必须卸压。

5.2.4 预应力张拉、压浆安全措施

（1）张拉作业人员必须经过专业培训，掌握预应力张拉的安全技术知识并经考核合格后方可上岗。

（2）进入张拉操作现场的工作人员必须戴好安全帽。

（3）张拉作业区域设明显警示牌，非作业人员不得进入作业区。

（4）千斤顶和压力仪表必须有产品合格证和产品使用说明书，以及相应的检测合格资料。

（5）必须按照检测机构检验、编号配套使用张拉机具。

（6）作业前应检查高压油泵与千斤顶之间的连接件，连接件必须完好、紧固，确认安全后方可作业。

（7）作业前必须在张拉端设置 5mm 厚的防护钢板。

（8）高压油泵启动前，应将各油路调节阀松开，然后开动油泵，待空载运转正常，油路无泄漏，确认正常后方可作业。

（9）张拉时必须服从统一指挥，严格按照技术交底要求读表。油压不得超过技术交底规定值。发现油压异常等情况时，必须立即停机。

（10）高压油泵不得超载作业，安全阀应按设备额定油压调整，严禁任意调整。

（11）千斤顶、油泵、油管及其他带有压力油的设备，均不得在油液带压下做任何操作。

（12）施加荷载时，严禁敲击、调整施力装置。

（13）操作千斤顶和测量伸长值的人员应站在千斤顶侧面操作，千斤顶顶力作用线方向不得有人。

（14）张拉时千斤顶行程不得超过技术交底的规定值。

（15）作业人员应在牢固、有防护栏的平台上作业，上下平台必须走安全梯。

（16）在测量钢绞线的伸长或拧紧螺母时，应先停止张拉，操作人员必须站在两侧作业，防止钢绞线断裂伤人。

（17）高压油泵停止作业时，应先断开电源，再将回油阀缓慢松开；待压力表退回至零位时，方可卸开通往千斤顶的油管接头，使千斤顶全部卸荷，并将拉伸设备放在指定地点，进行保养。

（18）压力表、高压油泵、千斤顶等应定期校验，保证有效工作，以防失灵造成事故。

（19）压浆时出浆端操作者，必须戴眼罩，避免高压浆体溅入眼内，且现场配应备清水，毛巾，以便清洗眼睛；

（20）压浆泵操作者不得擅离岗位，压浆完毕后，必须及时清洗设备，确保设备性能完好。

5.2.5　施工现场安全控制措施

（1）施工现场的布置符合防火、防洪、防雷电等安全规定，以及文明施工单位的要求；施工现场的生产、生活、办公用房、仓库、材料堆放场、停车场、修理场等按批准的总平面布置图进行布置。

（2）现场道路平整、坚实、保持畅通、危险地点悬挂警示标志，夜间行人经过的坑、洞应设红灯示警，施工现场设大幅安全宣传标语。

（3）现场的生产、生活区要设足够的消防水源和消防设施网点，消防器材有专人管理，不得乱拿乱动。所有施工人员要熟悉并掌握消防设备的性能和使用方法。

（4）在距离施工范围 3m 处设立硬质围挡隔离防护，所有围挡用红白油漆刷上醒目的警示色，钢管红白油漆间距为 20cm，周围悬挂"禁止翻越""当心坠落"等标志牌。

（5）人行通道必须满足多人同时上下行走，并保证其承载力，通道底部支撑必须放置在 300mm 宽的承托板上，不得直接置于土中，通道要有扶手护栏等齐全的安全设施。不准使用木梯上下，通道要设防滑条，间距不大于 300mm。

（6）施工中如发现危及地面建筑物或有危险品、文物时，应立即停止施工，待处理完毕后方可施工。

5.2.6　施工现场用电安全措施

（1）严格执行《施工现场安全生产保证体系》及《施工现场临时用电安全技术规范（附条文说明）》（JGJ 46—2005）相关规定。电工必须持证上岗。

（2）电缆接头不许埋设和架空，必须接入线盒，并固定在开关箱上，接线盒内应能防水、防尘、防机械损伤，并远离易燃、易爆、易腐蚀场所。

（3）所使用的配电箱必须符合《施工现场临时用电安全技术规范（附条文说明）》（JGJ 46—2005）规范要求的电箱，配电箱电气装置必须做到"一机一箱一闸一漏一锁"保护。

（4）开关箱的电源线长度不得大于 30m，并与其控制固定式用电设备的水平距离不超过 3m。

（5）所有配电箱、开关箱必须编号，配电箱内电气完好匹配。

（6）所有电机、电器、照明器具，手持电动工具的电源线应装置二级漏电保护器。

（7）施工现场的电器设备设施必须设立有效的安全管理制度，现场电线电气设备设施必须有专业电工经常检查整理，发现问题及时解决。

（8）电工必须持证上岗，实行定期检查制度，并做好检查记录。严禁将电线拴在铁扒钉、钢筋或其他导电金属物上，电线必须用绝缘子固定，配电导线必须保证与邻近线路或设施的安全间距。

5.2.7 吊装作业安全保证措施

（1）起重指挥由培训合格专职人员担任，作业前对起重设备、现场环境及其他建（构）筑物和吊重物情况进行了解，确定吊装方法。

（2）机械设备使用前要进行强制性的安全检查，起重机的变幅指示器，力矩限制器以及各种行程限位开关等，安全保护装置必须齐全完整灵敏可靠，不得随意调动和拆除，严禁用限位装置代替操纵机构。

（3）起重作业坚持"十不吊"：

①超载或被吊物质量不清不吊；

②指挥信号不明确不吊；

③捆绑、吊挂不牢或不平衡，可能引起滑动时不吊；

④被吊物上有人或浮置物时不吊；

⑤结构或零部件有影响安全工作的缺陷或损伤时不吊；

⑥遇有拉力不清的埋置物件时不吊；

⑦工作场地昏暗，无法看清场地、被吊物和指挥信号时不吊；

⑧被吊物棱角处与捆绑钢绳间未加衬垫时不吊；

⑨歪拉斜吊重物时不吊；

⑩容器内装的物品过满时不吊。

（4）起重作业时，重物下方及大臂作业范围内不得有人停留或通过。

（5）起重机械必须按规定的起重性能作业，不得超载起吊物件。

（6）不得使用起重机械进行斜拉、斜吊和起吊地下埋设或凝结在地面上重物。

（7）起重用钢丝绳接头，必须采用插接，其插接长度不得小于钢丝绳直径的20倍，且总长不得短于300mm。

（8）钢丝绳应经常检查，磨损锈蚀或断丝超过规定的，应立即更换。

（9）操作人员应严格遵守安全技术规程进行操作。

（10）大风等恶劣天气条件下必须停止起重梁作业。

（11）所有吊装作业，必须使用18mm揽风绳拉紧吊物，防止吊物晃动而侵限。

5.2.8 高空作业施工安全技术措施

（1）对患有精神病、癫痫病、高血压、视力和听力严重障碍的人员，一律不准从事高处作业。

（2）登高架设作业人员必须进行专门培训，经考试合格后，持证，方准上岗作业。

（3）凡参加高空作业人员，应在开工前进行安全教育，并经考试合格。

（4）参加高空作业人员应按规定要求戴好安全帽、系好安全带，衣着符合高处作业要求，穿软底鞋，不穿带钉易滑鞋，并要认真做到"十不准"。

（5）高空作业人员随身携带的工具应装袋精心保管，较大的工具应放好、放牢，施工区域的物料要放在安全不影响通行的地方，必要时要捆好。

（6）施工人员要坚持每天下班前清扫制度，做到工完料净场地清。

（7）夜间高空作业必须配备充足的照明。

（8）高空作业前应进行安全技术交底，作业中发现安全设施有缺陷和隐患必须及时解决，危及人身安全时必须停止作业。

（9）高空作业中所用的物料必须堆放平稳。拆卸下的物料、剩余材料和废料等都要加以清理及时运走，不得任意乱置或向下丢弃。各施工作业场所内凡有可能坠落的任何物料，都要一律先行撤除或者加以固定，以防跌落。

5.2.9 文明施工措施

1）创建文明工地氛围

加强宣传教育在施工全过程中定期进行文明施工宣传教育，使全体职工充分了解施工现场文明施工管理规定，当一名文明职工。

制定奖罚措施，激励每位参建人员争当文明先进。

2）统一现场形象

（1）现场临建设施的统一

按现场总平面图规定的位置，搭设围挡及现场门卫房、办公室、加工棚等各类房屋；并统一颜色、统一高度、统一装修、统一室内配置，做到整齐美观，一条线、一样高。

（2）施工人员着装的统一

现场全体施工人员必须严格按照项目部的规定，统一着装上岗，并佩戴安全帽和胸卡。管理人员戴白色安全帽，操作人员戴黄色安全帽。违者不得进入施工场地。

（3）施工现场标志的统一

标志性、警示性标牌分类统一规格制作、统一颜色、统一高度、统一字体，严格按照规划位置布设，专人负责管理与维护。

3）合理规划场地进行规范管理

（1）现场临时便道采用碎石路面，主道两侧设排水明沟。

（2）场地排水：现场场地平整后找坡，保证现场雨水、污水统一汇集流入排水沟，经排水沟排走。

（3）材料、机械、机具管理：工程材料、机具设备等分门别类、有条理的堆放整齐。机具设备定机、定人保养，并保持运行正常，机容整洁。现场材料堆放做到工完料尽，场地上无淤泥积水。

（4）土方施工管理：外运土方时不准超高，并采取遮盖围护措施，防止泥土遗漏污染马路。施工场地外撒落的渣石派人及时清扫干净，以避免尘土飞扬。

（5）夜间施工措施：根据夜间施工特点，现场安装光照强度大的照明设施，保证施工现场无照明死角。

夜间施工前认真检修机械设备照明系统，无照明设施的不得参加夜间施工。运输汽车夜间限速 20km/h。

5.2.10 环境保护措施

严格遵守《中华人民共和国环境保护法》以及相关的法律、法规、规章制度，保护和改善作业现场的环境，控制现场的各种粉尘、废水、废气、固体废弃物、噪声、振动等对环境的污染和危害。环境保护是文明施工的重要内容之一，它对保证人们身体健康和社会文明，消除外部干扰、保证施工顺利进行，节约能源、保护人类生存环境，保证社会和企业可持续发展都具有重要的意义。

（1）防止大气污染措施

水泥和其他易飞扬的细颗粒散体材料，安排在库内存放或严密遮盖，运输时防止遗洒、飞扬，卸运时采取有效措施减少扬尘。

现场结合设计中的永久道路布置施工道路。施工道路的基层做法按设计要求执行，面层可分别采用礁渣、细石，以减少道路扬尘。配备专用洒水车，对施工现场和运输便道经常进行洒水湿润，防止扬尘。

混凝土在拌和站集中搅拌，混凝土运输车运输。

（2）防止水污染措施

施工产生的污水、泥浆不流出施工区域，建筑垃圾及时清运，运输车辆不带泥行驶。

对现场存放油料的库房进行防渗漏处理，储存和使用都要采取措施，防止油料跑、冒、滴、漏，污染水源。

（3）防止施工噪声污染措施

施工现场遵照《建筑施工场界环境噪声排放标准》（GB 12523—2011）制定降噪度。

为减少噪声污染，减少夜间车辆出入频率，在夜间尽量不安排噪声大的机械施工，对机械注意养护，降低噪声。

在布置施工场地时，对钢筋加工、混凝土拌和等设施尽量远离居民区，以减少噪声污染。

对人为的施工噪声有降噪措施和管理制度，并进行严格控制，最大限度地减少噪声扰民。

（4）防止固体废物污染措施

清理施工、生活垃圾，搭设封闭式临时专用垃圾道或采用容器吊运，不得抛撒，经集中收集后运至环保部门指定的地点掩埋，及时清运，适量洒水，减少扬尘。

及时清理并保持生产、生活区环境卫生，严格禁止随意倾倒垃圾，同时认真搞好周围环境的绿化工作。

工点完工后，建筑垃圾运至环保部门指定地点。经常征求当地环保部门及群众对施工范围内环保工作的意见，及时整改，避免和减小由于施工方法不当引起的对环境的污染和破坏。严禁乱砍、乱伐，保护好工地范围内的生态环境。

5.2.11 夏期施工安全保证措施

（1）选用水化热较低的水泥，掺用缓凝型减水剂，并根据气温适当增加坍落度。

（2）在气温较低的早晚或夜间进行拌制施工，但要确保有足够的照明设施。

（3）大体积混凝土设置冷却循环水管降温，养护时间不宜小于7d。

（4）模板或基底喷水湿润。浇（砌）筑前必须做好充分的准备，确保连续进行，无故不得间歇，无法控制的间歇必须及时留置好施工缝，下次施工前按规范做好结合层的处理。

（5）当混凝土灌注完毕、应尽量减少暴露时间，应用塑料薄膜紧密覆盖防止水分蒸发，或用毛毡全面覆盖并浇水。

（6）在对墩身、梁体进行洒水养护的同时，应对随墩身、梁体同条件养护的混凝土试件进行洒水养护。

（7）在混凝土初凝后立即用毛毡覆盖并洒水养护，墩身表面覆盖薄膜。

（8）采取防暑降温措施保证人身安全、机械正常运转。

（9）尽可能缩短混凝土运输时间，浇筑混凝土尽量选择温度较低或夜间进行。

（10）夏季高温施工应妥善安排好施工程序，由于注重工作时间的调整，使工作人员能够休息好，不可疲劳作业，安排工作避开中午高温时段，延长午休时间，充分利用早上和晚上比较凉爽的时间段。

（11）夏季应充分做好防暑降温工作，施工现场配备必要的抗暑药品，并安排充足的饮用水，加强施工人员的监护工作，及时制止身体不适者强行作业。

（12）夏季施工时间内应加强电缆及用电设备的监护，防止由于高温状态下热量不易于散发引起火灾，电气焊作业时必须对周围场地进行清理并加强监视，防止火花溅射到干燥物品上引起火灾。

5.2.12 雨季施工安全保证措施

因本工程位于赣江之上，故雨季施工应重点防控。

1）雨季施工安排

（1）编制雨季各施工项目的专项施工方案，严格按照审批方案要求备足雨季施工材料和防护物品。

（2）建立施工天气晴雨记录表，设专人负责每日更新最近天气情况及时掌握天气预报和气象动态，经常与当地气象部门联系，以利安排施工，做好预防工作。

（3）提前做好物资、设备的防淋、防湿工作，对钢筋和机电设备等做好覆盖。

（4）对深基坑加设挡板和支撑，坑外做好排水设施，备足排水设备，防止基坑边坡滑坍。

2）雨季防汛保证措施

（1）准备工作

①成立抗洪防汛领导小组，建立雨季值班制度。在雨季来临之前，建立雨季施工领导小组，责任到人，分片包保。在雨季施工期间定期检查，严格雨季施工"雨前、雨中、雨后"三检制，对发现的问题要及时整改。

②成立防洪抢险突击队，平时施工作业，雨时防汛抢险。每个施工现场均要备足防汛器材、物资，包括雨衣、雨鞋、铁锹、草袋、水泵等，做到人员设备齐整、措施有力、落实到位，防洪抢险专用物资任何人不得随意调用。

③雨季期间，与当地气象水文部门取得联系，及时获得气象预报，掌握汛情，合理安排和指导施工，做好施工期间的防洪排涝工作。建立雨季值班制度，专人负责协调与周边部门、企事业单位的防汛事宜。

④编制雨季施工作业指导书，作为雨季施工中的强制性执行文件，严格执行。

⑤现场大、中、小型设备必须按规定加防雨罩或搭防雨棚，机电设备要安装好接地装置，机电闸箱的漏电保护装置安全可靠；施工电缆、电线尽量埋入地下，外露的电杆、电线采取可靠的固定措施；雨季前对现场设备作绝缘检测。对水泥等易潮物资采取遮雨、防潮措施，现场物资的存放台等均应垫高，做好周围排水设施，防止雨水浸泡。

（2）雨季施工组织管理保证措施

项目经理部成立雨季施工领导小组，组长由项目经理兼任，各职能部门负责人为小组成员。制定和落实雨季施工工作制度。明确领导小组成员和各标段项目经理的责任分工，做到责任到人，各负其责。

实行雨季值班制度，与当地气象部门加强联系，遇有雨情及时通知有关单位做好预防工作。岗位工作责任制：建立健全各岗位、工种施工操作责任制，实行包保结合，包保到人。

（3）雨季钢材施工质量保证措施

①雨天施工时，加工钢筋在钢筋棚内进行，正在进行施工的钢筋骨架或已绑扎完准备浇筑混凝土的，须用棚布、雨布加以覆盖，并把中间垫高，以利排水，防止雨水腐蚀钢筋。

②锈蚀严重的钢筋使用前要进行除锈。

③进现场的钢筋要堆码整齐，下雨时盖塑料布进行保护。加工钢筋尽量选择无雨天气。

（4）雨季混凝土质量保证措施

①混凝土浇筑前应及时了解天气预报，尽量利用非雨天气组织施工。如果在混凝土浇筑过程中遇雨，应急时用塑料布或雨布遮盖。

②混凝土浇筑前必须清除模板内的积水，混凝土浇筑前不得在中雨以上进行，遇雨停工时应采取防雨措施。待继续浇灌前应清除表面松散的石子，施工缝应按规定要求进行处理。

③混凝土初凝前，应采取防雨措施，用塑料薄膜保护。

④浇筑混凝土时，如突然遇雨，要先做好临时施工缝，才可收工。雨后继续施工时，先对接合部位进行技术处理后，再进行浇筑。

⑤雨季施工及时调整各种配合比。混凝土浇筑过程中或浇筑完毕未达到初凝，如遇下雨，要立即用塑料膜或篷布覆盖，防止雨淋。

⑥雨后接缝时，应凿掉被雨水浸泡冲刷过的松散混凝土；继续浇筑混凝土时，应按施工缝处理。

⑦如果浇筑的混凝土在终凝前受到雨水冲刷或浸泡，使其表面遭到破坏，应将这部分混凝土及时砸至密实层，再进行修补处理

5.3 监测监控措施

5.3.1 测点布置

顺桥向监测断面设置在预压区域的支墩和纵梁跨中位置，支墩的基础、横梁顶面及纵梁跨中对称梁体中心线各布置5个监测点。每个监测断面监测点的横向布置为：桥梁轴线位置1个点，其余4个点按照与桥梁轴线方向间隔3m对称布置，如图5-2所示。

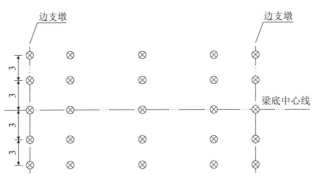

图 5-2 监测点布置示意图（尺寸单位：m）

5.3.2 监测频率

加载前记录每观测点的初始立模高程，每级加载完毕并静候 1h 后进行支架的变形观测，以后间隔 6h 观测记录观测点的位移量。当相邻两次观测位移平均值之差不大于 2mm 时，方可进行下一级加载。在全部预压荷载施加完成后，应每 6h 观测记录一次各观测点的位移量，当连续 12h 观测位移平均值之差不大于 2mm 时，即可卸除预压荷载。

支架卸载 6h 后观测记录各观测点的位移量，填写好"支架预压成果记录表"。卸载按照 110%→100%→60% 逐级进行，并在卸载的过程中做好沉降量观测，分级卸载观测点应与加载时沉落量观测点相同。

5.3.3 数据分析

支架沉降监测宜采用水准仪，测量精度应符合三等水准测量要求。支架平面位移宜采用全站仪进行观测。

卸载应逐级进行，卸载过程中应遵循"两端同步、两侧对称"的原则。

预压结束后，应根据监测数据计算分析基础沉降量和支架弹性变形量、非弹性变形量及平面位移量，评价支架安全性和确定立模高程，形成支架预压报告。

预压结束卸载后，根据弹性变形量确定梁体预留拱度值，预留拱度应计算支架弹性变形、梁体自重下沉、基地沉降等因素。

预压结束模板清洗干净，然后对局部模板高程以及不稳固的模板进行调整，同时在后续钢筋工程、模板工程施工过程中应尽量减少杂物（焊渣、钢筋头、木屑、砂等）落入模板内，以免造成在混凝土浇筑前投入大量人力、物力进行冲洗。

5.3.4 线性控制及沉降变形

梁体混凝土浇筑完毕后，要及时对梁体进行沉降变形观测。由于温度影响，特别是日照的温差直接关系立模放样、复测等的精度，因此放样、复测及变形观测工作，主要安排在早晨 7:00～9:00 或下午 16:00～18:00 时进行。

1) 竖向线性控制

根据加载及卸载各阶段的实测结果，对支架的弹性变形及非弹性变形进行整理、分析。

根据弹性变形数据表和计算出的箱梁纵桥向各点反拱数据，计算出模架底模需要设置的预拱度，并利用二次抛物线进行过渡。预拱度通过箱梁模板的高程来控制。对应用于各横梁处的模板（底板、翼板）高程：$H_{模板} = H_{设计}$（该处设计高程）$+\Delta_{预拱度}$。施工时根据计算出的模板高程，严格对竖向线性进行控制。

竖向线性（高程）控制以II等水准高程控制测量标准为控制网。

2）底模沉降变形观测

（1）沉降变形观测点布置

每节段设三个观测横断面，分别在支点、中跨跨中及边跨1/4跨附近设置，梁体中心线两侧2.5m处三个断面，每个断面设2个观测点，共计6个，点位埋设经过机加工的钢筋头用红油漆标识，观测点高出混凝土面2cm。观测点布置如图5-3所示。

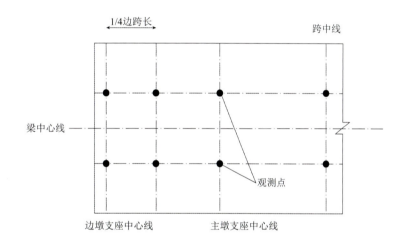

图5-3 沉降变形观测点平面布置示意图

（2）基础及支架沉降观测点

支架搭设完成后，立柱外悬挑处设置支架沉降观测截面，每个观测截面沿横向对称设置2个观测点，每个条形基础上布置3个观测点，从而形成一个沉降观测网；沉降观测应贯穿于加载及卸载的整个过程，在开始加载前必须进行首次观测，作为沉降观测的零点，接着加上第一次荷载，加载后立即再观测，得出施加第一次荷载后的地基沉降、支架变形；施加第二次荷载前再观测，然后施加第二次荷载并立即观测，得出施加第二次荷载后的地基沉降、支架变形；施加第三次荷载前再观测，然后施加第三次荷载并立即观测。观测工作在预压时间内一直进行，一直到沉降趋于稳定。加载及卸载必须在整个预压范围内分级进行，在一个连续的梁段范围内不得分成几段后加载或卸载。每级加载及卸载均应进行测量并详细记录，预压结束卸载完成后，根据地基沉降观测记录、支架变形记录，确定模板高度，设置预拱度。

（3）沉降变形观测

在梁体混凝土初凝后，立即进行初次观测，张拉前、张拉后、底模拆除前后分别按照沉降变形观测相关规范要求进行观测，并对数据进行整理。根据试验数据，绘制支架的弹性变形和非弹性变形图，确定弹性变形调整值。以便调整预拱度的数值。

（4）埋设要求

本简支梁设置观测标，墩全高不大于 14m 时，埋设观测标不应少于 1 个。墩身观测标宜设置在墩底部高出地面或常水位 0.5m 左右的位置。设置 2 个观测标时，可在墩身两侧对称埋设。特殊情况可按照确保观测精度、观测方便、利于观测点保护的原则，确定合理的位置。

（5）基础沉降和梁体徐变变形观测要求

无砟道床桥墩台均匀工后沉降量不大于 20mm，相邻墩台工后沉降量差不大于 5mm。桥涵基础沉降和梁体徐变变形的观测精度为±1mm，读数取位至 0.1mm，梁体徐变上拱变形观测频次见表 5-1。

梁体徐变上拱变形观测频次　　　　表 5-1

观测阶段	观测频次		备 注
	观测期限	观测周期	
梁体施工完成	—	—	设置观测点
预应力张拉期间	全程	张拉前后各一次	测试梁体弹性变形
桥梁附属设施安装	全程	安装前后各一次	测试梁体弹性变形
预应力张拉完成—无砟道床铺设前	≥60d	前 1、3、5 天各 1 次，以后 1 次/周	
无砟道床铺设期间	全程	1 次/d	
无砟道床铺设完成后	24 个月	0～3 个月　1 次/月	残余徐变变形长期观测
		4～12 个月　1 次/3 个月	
		13～24 个月　1 次/6 个月	

注：测试梁体徐变上拱变形时，应同时记录梁体荷载状态、环境温度及天气日照情况。

5.4 技术保证条件

5.4.1 主要人员组织机构

根据本项目工程特点及工程分布情况，成立"新建昌景黄铁路（江西段）三标项目部"。

为了加强施工管理，促进施工生产，确保本标段施工顺利完成，科学合理组建施工队伍，增强队伍管控能力，项目部以工程类别、施工里程为依据，进行施工区段划分，成立施工分部。各施工分部按照"管理有效，监控有力，运作高效"的原则组建架子队，组织架构如图 5-4 所示。

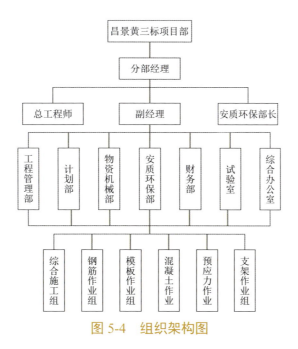

图 5-4 组织架构图

5.4.2 施工队伍部署

根据本简支梁施工范围以及主要工作内容、工程数量，按照"统筹规划、均衡生产、平行施工、立体展开"的原则，采取扁平化管理模式，分部设置 6 个作业班组，即综合施工班组、支架施工班组、模板施工班组、钢筋施工班组、混凝土施工班组、预应力施工班组等，进行流水作业。

主要管理人员配置见表 5-2。

主要管理人员配置计划表　　表 5-2

序号	职务	人数	备注
1	施工负责人	1	全面负责施工
2	技术负责人	1	解决施工过程中的技术难题
3	技术员	4	负责施工过程中的技术指导
4	质量员	2	施工过程中的质量验收
5	试验员	2	施工过程中的试验工作
6	测量员	4	测量放样
7	安全员	2	负责施工过程中安全、文明施工
	合计	16	

施工班组人员配置见表 5-3。

施工班组人员配置计表　　　　　　表 5-3

序号	施工班组	人数	施工内容
1	综合班组	5	地基处理、防护、文明施工等
2	支架班组	15	支架安装与拆除
3	模板班组	25	模板安装与拆除
4	钢筋班组	20	钢筋施工
5	混凝土班组	10	混凝土浇筑、养护
6	预应力班组	6	预应力筋穿束、张拉、压浆、封锚
	合计	81	

5.4.3 主要施工机械

本现浇箱梁施工机械设备及测量仪器配置见表 5-4。

主要施工机械设备及测量仪器配置计划表　　　　　　表 5-4

序号	机具或设备名称	型号规格	单位	数量	备注
		施工机械			
1	汽车起重机	25t	台	2	起重吊装
2	电焊机	34-BG65250	台	8	钢筋加工
3	装载机	ZL50	台	1	二次倒运
4	液压千斤顶	YCW500B 型	套	6	预应力工程
5	智能张拉机		台	1	预应力工程
6	智能压浆机	YSH.3	套	1	预应力工程
7	慢速卷扬机	5t	套	1	预应力工程
8	运输板车		辆	1	二次倒运
9	发电机	600kW	台	1	备用电
10	挤压机		台	1	预应力工程
11	混凝土运输车	$12m^3$	辆	6	混凝土工程
12	混凝土泵车	SCHWING42SX	辆	1	混凝土工程
13	插入式振捣棒	ZN30.50	台	6	混凝土工程
14	插入式振捣棒	ZN30.30	台	4	混凝土工程

续上表

序号	机具或设备名称	型号规格	单位	数量	备注
施工机械					
15	钢筋切断机	GQ40	台	1	钢筋工程
16	钢筋弯曲机	GW40A	台	1	钢筋工程
17	钢筋调直机	GT4.14	台	1	钢筋工程
18	挖掘机	240	台	1	地基处理
测量仪器					
1	水准仪	DSZ.2	台	2	施工测量
2	电子水准仪	DINI3	台	1	沉降观测
3	全站仪	莱卡1201＋	台	1	施工测量

5.5 质量控制措施

5.5.1 质量管理体系

分部根据技术的发展和条件的变化相应的更新和完善该质量管理体系，确保工程每一个环节的质量得到好的控制。质量管理体系中，强化质检机构，配置素质较高的质检工程师，保证质检工程师的工作权力。完善以质检工程师为骨干的自检体系，做到处处有检查。以工作质量保证工序质量，以工序质量保证工程质量。质量组织管理体系如图5-5所示。

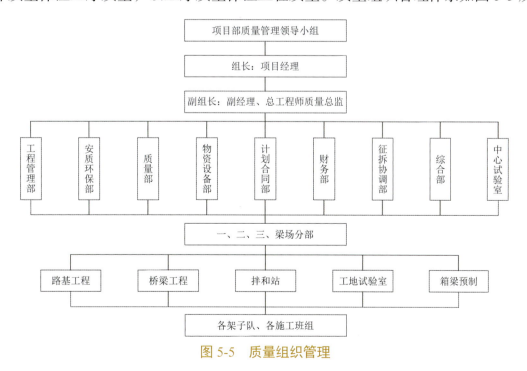

图 5-5　质量组织管理

5.5.2 质量控制措施

1）支架搭设及拆除

（1）材料进场后，按验收标准要求进行检测，符合标准后方可使用，非国标材料不允许使用，贝雷梁有脱焊、弯曲变形或锈蚀严重的不得使用。

（2）钢管柱安装的垂直偏差不得大于1%，且小于5cm，焊缝应饱满，端部三角形加劲肋应分布均匀，焊接质量符合设计要求。

（3）支架必须经三级验收合格后方可投入使用。

（4）拆除支架必须在梁体预应力筋张拉全部完成之后进行。

2）底模安装及拆除

（1）底模下的肋板间距按方案的要求间距安放。

（2）底模两侧边贴双面胶密封，在底模上方进行焊接作业时，其下应遮垫，以防焊渣掉在底模上，损伤面板。

（3）模板安装前木模在施工现场制作，木模与混凝土接触的表面应平整、光滑，多次重复使用的木模应清理干净。

（4）铺设底模时技术人员应全程旁站，并实时进行测量，直到底模全部调整到施工高程。

（5）侧模安装完毕后应对顶部位置及高程进行测量放样，并使用锤球检测垂直度，以保证安装准确。

3）钢筋加工制作与绑扎

（1）按设计和规范的有关规定进行钢筋原材及焊接试件的检验。

（2）搭接焊宜采用双面焊，焊接长度不得小于$5d$（d为钢筋直径），在双面焊困难时，采用单面焊，焊接长度不得小于$10d$。

（3）配筋时钢筋接头应避开梁的最大受拉区，在设计图中未给定的情况下，箱梁底板及腹板中心轴以下部分在跨中6m左右范围不得设有接头，在其他拉应力区，同一截面接头百分率不超过50%。

4）预埋件安装

要注意按设计及规范要求的质量标准，安设好各类预埋件，主要预埋件有泄水管、接地端子、接地钢筋、通风孔、竖墙及挡砟墙预埋钢筋、接触网支柱基础及下拉锚线基础预埋钢筋、防落梁挡块、支座、锚垫板、梁端防撞角钢等。预埋件安装位置应准确，并用定位钢筋固定，定位钢筋牢固焊接在钢筋骨架上，在浇筑混凝土前应指派技术人员进行检查，防止出现漏埋或预埋件松动的现象。

5）预应力钢束、波纹管及锚垫板和螺旋筋的安装

（1）预应力钢绞线及相应锚具进场后，应按设计及规范要求进行检测，合格后方可使用。

（2）由于钢筋、管道密集；若钢绞线与管道、普通钢筋发生冲突时，允许进行局部调整，调整原则是先普通钢筋、后横向预应力管道，保持纵向预应力钢筋管道位置不动。同时应注意加强捣固，不得存在空洞或漏捣。

（3）锚具垫板及喇叭口尺寸应正确，锚垫板承压面必须与预应力筋垂直，喇叭管和波纹管的衔接要平顺，不得漏浆，并杜绝堵孔道。

（4）螺旋筋安放位置要正确，锚垫板与端模安放位置要正确，喇叭内口及压浆孔中要用棉纱或海绵块填充塞紧以防进浆。锚垫板端面与钢束端部轴线保持垂直。波纹管应插入锚垫板的小口内，缝隙用塑料胶带裹缠严密。若伸入锚垫板喇叭口中则需在张拉前裁剪，以保证预应力张拉时，钢绞线能在喇叭口内按正常角度分开。

6）侧模、端模安装及拆除

（1）侧模的对拉拉杆采用双螺母，螺母要上紧。下部靠底模控制宽度，上部用垫块及顶板钢筋控制上口宽度。

（2）侧模与底模对口处粘贴双面胶，以防涨模跑浆出现烂根现象。

（3）端模采用钢管做横撑梁（可与侧模端的边框连接）进行加固，并设一定数量的斜撑方木。

（4）拆除时严禁直接撬捌模板以防损坏梁棱角。应用起重机外拽脱模后起吊，起吊时应在模板下部挂两根缆绳，用缆绳来控制模板摆动，以防模板碰撞墩柱。

7）混凝土浇筑及养生

（1）在气温较低时，现浇梁的混凝土浇筑尽可能安排在白天气温相对较高的时段进行。对溅落在模板内面上且已干涸的混凝土浆斑点能清洗的应及时清洗，保持钢模内面湿润，以防干灰黏皮，影响混凝土外观质量。

（2）对进场混凝土的坍落度、含气量、出机温度进行检测，不符合要求的坚决清退，并按要求做好标养及同条件养生试件。同条件养生试件在脱模后立即移至梁上，并同梁体混凝土一起覆盖和洒水养生。

（3）混凝土的浇筑要严格按照方案中所要求的顺序进行，确保直接灌筑高度不超过2m，并避免混凝土直接冲击波纹管。冲击力较大时，应采用垫板缓冲（竹模板或薄钢板），人工摊铺。灌筑过程中严禁混凝土直接冲击侧模。

（4）采取倾斜分层、水平分段浇筑时，水平分段长度控制在10m左右，倾斜分层后度

控制在 0.3m 以内。

（5）混凝土捣固时，严禁振捣棒碰撞波纹管和模板。在混凝土浇筑前振捣工要提前掌握清楚波纹管在各区段的具体位置，做到心中有数。振捣要本着"快插慢拔"的原则，避免漏振和过振，以混凝土表面开始翻浆并无大气泡翻出为度。应特别重视对锚区位置混凝土的捣固，ϕ50mm 振捣棒不易插入的地方，需用ϕ30mm 振捣棒辅助振捣，确保该处混凝土内部密实，防止锚垫板后部混凝土中出现空洞。

（6）混凝土浇筑后首先进行粗抹找平，待收浆后初凝前进行二次抹面压光，在气温高于 5℃时，混凝土初凝后应及时覆盖并洒水养生，防止混凝土表面出现干缩裂纹。气温低于5℃时，严禁洒水，需在混凝土二次抹面压光后立即用塑料薄膜对外露混凝土进行覆盖，待混凝土初凝后，再在其上覆盖保温材料，拆除侧模及底模后，及时对箱梁混凝土外侧面喷涂混凝土养生剂。

8）预应力张拉及压浆

（1）预应力所需材料进场时应附有合格证、质量证明。进场后按设计及规范要求进行抽检，抽检合格后方可使用。张拉机械设备使用前需进行标定，在使用过程中如有异常或更换密封圈等需重新进行标定。

（2）千斤顶、油泵、油压表组装后，首次张拉前需空载运行1～2遍，以便将进入千斤顶及油管中的空气排出。张拉机具搬运过程中，应避免磕碰油压表及千斤顶油嘴。装卸油压表时，严禁直接扳动油压表，应用两个扳手松紧连接螺母。

（3）工作锚与限位板、千斤顶要配套使用。安装锚环前需将锚垫板端面清理干净，尤其锚环槽口内。喇叭口内若有多余的波纹管应清除掉。对于张拉锚固区处的钢绞线，需保持清洁，若有浮锈及污物要清理干净，以免影响锚具效率。

（4）锚环、夹片在工地上一定要妥善保管，防潮、防锈，做到随用随取。夹片齿部若出现严重锈蚀情况，应禁止使用。锚环及夹片使用时应避免沾上泥沙。安装锚环时，锚环一定要入槽，并注意确保工具锚与工作锚之间的钢绞线不能出现交叉的情况。

（5）限位板的限位高度必须与夹片的外露量相适应，限位高度应比夹片外露量低0.5～1.0mm（与钢绞线直径相匹配的限位高度，一般在6～7mm）。应注意避免在限位面上沾上泥土等污物。

（6）张拉前应对梁端混凝土进行认真仔细检查，对锚区混凝土存在的蜂窝、孔洞，需彻底清凿后修补，修补材料强度不低于梁体本身强度。

（7）张拉时需统一指挥，两端用对讲机或口哨发出号令，协调作业。张拉作业应缓慢均匀进行，并且尽可能使两端预应力钢束的伸长量保持接近。要及时准确地做好张拉记录。

(8）孔道灌浆时，水泥浆中掺入的外加剂要充分搅拌均匀，在使用前及压注过程中对储浆罐中的水泥浆应不停搅动，并定期检查滤网，若有损坏及时更换。气温较高时，从制浆到压浆时间最长不得超过 40min，气温较低时，压浆作业安排在白天气温相对较高的上午或中午进行。

（9）压浆时需做好压浆记录，每一工作班至少应留取 3 组尺寸为40mm×40mm×160mm的标准养护试件，并做好试件的养生工作。

6 施工管理及作业人员配备和分工

6.1 施工管理人员

施工管理人员岗位与职责见表6-1。

施工管理人员岗位职责　　　　　　　　表 6-1

序号	职务/岗位	职责
1	分部经理	（1）分部经理代表工程公司行使本分部建设过程中的安全管理责任，直接领导并全面组织本分部工程的施工，对分部内工程施工安全负全面领导责任，是分部的安全生产的第一责任人。 （2）贯彻执行国家安全生产方针、政策、法律法规和上级规章制度。 （3）组织制定分部项目部的安全生产规章制度、操作规程和全员安全生产责任制，并督促落实。 （4）建立健全安全监管机构，配备专职安全人员，充分发挥安全监管机构和人员的作用。 （5）负责分部项目部内安全生产和应急体系的建立，组织制定分部项目部的生产安全事故应急救援预案。 （6）落实安全风险分级管控和隐患排查治理双重预防工作机制。 （7）组织制定并实施分部安全生产教育培训计划。 （8）督促、检查分部安全生产工作，及时消除各类安全隐患。 （9）保证分部安全生产投入的有效实施。 （10）及时、如实上报生产安全事故，组织应急处置、救援，配合事故调查处理。 （11）组织开展安全生产检查、考核、评比等活动，召开分部安全生产会议，分析安全形势，落实安全奖惩
2	分部党（工）委书记	（1）坚持"党政同责、一岗双责、齐抓共管"的原则，与分部经理共同对分部项目部的安全生产负责，同为分部项目部安全生产的第一责任人。 （2）贯彻执行国家安全生产方针、政策、法律法规和上级规章制度。 （3）参与安全教育、培训、检查、考核、评比等活动，参与分部项目部安全生产会议，分析从业人员的思想动态，参与应急预案（现场处置方案）等安全防范措施的制定。 （4）组织实施上级党组织开展的各项安全竞赛活动，践行企业安全文化。 （5）组织落实营区安全管理的各项措施。 （6）牵头负责职业健康管理相关工作。 （7）参与组织应急处置、救援、善后，配合事故调查处理

续上表

序号	职务/岗位	职　责
3	分部安全总监	（1）协助分部经理建立健全项目安全管理体系，组织制定分部项目部安全管理规章制度，组织安全生产总体策划和部署，监督检查分部项目部安全生产工作，是分部项目部安全监督负责人；配合项目部开展相关安全工作。 （2）负责综合协调和监督各部门落实安全生产责任，推进全员安全生产责任体系有效运行。 （3）组织开展风险分级管控和隐患排查治理双重预防工作。 （4）负责对危大工程专项施工方案、安全技术交底的管理程序和执行情况进行监督。 （5）组织开展员工各类安全教育培训。 （6）组织开展安全检查，对大型施工设施、装备、安全防护、劳保用品等进行安全验收，对方案执行情况进行监督。 （7）监督安全生产费用的投入和使用。 （8）组织开展安全标准化、信息化等工作。 （9）协助分部经理召开安全生产例会，分析安全现状，提出改进建议。 （10）编制应急预案，并组织应急培训、演练。 （11）及时上报生产安全事故，参与或协助生产安全事故应急救援，配合事故调查处理
4	综合办公室主任	（1）负责安全文件的收发工作。 （2）组织购置、发放防暑降温物品，配置保暖、防寒设施。 （3）负责食堂管理，保证职工饮食安全。 （4）负责分部生活区、办公区和乘用车辆安全管理。 （5）组织职业健康体检工作，并建立员工职业健康档案。 （6）积极参加职工安全生产教育和法制宣传教育，负责对本分部安全生产情况进行宣传报道。 （7）配合项目部办公室开展相关安全工作
5	安全质量部部长	（1）在安全总监领导下，组织落实本分部各项安全生产工作，对施工过程进行监督检查。 （2）落实风险分级管控和隐患排查治理工作。 （3）负责制定安全教育培训大纲，并组织落实。 （4）编制安全生产费使用计划，并建立使用台账。 （5）负责组织对施工环境、职业健康及危险、有毒、有害气体等监测工作，并对数据分析、处置、防护等情况进行监督检查。 （6）负责安全检查，参与对大型施工设施、装备、安全防护、劳保用品等进行安全验收；对方案执行进行监督。 （7）负责开展各类安全生产活动和安全生产宣传工作。 （8）参与工程施工方案和"四新"技术开发应用及有关安全技术措施的研究制定。 （9）负责安全管理人员、特种作业人员、设备操作人员证件管理。 （10）负责安全标准化、信息化具体工作的落实。 （11）协助组织召开安全工作会议，对出现的安全生产问题进行追溯及分析，制定改进措施并组织实施。 （12）编制应急预案，并组织应急培训、演练。 （13）参与事故的调查、分析、处理，并负责上报安全事故月报

续上表

序号	职务/岗位	职　责
6	工程部部长	（1）贯彻执行国家和上级的有关安全管理规定和安全技术规程。 （2）负责对工程的自身风险、作业风险进行识别，对分部项目部施工风险进行评估。 （3）在编制施工组织设计、施工方案时，同时制定安全风险防控措施。 （4）负责编制落实危大工程专项施工方案、临时用电设计方案，负责组织安全技术交底。 （5）参与安全隐患排查治理，对重大安全隐患从技术上分析原因，制定整改措施。 （6）负责分部项目部应用"四新"技术的安全培训和安全技术交底。 （7）参与、配合安全事故调查
7	物资设备部部长	（1）负责本分部所有施工机械设备的安全管理，定期进行检修、维保。 （2）负责本分部所有机械设备的安全技术资料档案管理。 （3）制定专业安全技术培训计划，组织安全操作技术、操作交底。 （4）负责特种设备作业人员的管理，杜绝无证上岗。 （5）参与专项施工方案的制定和会审，配置满足方案需要的机械设备。 （6）负责安全器材，劳保用品的采购、使用管理。 （7）负责物资材料、构配件及工器具进场验收、标识，按安全标准堆码、储存。 （8）负责危爆物品安全管理
8	测量队长	（1）严格执行安全生产方面的法规政策及上级有关规定。 （2）严守企业秘密，不得将测量技术资料随意乱传，做到"有所为，有所不为"。 （3）加强与指挥部，监理工程师，当地政府及群众的联系，并和睦相处，搞好测量工作。 （4）提高安全意识，防止测量过程中的高处坠落、蛇虫伤害及交通安全。 （5）妥善保管仪器设备及原始资料，防止损坏丢失。 （6）完成领导交办的其他临时任务
9	计划合同部部长	（1）编制和下达生产计划时，应列入安全生产指标和措施要求。 （2）负责分包商的资信、能力、业绩和管理人员、特种作业人员证件的审核，并对进场人员进行履约检查。 （3）负责施工合同和安全协议的签订。 （4）负责分包商上场人员的动态统计和实名制管理工作。 （5）负责安全措施费的验工计价工作
10	财务部部长	（1）落实安全技术措施和劳保用品所需的资金，做到安全生产措施费专款专用、依法合规。 （2）负责兑现安全生产奖惩。 （3）负责危险作业人员意外伤害险、安全生产责任险等投保工作

续上表

序号	职务/岗位	职　责
11	试验分组主任	（1）负责工程有关试验方面的安全防护工作。 （2）负责各种原材料的试验、各种混合料配合比试验、过程试验、填写试验记录、出具试验报告；保持与监理工程师的联系，配合抽检试验。 （3）制定并执行试验仪器、设备的操作规程及维修、保养等管理制度，落实仪器、设备管理责任人，填写仪器使用档案，以确保试验工作的安全性。 （4）在施工过程中配合安质环保部对危险物品的鉴定工作。 （5）建立试验仪器和设备台账，使用档案。 （6）保持试验室环境符合规程要求，按照操作规程进行试验仪器操作，发现异常情况时及时进行检查，检定，保证仪器处于良好工作状态
12	安全人员	（1）认真贯彻执行建设安全工作规程、安全施工管理规定和上级有关安全工作的指示与要求，做好本工地的安全施工管理工作。 （2）负责监督、检查本工地施工场所的安全施工、文明施工情况，对查出的事故隐患，应立即督促班（组）整改。 （3）有权制止违章作业和违章指挥；有权对违章者进行经济处罚；对严重危及人身安全的施工，有权指令先行停止施工，并立即报告领导及时处理。 （4）参加本工地重要施工项目和危险性作业项目开工前的安全措施交底，并到现场检查开工安全施工条件，监督安全措施的执行。工地（工区）专职安全员应同时参与审查安全施工措施。 （5）协助工地领导布置与检查每周的安全日活动；监督、检查班组每天的班前安全讲话（站班会）；督促班（组）加强安全建设。 （6）参加工地安全会议和生产调度会，协助工地领导布置、检查、总结安全工作。 （7）参加工地安全大检查，对发现的问题按"三定"（定措施、定人、定时间）原则督促整改。 （8）参加公司（项目工地）安监部门组织的安全专业检查；参加安全员工作例会。 （9）督促并协助工地有关人员做好劳动防护用品、用具和重要工器具的定期试验、鉴定工作。 （10）开展安全施工的宣传教育；负责对新入厂人员进行二级安全教育
13	试验人员	（1）参加试验设施和设备的验收，发现设备、设施的不正常情况应及时采取措施，发现问题及时汇报。 （2）对有毒、有害的建筑材料进行检验的同时，对施工作业人员进行危险、有害因素的告知。 （3）贯彻落实安全生产方针、政策、法令、法规、标准、制度
14	测量人员	（1）严守企业秘密，不得将测量技术资料随意乱传，做到"有所为，有所不为"。 （2）提高安全意识，防止测量过程中的高处坠落、蛇虫伤害及交通安全。 （3）妥善保管仪器设备及原始资料，防止损坏丢失

续上表

序号	职务/岗位	职责
15	材料员	（1）采购或提运有毒材料及各种危险品时，必须索取有关性能说明书、确定使用范围，提出使用注意事项后下发使用。 （2）定期检查料具、对不符合安全规定的、及时回收处理，或报请项目部（分部）处理，集中存放，并按公司《物资管理办法》规定进行处理。 （3）经常检查各类材料堆码场地、库房安全防护情况，发现问题及时解决。 （4）负责对材料运输、保管人员进行日常安全教育。 （5）按劳动发放用品发放规定及时发放劳动保护用品、并建立采购、发放台账，配合项目部（分部）进行安全费用的统计工作。 （6）负责检查、验收入场劳动防护用品、工具等的质量
16	安全监督管理员	（1）对施工现场有关人员安全生产行为安全措施落实负有监督责任。 （2）严格执行各级安全法律法规和规章制度。 （3）编制本分部各项安全管理制度和实施细则，并负责实施。 （4）掌握本分部施工工艺中相关专业知识和安全生产技术，监督施工方案和安全规章制度的实施，参与相关计划或预案的制定和审核。 （5）负责对工程重点部位、关键环节和特种作业的跟踪检查，发现隐患及时报告处理。 （6）进行日常安全检查和巡查，参与安全检查和隐患排查，发现问题提出整改要求，并监督落实。 （7）配合开展本分部全体从业人员的安全教育、培训、考核工作，如实记录安全生产教育培训情况。 （8）熟悉技术交底、安全技术交底及安全管理相关要求，监督施工现场按照技术交底、安全技术交底及安全相关要求进行施工。 （9）参与危险源辨识、安全风险评价工作，进行风险告知，及时反馈现场信息，为做好安全风险预判、预防、预控提供依据。 （10）制止和纠正违章指挥、强令冒险作业、违反操作规程的行为，对极易引发事故或险性事件的，有权勒令停工整顿，并及时报告项目领导处理，必要时，可越级向上级反映安全问题。 （11）对分部劳保用品及全防护用品的采购、使用和管理进行监督检查。 （12）参加应急救援预案的编制，参与实施应急演练。 （13）报告安全事故，参与事故救援，配合事故调查
17	技术人员	（1）对项目安全生产和劳动保护的技术工作负指导责任。 （2）贯彻落实国家安全生产方针、政策，严格执行安全技术规程、规范、标准，编制安全技术交底。 （3）制定风险源控制措施和安全技术措施，批准后进行安全技术交底并组织实施。 （4）编制施工组织设计、专项施工方案和临时用电方案，结合方案进行安全技术交底，指导并监督执行。 （5）应用"四新"技术时，负责对从业人员进行安全技术交底和培训。 （6）负责项目安全防护设施和设备的验收，按规定进行定期检查，发现问题及时处理或上报。 （7）参与项目安全检查和隐患排查，对工程项目存在的安全隐患，编制整改方案。 （8）参与项目应急救援预案的编制和演练。 （9）参与事故救援，配合事故调查

续上表

序号	职务/岗位	职 责
18	管段（专业）工程师	（1）遵守有关的建筑工程安全生产法令、法规，认真执行工程公司和项目部的各项安全生产规章制度。 （2）落实分管范围内的安全生产工作，实施现场安全标准工地建设管理工作，是分部项目部施工现场安全措施实施的落实责任人，对本管段安全工作负有直接管理责任。 （3）认真执行项目施工组织设计和施工方案，在进行技术、质量管理的同时，严格要求安全技术措施到位，发现安全隐患及时纠正解决；配合安全员做好日常安全管理工作。 （4）参加各项安全检查，配合项目部和分部安全部门的检查和监督，对提出的安全隐患及时解决。 （5）组织开展安全教育、培训、交底、检查、评比等活动，组织实施施工组织设计和专项施工方案的安全技术措施。 （6）协助管段副经理和上级部门排查治理安全隐患，制止"三违"现象。 （7）严格按国家有关安全规程，规范要求把关，发现材料和施工工艺上的问题有权制止。 （8）参加安全会议，积极提出安全合理化建议。 （9）参与事故救援，配合事故调查
19	物资设备人员	（1）严格执行机械设备、周转材料、物资储运的安全管理规章制度和操作规程。 （2）负责机械设备、施工机具进场检查、验收，定期检查设备的运行、维修、保养情况，建立相应的安全技术档案。 （3）负责组织对特种设备和大型施工装备的检测、验收，并按规定向建设行政主管部门或者其他有关部门登记。 （4）对特种设备运转状态和操作人员的技能进行检查，发现问题及时处理。 （5）负责组织大型机械、特种设备操作人员的操作技能培训、取证和安全技术交底。 （6）负责爆炸、危化等物品的采购、储运、使用的管理。 （7）参与事故救援，配合事故调查
20	财务人员	（1）落实安全生产费的专款专用和费用的及时支付、列销。 （2）负责本分部安全责任险和人身意外伤害险等保险业务的办理。 （3）及时兑现各项安全奖罚
21	计划人员	（1）负责分包商安全资质的审查、报批及进场验证。 （2）组织签订劳务合同及安全协议。 （3）负责建立分包商台账和劳务人员名册，为安全教育培训提供依据。 （4）负责安全生产费用的计量工作
22	后勤服务岗位人员	（1）参与本单位组织的安全生产、安全常识教育培训活动，对所使用的生活电器、交通运输工具、生活饮食机具、办公器材、医疗器械等进行维护管理，保证其安全防护设施齐全、灵活、有效。 （2）及时配发防暑降温物品，配备保暖、防寒设施。 （3）管理、美化施工生产现场、居住区域的环境，维护施工生产安全，配合相关部门加强员工管理

6.2 专职安全人员

6.2.1 专职安全生产管理人员职责

(1) 组织或者参与拟订安全生产规章制度、操作规程和生产安全事故应急救援预案。

(2) 组织或者参与安全生产教育和培训,如实记录安全生产教育和培训情况。

(3) 督促落实重大危险源的安全管理措施。

(4) 组织或者参与应急救援演练。

(5) 检查安全生产状况,及时排查生产安全事故隐患,提出改进安全生产管理的建议。

(6) 制止和纠正违章指挥、强令冒险作业、违反操作规程的行为。

(7) 督促落实本单位安全生产整改措施。

6.2.2 专职安全生产管理人员配备

本工程设 4 名专职安全生产管理人员,具体名单略。

6.3 特种作业人员

本工程特种作业人员主要为电工、焊工、起重机司机、司索工等,其岗位职责见表 6-2。

特种作业人员岗位职责　　　　　表 6-2

序号	职务/岗位	职责
1	起重机司机	(1) 严格执行作业标准和规章制度,确保安全生产,负责与各岗位的配合和本岗位信息传递工作,服从分配。 (2) 起重机走行及起吊前必须响铃,并先将重物吊起 150~200mm,检验制动器是否正常,然后再起吊。吊运的物体不准从人头及机电设备上通过。 (3) 起重机供电前,应保证所有的控制器在零位。操作时控制器必须逐挡动作,挡次间的移动应保持一定的时间间隙,以免电机承受过流和超负荷。 (4) 吊运物件不得悬空时间过长,重物悬空时司机不得离开岗位以免发生意外。 (5) 司机必须随时观察运行中吊具的安全锁轴有无窜出现象。 (6) 正在检修的起重机,必须在交接班本上详细注明,运行中的司机必须随时观察大车轨道所设的警告标志。 (7) 司机操作室的降温取暖设备必须插在专用的插座上中,司机必须熟知各种信号,严禁无指挥、无信号操作。 (8) 起重机司机必须熟知钢绳使用的报废的使用标准,防火措施以及消防器材的作用。 (9) 司机要严格遵守高空作业有关规定,决不允许从起重机走台上往下扔(掉)器件和杂物

续上表

序号	职务/岗位	职　责
2	司索工	（1）司索工在工作前，应检查工具是否安全可靠，有可能危及安全的，立即调换。 （2）指挥信号要事先向行车工交待清楚，并约定指挥信号的含义。如遇操作过程中看不清指挥信号时，应停止操作予以提醒，待接到准确信号时再进行操作。 （3）指挥手势要清晰，信号要明确，不准戴手套指挥。 （4）当起吊货物时，应明确货物的起重质量，严禁指挥行车工超负荷作业，并明确货物特性和单件质量。 （5）货物升降时，司索人员必须避让到安全位置。 （6）工作完毕时，固定起重机，收回工属具，并放到指定位置。 （7）在货物装卸时，应做到轻卸轻放，货物堆放应合理、规范
3	焊工	（1）严格执行焊接工艺规程和焊接质量标准，提高焊接水平。 （2）坚持"安全第一、预防为主"的方针，增强自我保护意识，杜绝习惯性违章作业，确保人身和设备安全。 （3）搞好分管焊接设备的维护、保养工作，确保焊接设备状态完好，随时备用。发现设备异常，及时采取措施并向班长报告。 （4）加强技术理论学习，按时参加班组内的技术技术理论讲课，不断提高技术理论水平，苦练基本功，不断提高检修质量。 （5）搞好分管设备的消缺工作，发现因故不能处理的缺陷，及时向班长汇报
4	电工	（1）遵守各项规章制度，执行本岗位的安全操作规程、服务规程、作业指导书，达到本岗位质量标准，做好要求的工作记录。 （2）熟悉辖区内供配电系统的运行方式，电缆线路的敷设、布置及配电箱的位置，功能和控制对象，设备容量、规范、位置，操作方法及注意事项。 （3）负责供配电设备设施的运行操作、维护保养和巡视检查。 （4）负责供配电设备设施的零修和当班中发生的异常现象和一般故障的处理。 （5）执行应急处理程序和请示报告制度及时报告、妥当处理紧急情况或突发事件。 （6）正确使用、妥善保管所使用的工具、仪表，维护好现场作业环境

6.4 其他作业人员

施工班组人员配置计表见表 6-3。

施工班组人员配置计表　　　　　　　　　表 6-3

序号	施 工 班 组	人数	施 工 内 容
1	综合班组	5	地基处理、防护、文明施工等
2	支架班组	20	支架安装与拆除
3	模板班组	25	模板安装与拆除

续上表

序号	施工班组	人数	施工内容
4	钢筋班组	50	钢筋施工
5	混凝土班组	10	混凝土浇筑、养护
6	预应力班组	8	预应力筋穿束、张拉、压浆、封锚
	合计	118	

7 验收要求

7.1 验收标准

（1）《危险性较大的分部分项工程安全管理规定》（住建部第 37 号令）；

（2）《住房城乡建设部办公厅关于实施<危险性较大的分部分项工程安全管理规定>有关问题的通知》（建办质〔2018〕31 号）；

（3）《铁路轨道工程施工质量验收标准规范》（TB 10413—2018）。

7.2 验收程序及人员

1）验收程序

（1）项目部根据工程特点制定验收工作内容，明确需进行验收的重要部位、内容和要点。

（2）项目部根据所确定的项目内容逐项进行自检自评。自检自评合格后向监理单位提出验收申请。

（3）监理单位收到验收申请后，应对验收项目进行预审，预审符合要求的，总监理工程师组织各方成立验收组进行专题验收。

（4）验收组按照所确定的验收项目内容逐项进行验收，并形成书面验收结论。

（5）项目部需按照验收组意见进行整改。未进行验收或验收未通过的，不得进行相应重要部位和环节的施工。

2）验收单位

（1）施工单位

总承包单位和分包单位技术负责人或授权委派的专业技术负责人、项目负责人、项目技术负责人、专项施工方案编制人员、项目专职安全生产管理人员及相关人员。

（2）监理单位

监理单位项目总监理工程师及专业监理工程师。

（3）其他单位

有关勘察、设计和监测单位项目技术负责人。

7.3 验收内容

以支架验收为例介绍验收的相关内容。

（1）在支架搭设施工过程中，分部安排专人进行巡视检查指导，发现不符合施工方案和规范规程要求的，应及时纠正，确保施工安全和质量。

（2）临时支架搭设完成后，进行验收，并悬挂明显的状态标识牌；验收合格后方可转入下道工序应用。

（3）支架的验收执行三级验收。

①分部验收：由分部安质环保部组织工程部、物资部、试验室、架子队、联合对支架进行验收，贝雷纵梁重点检查贝雷片连接销是否牢固。钢管柱重点检查焊接质量、以及各杆件之间的连接是否密贴、受力是否均匀等。经验收认定合格后报局项目部申请验收。

②项目部验收：由局项目部组织工程部、安质环保部相关技术人员对分部验收报告进行复核检查、验收，经复核认定合格后，报监理站申请验收。

③监理站验收：由监理站对局项目部验收报告审核验收。

（4）各类支架验收后应形成书面验收记录和验收结论；需要整改的，由分部组织整改，整改结束后由分部重新组织验收，并将整改结果以书面资料和图片形式向上一级主管部门反馈，形成闭环管理。

8 应急处置措施

8.1 应急处置领导小组组成与职责、应急救援小组组成与职责

1）应急领导小组成员

项目经理为组长，总工程师、安全总监、副经理为副组长，各部室负责人为组员。

2）应急组织的职责及分工

（1）组长职责

①决定是否存在或可能存在重大紧急事故，要求应急服务机构提供帮助并实施场外应急计划，在不受事故影响的地方进行直接控制。

②复查和评估事故（事件）可能的发展方向，确定其可能的发展过程。

③指导设施的部分停工，并与领导小组成员的关键人员配合指挥现场人员撤离，并确保任何伤害都能得到足够的重视。

④与场外应急机构取得联系及对紧急情况的处理作出安排。

⑤在场外（设施）内实行交通管制，协助场外应急机构开展服务工作。

⑥在紧急状态结束后，控制受影响地点的恢复，并组织人员参加事故的分析和处理工作。

（2）副组长职责

①评估事故的规模和发展态势，建立应急步骤，确保员工的安全和减少设施和财产的损失。

②如有必要，在救援服务机构到来之前直接参与救护活动。

③安排寻找受伤者及安排非重要人员撤离到集中地带。

④设立与应急中心的通信联络，为应急服务机构提供建议和信息。

（3）通信联络组职责

①确保与最高管理者和外部联系畅通、内外资讯反馈迅速。

②保持通信设施和设备处于良好状态。

③负责应急过程的记录与整理及对外联络。

（4）技术组职责

①提出抢险抢修及避免事故扩大的临时应急方案和措施。

②指导抢险抢修组实施应急方案和措施。

③修补实施中的应急方案和措施存在的缺陷。

④绘制事故现场平面图，标明重点部位，向外部救援机构提供准确的抢险救援信息资料。

（5）安保组职责

①保护受害人财产。

②设置事故现场警戒线、岗，维持工地内抢险救护的正常运作。

③保持抢险救援通道的通畅，引导抢险救援人员及车辆的进入。

④抢险救援结束后，封闭事故现场，直到收到明确解除指令。

（6）抢险抢修组职责

①实施抢险抢修的应急方案和措施，并不断加以改进。

②寻找受害者，并转移至安全地带。

③在事故有可能扩大进行抢险或救援时，高度注意避免意外伤害。

④抢险抢修或救援结束后，直接报告最高管理者，并对结果进行复查和评估。

（7）医疗救治组

①在外部救援结构未到达前，对受害者进行必要的抢救。

②使重度受害者优先得到外部救援结构的救护。

③协助外部救援结构转送受害者至医疗机构，并指定人员进行护理。

（8）后勤保障组职责

①保障系统内各组人员必需的防护用品、救护用品及生活物资的供给。

②提供合格的抢险或救援物资及设备。

8.2 重大危险源清单及应急措施

1）呼救

当工地发生伤害事件，最先发现情况的人员应大声呼叫，呼叫内容要明确"某某地点或某某部位发生某某情况"，将信息准确传出。

听到呼叫的任何人，均有责任将信息报告给与其最近的项目部管理人员、应急小组成员，使消息迅速报告到应急小组现场总指挥处。

应急小组现场总指挥负责现场组织工作。

2）报警

报警员负责打 120 急救电话，报告发生伤害的地点、类型，同时必须告知工程附近醒目标志建筑，以利急救中心迅速判断方位。

3）接车

接车员迅速到路口接车，引领急救车从具备驶入条件的道路迅速到达现场。

4）自救

应急响应小组现场总指挥负责现场组织工作。

（1）高空坠落、物体打击自救

迅速移走周围可能继续产生危险的坠落物、障碍物，为急救医生留出通道，使其可以最快地到达医院。高空坠落不仅产生外伤，而且还可能产生内伤，不可急速移动或摇动伤员身体，应多人将伤员身体平托，缓慢将其放至于平坦的地面上。发现伤员呼吸障碍，应进行口对口人工呼吸；发现出血，应迅速采取止血措施，可在伤口近心端结扎，但应每半小时松开一次，避免坏死；动脉出血应用指压大腿根部股动脉止血。

（2）坍塌自救

施工现场发生脚手架坍塌事件，应立即对受伤人员进行急救，并设立危险警戒区域，严禁与应急抢险无关的人员进入。迅速确定事故发生的准确位置、可能波及的范围、脚手架损坏的程度、人员的伤亡情况等，以根据不同情况进行应急处置。按照"救人优先"的原则，在保障人身安全的情况下尽可能地抢救重要资料和财产，并注意做好应急救援人员的自身安全。组织人员尽快解除重物压迫，减少伤员挤压综合症发生，并将其转移至安全地方。受伤害的人员可能造成内伤、脊柱伤害和骨折，因此也不可急速摇动或移动伤员，应多人将伤员身体平托，缓慢地将其放至于平坦的地面上。止血和人工呼吸处理同上。

（3）触电自救

①使触电人员脱离带电体：抢救人员必须首先保证自己不被伤害。如在附近有电源开关，应首先采用切断电源的方法；如附近无电源开关，应寻找干燥木方、木板等绝缘材料，挑开带电体；如可以迅速呼唤到周围电工，电工可利用本人绝缘手套、绝缘鞋齐全的条件，迅速使触电者摆脱带电部分。

②急救：触电者摆脱带电体后，应立即就地对其进行急救，除非周围狭窄、潮湿，不具备抢救条件，可将其转移到另外的地方。急救步骤如下：

使触电者仰面平躺，检查有无呼吸和心脏跳动，如触电者呼吸短促或微弱，胸部无明显呼吸起伏，立即给其做口对口人工呼吸，如触电者脉搏微弱，应立即对其进行人工心脏按压，在心脏部位不断按压、松开，频率为 60 次/min，帮助触电者复苏心脏跳动，因触电的不良影响，不是一下子表现出来的。因此，即使触电者自我感觉良好，也不得继续工作，应使其平躺、保持安静，同时保证周围空气流通，由医生来决定是否需要进一步治疗。

（4）机械伤害自救

由相关在场人员迅速切断机械电源，将人员救出后，立即检查可能的伤害部位，进行止血，止血方法同上。如有切断伤害，应寻找切断的部分，将其妥善保留。在急救中心医生到来之前，应尽最大努力，进行自救，以使伤害程度降低到最低点；在急救医生到来后，应将伤员受伤原因和已经采取的救护措施详细告诉急救医生。

（5）保护现场

现场总指挥在组织自救的同时，应派人保护现场，为今后的事故调查提供真实依据。

（6）人员培训、演练

应加强应急小组成员的培训，重点掌握现场应急处理技术，学会必要的医疗救护知识，熟练掌握各类急救器材的使用方法。熟悉应急响应预案的程序和各自的分工及职责。

为保证应急预案的可操作性，应急预案编制后应进行现场演习，以检验预案的内容和程序是否合理可行、人员响应是否到位、职责是否明确、措施是否有效。并对演习情况进行记录，找出存在问题环节和原因，根据实际情况对预案进行修改。

8.3 周边建（构）筑物等产权单位各方联系方式、救援医院信息（略）

8.4 应急物资准备

应急救援物资按表8-1准备。

应急救援物资统计表　　表8-1

序　号	名　称	单　位	数　量	备　注
1	急救药箱	个	2	
2	担架	副	2	
3	氧气瓶	个	1	
4	竹杆	根	2	
5	绝缘手套	双	2	
6	绝缘靴	双	2	
7	对讲机	部	3	
8	电话机	部	1	
9	货车	辆	1	

9 计算书及相关图纸

9.1 简支箱梁支架现浇计算书（见二维码）

9.2 相关施工图纸（见二维码）